KB117456

소통, 공감
그리고 연대

총리실 880일의 기록

소통, 공감 그리고 연대

김황식 지음

21세기북스

출간에 즈음하여

몇 번을 망설이다 이 책을 출간하게 되었습니다.

지인들이 저에게 40여 년간의 법관, 감사원장, 국무총리로서의 공직 경험과 퇴직 후 천착했던 독일, 일본 문제 등을 자료로 남기기를 권하였습니다. 그 가운데 하나가 회고록일 것입니다. 그러나 제가 회고록을 쓴다는 것, 조금은 민망하고 또 많이 읽히지 않을 것이 뻔한 내용의 책을 내는 것은 부질없는 일이라고 생각하였습니다.

그런데 그리스 속담이던가요, 노인 한 사람이 세상을 뜨는 것은 그 마을에서 도서관이 한 개 없어지는 것과 같다는 말. 그래서 저에게는 일상의 평범한 일이지만 다른 사람에게는 참고가 될지 모를 제 생각과 경험을 정리하여 부담 없는 읽을거리로 제공한다면 그것도 나쁘지는 않겠다는 생각도 해보았습니다. 또한 서울대학교 행정대학원 김순은 교수께서 총리의 임명 과정, 대통령과 총리 간의 의견 조율 절차 등 밖에선 알 수 없는 국정 운영의 이면을 소개해주면 행정학 연구에 도움이 되겠다며 특강을 요청하여 그 취지에 맞추어 사랑방 좌담 같은 특강도 하고 그 준비로 집필해놓은 원고가 있었습니다.

그러던 차에 최근 우연히 총리 퇴직 시 총리실에서 저와 관련된 언론 기사를 모아 만들어 준 자료집을 발견하여 이를 읽었습니다. 그 결과 위 행정대학원 관련 집필 원고, 위 언론 기사와 제가 페이스북에 올린 글에 기대어 생각을 더듬고 보태어 지난 일을 가볍게 회고하는 방식으로 책을 쓴다면 주관에 치우치지 않고 자기 자랑이나 변명에 그치지 않는 객관적인 이야기들이 될 것이라는 생각을 하게 되었습니다. 이것이 후배 공직자나 행정학자, 나아가 국민들에게 참고가 되지 않을까 하는 생각이 들어 우선 총리 재직 시 일들을 정리해 보기로 하였습니다. 말하자면 언론 기사와 페이스북에 올린 글의 해설서이자 총리직 수행의 가벼운 회고인 셈입니다. 조금은 게으른 저로서는 완성도를 높이려는 노력 없이도 필요한 최소한의 메시지는 전할 수 있을 것 같습니다.

그렇다 보니 위 자료집에 언급된 기사와 관련된 사항만을 다룬 탓에 정작 중요한 다른 업무 관련 사항이 누락된 것도 있을 것이나 아쉬워하지 않기로 하였습니다. 그것은 훗날 다른 방법으로 보충할 수 있을 것으로 믿습니다. 그리고 아무래도 저에 대한 우호적인 기사를 중심으로 만들어진 자료집에 실린 기사와 관련하여 글을 쓰다 보니 자기 자랑처럼 보이는 대목도 있습니다. 양해해주실 줄 믿습니다.

그래도 막상 쓰고 보니 지금 우리 사회에서 문제 되는 제반 사항을 깊지는 않더라도 폭넓게 다룬 결과가 되었습니다. 이른바 공직자로서 저의 세상에 관한 생각과 나라 걱정들입니다. 우리나라의 명운에 관련된 문제들입니다. 이런 문제들이 진정한 소통을 통하여 사회적 공감을 이루고 이를 바탕으로 국가적 연대의 길로 나아가야 할 것입니다. 그런데 지금 우리나라의 형편은 이와는 거리가 멉니다. 나라의 장래와 이익보다는 개인이나 정파의 오늘의 이익에 얽매여 갈등 대립하는 가운데 국가 발전의 동력을 잃어가고 있습니다. 이에 공감하는 많은 뜻있는 분들이 함께 고민하는 계기가 된다면 더없는 기쁨이겠습니다.

책을 쓰는 동안 행복했습니다. 지난 일들을 불러내어 추억하며 함께했던 사람들을 그리워하였습니다. 모두 고마운 분들이었습니다. 이 책의 바탕이 된 기사를 작성해주신 언론사와 기자님들도 감사합니다. 또한 공직자인 남편 때문에 행동거지에 조심하며 조용히 내조해준 아내도 고맙고 한편 미안합니다.

책 출간을 기꺼이 맡아주신 북이십일 김영곤 사장님에게도 감사
드립니다.

2021년 봄,

김황식

차례

출간에 즈음하여 _ 004

시작하며 _ 012

01 뜻밖에 맡게 된 국무총리

대통령실장을 통한 내정 통보 _ 018

세 번째 인사청문회 _ 027

취임식, 취임사 _ 029

만남으로 시작한 10월 _ 034

대정부 질의응답으로 국회 데뷔 _ 036

취임 50일 _ 042

취임 초기의 생각과 일들 _ 047

취임 1주년 관련 언론 기사들 _ 068

02 소통, 공감 그리고 연대

정부 내 소통 _ 078

국민과의 소통 _ 084

소통과 눈물 _ 088

연필로 쓴 페이스북 _ 109

만남을 통한 소통 _ 174

03 나의 중점 어젠다, 따뜻하고 공정한 사회

공정 사회 구현 _ 206

건강한 사회 만들기 _ 210

복지 제도 개선, 복지 정책은 종합예술 _ 217

사회 통합 _ 229

주요 갈등 해소 사례 _ 236

04 주요 현안 및 관심 사항

새로운 성장 동력, 녹색 성장 _ 250

받는 나라에서 주는 나라로, 공적 개발원조 _ 255

뿌리 뽑아야 할 학교폭력 _ 260

백년대계 치수 사업, 4대강 사업 _ 267

걱정 없는 전력 공급 _ 272

불법 사금융 척결과 서민 금융지원 _ 277

현충 행사를 다시 생각한다 _ 284

독도 문제, 어떻게 해결할 것인가? _ 293

한일 정보보호협정의 오해와 진실 _ 299

한일 관계 해결, 독불 관계에서 배운다면 _ 303

여수 엑스포의 성공적 개최 _ 307

피할 수 없는 다문화 사회 _ 314

우리나라도 농업 선진국이 되어야 _ 322

한글날을 공휴일로 _ 327

공정 선거, 민주주의의 핵심 _ 331

05 현장에서 만난 사람들

쪽방촌 사람들 _ 336

소록도의 한센병 가족 _ 340

문학인들 _ 346

언론이 연결해준 만남 _ 351

1박 2일 여행 중에 만난 사람들 _ 354

시민들과의 교류와 공감 _ 357

뉴욕의 한 고등학교 방문에서 느낀 감동 _ 367

06 기억에 남는 외국인 지도자 몇 분

호세 무히카 우루과이 대통령 _ 374

페르난도 아르민도 루고 파라과이 대통령 _ 377

원자바오 중국 총리 _ 379

지그미 틴리 부탄 총리 _ 382

게르하르트 슈뢰더 전 독일 총리 _ 384

앙겔라 메르켈 독일 총리 _ 388

프랑수아 피용 프랑스 총리 _ 391

데이비드 캐머런 영국 총리 _ 393

프레데릭 덴마크 왕세자 _ 395

리커창 중국 총리 _ 397

07 이젠 자연인으로, 퇴임을 준비하며

페북 마감 _ 400

세종시 이사와 공무원 사기 진작 _ 401

마지막 국무회의에서의 훈장 안건 보류 _ 407

음성 꽃동네와 떡 한 시루, 마지막 현장, 마지막 소통 _ 409

08 퇴임에 즈음한 언론 기사들 _ 413

09 퇴임 인터뷰 _ 435

마치며 _ 504

시작하며

　일반적으로 대통령중심제 국가는 부통령을 두고 국무총리를 두지 않습니다. 그러나 우리나라는 부통령 대신 국무총리를 두어, 국무총리가 대통령의 명을 받아 행정 각 부를 통할하는 대통령의 보좌 기관의 역할을 하고 있습니다. 이 점은 정부의 법률안 제출권과 국회의원의 국무위원 겸직 가능과 더불어 우리 헌법이 대통령중심제에 내각책임제를 가미한 국가라고 평가하게 하는 요소이지만, 헌법상 국무총리의 권한에 관한 규정 등이 미흡하여 지위라는 것이 애매하고 실제 운영에서도 국무총리가 장식에 불과할 뿐 적극적인 역할을 하는 데 한계가 있다는 지적이 있습니다. 그래서 '의전' '대독' '방탄' 총리라고 조롱이나 비아냥의 대상이 되기도 합니다. 그러나 각국의 권력 구조를 살펴보면 대통령과 총리를 두고 있는 나라도 적지 않습니다. 다만 양자의 권한 분배나 지위, 역할에 차이가 있을 뿐입니다. 양자의 권한을 적절히 분배하여 협조와 견제의 역할을 할 수 있게 한다면 바람직한 권력 구조의 한 방법이 될 수 있습니다. 특히 행정이 복잡다기해진 오늘날에는 더욱 그렇습니다.

　우리나라에서도 근자에 '책임총리제'가 거론되고 있는데 이는 법적 개념이라기보다는 국무총리가 더 적극적이고 책임 있는 역할을,

경우에 따라 대통령의 독단을 견제하는 역할을 해주기를 바라는 취지에서 나온 것입니다. 그러나 이는 법적 뒷받침이 없으면 불가능합니다. 예컨대 국무위원 제청권을 제대로 행사하기 위해서는 독자적인 인사 발굴 및 검증 시스템을 갖추어야 하고, 상당 정도 독자적인 인사권이나 집행권을 가져야 합니다. 그렇지 못한 상황에서, 즉 대통령의 선의에 의존할 수밖에 없는 현 실정에서 책임총리 운운은 공허할 수밖에 없습니다.

대통령 직선제와 장기 집권을 막기 위한 단임제를 골자로 하는 1987년 개정헌법은 역사적 사명을 다하였습니다. 지금은 대통령에게 모든 권한이 집중되어 제왕적 대통령이라고 불리며 온갖 폐해를 드러내고 있습니다. 이를 개선하기 위해서는 의원내각제나 이원집정제 등 권력 구조 개편을 담은 개헌이 필요합니다. 지금 우리나라에서 가장 시급한 과제입니다. 설사 대통령중심제를 유지하더라도 국무총리의 임면을 대통령으로부터 떼어 국무총리직의 독립성을 어느 정도 인정해서 대통령과 국무총리가 협력과 견제를 할 수 있도록 하는 것이 바람직할 것입니다. 그렇다고 하더라도 현재 국무총리가 가지는 헌법적 위치나 정치·사회적 역할과 영향력은 절대 가볍지 않습니다. 국무총리가 어떤 자세로 어떤 역할을 하느냐에 따라 국정 운영의 모습과 국민의 정부에 대한 신뢰가 달라질 수 있습니다.

저는 2010년 10월 1일 제41대 국무총리로 임명되어 2년 5개월 동안 재직하였습니다. 저의 총리로서의 업무 수행에 대한 평가는 외부의 몫이지만, 스스로 생각해보면 아쉬움과 부족함이 많았습니다. 당시 정치 상황에서 이른바 대타代打로 등장했음이 분명했고, 관행대로 으레 일 년 남짓 재직하다 교체되겠거니 생각했고 또 제가 기대했던 자리가 아닌지라 준비도 부족했습니다. 나중에 어느 언론과의 인터뷰에서 솔직히 B 학점과 C 학점 사이 정도로 생각한다고 말했습니다. 기자에게 그 정도 학점으로는 취직하기 어렵다는 핀잔(?)을 듣기도 하였으나 우리 때는 취직에 지장 없었던 학점이라고 대꾸하며 웃었습니다. 취임 초기 인터뷰에서는 그저 성실히 일한 괜찮은 사람으로 평가받기를 원한다고도 말했습니다. 그러나 퇴임에 즈음하여 신문이나 방송들은 물론 내부 공직 사회도 저에 대한 평가를 제가 생각했던 것보다 훨씬 후하게 해주었습니다.

제 나름대로 냉정하게 생각해보면 총리 업무를 수행하기 위한 충분한 조건을 갖추지 못한 사람이었습니다. 우선 공직 경험은 법원과 감사원에서의 그것이고 행정부에서의 경험은 없었습니다. 그리고 정치권과는 아무런 교류가 없어 이른바 '존재감'이 없는 사람이었습니다. 그런데도 그만한 평가를 받게 된 이유는 정확히 알 수 없습니다. 과대평가이며 운이 좋았다는 생각밖에는.

01

뜻밖에 맡게 된
국무총리

대통령실장을 통한
내정 통보

〈중앙일보 2010. 9. 17〉

공정 사회 총리, 결론은 김황식

이명박 대통령이 새 국무총리 후보자에 김황식(62) 감사원장을 내정
했다고 청와대가 16일 공식 발표했다. 김태호 전 후보자가 국회 인
사청문회 문턱을 넘지 못하고 자진 사퇴한 지 18일 만이다. 임태희
대통령실장은 인선 발표에서 "법관과 감사원장으로 38년간 재직하
면서 보여준 직무 역량과 도덕성·청렴성에 비춰 현 국정 기조인 '공
정한 사회'를 뿌리내리게 하는 데 최고의 적임자라고 이 대통령이 판
단했다"고 밝혔다. 임 실장은 또 "김 원장이 국회 임명 동의를 받는다
면, 정부 수립 이후 첫 전남·광주 지역 출신 총리가 된다"며 "이 대통
령은 이 같은 역사적 의미도 고려했다"고 말했다. 김 후보자는 그동
안 "'부동시不同視(양쪽 눈의 시력 차가 큼)로 인한 군 면제' 전력 등이

부담"이라며 총리 후보직을 여러 차례 고사했지만, 이 대통령이 직접 설득해 후보자로 확정됐다고 임 실장은 설명했다. 민주당 조영택 원내대변인은 논평에서 "영남 독식 인사를 해소한다는 차원에서 일단 긍정적"이라며 "공직을 거치며 상당한 검증이 이뤄졌지만 더욱 엄격하게 검증할 것"이라고 밝혔다. 전남 장성에서 태어난 김 후보자는 광주일고와 서울대 법대를 졸업했다. 광주지방법원장·법원행정처장·대법관을 거쳐 2008년 7월부터 감사원장으로 재직해 왔다. 김 후보자는 지난 9일 청와대가 발표한 '고위공직자 인사검증 시스템 개선안'에 따라 ▶200문항에 달하는 자가검증서 작성 ▶청와대 내부의 약식 청문 면접을 거쳤다. 김 후보자는 이회창 전 총리에 이어 감사원장에서 총리로 곧바로 발탁된 두 번째 사례. 김 후보자가 총리에 임명되면, 국회의장·대법원장·헌법재판소장·국무총리·중앙선관위

공정사회 총리
결론은 김황식

청와대, 모의 청문회 자체 검증 거쳐 내정

이명박 대통령이 새 국무총리 후보자에 김황식(62) 감사원장을 내정했다고 청와대가 16일 공식 발표했다. 김태호 전 후보자가 국회 인사청문회 문턱을 넘지 못하고 자진 사퇴한 지 18일 만이다. （관계기사 2, 3면）

임태희 대통령실장은 인선 발표에서 "법관과 감사원장으로 38년간 재직하면서 보여준 직무역량과 도덕성·청렴성에 비춰 현 국정기조인 '공정한 사회'를 뿌리내리게 하는 데 최고의 적임자라고 이 대통령이 판단했다"고 말했다. 임 실장은 또 "김원장이 국회 임명동의를 받는다면, 정부 수립 이후 첫 전남·광주 지역 출신 총리가 된다"며 "이 대통령은 이 같은 역사적 의미도 고려했다"고 말했다.

김 후보자는 그동안 "'부동시(不同視, 양쪽 눈의 시력차가 큼)로 인한 군 면제' 전력 등이 부담"이라며 총리 후보직을 여러 차례 고사했지만, 이 대통령이 직접 설득해 후보자

로 확정됐다고 임 실장은 설명했다.

민주당 조영택 원내대변인은 논평에서 "영남 독식 인사를 해소한다는 차원에서 일단 긍정적"이라며 "공직을 거치며 상당한 검증이 이뤄졌지만 더욱 엄격하게 검증할 것"이라고 밝혔다. 전남 장성에서 태어난 김 후보자는 광주일고와 서울대 법대를 졸업했다. 광주지방법원장·법원행정처장·대법관을 거쳐 2008년 7월부터 감사원장으로 재직해왔다. 김 후보자는 지난 9일 청와대가 발표한 '고위공직자 인사검증 시스템 개선안'에 따라 ▶200문항에 달하는 자가검증서 작성 ▶청와대 내부의 약식 청문 면접을 거쳤다. 김 후보자는 이회창 전 총리에 이어 감사원장에서 총리로 곧바로 발탁된 두 번째 사례다.

김 후보자가 총리에 임명되면, 국회의장·대법원장·헌법재판소장·국무총리·중앙선관위원장 등 5부 요인이 모두 법조인 출신으로 채워진다.

서승욱 기자 sswook@joongang.co.kr

국무총리 후보자에 지명된 김황식 감사원장이 16일 오후 서울 종로구 삼청동 감사원에 도착해 차에서 내리고 있다. 김 후보자는 기다리고 있던 기자들에게 "튼튼한 나라, 공정한 사회를 만드는 데 최선을 다하겠다"고 포부를 밝혔다. 김경빈 기자

〈중앙일보〉 2010. 9. 17.

원장 등 5부 요인이 모두 법조인 출신으로 채워진다.(서승욱 기자)

임태희 대통령실장은 2010년 9월 저를 찾아와 국무총리직을 맡아 달라는 대통령의 뜻을 전했습니다. 저는 두 가지 이유를 들어 맡을 수 없다고 사양하였습니다. 하나는, 대법관으로 재직하다 임기(6년)를 못 채우고 감사원장에 임명되었는데 또다시 임기(4년)를 못 채우고 국무총리로 옮겨 간다는 것은 가벼운 처신으로 보여 국민을 불편하게 할 것이라는 점입니다. 다른 하나는, 지금 상태에서도 병역 면제 사유인 부동시가 그대로 남아 있어 정당성을 입증할 수 있다 하더라도 대통령과 총리 모두가 병역을 면제받은 것은 국민 정서에 맞지 않으며 새삼스레 대통령에게 누를 끼치는 결과가 될 것이라는 점입니다.

실장은 그 뜻을 대통령에게 전달하겠노라 하고 돌아갔는데 이튿날 다시 와서 그런 사유는 괘념치 말고 직을 수락하라는 것이 대통령의 뜻이라는 것이었습니다. 당시는 김태호 총리 후보자가 자진 사퇴한 직후로 하루빨리 인사청문회를 용이하게 통과할 후보를 확정해야 할 시점인지라 고위 공직을 맡고 있는 사람으로서 제 주장만을 고집할 수 없었습니다. 그래도 마지막 이유로서 가족들 특히 아내가 반대한다고 웃으며 말하였더니, 그 문제는 자기가 책임지고 설득하겠노라고 하였습니다. 그런 과정을 거쳐 발표 마지막 순간까지 적절한 다른 분을 찾으면 언제든 교체해도 무방하다며 총리직을 수락하였습니다. 그리고 얼마 후 대통령을 만나 정식 통보를 받았습니다. 건국 후 광주·전남 출신 최초의 총리를 당신이 임명하는 것에 매우 만족해하시는 모습이었습니다.

2년여 전 대법관에서 감사원장으로 옮겨 갈 때도 주저되기는 마찬가지였습니다. 30년 이상 판사로만 지내온 저에게 감사원장을 맡으라는 제안이 왔을 때 크게 당황하였습니다. 평생 법률가로 살아가는 것만을 생각했던 저에게는 꿈에도 생각 못 했던 일이었고 대통령과는 특별한 개인적 인연이 전혀 없었기 때문이었습니다. 그때까지 대통령을 만나 악수 한 번 나눈 적이 없었습니다. 아내는 물론 집안 어른들도 해오던 일을 계속하는 것이 좋지 않겠느냐는 의견이었습니다. 어쩌다 이를 알게 된 동료 대법관들의 의견도 갈렸습니다. 그러나 김용담 대법관의 의견을 귀담아들을 수밖에 없었습니다. 이명박 정부가 출범하여 인사와 광우병 촛불 시위 파동을 겪고 새롭게 각오를 다지는 대통령께서 아무 연고가 없는 저를 감사원장으로 임명하고자 하는 뜻을 헤아린다면, 제안을 사양하는 것은 공직자로서 도리가 아니라는 것이었습니다.

이처럼 저는 감사원장이나 국무총리직을 원하지 않았습니다. 오히려 피하려고 노력하였습니다. 청문회 과정에서는 저도 모르게 "무슨 팔자가 이런가 모르겠다"라고 푸념도 하였습니다. 제가 맡게 된 총리직을 성실히 수행하고자 했을 뿐 별다른 욕심이나 의도를 갖고 일하지 않았습니다. 이것이 총리직 수행에 도움이 되었다고 생각됩니다. 그 직책을 탐하거나 다음 단계로 나아가기 위한 징검다리로 활용하려는 생각은 올바른 총리직 수행에 장애가 될 것입니다.

총리 내정이 발표되자 민주당 조영택 원내대변인은 "영남 독식 인사를 해소한다는 차원에서 일단 긍정적"이라는 이례적인 브리핑을 하였습니다. 그러자 민주당 내에서 호남 출신이라고, 고교 동문이라고 봐주는 거냐는 볼멘 반응이 나와 결과적으로 더욱 엄격한 검증을 받게 되었고, 당 차원에서는 반대 당론을 채택하되 그런데도 인준에 찬성하는 자는 표결에 불참토록 하였습니다.

〈매일경제 2010. 9. 17〉

판례 들추던 손끝 '골무'처럼 묵묵히 소임 다하는 중도저파中道低派

국무총리 후보자로 내정된 김황식 감사원장이 법관 시절 늘 몸에 지녔던 필수품이 두 개 있다. 골무와 인공 눈물이다. 골무를 끼고 사건 기록과 판례를 촘촘하게 살폈고, 그러다 눈이 피곤해지면 인공 눈물을 넣었다. 본인 스스로 '청승맞은 일상'이라고 했다.

그는 정말 재판을 사랑했다. 마음은 고뇌로, 몸은 고단함으로 괴로웠다. 그러나 그건 김황식 법관이 꿋꿋하게 해나가야 할 일이었다. 그의 표현대로 "비록 난봉과 공작을 수놓는 것처럼 아름다운 작업은 아니나 공의와 사랑을 수놓는 보람 있는 일"이었다.

김황식 총리 후보는 그렇게 소리 없이 자기 일을 하는 사람이다. 그러다 소임을 다하고 사라져가는 '골무' 같은 사람이다. 세상에 흔들리지 않고….

그의 절친한 친구인 김영재 칸서스자산운용 회장은 김 후보자에 대해 "평생 화내는 모습을 본 적이 없는 친구"라면서 "품성이 따뜻한 사람"이라고 평가한다. 감사원 직원들도 인정하는 대목이다.

얼마 전 자신의 청첩장을 전달하기 위해 원장실을 찾은 김 모 부감사관은 예상치 못한 환대에 깜짝 놀랐다. 직접 비서실까지 나와 직원의 손을 잡고 방으로 안내했다. 그리고 커피 한 잔을 권하면서 결혼 생활에 대한 조언을 아끼지 않았다. "원장님이라, 청첩장만 드리고 가려고 했는데…"라며 당시를 떠올리던 김 부감사관은 "그날 이후 원장님에게서 아버지 같은 따뜻한 마음을 읽을 수 있었다"고 했다.

김 후보자는 감사원 직원들에게 수시로 편지를 썼다. 관심 있는 분 야에 대한 감사를 지시할 때도, 직원들이 고민에 빠져 있을 때도 어 김없이 김 후보자의 편지가 직원들에게 전달됐다.

지난 7월 말엔 최진영 감사원 사회문화감사국 제1과장에게 A4 용 지 두 장 분량의 편지를 보냈다. 7월 초 대통령 특사 자격으로 필리 핀을 방문한 것을 계기로 김 후보자는 한국에 이주해 정착한 다문화 가정에 대한 지원 실태를 감사할 필요가 있다는 생각을 가졌고 이 같은 내용을 최 과장에게 편지를 통해 지시한 것이다.

김 원장은 편지에서 "최근 이주 여성에 대한 비인격적 처우 등 부 끄러운 사건이 적지 않고 이에 적극적으로 대처하지 않으면 한국은 동남아 여러 나라로부터 원망을 받게 될 것"이라며 "이번 감사를 통 해 감사원이 냉혹한 파수꾼이 아니라 따뜻한 돌보미가 될 수 있음을 보여주는 새로운 감사의 모습을 보여주기 바란다"고 당부했다.

올봄에는 감사원을 떠나는 직원에 대한 허전한 심정과 함께 건투 를 비는 내용의 편지를 감사원이 발간하는 계간지 〈계간 감사〉에 올 렸다.

"문 모 차장님, 오랫동안 정 붙여 근무하던 감사원을 떠나시게 되 어 함께 일한 저로서는 허전함이 없지 아니합니다. 항상 긍정적이고 적극적이며 맡은 일을 열심히 잘 해내셨습니다. 소탈하고 넓은 마음으로 직원들과 소통하며 인화를 잘 이루어내셨습니다. 감사원이 이 적료(?)라도 받아야 하는데….”

김 후보자의 ‘따뜻함’은 습관이다. 광주지법원장 시절에도 법관·직원들과 편지를 주고받았다. 최근 고민스러운 속내까지도 서슴없이 직원들과 공유했다. 직원들은 김 후보자가 법원장에서 퇴임한 후 직원들과 주고받은 이메일을 모아《지산통신》을 엮어 김 후보자에게 선물하기도 했다.

그는 보수적 성향의 인물로 평가를 받으나 모든 면에서 극단을 피하는 중도中道임을 자부한다. 중도좌파, 중도우파 중 어느 쪽이냐고 묻는다면 소외계층을 보듬어야 한다고 주장하는 중도저파라고 답한다.

김 후보자는 최근 기자들을 만나 “공직 사회는 사회적 약자를 돌보는 게 중요한 책무 중 하나라고 본다”면서 “공직 사회는 서민들의 불편을 어떻게 하면 제거하고 편하게 살 수 있을지에 대한 기반을 만들어야 한다”고 강조했다.

김 후보자의 따뜻함만 말한다면 그건 절반에 불과하다. 김 후보자가 철저한 자기 절제와 업무 처리를 한다는 데 이견을 내는 사람들은 없다.

천안함 사태에 대한 군 대비 태세 감사를 마친 후 국회에서 국방부가 ‘함정 감사’라고 지적한 것과 관련해 논리 싸움을 주저하지 않았다. 법사위 회의를 앞두고 녹취록을 10여 번씩이나 듣고 난 뒤 국방부의 함정 감사 주장이 잘못됐음을 증명하기도 했다.

여야 만장일치로 지난 2월 26일 국회를 통과한 ‘공공 감사에 관한 법률(공감법)’도 김 후보자의 업무 전문성을 엿볼 수 있는 대목이다.

김 후보자는 지난해 3월 월례 확대회의에서 자체 감사기구가 제 역할을 할 수 있게 하는 내용을 골자로 한 공감법 마련을 주문했다. 관련 부처와 끊임없는 협의를 통해 법률안 마련 착수 1년 만에 일궈낸 성과다.

김 후보자의 또 다른 트레이드 마크는 '공정'이다. 30여 년 법관 생활로 공정은 이미 김 후보자의 몸에 뱄다. 그가 생각하는 공정은 딱 부러진다. 그가 말하는 공정의 기준은 '법과 원칙'이다.

"공정이라고 할 때의 개념은 상당히 자의적일 수 있습니다. 그렇더라도 공정에 대한 확실한 기준이 설정돼야 한다면 법과 원칙이 가장 중요한 기준이 될 것입니다. 우리 사회에서 일부 '공정하지 못하다'고 평가받는 모든 문제는 법이 제대로 지켜지지 않고 탈법적이거나 편법적인 방법으로 풀어 나가려고 할 때 생기는 것이라고 봅니다."

그러면서 김 후보자는 "이 같은 법과 원칙이 누구에게나 똑같이 적용되는 사회가 공정한 사회라고 할 수 있는 것"이라며 "구체적으로 국민 모두에게 동등한 기회가 주어지고, 법과 원칙에 따라 자유롭게 경쟁해 승패를 가리고, 경쟁에 참여할 수 없는 사정이 있는 사람이나 경쟁 대열에서 낙오한 사람들에 대해선 국가와 사회가 배려해야 한다"고 강조했다.

고위 공직자의 자질에 대해선 "공직자는 국민이 납득할 수 있는 경력, 전문성을 가진 사람이 선출돼야 한다"며 "대통령도 이런 기준을 가장 중요한 인선 잣대로 삼아 인사 운영을 할 것이고 이것이 바로 공정한 사회를 만드는 지름길이라고 생각한다"고 말했다.(홍종성 기자)

공직 후보자로 지명되어 청문 절차가 진행되는 동안에는 언론은 후보자의 문제점을 지적하는 것이 상례이고 좋은 점을 보도하는 것은 흔치 않습니다. 그런데 〈매일경제〉는 이례적으로 저를 칭찬하며 응원하는 기사를 실었습니다. 고맙지만 너무 노골적인 응원이어서 조금은 민망하였습니다. 기사는 제가 대법원을 떠날 때 법원 잡지에 쓴 '골무를 떠나보내며~'라는 제목의 수필 내용을 인용하고 또 감사원에서의 저의 행적을 취재하여 쓴 것이었습니다. 어떻게 법원이나 감사원에서 발간하는 잡지까지 챙겨 읽었는지 놀라웠습니다. 위 수필은 골무를 끼고 서류를 넘기고 눈이 피곤해지면 인공 눈물을 넣는 저의 법관 생활을 청승맞은 일상이라고 소개하면서, 그래도 법관의 업무는 난봉과 공작을 수놓는 아름다운 일은 아니지만 공의와 사랑을 수놓는 보람 있는 일이라고 썼습니다. 고무 골무가 닳아 이를 버리면서 문득 조선 시대 유 씨 부인이 바늘이 부러져 이를 버리면서 헤어짐을 아쉬워하며 쓴 〈조침문弔針文〉을 생각하며 패러디한 글이었습니다. 또한, 감사원 관련 기사는 감사원 직원들의 협조가 없이는 알기 어려운 내용이 포함되어 있었는데, 그래도 직원들이 저를 좋게 평가한 나머지 기꺼이 제공한 정보들이기에, 저의 감사원 생활이 실패는 아니었구나 하는 생각을 하였습니다. 그리고 고위 공직자는 그 행실이 100퍼센트 노출되어 있음을 새삼 생각하게 한 기사였습니다.

저는 과거 두 차례, 대법관과 감사원장에 임명될 때 인사청문회를 거쳤고 국회의 동의를 받았습니다. 아마 그와 같은 경력이 제가 총리로 지명된 이유 중 하나인지도 모릅니다. 아무튼 세 번씩이나, 그것도 노무현 대통령과 이명박 대통령이 각 임명하여 국회의 동의를 요하는 인사청문회를 거쳤습니다. 이런 경우는 2000년 6월 인사청문회 제도가 도입된 후 최초입니다.

세 번째 청문회임에도 불구하고 여야가 바뀜에 따라 입장을 바꿔 과거에 거론되어 해명했던 일들도 다시 거론하여 검증하였습니다. 허위 사실이나 왜곡된 사실로 공격하는 의원도 있었습니다. 그 때문에 실제로 아무 관련 없는 제 누님이 청문회 증인으로 출석하기도 하였습니다. 그런 비상식적인 행태를 보인 분이 평소에 훌륭해 보였던 분이어서 참으로 민망하였습니다.

청문회 과정을 품위 있고 원만하게 치르는 것은 임명 후 업무 수행을 힘 있게 수행할 수 있는 중요한 요건입니다. 그러나 그것이 쉽지 않은 것이 현실입니다. 그래도 저는 인사청문회 과정에서 제기된 의문들을 해소하고 저의 생각을 국민에게 알리는 기회로 잘 활용하였습니다. 그 결과 언론이나 정치권에서 내공이 만만치 않다는 평가를 받았습니다.

취임식,
취임사

〈중앙일보 2010. 10. 2〉

김황식 총리 "공정 사회로 일류 국가 건설"

국회가 1일 김황식 총리 후보자에 대한 인준 동의안을 통과시킴에 따라 정부 수립 이후 첫 전남 출신 총리가 탄생했다. 정운찬 전 총리가 8월 11일 총리실을 떠난 뒤 51일간 계속됐던 '총리 공백' 사태도 해소됐다. 김 후보자 인준안은 국회 본회의에 상정된 지 27분 만에 가결됐다. 그리고 표결 이후 2시간도 지나지 않은 오후 6시 총리 취임식이 열렸다. 김 총리는 인준안이 국회를 통과한 날 각료 임명 제청권을 행사하는 기록도 남겼다. 총리가 되자마자 김성환 외교통상부 장관 후보자에 대해 임명 제청을 한 것이다. 국회 본회의 표결에선 재석 의원 244명 중 찬성 169표, 반대 71표, 기권 4표가 나왔다. 민주당에 따르면 소속 의원 87명 중 57명이 투표에 참여했다. 자유

선진당과 민주노동당 의원들이 반대표를 던졌다 하더라도 71표의 반대가 나왔다면 그건 투표에 참여한 민주당 의원 대부분이 반대표를 행사한 결과가 아니겠느냐는 게 국회 관계자들의 관측이다. 한나라당에서는 이탈표가 거의 나오지 않은 것으로 보인다. 한나라당 의원 153명이 투표한 상황에서 찬성표는 169표였기 때문이다. 민주당 청문위원들은 국회 본회의 표결을 앞두고 "김 총리 후보자의 병역 기피 의혹 등 문제가 명확히 해소되지 않았다"며 부적격하다는 입장을 냈다. 그러나 '강제적 반대 당론'을 정하는 데 대해선 적극 동조하지 않는 의원들도 나왔다. 첫 전남 출신 총리를 공개적으로 반대하는 모양새를 놓고 호남에 지역구를 둔 일부 의원은 고민을 했다고 한다. 지역 정서와 봐주기 비난 여론을 동시에 고려한 민주당 지도부는 결국 '반대 당론'을 채택하되 인준안 찬성자에 대해선 표결 불참을 허용한다는 입장을 정리했다. 그러나 표결에 참석하지 않은 30명의 의원 중에는 인준안 찬성 입장을 나타낸 의원이 꽤 있었다고 한다.

김 총리는 서울 세종로 정부 중앙청사 별관에서 열린 취임식에서 "공정한 사회의 실현을 통한 선진 일류 국가 건설이라는 이명박 대통령의 큰 뜻을 이뤄나가는 데 앞장서겠다"고 밝혔다. 그러면서 "총리로서 헌법과 법률에 규정된 권한과 책임을 다하겠다는 결심을 다시 한번 밝힌다"고 말했다. 김 총리는 "상대적으로 약하고 가난한 사람, 소외된 계층을 진심으로 보살피고 끌어안아야 한다"며 "정부와 사회 지도층이 이 일에 더 많은 시간과 노력을 투자하기를 기대한다"고 밝혔다. (채병건·이가영 기자)

2010년 10월 1일 국회의 표결이 이루어진 뒤 대통령으로부터 임명장을 받고 바로 취임식을 치렀습니다. 국회 표결이 이루어지기 직전에는 감사원장 퇴임식을 하였습니다. 취임식 직전에는 공석인 외교통상부 장관에 김성환 청와대 외교안보수석을 제청하는 서명을 하였습니다. 총리로서 최초의 직무 수행이었습니다. 취임의 기쁨에 앞서 천 근 같은 무거운 짐이 어깨에 올려진 것만 같았습니다. 며칠 정신없이 지내면서 대통령께서 무슨 뜻으로 저를 임명하셨는지 제가 중점을 두고 해야 할 일이 무엇인지 하는 생각이 제 머리를 떠나지 않았습니다. 대통령의 뜻을 미루어 짐작하고 저 나름대로 품어 온 생각들을 우선 정리하여 취임사에 담기로 하였습니다. 대통령께서는 얼마 전 8·15 광복절 경축시에서 '공정한 사회 실현'을 새로운 국정 방향으로 제시하셨고, 저로서도 이와 관련된 일을 법원과 감사원에서 해왔기에 이를 저의 과제로 삼기로 하였습니다. 그리고 그동안 민주화와 산업화 과정에서 필요 이상으로 증폭된 우리 사회의 대립과 갈등을 축소 조정하여 '따뜻한 사회'를 만드는 일에 진력하기로 다짐하였습니다. '공정한 사회, 따뜻한 사회'를 만들기 위해 필요한 요소를 다음 세 가지로 압축하였습니다.

첫째, '법과 원칙'이 확고히 지켜지는 사회를 만드는 일입니다. '법과 원칙'은 사회적 강자가 군림하기 위한 수단이 아니라, 모든 사람이 함께 더불어 살아가는 공정한 민주사회의 기초입니다. 잘못된 제도와 관행은 바로잡고, 편법과 탈법은 근절해서 인간의 가치와 신뢰가 존중되는 사회를 만들어 가야 합니다. 법 위의 법이 되어버린 '국민 정서법' '떼법'이 발붙이게 해서는 안 됩니다. '법과 원칙'의 확립

없이는 국가 발전은 물론 우리 사회가 안고 있는 많은 문제의 해결도 요원할 것입니다. 선진국으로의 확실한 진입도 불가능할 것입니다.

둘째, '소통과 화합'이 있는 사회를 만드는 일입니다. '소통과 화합'은 우리 사회가 안고 있는 모든 갈등과 대립을 해소해 나가는 확실한 길입니다. 지역과 이념과 세대 간의 소통을 넓혀 국민을 하나로 만들어야 합니다. 우선 상대방을 설득하려 시도하기 전에 상대방을 이해하려 노력해야 합니다. 법과 원칙을 내세우기 전에 시간이 조금 더 걸리더라도 대화와 타협으로 문제를 풀어 나가는 노력이 선행되어야 합니다.

셋째, '나눔과 배려'가 있는 사회를 만드는 일입니다. 법과 원칙, 소통과 화합을 실현, 실천하더라도 모든 문제가 다 해결되는 것은 아닙니다. 누군가 손해 보고 낙오하는 사람이 나올 수 있습니다. 이를 보완하는 것이 '나눔과 배려'입니다. 이것이 우리 사회의 각종 불평등과 불균형을 해소하여 따뜻한 사회를 만드는 길입니다. 나눔과 배려는 남을 위해서만 하는 것이 아니라, 자기 자신과 우리 공동체를 위한 일이기도 합니다. 상대적으로 약하고 가난한 사람, 소외된 계층을 진심으로 보살피고 끌어안아야 합니다. 그러나 이것도 정의를 심히 해치거나 왜곡하는 결과가 되어서는 아니 됩니다.

위에 든 세 가지 요소가 우리 사회에서 실현될 때 우리나라는 '더 큰 대한민국' '선진 일류 국가'로 나아갈 것입니다. 저는 국무총리로서 위 요소를 푯대로 삼아 정책을 수립하고 시행하며 공감대를 넓혀 가기로 다짐하였습니다.

그리고 공직자들에게는, 정책을 세우고 실천하는 데 있어 개별 부처의 시각을 뛰어넘어 통합적이고 거시적인 시각을 갖고, 변화하는 정책 환경을 살피면서 타이밍을 놓치지 않는, 선제적이고 창의적인 책임 행정을 구현할 것을 부탁하였습니다. 그리고 이를 위해 부처 간의 협조와 정책 조율의 중요함을 강조하였고 이것을 잘 챙기는 것이 총리의 중요 과제임을 스스로 다짐하였습니다.

고위 공직에 취임할 때 취임사에 담는 내용은 대단히 중요합니다. 취임사를 그저 의례적인 것으로 취급할 것은 아닙니다. 자신의 철학과 고민을 담은, 철저하게 자기 것으로 체화된 내용일 때에 비로소 내외부적으로 진정한 소통의 장을 열어 갈 수 있는 단초가 됩니다.

만남으로 시작한
10월

10월 한 달은 총리직 수행을 위해 준비하는 달이었습니다. 국회의
장 등 5부 요인, 정당 대표, 전직 대통령, 종교 지도자 등을 방문하고
각 부처 업무 보고를 받았습니다. 김영삼 전 대통령의 상도동 사저를
방문하였을 때, 집은 비좁고 날씨는 쌀쌀한데 난방도 제대로 되지 않
아 마음이 언짢아서 "이렇게 검약하게 지내시는 모습을 뵈니 안타깝
기도 하지만 국민이 이를 알면 대통령님을 더욱 존경할 것입니다"라
고 말씀드렸더니, "그렇지요! 나는 이렇게 살아요"라고 대답하시며
어린애처럼 조금은 자랑스러워하셨던 모습이 눈에 선합니다. 동교동
에서는 이희호 여사가 제 누님과의 인연을 말씀하시며 따뜻하게 격
려해주셨습니다. 정진석 추기경님은 곧 열리는 G20 정상회담과 관
련한 당신의 의견, 아프리카 등 빈곤국들을 돕기 위한 의제가 포함되
어 있음을 높이 평가하여 격려해주셨는데, "그럼 내가 요금을 내고

지하철을 타야 합니까?"라고 말씀하시던 어느 종교인과는 참으로 비교되는 모습이었습니다. 그 무렵 경제 형편이 되는 분은 요금을 내고 타는 것이 바람직하다는 제 의견에 대한 항의였습니다. 일선 기관으로는 최초로 방문한 곳이 영등포 소방서와 진주·진양 농협이었습니다. 안전 관리의 중요성을 강조하고, 당시 급등하던 채솟값을 안정시키기 위한 노력의 출발점이었습니다. 그다음 방문한 곳이 대전 다문화가족지원센터였습니다.

총리나 총리실의 업무 수행에서 가장 중요한 것 중의 하나가 언론과의 관계 설정입니다. 그것은 곧 국민과의 소통을 의미하는 것이고, 정부 정책을 정확히 알려야 국민의 신뢰와 협조를 얻을 수 있기 때문입니다. 그래서 총리실에는 공보실이라는 부서가 있어 내언론 관계를 관장하며 수십 명의 기자가 총리실을 취재합니다. 취임 후 기자 간담회에서 저는 몇 가지 부탁과 약속을 하였습니다. 저는 기자들에게 "저는 총리로서 잘못된 것을 지적하거나 비판하는 것에 대해서는 불만 없이 받아들이겠습니다. 따라서 총리실은 그러한 사항에 관하여 기사를 빼달라거나 내용을 완화시켜 달라는 부탁은 하지 않을 것입니다. 다만 사실관계가 다르거나 왜곡된 경우에는 바로잡아 달라는 요구를 할 것입니다"라고 말했습니다. 그리고 재직 기간 내내 기자들과 소박하고 진솔하게 소통하려고 노력하였습니다. 기자들은 국민을 대신하는 역할을 하기 때문입니다.

저의 그런 노력 덕분인지 언론과의 관계는 상호 신뢰 속에서 합리적, 협조적으로 진행되었으며 이것이 총리직 수행에 큰 도움이 되었습니다. 지금도 고맙게 생각하는 대목입니다.

대정부 질의응답으로
국회 데뷔

11월 1일부터 5일까지 국회의 대정부 질문이 있었습니다. 일문일답 형식으로 진행되는 대정부 질문이야말로 총리나 장관에게는 기회이자 위기입니다. 잘 대응하면 좋은 평가를 받지만 잘못하면 무능이라는 낙인을 받게 됩니다. 경우에 따라 직을 걸어야 하거나 사회적으로 큰 파장을 일으켜 정권 차원의 부담을 줄 수도 있습니다. 미리 예상 질문을 입수하여 준비도 하지만 이는 일부에 불과하고 입수된 내용과 달리 질문하는 경우도 허다하므로 결국은 현장에서 적절히 대응하여야 합니다. 총리실 직원들은 예상 답변 자료를 작성합니다. 그러나 작성된 답변 자료가 부적절하거나 국회 현장 상황이나 분위기상 달리 답변해야 할 경우가 빈번히 생깁니다. 그런 경우 답변을 준비한 실무자 입장에서는 자기가 잘못 작성한 탓에 총리가 수정하였다고 생각하여 민망해하는 것 같기도 했습니다. 그래서 한번은 작성된 답변 자료는 부족함이 없지만 상황에 따라 적절하게 대응하느라 내용을 좀 바꾼 것뿐이니 결코 서운하게 생각하지 말고 지금처럼 열심히 준비해 달라고 당부하였습니다.

국회 데뷔전인 첫 대정부 질의응답을 마쳤습니다. 언론이나 정치권으로부터 뜻밖에 좋은 평가를 받았습니다. 그 출발은 2010년 11월 6일 자 〈조선일보〉 기사였습니다. "김황식 '스타 탄생' 국회 대정부 질문 답변에서 '카리스마·소신 돋보여' 평가"라는 제목의 기사였습니다.

랍에미리트(UAE) 파병 문제가 논란이 되자, "원전 수주와 파병을 직접 연계시켜 업무가 진행됐다면 적절하지는 않다"고 했고, 국무총리실 민간인 사찰 사건에 청와대에서 지급한 대포폰이 사용됐다는 의혹에 대해서는 "극히 잘못된 일"이라고 했다.

상당수 의원들은 "인사청문회를 3차례나 거쳐서인지 내공이 다르다" "감사원장까지 지내 국정 전반에 대한 이해도가 다른 거 같다"며 "장수 총리가 될 것 같다"고 했다.(신은진 기자)

총리에 대한 초기 평가는 일차 인사청문회를 통하여 이루어지지만, 그다음은 최초의 국회 대정부 질문에 대한 답변을 통하여 이루어집니다.

위 기사가 저를 긍정적으로 평가한 첫째 요소는, 핵심을 '피하지 않는 답변, 객관적이면서도 소신 있는 답변'을 하였다는 점이었습니다. 먼저 사안을 정확히 파악하고 있어야 자신 있는 답변을 할 수 있습니다. 사안 내용과 관련 문제점 등을 파악하는 데 최대한 노력을 하였습니다. 미처 파악하지 못한 사항은 이를 솔직하게 시인하고 필요에 따라 차후 조사하여 보고드리겠다고 양해를 구하였습니다. 그리고 기본적으로 질문이 정부나 저 자신을 곤혹스럽게 하는 것이라 하더라도 답변을 회피하거나 호도하지 않았습니다. 잘못된 것은 잘못되었다고 인정하는 것이 그에 따른 파장을 최소화하는 것이 될 것입니다. 만약 그리하지 않는다면 비겁하고 추한 모습으로 비추어지고 이것은 총리나 정부의 신뢰를 잃게 할 것입니다. 다만 곧이곧대로 답변함에 따라 더 큰 문제를 야기할 수 있는 사안에 대해서는 소위 정무적 판단에 의해 적절히 대처할 필요가 있습니다. 그러나 이 경우도 거짓말을 해서는 안 됩니다. 거짓말은 언젠가 드러나기 마련이고, 그리되면 더 큰 문제가 생기기 때문입니다. 그리고 객관적 사실관계에 입각하지 아니한 공격적 질문에 대해서는 단호하게 맞서 국민이 오해하는 일이 없도록 하였습니다. 이러한 태도를 퇴임할 때까지 계속 견지하였습니다. 이러한 흐름 가운데 난처했던 질문 중 하나는 "이명박 대통령께서 도덕적으로 완벽한 정권이라고 했으나 주변에 이런저런 비리가 나오는데 그 주장이 아직도 유효한가?"였습니다. 순간, 당황하였습니다. 그러나 저는 "그렇게 주장할 근거는 없어졌다"고 짧게 답변하였습니다. 물론 대통령 말씀의 취지와 문제 된 비리의 성격을 따져 일부분 변명을 할 수도 있지만 그렇게 하는 것이 국민의 마음을 다스리는 데에 아무런 도움이 되지 않는다고 판단했기 때문입니다.

다음 둘째 요소는 답변을 부드럽게 하였다는 점이었습니다. 많은 의원, 특히 야당 의원들은 정치적 의도를 가지고 짐짓 거칠게 공격적으로 질문하기 마련입니다. 그렇다고 같이 흥분하여 맞대응하는 것은 품위를 잃는 일일 뿐 아니라 질문자와 같은 궁금증을 가진 국민을 설득하기가 훨씬 어려워질 것이기 때문입니다. 흥분하여 거친 질문을 하는 의원은 자신의 약점을 드러낸 셈이고 저는 오히려 도덕적(?) 우위를 점한 것으로 생각하고 그 상황을 즐기겠다고 생각하였습니다. 저는 이러한 저의 생각을 페이스북에 '국회 대정부 질의응답에 즈음하여'라는 제목으로 개진한 바가 있습니다. 그 말미에는 "다른 한편으로는 질문을 통하여 알게 되는 인품, 자질, 실력이 뛰어난 의원들을 만나는 것도 작은 소득입니다"라고 적었습니다. 이는 곧 총리, 장관만 국민 앞에서 시험받는 것이 아니라 의원들도 시험받는다는 점을 강조하기 위함이었습니다. 국민은 과거 어느 총리와 국회의원 간의 설전, 최근 어느 장관의 거친 대응 등 수많은 사례를 의외로 똑똑히 기억하고 있으며 이를 통해 그들의 자질, 인품을 평가하고 있습니다.

작은 에피소드 하나입니다. 질의하는 의원들 중에는 예의를 갖추어 총리님·장관님 호칭하며 질의하는 의원이 있는가 하면, 총리·장관이라 호통치듯 호칭하며 질의하는 의원이 있습니다. 저는 전자에 대해서는 '의원님께서는', 후자에 대해서는 '의원께서는'이라고 호칭하였습니다. 제 마음속에 정해둔 기준이었습니다. 그런데 이 모 의원이 이를 눈치챘는지 "'님' 자 붙이세요" 하고 호통을 쳤습니다. 순간, 웃음이 나왔습니다. '내 속마음을 아셨나? 그러면 이 의원께서도 총리님이라고 해야지'라고 생각하며. 이와 관련하여 상호 간에 더는 공방이 없이 그냥 웃고 지나갔습니다.

국회 대정부 질의응답에 나서며

오늘부터 4일간 국회 예산결산특별위원회가 열려, 전 국무위원 등이 출석하여 의원들의 질문에 답변하게 됩니다. 국무총리인 저도 아침부터 저녁 늦게까지 답변하여야 하니, 정신적으로나 육체적으로 힘든 일이 아닐 수 없습니다.

그렇기에 흔히 우스개 삼아 '국회에 출석하는 일만 없으면 총리나 장관의 일을 하는 것이 훨씬 편할 텐데'라고 한답니다. 그러나 총리·

장관이 국회에 출석하여 답변하는 것은 너무나 당연하고 중요한 책무입니다. 국민의 입장을 대변하는 의원의 질문에 정부의 입장을 소상히 밝혀 참뜻을 전달하고 혹시 오해되고 있다면 이를 풀어드릴 귀중한 기회입니다.

정부로서도 혹 잘못 생각하거나 미처 생각하지 못한 것을 바로잡거나 일깨움을 받는 기회이기도 합니다. 그러니 즐거운 마음으로 나아가 국민을 직접 상대하는 겸손하고 진정한 자세로 임해야 합니다.

다른 한편으로는 질문을 통하여 알게 되는 인품·자질·실력이 뛰어난 의원들을 만나는 것도 작은 소득입니다.

_2011. 8. 22. 페이스북

취임
50일

〈서울경제 2010. 11. 19〉

"대타로 등장해 홈런" 호평 줄이어

국무총리 후보자 시절부터 김황식 총리에게는 '대타'라는 꼬리표가
달렸었다. 김태호 전 총리 후보자가 인사청문회 문턱을 넘지 못하고
낙마된 뒤 내정된 탓이다. 하지만 그 꼬리표가 사라지기까지는 그리
긴 시간이 필요하지 않았다.

특히 지난 1일부터 진행된 국회 대정부 질문 답변을 마치고 나서
는 국회 안팎에서 '대타로 등장해 홈런을 친 격'이라는 호평도 줄을
이었다.

예컨대 국회 답변에서 4대강 사업 등 핵심 국정 과제는 적극 옹호
하면서도 쟁점 현안에는 객관적이면서 소신 있는 답변을 한 게 대표
적. 김 총리는 논란이 됐던 아랍에미리트 파병 문제와 관련해 "원전

수주와 파병을 직접 연계시켜 업무가 진행됐다면 적절하지 않다"고 답했고 국무총리실 민간인 사찰 사건에 청와대에서 지급한 차명폰(대포폰)이 사용됐다는 의혹에 대해서는 "극히 잘못된 일"이라고 간단명료하게 소신을 피력했다. 이와 함께 사전에 답변을 준비하지 않았던 질문에도 막힘이 없었다.

비록 19일, 취임 50일을 맞지만 김 총리는 그 전에 이미 주전의 자리를 꿰찬 것이다. 대법관 등 34년간에 걸친 법조계 생활, 2년간의 감사원장 경험을 토대로 국정 전반에 대한 폭넓은 식견과 소신을 기반으로 총리로서의 안정감을 보여준 것이 주요 요인으로 꼽힌다.

김 총리의 부각은 총리실의 적절한 인력 배치와 연관돼 있다는 평가도 있다. 20년 경제 관료를 지낸 임채민 총리실장이 대표적. 지식경제부 1차관 출신의 임 실장은 뛰어난 업무 추진력과 산업 정책 전반에 대한 내공으로 정평이 나 있는데 '맥'을 잘 짚는 김 총리와 호흡이 맞아떨어진다는 것이다.

총리실의 한 관계자는 "총리의 날카로움과 실장의 내공이 엮여 나타나고 있는 시너지 효과에 대한 기대감도 내부에서 큰 게 사실"이라고 말했다.

그래서인지 김 총리는 취임 후 국회 참석이 없을 때는 하루에 보통 3개 안팎의 외부 일정을 소화하고 있다. 바쁜 일정 탓에 총리는 분단위로 쪼개서 움직인다.

그런데 18일 전남 광양을 방문하는 일정에는 ▲성남공항 조찬 및 휴식 65분 ▲여수공항 휴식 25분 등 이색적인 일정이 잡혔다. 공항에서만 1시간 반이나 머문 것인데 이유는 수학능력시험 때문.(이철균 기자)

이 기사도 앞의 〈조선일보〉 기사와 궤를 같이하는 것이었습니다. 특히 이 기사는 제가 대법관 등 34년간의 법조 경험과 2년간의 감사 원장 경험을 하여 업무 파악이 빠르고 정확하며 국정 전반에 대한 식견과 소신을 갖게 되었을 것이라고 평가하였습니다.

저는 34년 동안 법관으로 근무하며 수많은 사건(민형사 및 행정 사 건)을 처리하면서 우리 사회에서 벌어지고 있는 일을 광범하게 알게 되었고 거기에 담겨 있는 문제점과 해결책을 나름대로 생각해 왔습 니다. 그 해결책의 최우선은 법과 원칙입니다. 국정 운영의 기본도 법과 원칙의 적용입니다. 비록 사법부와 행정부의 구분이 있다 하더 라도 같은 원칙 아래 처리할 문제들입니다. 더욱이 저는 법원 재직 중 법관으로서는 드물게 재판 외 법원 행정에 10여 년 이상 종사하 였습니다. 재판제도 개선을 통하여 법관들이 더 좋은 재판을 하게 하 는 일, 합리적인 인사와 처우 개선을 통하여 법관이 안정적으로 일할 여건을 조성하는 일, 민원 업무에 해당하는 등기·공탁·호적 등의 업 무를 개선하여 국민의 편의를 도모하는 일 등 단순한 법 적용이 아 닌 창의적 개선이 필요한 업무를 담당하였습니다. 그 과정에서 국회 법제사법위원회나 예산결산특별위원회에 출석하고 국회의원들과 업무 수행을 위해 교류하고, 법원 예산 편성 및 확보를 위하여 행정 부 예산 당국과 교류하였으며, 나아가 법원에 대한 회계감사와 관련 하여서는 감사원과 교류하였습니다. 이러한 경험은 총리로서의 업무 수행에 큰 도움이 되었습니다. 특히 국회의 생리나 작동 원리를 이 해할 수 있는 소중한 경험을 하였습니다. 더 나아가 2년여 기간 동안 감사원장으로 재직하면서 국정 전반을 살펴볼 기회를 가져 많은 문제점을 파악할 수 있었습니다. 그래서 총리 취임 후 업무 파악을 쉽게 할 수 있었고 총리실이나 각부에서 보고하는 사항을 파악하고 이해하는 데 어려움이 적었습니다. 그리고 그간의 공직 생활 동안 옳고 그른 것을 가리는 일을 주로 해왔기 때문에 저의 판단과 양심에 어긋나는 언행을 하는 것이 저에게는 오히려 힘든 일이었고 이것이 소신으로 평가되었습니다.

예컨대 국무총리실이 민간인을 사찰하고 그 과정에 청와대에서 지급한 차명폰이 사용됐다는 의혹에 대해서는 "극히 잘못된 일"이며, 아랍에미리트 파병이 원전 수주와 연계되어 진행되었다면 적절치 않다는 저의 국회 답변은 범죄나 국가 위신과 관련된 원칙에 관한 문제이기 때문에 구차하게 호도할 수는 없었습니다. 또 4대강 사업이 대운하 사업의 준비 사업이라는 야당 측의 주장에 대하여 절대로 그런 일은 없을 것이라고 강조하기 위하여, "만약 4대강 사업이 대운하 사업으로 연결된다면 정부 여당은 국민에게 큰 거짓말을 한 것이 되어 한나라당은 파탄할 것"이라고 거칠게 답변함으로써 논란을 잠재웠습니다. 오해인지 정치 공세인지, 당시 야당의 주장은 정말 터무니없었습니다. 막연히 그런 일은 없다고 답하지 않고, 대운하 사업을 전제로 한 것이라면 6미터 깊이로 준설하고, 큰 배가 항행할 수 있도록 강굽이를 직선으로 만들어야 하고(直江化), 또 10여 개 이상의 교량을 높여야 하는데 이러한 작업이 전혀 행해지지 않았다는 등 근거를 제시하며 설득하였습니다.

또한, 기사 내용대로 제가 총리직 수행을 잘할 수 있도록 임채민 총리실장이 보좌해주었습니다. 임 실장이 보건복지부 장관으로 옮기자 저는 대통령께 부탁하여 후임으로 기재부 차관인 임종룡 실장을 모셔왔습니다. 대통령께서도 처음에는 기재부에 꼭 필요하다며 반대하다가 제 뜻을 존중하여 한껏 생색(?)을 내시며 보내주셨습니다. 회고하면 임채민·임종룡 총리실장, 육동한·김석민 차장과 총리실 간부들의 도움이 컸습니다. 두 차장의 경우 중간에 장기 재직에 따라 교체 의견이 있었으나, 저는 재직하는 동안 교체하지 않고 함께 일하였습니다. 일의 성과를 위해서는 개개인의 전문적 능력과 함께 인화와 상호 신뢰에 바탕을 둔 팀워크가 중요하다 할 것인데, 당시의 총리실이 그러한 좋은 모델의 하나라고 생각합니다. 또한 임태희, 하금렬 두 대통령실장도 저를 잘 도와주었습니다. 조용히 자기 소임을 다하는 참 좋은 분들이었습니다.

기사 마지막 부분은 수능 때문에 공항에서 오래 머물렀다는 것인데, 총리의 이동에 따른 교통 통제로 인하여 수능생들에게 지장을 줄까 보아 일찍 이동하여 공항에서 장시간 대기하였던 사정을 말하는 것으로, 저의 미담으로 보도되었지만 저는 직원의 아이디어에 따랐을 뿐입니다.

취임 초기의
생각과 일들

〈서울신문 2011. 1. 8〉

김황식 총리 오늘 취임 100일

"내가 나이는 이렇지만 사실 마음은 여러분 못지않은 열정과 감성을 갖고 있어요. 눈 덮인 휴화산처럼 있지만, 속에서는 마그마가 끓고 있습니다."

지난 연말 기자단과 가진 송년간담회 자리에서 김황식 총리가 한 말이다. 이 자리에서 김 총리는 '할아버지'라는 평가에 대해 농담 섞인 불만을 토로하기도 했다. 8일로 취임 100일을 맞는 김 총리의 그간 행보를 들여다보면 김 총리가 언급한 '마그마'가 어떤 것인지 알게 된다.

김 총리가 맞닥뜨린 첫 관문인 인사청문회에서 청문위원들은 '녹록지 않다'는 평가를 내놨다. 부동시로 인한 병역 면제로 부정적인

현안파악 탁월 '꼼꼼'
대정부 질문땐 '소신'
한인학교서 눈물 '감성'

"내가 나이는 이렇지만 사실 마음은 여러분 못지않은 열정과 감성을 갖고 있어요. 눈멀인 휴화산처럼 있지만, 속에서는 마그마가 끓고 있습니다."

지난 연말 기자단과 가진 송년간담회 자리에서 김황식(사진) 총리가 한 말이다. 이 자리에서 김 총리는 '할아버지'라는 평가에 대해 농담 섞인 불만을 토로하기도 했다. 8일로 취임 100일을 맞는 김 총리의 그간 행보를 들여다보면 김 총리가 언급한 '마그마'가 어떤 것인지 알게 된다.

김 총리가 맞닥뜨린 첫 관문인 인사청문회에서 청문위원들은 '녹록지 않다.'는 평가를 내놨다. 부동산으로 인한 병역면제로 부정적인 여론이 적지 않았는데도 김 총리는 모든 의혹 제기에 적극적인 태도로 임하면서 파상공세에 밀리지 않았다. 이어진 대정부 질문에서는 온화한 태도를 유지하면서도 소신발언을 서슴지 않는 김 총리에게 여당뿐 아니라 야당에서도 '물건이다.'라는 감탄이 이어졌다.

김 총리는 조직 내부에서는 합리성과 꼼꼼함으로 정평이 나 있다. 평생 법관으로 재직해서인지 방대한 현안들 중에서도 핵심을 파악하는 능력이 뛰어나고 실수는 좀처럼 하지 않는다는 평이다. 연평도 포격 도발 직후 여야 정치인들이 앞다퉈 연평도를 찾을 때도 '지금 총리가 가도 현실적으로 할 수 있는 일이 없다.'면서 연평도행을 자제한 일은 대표적인 합리적 결정이라고 볼 수 있다.

올해 국정운영과 관련해서는 공정사회·일자리·복지·교육·ODA 등 5대 과제를 역점추진할 계획이며, 이달 중 공정한 사회 실현을 위한 구체적 계획을 제시할 예정이다.

김 총리는 또 나라가 어려웠던 시절에 외국에 나가 고생한 국민들에 대해서는 유독 감성적인 면모를 보인다. 인사청문회 때는 파독 광부와 간호사들 이야기를 하며 눈물을 글썽였고, 최근에는 파라과이에 있는 한인 학교를 방문했다가 핑핑 눈물을 쏟기도 했다.

유지혜기자 wisepen@seoul.co.kr

〈서울신문〉 2011. 1. 8.

여론이 적지 않았는데도 김 총리는 모든 의혹 제기에 적극적인 태도로 임하면서 파상공세에 밀리지 않았다. 이어진 대정부 질문에서는 온화한 태도를 유지하면서도 소신 발언을 서슴지 않는 김 총리에게 여당뿐 아니라 야당에서도 '물건이다'라는 감탄이 이어졌다.

김 총리는 조직 내부에서는 합리성과 꼼꼼함으로 정평이 나 있다. 평생 법관으로 재직해서인지 방대한 현안들 중에서도 핵심을 파악하는 능력이 뛰어나고, 실수는 좀처럼 하지 않는다는 평이다. 연평도 포격 도발 직후 여야 정치인들이 앞다퉈 연평도를 찾을 때도 "지금 총리가 가도 현실적으로 할 수 있는 일이 없다"면서 연평도행을 자제한 일은 대표적인 합리적 결정이라고 볼 수 있다.

올해 국정 운영과 관련해서는 공정사회·일자리·복지·교육·ODA 등 5대 과제를 역점 추진할 계획이며, 이달 중 공정한 사회 실현을 위한 구체적 계획을 제시할 예정이다.

김 총리는 또 나라가 어려웠던 시절에 외국에 나가 고생한 국민들에 대해서는 유독 감성적인 면모를 보인다. 인사청문회 때는 파독 광부와 간호사들 이야기를 하며 눈물을 글썽였

고, 최근에는 파라과이에 있는 한인학교를 방문했다가 펑펑 눈물을 쏟기도 했다.(유지혜 기자)

<머니투데이 2011. 1. 7>

김황식 총리 취임 100일… 소리 없는 '소신' 행보

김황식 국무총리가 오는 8일로 취임 100일을 맞는다. 김 총리가 돌파해온 100일은 배춧값 파동과 연평도 사태, 새해 예산안 파행 등 그야말로 '악재'의 연속이었다. 전국에 걸친 구제역 사태는 '현재 진행형'이다.

그러나 특유의 '소신'을 바탕으로 한 김 총리의 조용한 리더십은 국정에 안정감을 더하며 악재 속에서 오히려 돋보인다는 평가다.

취임 당시 국정은 말 그대로 '난맥상'이었다. 정운찬 전 총리의 사퇴와 김태호 총리 후보자의 청문회 낙마로 50여 일간 총리 공백 상황이 지속됐다. 주요 20개국(G20) 서울 정상회의를 앞두고 유명환 외교통상부 장관도 딸의 특채 파동으로 짐을 쌌다.

김 총리는 '속도전'을 택했다. 국회에서 총리 임명동의안이 처리된 직후 공석이었던 외교부 장관에 대해 임명 제청권을 행사했다. 취임 직후에는 현장 행보에 주력했다. 배춧값 파동을 해결하기 위해 농협과 산지를 찾았다. 헌정 사상 호남 출신 첫 총리로서 고향을 찾아 현안을 청취하며 지역 화합 행보에도 나섰다.

취임 초 고비로 여겨졌던 대정부 질문에서도 4대강과 한미 FTA, 감세 논란 등 민감한 현안이 산적해 있었지만 무난하게 돌파했다. 특히 대법관과 감사원장을 거치며 쌓은 폭넓은 식견과 소신이 안정감 있는 답변의 바탕이 됐다는 평가다.

"감세 정책은 '중장기적'으로 경제에 기여할 것이다", "한미 FTA의 수정 및 재협상은 있을 수 없다", "4대강이 대운하 사업이면 한나라 당은 파탄날 것이다"라는 등 정치적 논리에 앞서 '소신'을 강조한 발 언을 통해 야당과의 큰 충돌을 피하는 효과를 봤다.

이어진 북한의 연평도 포격 도발 사태 당시에는 청와대가 군사·외 교적 대응에 주력한 사이, 공무원 비상근무 체계를 점검하고 공직 기 강 확립을 강조하며 안정감 있는 내치內治로 이명박 대통령을 뒷받침 했다.

한 차례 '설화'도 겪었다. 지하철 노인 무임승차 혜택을 '과잉 복지' 사례로 언급, 거센 비판에 직면했다. 그러나 이는 김 총리의 '소신'이 잘 드러난 사례이기도 하다. 김 총리는 논란의 진화를 위해 대한노인 회에 사과 입장을 전했지만, 지하철 운영이 적자를 면치 못하는 상황 에서 경제력이 있는 노인도 '무임승차'를 하는 것이 옳지 않다는 소 신을 끝까지 굽히지 않았다.

흡연율의 획기적 감소를 위해 보건복지부가 담뱃값 인상 가능성을 시사하자 "서민 물가를 고려해 신중해야 한다"라며 제동을 걸었다. 복지를 비롯한 국정 운영에 '정치적 논리'가 개입되면 국민의 혈세를 낭비할 수 있다는, 김 총리의 소신이 또 한 번 드러난 사례다.

이에 따라 정부에 성공적으로 안착한 김 총리가 향후 '복지 정책' 에 대한 나름의 구상을 내놓을 것이라는 전망이 나온다. 특히 이달 안으로 발표될 예정인 총리실의 '공정 사회 실천 과제'도 김 총리의 국정 구상이 뚜렷하게 드러나는 계기가 될 것으로 보인다.(변휘 기자)

신문은 오늘이 취임 100일임을 소개하며 기사 제목을 "현안 파악 탁월 '꼼꼼' 대정부 질문 땐 '소신' 한인학교서 눈물 '감성'"이라고 붙였습니다. 운율까지 맞춘 찬사였습니다. 저야 고맙지만 언론으로서도 부담이 갈 텐데 하는 생각이 들었습니다. 장차 잘못을 지적할 경우도 있을 테니 조금의 유보는 두어야 할 텐데 하는 주제넘은 걱정을 하였습니다.

연말에 기자단과 가진 송년간담회에서 한 기자가 저에게 "마음씨 좋은 할아버지 같다"라고 말했습니다. 물론 덕담이었습니다. 그러나 저에겐 한창 열심히 일해야 할 총리에게 '할아버지'라는 표현은 불만스러웠습니다. 그렇지만 저는 그냥 웃으며 "내가 할아버지로 보이지만 눈 덮인 휴화산처럼 내 안에는 마그마가 끓고 있습니다"라고 대꾸하였습니다. 젊은이 못지않은 열정과 아이디어를 갖고 일하고 있음을 강조하고자 함이었습니다. 그 무렵 사진기자들과 만났는데 저는 "TV에서 내가 훨씬 늙어 보이는데 어찌하면 젊게 보일까요?" 하고 물었더니, 돌아온 대답은 화장을 짙게 하는 방법밖에 없다는 것이었습니다. 그래서 저는 웃으며 젊게 보이는 것을 포기하겠다고 선언(?)하였습니다.

인사청문회에서 야당이 병역 면제 사유인 부동시의 진위를 물고 늘어졌습니다. 지금도 그 상태가 유지되고 있다고 주장하여도 공격은 계속되었습니다. 청문회 마지막 단계에서 부동시를 입증할 종합병원의 진단서를 제출함으로써 의혹은 해소되었습니다. 그 주장을 했던 야당 의원은 왜 이제야 내느냐고 볼멘소리를 하였습니다. 대법관, 감사원장 청문회 때 일단 해명되었던 문제를 다시 꺼내 공격하는 의원을 머쓱하게 만들기 위해서 일부러 늦게 제출하였습니다. 대법관, 감사원장에 이은 세 번째 인사청문회 경험에서 얻은 장난기 섞인 전략이었습니다.

| 연평도 포격 도발 |

2010년 11월 23일 14시 34분경 북한군이 연평도에 170여 발의 포격을 하여 군인 2명과 민간인 2명이 사망하고 다수 인원이 중경상을 입는 포격 도발 사건이 발생하였습니다. 당시 우선적으로 청와대가 군사·외교적 관점의 실질적인 대응을 하는 일이 중요했고, 총리실은 공무원의 비상근무 체계를 점검하고 파생하는 문제들에 대한 후속 대책을 세우는 일을 맡는 것이 순리였습니다. 대통령께서는 즉각 현장을 방문하였습니다. 국군 통수권자로서 필요하고 당연한 방문이었습니다. 그런데 여야 정치권에서도 앞다투어 연평도를 방문하였습니다. 아무 도움도 되지 못하고 오히려 실무 관계자들의 시간과 노력만을 빼앗는 결과가 될 게 뻔했습니다. 총리도 방문해야 하는 것 아니냐는 건의가 있었지만 저는 '지금은 때가 아니다'며 나중에 꼭 필요한 때에 하겠다는 생각으로 방문을 미루었습니다.

사건 발생 당일 16시부로 전 공무원 비상대기령을 발령하고 긴급 간부회의를 열어 상황을 점검하고 정부 대책을 논의하였습니다. 가장 시급하고 중요한 것은 서해 5도 주민들의 마음을 안정시키는 것이었습니다. 많은 주민이 불안하다며 섬을 떠나 인천 등 육지로 나왔습니다. 이 사태를 접하자 문득 고려 시대나 조선 시대의 공도정책空

島政策이 떠올랐습니다. 왜구들의 습격에 시달려 섬을 비우고 주민을 육지로 이주시키는 정책을 시행했던 것으로 이는 국가 주권의 일부 포기와 다름없습니다.

만약 서해 5도에 주민들이 거주하기를 기피한다면 국가가 국민을 보호하지 못하는 결과로 되어 국가의 위신은 추락하고 말 것입니다. 우선 인천에 있는 대피 섬 주민 임시 숙소를 방문하여 정부의 지원 의지를 전달하였습니다. 기왕에 벌어진 일과 관련해서는 사망자 및 부상자 지원, 시설 피해 복구, 출도 주민에 대한 숙소 및 생계 긴급 지원, 특별 취로 사업비 지원, 어업 손실 보상 등 연평도 피해 주민 지원 및 생활 안정 대책을 마련하였습니다. 나아가 장차 주민들이 안심하고 거주할 수 있도록 서해 5도 지원특별법을 제정하여 지역 주민의 생활 안정과 복지 증진을 도모할 수 있는 장기적 대책 수립을 위해 서해 5도 주민 지원 강화, 종합발전계획 수립 추진, 주민 대피시설 확충 등을 내용으로 하는 서해 5도 종합발전방안 추진을 결정하였습니다. 한마디로 말해 서해 5도 주민들이 맘 편히 살 수 있는 여건을 조성하는 것이었습니다. 이런 내용을 담아 '연평도 포격 도발 관련 피해 복구 및 서해 5도 발전 대책' 대국민 담화문을 발표하고 이어서 '서해 5도 지원 특별법'과 2011년도 연평도 지원 예산안이 국회에서 통과되었습니다. 주민들은 정부의 노력에 부응하여 연평도로 돌아갔습니다. 사건 발생 한 달 이내에 상황을 수습한 것입니다. 재직 중 신속하고 보람 있게 한 일 가운데 하나입니다.

저는 필요한 조치들이 대충 완결된 5월 30일 연평도를 방문하였습니다. 주민들이 정부의 노력을 평가하며 안정감을 회복하였고, 비상

시를 대비한 대피소가 쾌적하고 안전하게 건설된 것을 확인하였습니다.

| 불편함 덜어주기, 배려 |

〈중앙일보 2011. 1. 31〉

좌시도 과시도 않는다

김황식 국무총리가 설 연휴 기간 동안 고향인 전남 장성을 방문하지 않기로 했다고 총리실 관계자가 30일 밝혔다. 김 총리는 귀성을 권하는 관계자들에게 "내가 움직이면 수행원도 대동해야 하고 여러 불편을 낳는다"며 총리 공관에서 설 연휴를 보내겠다고 했다 한다. 총리실 간부들에겐 "설 연휴 중 번거롭게 인사 오지 말라"고 했다 한다.

좌시도 과시도 않는다

김황식 총리 스타일

김황식 국무총리가 설 연휴 기간 동안 고향인 전남 장성을 방문하지 않기로 했다고 총리실 관계자가 30일 밝혔다. 김 총리는 귀성을 권하는 관계자들에게 "내가 움직이면 수행원도 대동해야 하고 여러 불편을 낳는다"며 총리공관에서 설 연휴를 보내겠다고 했다 한다. 총리실 간부들에겐 "설 연휴 중 번거롭게 인사 오지 말라"고 했다 한다.

그런 김 총리에 대해 한 고위 관계자는 "자신을 드러내지 않으면서도 할 얘기를 하는 김 총리의 성격을 보여주는 것"이라고 말했다. 김 총리는 26일 한 특강에서 정치권의 복지 논쟁 등에 대해 쓴소리를 했다. "복지와 정치가 뒤섞이면 국가적 재앙이 될 수 있다"는 등의 지적을 한 것이다.

대법관 출신인 김 총리는 이날 검찰의 피의사실 공표 문제도 잘못됐다고 일침을 놨다.

지난해 가을 장·차관들이 참석하는 국가정책조정회의에서도 이 문제를 지적하며 "공정사회를 지향해야 하는데 (피의사실) 공정하게 수사 받을 권리가 있다"고 했다.

27일 삼청동 총리공관에서 열린 고위당정회의에서는 야당이 주장하는 전·월세 상한제에 대해 "부작용이 있을 수 있다"며 부정적인

포퓰리즘 좌시 NO
"복지·정치 섞이면 재앙"

정치적 과시 NO
"구제역 시찰 기자동행 거부"

입장을 밝혔다고 한다. 한 관계자는 "전·월세 폭등으로 서민들이 고통받고 있지만 그 문제는 꼼꼼히 따져 본 다음 합리적인 해법을 찾아야지 여론만을 의식하는 대책을 마련해선 안 된다는 게 김 총리의 판단이었다"고 설명했다. 그러면서 "김 총리가 매우 온화해 보이지만 할 소신은 꼭 밝히고 넘어간다"고 했다. 이와 관련해 청와대나 여당

에선 "김 총리가 지난해 10월 취임한 이후 소프트 랜딩(연착륙)에 성공한 데다 국정운영에 대한 자신감까지 쌓이면서 할 얘기를 하는 빈도가 잦아진 것 아니냐"는 해석도 나오고 있다.

총리실 관계자들이 말하는 김 총리의 또 다른 특징은 '정치인은 못 된다'는 점이다. 과시하는 걸 싫어한다는 얘기다.

김 총리는 지난해 12월 23일 김포시의 구제역 방역초소를 찾을 때 기자들을 부르지 말도록 지시했다. "방역 현장의 공무원들을 격려하려는 가운데 기자들까지 대동하면 총리가 사진 찍으려고 방역 작업을 방해하는 꼴이 된다는 게 김 총리의 생각이었다"고 한 관계자는 귀띔했다.

김 총리는 취임 후 외부 인사들에게 보내는 화환·화분에 대해서도 "무조건 버린 것으로 누구에게나 보낸다면 내 과시밖에 되지 않는다"며 과도·과분하게 인사하지 말라고 지시했다고 한다.

채병건·이철재 기자
mfemol@joongang.co.kr

〈중앙일보〉 2011. 1. 31.

김황식 국무총리가 지난 27일 서울 삼청동 총리공관에서 열린 고위 당·정·청 협의회에서 비공개 시간이 되었으니 취재진에게 손을 들어 표시하고 있다. [연합뉴스]

그런 김 총리에 대해 한 고위 관계자는 "자신을 드러내지 않으면서도 할 얘기를 하는 김 총리의 성격을 보여주는 것"이라고 말했다. 김 총리는 26일 한 특강에서 정치권의 복지 논쟁 등에 대해 쓴소리를 했다. "복지와 정치가 뒤섞이면 국가적 재앙이 될 수 있다"는 등의 지적을 한 것이다. 대법관 출신인 김 총리는 이날 검찰의 피의 사실 공표 문제도 잘못됐다고 일침을 놨다.

지난해 가을 장·차관들이 참석하는 국가정책조정회의에서도 이 문제를 지적하며 "공정 사회를 지향해야 하는데 (피의자도) 공정하게 수사받을 권리가 있다"고 했다.

27일 삼청동 총리 공관에서 열린 고위당정협의회에서는 야당이 주장하는 전·월세 상한제에 대해 "부작용이 있을 수 있다"며 부정적인 입장을 밝혔다고 한다. 한 관계자는 "전·월세 폭등으로 서민들이 고통받고 있지만 그 문제는 꼼꼼히 따져본 다음 합리적인 해법을 찾아야지 여론만을 의식하는 대책을 마련해선 안 된다는 게 김 총리의 판단이었다"고 설명했다. 그러면서 "김 총리가 매우 온화해 보이지만 소신을 꼭 밝히고 넘어간다"고 했다. 이와 관련해 청와대나 여당에선 "김 총리가 지난해 10월 취임한 이후 소프트 랜딩(연착륙)에 성공한 데다 국정 운영에 대한 자신감까지 쌓이면서 할 얘기를 하는 빈도가 잦아진 것 아니겠느냐"는 해석도 나오고 있다.

총리실 관계자들이 말하는 김 총리의 또 다른 특징은 '정치인은 못 된다'는 점이다. 과시하는 걸 싫어한다는 얘기다.

김 총리는 지난해 12월 23일 김포시의 구제역 방역 초소를 찾을 때 기자들을 부르지 말도록 지시했다. "방역 현장의 공무원들을 격려하러 가는데 기자들까지 대동하면 총리가 사진 찍으려고 방역 작업을 방해하는 꼴이 된다는 게 김 총리의 생각이었다"고 한 관계자는 귀띔했다.

김 총리는 취임 후 외부 인사들에게 보내는 화환·화분에 대해서도 "무조건 비싼 것으로 누구에게나 보낸다면 내 과시밖에 되지 않는다"며 과도·과분하게 인사하지 말라고 지시했다고 한다.(채병건·이철재 기자)

총리 취임 후 처음 맞는 설날에 고향을 방문하지 않기로 하였습니다. 설 연휴에 제가 고향을 찾으면 총리실 관계자, 경호팀은 물론 고향 지역 관계자들이 제 일정에 얽매여 불편할 게 뻔하기 때문이었습니다. 공관에 머물 것이지만 아무도 공관으로 새해 인사차 찾아오지 않도록 하였습니다. 되도록 모두를 편하게 해주기 위함이었습니다. 정부 시무식에서 "차렷, 총리님께 경례"라는 권위주의적 인사를 식순에서 빼도록 하였습니다. 지금 시대에 맞지 않는 구식 행태로 누구도 공감하지 아니할 것으로 느꼈기 때문입니다.

2010년 12월 구제역 방역 현장에서 수고하는 공무원들을 격려하기 위하여 방문하러 갔습니다. 영하 10도 이하의 매서운 날씨였습니다. 기자들이 당연히 따라나섰습니다. 추운 날씨에 방역 현장에서 고생하는 공직자들을 격려하러 가는데 우르르 몰려가 사진을 찍고 하는 모습은 아무래도 적절치 않았습니다. 그래서 저는 기자들에게 "날씨도 추운데 오늘은 특별히 취재할 것도 없으니 따라오지 마시라, 대신 총리실 직원이 현장 사진을 찍어 필요한 분에게는 배포해드리겠다"고

하였습니다. 방역 현장 공무원과 기자들 모두를 배려한 것입니다.

저는 업무 수행과 관련하여 관행적으로 행해지던 주변 사람의 불필요한 부담을 덜어주려고 노력하였습니다. 다음과 같은 예들입니다. 제가 종합청사로 출근하거나 퇴근할 때면 으레 청사관리소장과 방호대장이 마중하거나 배웅하였습니다. 이것도 어쩌면 권위주의의 잔재입니다. 그들이 들쭉날쭉한 제 일정에 맞추어 대기하는 것이 너무 불편하겠다는 생각이 들어 그때그때 현장에 있는 당직자가 그 일을 담당하면 족하다고 말하여 그들의 일을 면해주었습니다. 아마 매우 반가운 지시였을 것입니다.

주말에 일정이 없어 공관에 머물 때 운동 삼아 삼청공원 뒷산에 올랐습니다. 경호원 두 사람이 따라나섰습니다. 혼자 다녀오겠으니 따라오지 말고 아니면 한 사람만 같이 가자고 하였으나 나머지 한 사람은 숨어 따라오는 것이었습니다. 그렇게 하는 것이 자신들의 의무이자 책임이니 도리 없다는 투였습니다. 그래서 그 후 등산은 그만두었고 대신 공관 안을 빙빙 도는 것으로 바꾸었습니다.

삼청동 공관 정문 앞에 24시간 동안 경찰관이 경비를 섭니다. 겨우 눈비를 가릴 수 있는 지붕만 있는 시설에서입니다. 특히 추운 겨울에는 힘들 것이라는 생각이 들었습니다. 우연히 유럽 어느 궁 앞에 설치된 초소가 투명한 원통형으로 된 사진을 보았습니다. 순간 '바로 저것이다' 하는 생각이 들어 비서실에 지시하여 초소를 사방에 벽이 있어 난방 등이 되는 투명한 시설로 바꾸도록 하였습니다.

공관 앞에서 가끔 피켓을 들고 시위하는 사람들이 있습니다. 한번은 과천시 시의원이 과천청사의 세종시 이전에 따른 대책을 요구하는 시위를 하고 있었습니다. 마침 해외 출장을 떠나기 위해 공관을 나서는데 그 사람은 내일도 모레도 계속하여 나와서 시위할지도 모르겠다는 생각이 들었습니다. 그래서 그 사람 앞에서 차를 세우고 내려서 "지금 해외 출장을 떠납니다. 그러니 내일부터는 오셔도 저를 만나지 못합니다. 그리고 총리실에서 팀을 만들어 과천청사를 잘 활용하여 과천 경제에 도움이 되도록 대책을 세우고 있으니 걱정하지 마시고 돌아가십시오"라고 말을 건넸습니다. 순간, 그 사람은 당황한 듯 아무 말 않고 다소곳이 듣고 있었습니다. 계속해야 할 시위 부담도 덜었고 숙제도 해결했으니 참 기뻤을 것입니다.

'복지와 정치가 뒤섞이면 국가적 재앙'이라는 표현은 복지 정책이 정치精緻해야 함과 포퓰리즘을 경계해야 함을 강조하기 위해 사용한 것입니다. 저의 재직 중 중심 과제의 하나였습니다. 이 문제는 뒤에 다시 언급하겠습니다.

| 피의 사실 공표와 플리바게닝 |

국무회의에서 한번은 검찰에 의한 피의 사실 공표가 논란이 되었습니다. 법무부 장관은 기자들이 다방면으로 취재하여 기사를 쓰는 것이지 검찰이 피의 사실을 공표하는 일은 없다고 단호하게 반박하였습니다. 저는 검찰이 수사의 편의와 목적을 위하여 피의 사실이나 수사 사항을 흘리는 경우가 있는 것을 부정할 수는 없을 것이며 많은 국민도 그렇게 생각하고 있음을 검찰은 알아야 하며 각별히 유념해 달라고 당부하였습니다. 대통령을 비롯한 국무위원들이 대체로 제

의견에 공감하여 논의는 일단락되었습니다.

<조선일보 2011. 5. 4>

대법관 출신 김 총리, '플리바게닝' 퇴짜

김황식 국무총리는 3일 정부 중앙청사에서 열린 국무회의에서 공범의 범죄를 고발하는 등 수사에 협조한 사람의 형刑을 깎아주는 '사법협조자 형벌 감면 제도'를 도입하는 내용을 담은 형법·형사소송법 개정안 심의를 유보했다.

이 개정안은 차관회의에서 이의 제기 없이 통과된 것으로 알려졌다. 차관회의에서 통과된 정부 법률안이 국무위원과 총리의 제지로 보류된 것은 이례적이다. 법무부도 개정안의 국무회의 통과를 예상해 이날 기자 브리핑을 하려다가 취소하기도 했다.

개정안은 여러 사람이 연루된 범죄를 증언해서 사건 규명과 범인 체포에 기여한 공범은 형을 감경하거나 아예 기소를 하지 않는 내용을 담았다. 부패·마약·테러 범죄 등 은밀하게 이뤄지는 범죄를 해결하는 데 결정적인 진술을 해준 사람은 기소하지 않는 내용도 있다.

이 같은 제도는 미국의 플리바게닝plea bargaining(사전형량조정제도로서 유죄를 인정하거나 증언을 하는 대가로 형량을 경감하는 제도)을 원용해 검찰이 10여 년 전부터 도입을 추진해 왔으나 법원이 "남용될 소지가 있다"며 반발해 번번이 도입이 무산됐다.

이날 대법관 출신인 김 총리가 '보류' 결정을 내린 것을 두고 검찰 일각에선 "총리가 친정인 법원 입장을 대변한 것 아니냐"는 목소리도 나왔다. 일부 국무위원이 "쉽게 얻어낸 진술로 사건을 처리하려는

검찰의 편의적 발상"이라고 지적하자 김 총리가 "더 논의해보자"며 통과를 보류했다는 것이다.(조백건 기자)

　　검찰 업무와 관련한 비슷한 사례입니다. 공범의 범죄를 고발하는 등 수사에 협조한 사람의 형을 깎아주는 '사법 협조자 형벌 감면 제도'를 도입하는 내용의 법률 개정안을 국무회의에서 보류하였습니다. 미국에 있는 제도이지만 우리 현실에서는 남용될 소지가 많기 때문입니다. 이 제도가 도입되면 검찰이 얻는 수사 편의보다 잃는 신뢰가 훨씬 컸을 것입니다. 언론은 검찰 일각에서 "총리가 친정인 법원 입장을 대변한 것 아니냐"라는 목소리가 있다고 보도하였습니다. 그러나 저의 판단 기준은 오로지 국가와 국민을 위해 바람직한지 여부일 뿐 어느 쪽을 편든 것은 아니었습니다. 언론도 재미 삼아 써본 정도로 생각합니다.

| 하우스 푸어 대책 등 민생 대책의 신중한 접근 |

전·월세 상한제가 임차인을 보호하기 위한 취지의 제도라고 하지만 애당초의 좋은 의도와는 달리 그것이 전·월세 시장에 가져올 부작용으로 임대인과 임차인 모두에게 부담이 되는지 심도 있는 검토를 거쳐 부작용을 최소화할 수 있도록 하여야 할 것이지, 가벼운 여론이나 판단에 좌우되어서는 아니 되는 것입니다. 임대차계약 체결 시 미리 전·월세금을 올리거나 임차인을 내보내고 새 임차인을 구하는 방식으로 상한제를 무력화하는 등 여러 가지 탈법적 수단이 동원될 여지

가 있으니까요. 요컨대 부동산 정책 도입에 있어 부동산 시장 관계자들에게 현장 중심의 의견을 충분히 들어야 하며 탁상에서 공론하는 정책으로는 소기의 성과를 거둘 수 없는 것입니다. 이처럼 모든 정책은 그것이 가져올 다양한 순기능과 역기능의 효과를 신중히 검토해야 함을 원칙으로 삼았습니다. 그런 예는 얼마든지 있습니다.

2012년에 여야 정치권에서 주택담보대출 원리금을 갚지 못해 허덕이는 주택 소유자들을 구제하기 위하여 공적 펀드를 조성하여, 이들의 집을 사준 뒤 이들이 전·월세로 그대로 살 수 있게 하는 '공적 매입 후 임대 전환' 제도와 나중에 살던 집을 우선해서 되살 수 있는 '우선 환매권' 제도를 소위 하우스 푸어 대책이라는 이름으로 추진하였습니다. 저는 국회 답변에서 "막대한 재원이 필요한 것은 차치하더라도 집 구입과 관련 없이 빚을 진 다중 채무자와의 균형은 어떻게 평가할 것인지, 이 같은 제도가 도입될 때 정상적 생활을 하고 있는 채무자들에게 어떤 도덕적 해이나 유혹이 생길지, 가격 산정은 어떻게 하고, 만약 집값이 하락해 경제 여건이 나빠지면 자금을 출연한 정부는 어떻게 될 것인지…"등 문제를 제기하고 신중한 검토가 필요하다며 반대하였습니다. 만약 경제 사정의 변화에 따라 집값이 오르면 또 어떻게 되는지도 문제였습니다. 그 뒤 당에서도 문제점을 재검토한 끝에 하우스 푸어 대책 추진을 포기하였습니다. 몇 년 지나지 않은 지금에는 거꾸로 아파트 등 부동산 가격 급등이 국가적 문제로 등장해 있는 것을 생각한다면 국가 정책이 얼마나 신중하게 진행되어야 하는지를 말해줍니다. 지금도 유사한 문제들이 광범히 널려 있습니다.

〈중앙일보 2012. 9. 11〉

김황식 "하우스 푸어 대책들 문제 있다"

김황식 국무총리가 10일 국회 경제 분야 대정부 질문에서 "하우스 푸어 대책들이 제시되는 것을 듣고 검토해봤는데 문제가 있다"고 말했다.

현재 여야는 주택담보대출 원리금을 갚지 못해 허덕이는 '하우스 푸어' 문제가 내수 경기를 살리는 데 큰 걸림돌이 된다고 판단, 극단적으로 나랏돈을 쏟아부어 해결하는 대책을 내놓은 상태다. 특히 새누리당은 공적 펀드를 조성해 이들의 집을 사준 뒤 전·월세로 임대해 그대로 살 수 있게 하는 '공적 매입 후 임대 전환' 제도를 추진 중이다. 나중에 살던 집을 우선적으로 되살 수 있는 우선 환매권도 포함시켰다.

새누리당은 하우스 푸어를 약 150만 가구로 추정하는데, 가구당 집값을 2억 원으로 잡아도 정부의 한 해 예산과 맞먹는 300조 원이 든다. 재원 마련도 문제이지만 돈을 빌려 집을 산 소유주에게는 아무런 책임을 묻지 않아 형평성 논란도 제기되고 있다.

또 민주통합당에선 정세균 대선 경선 후보가 '배드뱅크(부실 자산 매입 기관)'를 만들어 하우스 푸어의 주택을 매입해 임대주택으로 활용하는 방안을 내놨다. 배드뱅크 설립에 재정을 투입할 경우 새누리당의 방안과 비슷한 구조인 셈이다.

이에 대해 김 총리는 "집 구입과 관련 없이 빚을 진 다중 채무자와의 균형은 어떻게 평가할 건지, 이 같은 제도가 도입될 때 정상적 생활을 하고 있는 채무자들에게 어떤 도덕적 해이나 유혹이 생길지, 가격 산정은 어떻게 하고, 만약 집값이 많이 떨어져 경제 여건이 나빠지면 자금을 부은 정부는 어떻게 할 것인지…" 등 문제를 나열하며 "신중하게 검토할 필요가 있다"고 말했다. 다만 부동산 경기 침체에 따른 금융권의 부실화 우려에 대해선 "잘 대처해야 할 필요성이 분명히 있지만 전면 대응이 필요할 정도로 악화된 상황은 아니다"라고 진단했다. 당 관계자도 이날 "당초 발표한 정책의 문제점을 감안해 하우스 푸어 대책을 전면 재검토하고 있다"고 말했다.

김 총리는 홍영표 의원 등 민주당 의원들이 현 정부의 대선 공약이었던 '747공약(7퍼센트 성장, 1인당 국민소득 4만 달러, 세계 7대 경제대국 진입)'을 비판하자 "5년 이내에 달성하고자 하는 공약이 아니라 국가의 장래 비전을 제시한 것"이라고 설명했다.(이소아 기자)

주택 문제 해결은 기본적으로 공급과 수요가 맞도록 정책적으로 유도하고 나머지는 시장 기능에 맡기는 것입니다. 그와 함께 정부나 지자체가 양질의 공공임대주택을 충분히 공급하도록 노력하고(임대주택이 서민이나 취약계층만의 주거 수단으로 활용되지 않도록 할 것임), 한편 정부나 지자체가 재정 형편상 이를 감당하는 데 한계가 있으니 민간임대주택업을 활성화하는 것이 그 방책이 될 것입니다. 궁극적으로는 국민이 굳이 자기 집을 소유하지 않고 임차하더라도 평생 안정적으로 거주할 수 있는 환경을 만들고, 임대차 관련 분쟁을 신속하고 합리적으로 해결하기 위한 분쟁 조정 기구나 특별법원을 만들어 사회 갈등을 최소화하면서 신속히 처리토록 할 필요가 있습니다. 또한, 주택 문제는 주택 자체의 문제를 넘어 교육, 입시 제도, 문화 향유 수준, 지방 균형 발전 등 다양한 요소와 연결되어 있기에 거시적 시각으로 접근해야 해결될 수 있습니다. 주택 정책은 장기적·지속적·종합적인 관점에서 수립·시행되어야 하고, 시장 기능을 얽매는 규제는 최소한에 그쳐야 할 것입니다.

또 부산저축은행 부실 경영에 따라 많은 예금채권자가 5천만 원의 예금 보장 한도를 넘는 부분에 관해 손해를 입었을 때도 마찬가지였습니다. 부산 지역 국회의원들을 중심으로 특별법을 만들어 예금채권자를 모두 구제하자는 움직임이 있었으나 이는 원칙에 반할 뿐만 아니라 나쁜 선례를 만드는 것이라 하여 거부하였습니다. 감사원장 재직 시 저축은행 감사 때도 저항이 상당하였으나 이를 물리치고 감사를 진행하기도 하였습니다. 또 택시를 대중교통에 편입시켜 공적 지원을 하고자 하는 여야 합의에 의한 대중교통법 개정 법률에 대해서도 국무회의 의결을 거쳐 거부권을 행사하였습니다.

| 갈등 과제 해결과 총리실 |

〈중앙일보 2011. 2. 12〉
MB "김황식 잘한다" … 갈등 이슈 다 맡겨
이명박 대통령이 8일 국무회의에서 "근래 총리실이 여러 가지 문제에 잘 대처하고 있는 점을 높이 평가한다"고 말했다. "일하는 정부는 일에 '올인'해야 한다. 장관들도 소신을 가지고 해달라. 2월 국회가 되면 총리실이 책임감을 가지고 잘 대처해주길 바란다"며 한 얘기라고 정부 고위 관계자는 11일 전했다.

당시엔 알려지지 않은 이 발언과 관련해 청와대 참모들은 "김황식 국무총리가 이끄는 총리실에 대해 이 대통령이 흡족해하고 있으며 많은 일을 맡기고 있다"며 "대통령이 장관들 앞에서 총리실을 칭찬한 건 김 총리에 대한 신임이 두텁다는 걸 뜻한다"고 설명했다.

익명을 요구한 청와대 고위 관계자는 "앞으로 갈등이 첨예한 이슈는 김 총리가 정리하는 체제로 간다"며 "정치인이 아닌 만큼 정치적 부담에 신경 쓸 필요가 없는 김 총리가 중심이 돼 문제의 가닥을 잡아 나갈 것"이라고 말했다. 대구·경북과 부산·경남이 자존심을 걸고 싸우고 있는 동남권 신공항 입지 문제와 충청권과 영·호남 등에서 치열한 유치전이 벌어진 과학비즈니스벨트 문제 등이 이젠 총리실이 다루는 중점 과제가 될 것이라고 한다. 청와대 인사들은 이들 문제의 해법을 묻는 기자들에게 "총리실 쪽에서 취재하라"는 말까지 하고 있다.

사실 갈등 관리는 부처 간 정책 조정을 하는 총리실의 기본 업무이나 최근엔 이 대통령이 힘을 실어주고 있기 때문에 그 기능이 강화됐다는 게 정부 관계자들의 평가다.

청와대와 총리실에선 "이 대통령이 김 총리에게 일을 맡기고 지원하는 추세"라는 말도 나오고 있다. 과학벨트가 한 예다. 과학벨트법엔 교육과학기술부 장관이 위원회를 구성해 입지를 결정하도록 돼있다. 그러나 이 대통령은 1일 있었던 신년 방송 좌담회에서 김 총리가 위원회와 토론해 입지를 정하게 될 것이란 취지의 얘기를 했다. 이에 대해 청와대와 총리실 관계자들은 "김 총리가 사실상 최종적 판단을 하도록 한 것"이라고 설명했다.

이런 변화는 노무현 대통령 때의 이해찬 총리를 연상케 하는 측면이 있다. 당시 노 대통령은 이 총리에게 내치內治의 상당 부분을 맡겼다. 사실상 분권형 대통령제로 운영했다는 말이 나왔을 정도다. 이 대통령이 그때처럼 권한을 대폭 김 총리에게 줬다고 볼 수는 없지만 김 총리의 역할이 점점 커지고 있는 건 틀림없는 사실이라는 게 정부 관계자들의 공통된 평가다.

총리실이 예민한 갈등 이슈를 주도적으로 다루게 된 건 김 총리에 대한 이 대통령의 신임도 신임이지만 집권 후반기로 들어선 상황에서 청와대가 갈등의 중심에서 비켜나는 게 좋다는 판단도 작용했기 때문이다. 관련 지역 모두를 만족시킬 수 없는 동남권 신공항이나 과학벨트 문제의 해법을 청와대가 내놓을 경우 이 대통령이 짊어질 정치적 부담은 제법 클 수 있고, 그로 인해 국정 운영 전반이 헝클어질 수 있다는 게 청와대 측의 우려. 청와대 참모들 사이에서 "대통령이 모든 걸 떠안고 갈 수는 없는 것 아니냐"는 말이 나오는 건 이런 맥락에서다.(고정애·이철재 기자)

국무총리가 어떤 역할을 할 수 있느냐는 대통령의 뜻에 달려 있습니다. 대통령중심제 국가인 우리나라의 엄연한 현실입니다. 그러나 청와대가 모든 일 처리의 중심이 되고 내각은 소외되는 형태의 정부나, 대통령이 모든 것을 챙기는 이른바 만기친람 형 정부는 결코 성공할 수 없습니다. 대통령과 국무총리 사이의 적절한 권한 및 역할 분배를 통한 협력이 이루어질 때 최대한의 성과를 낼 수 있습니다.

그런데 이명박 대통령은 저나 총리실에 신뢰를 보이며 중요 갈등 과제 현안들을 총리실에서 맡아 처리하도록 하였습니다. 제가 정치적 오해를 불러일으키지 않고 합리적으로 업무를 처리하리라고 신뢰하셨고 야권 등 정치권이나 언론에서도 유사한 평가를 하고 있었기 때문일 것입니다. 그런 만큼 총리실이나 내각은 주인 의식을 갖고 능동적으로 열심히 일하는 분위기가 조성되기도 하였습니다. 정책 결정 과정에서 허심탄회한 토론이 행해지고, 대통령이 일단 반대한 사안에 대해서도 다시 논의를 제기하여 대통령께서 생각을 바꾸는 경우도 왕왕 있었습니다. 그 때문에 저는 보람 있고 맘 편히 일할 수 있었습니다. 이 기사에 언급된 갈등 과제들은 뒤에 다루고자 합니다.

취임 1주년 관련
언론 기사들

〈동아일보 2011. 10. 1〉

소신으로 갈등 조율… "대타가 홈런 쳤다"

"'괜찮았던 총리다' 정도로 평가받는 걸로 만족하겠습니다." 김황식 국무총리가 1일로 취임 1주년을 맞았다. 우크라이나를 방문 중인 김 총리는 지난달 29일(현지 시간) 동행 취재 기자단과의 인터뷰에서 '어떤 총리로 불리고 싶으냐'는 질문에 "외부 평가도 중요하지만 원칙적으로 할 수 있는 일, 해야 할 일을 제대로 챙겨서 하는 것도 중요하다"며 이같이 밝혔다. 평소 겸손과 소신을 강조해온 김 총리다운 답변이다.

여권에서는 김 총리에 대해 '대타가 홈런을 쳤다'는 평가가 나온다. 야권에서도 '낙제점인 MB(이명박 대통령) 인사 중 가장 잘한 인사'라는 얘기가 들린다. 총리실 직원들은 "역대 최고의 총리"라는 찬사까지 내놓는다.

하지만 김 총리가 취임할 당시에는 분위기가 전혀 달랐다.

지난해 8월 초 정운찬 전 총리가 전격 사퇴한 뒤 지명된 김태호 총리 후보자가 국회 인사청문회 과정에서 장관 후보자 2명과 함께 낙마하면서 정국은 혼란에 빠졌다. 청와대는 안정에 무게를 두며 대법관, 감사원장 출신인 김 총리를 지명했지만 '의전 총리' '대독 총리'에 머물지 않겠느냐는 비관적 전망이 우세했다. 게다가 취임 기자간담회에서 '모든 노인이 지하철에 무임승차하는 것은 반대한다'는 취지의 발언을 했다가 논란까지 빚었다.

김 총리에 대한 정치권의 시각이 달라지기 시작한 것은 지난해 11월 국회 대정부 질문에서였다. 국회 데뷔 무대에서 김 총리는 아랍에미리트 파병, 총리실 민간인 사찰 등 현안에 대해 폭넓은 식견과 콘텐츠를 정연한 논리로 풀어냈다. 대법관 출신의 특장을 유감없이 발휘한 것. "4대강 사업이 대운하라면 한나라당도 파탄 날 것"이라며 소신 있는 발언도 주저하지 않았다. 2월 국회에서 "(감사원장 당시) 저축은행 부실을 감사했더니 오만 군데에서 압력이 들어왔다"고 솔직하게 말해 정치 이슈화되기도 했다.

이후 김 총리는 북한의 연평도 포격 도발, 구제역 사태 등 잇따라 발생한 대형 사건을 안정적으로 수습했고, 복지 포퓰리즘에 대해 여러 차례 강력한 비판을 내놓는 등 민감한 정치 이슈에 대해서도 제 목소리를 분명히 냈다.

이에 청와대와 여권에서 김 총리에 대한 신뢰는 점점 깊어졌다. 동남권 신공항, 과학비즈니스벨트 입지 선정, 한국토지주택공사(LH)

본사 이전 등 대형 국책사업을 둘러싼 첨예한 갈등 해결이 모두 김 총리의 손에 맡겨졌다. 8월 한나라당 일각에서 김 총리를 서울시장 후보로 영입하려 했던 것은 김 총리에 대한 여권의 믿음과 기대를 단적으로 보여준다. 김 총리는 인터뷰에서 서울시장 후보로 거론됐을 때의 심정에 대해서는 "제가 적합한 인물은 아니라고 생각했다"고 답했다.

정권을 창출했지만 '대선 주자 불임' 위기에 처한 친이(친이명박)계 일각에선 "김황식 총리야말로 대표적인 저평가 주"라며 '김황식 대망론'까지 나온다. 하지만 서울시장 후보론 때 지적됐던 대중적 이미지와 권력의지의 부족, 제왕적 대통령제 아래 총리의 위상이 한계로 지적된다.(장택동 기자)

〈서울경제 2011. 10. 1〉
대타 총리서 거물급 스타로 부각
"컬러가 없는 것이 내 컬러입니다."

지난 1월 5일 김황식 국무총리가 취임 100일을 맞아 한 말이다. 정치적으로 무명에 가까웠던 자신의 소리 없는 소신 행보를 강조한 것이었다.

이런 김 총리가 10월 1일 취임 1주년을 맞는다. 1년 사이 김 총리는 이명박 정부 내 역대 총리 가운데 가장 뚜렷한 컬러를 내며 거물급 정치 스타로 부각되고 있다는 평가를 받는다.

한나라당 내에서 서울시장 후보에 대한 외부 인사 차출론이 쏟아져 나올 당시 김 총리는 영입 '0순위'로 꼽혔다. 본인의 거듭된 고사에도 지난 1년여간의 국정수행 능력이 높은 평가를 받으면서 순식간에 거물급 정치 스타로 발돋움한 것이다. 그가 김태호 전 총리 후보자의 낙마 이후 대타로 투입된 정치 무명이었던 점을 감안한다면 1년 사이 위상이 현격히 높아진 셈이다.

김 총리가 가장 높은 평가를 받는 부분들은 난맥 같은 정치 현안들을 비교적 원만하게 해결하며 뛰어난 업무 추진력을 발휘해 왔다는 점이다. 최근의 정전 사태 후속 대책을 비롯해 구제역 대응 및 종합 대책, 동남권 신공항 이전 백지화, 세종시 이전 등이 모두 그의 총지휘 아래 진행돼온 사안이다. 대통령제에서 총리는 애매모호한 보직이 될 수밖에 없다는 한계에도 불구하고 역대 총리 가운데 가장 많은 정치 현안을 처리하는 수완을 발휘하고 있는 것이다.

또 지난해 논란이 됐던 아랍에미리트 파병 문제와 관련해 "원전 수주와 파병을 직접 연계시켜 업무가 진행됐다면 적절하지 않다"고 말하는 등 현 정권이 부담을 느낄 만한 사안에 대해서도 소신을 뚜렷하게 밝히며 원칙 있는 행정가로서의 면모를 보이고 있다는 평가를 받는다.

하지만 그가 중재한 검·경 수사권 조정안이 국회 통과 과정에서 바뀌면서 검찰의 반발을 불러온 것이나 저축은행 사태로 촉발된 금융감독 혁신 방안이 사실상 실패로 끝난 점 등 관계 부처 간 첨예한 이해관계가 있는 이슈들에 대해서는 한계를 노출했다는 평가도 나온다.(유병온 기자)

〈파이낸셜뉴스 2011. 10. 1〉

"일생에서 가장 힘든 한 해… 신공항 · 과학벨트 조율 보람"

중·동유럽 2개국을 순방 중인 김황식 국무총리가 1일로 취임 1주년을 맞는다.

김 총리는 취임 1주년을 앞둔 지난달 29일(현지 시간) 우크라이나 키예프의 한 호텔에서 수행 기자단과 간담회를 하고 "동남권 신공항 등 갈등 과제를 원칙과 기준을 세워 처리했고 이후 커다란 후유증이 남지 않은 것이 보람"이라며 취임 1주년에 대한 소회를 밝혔다.

김 총리는 이 자리에서 "총리 취임 후 지난 1년간 제 일생에서 가장 바빴고, 솔직히 힘들었던 1년이었다"며 "동남권 신공항, 한국토지주택공사 이전, 과학벨트 입지 선정 등 갈등 과제를 원칙과 기준을 세워 처리하고 부처 간 이견이 있는 문제에 대해 총리로서 조용히 조정했던 것은 큰 성과라고 생각한다"고 말했다.

그러면서 그는 남은 기간 중점적으로 마무리 짓고 싶은 일에 대해 "그동안 세운 정책들이 성과를 내고 제대로 시행되는지 정확히 점검하는 데 역점을 두겠다. 특히 물가, 전세, 사교육 해소 등에도 깊은 관심을 갖겠다"며 앞으로 갈등 과제를 계속 관리·설득해 후유증이 남지 않도록 하겠다는 의지를 표명했다.

김 총리는 지난해 취임 후 1년 동안 "법과 원칙, 소통과 화합의 기초 위에서 따뜻하고 공정한 사회를 만들고자 최선을 다하겠다"는 취임사처럼 국민과의 소통에 역점을 두고 열정적인 자세로 국정을 이끌어 왔다는 평가를 받고 있다.

취임 초기 이명박 대통령의 임기 후반을 원활히 마무리할 '관리형 총리'라는 세간의 지적 속에서도 '할 말은 하는' 소신과 원칙이 뚜렷한 총리로 자리 잡았다는 평가가 지배적이다.

김 총리는 지난해 8월 정운찬 전 총리의 후임으로 지명됐던 김태호 전 후보자가 정치 자금 논란에 휩싸이며 9월에 낙마한 뒤 전격 기용됐다.

김 총리는 34년에 걸친 법조계 생활과 3년간의 감사원장 경력 등을 기반으로 국회 인사청문회를 무난히 통과하면서 두 달 가까운 총리 공백 상태를 수습하고 국정을 이끌어 오고 있다.

취임 이후 그는 전국 방방곡곡을 돌아다니면서 현안을 챙기는 등 분주한 활동을 이어갔다. 특히 정부 수립 이후 첫 전남 출신 총리라는 상징성에서 지역 화합에도 공을 들였다.

그는 국회 대정부 질문 답변에서도 국정 현안에 대한 폭넓은 식견과 소신을 피력하면서 안정감을 보여줬다.

김 총리는 올해 외교 무대에도 성공적으로 데뷔했다는 평가를 받았다. 올 초 브라질 대통령 취임식 참석 등 남미 3개국 순방을 통해 상대적으로 소원했던 남미 국가들과의 거리를 좁히는 역할을 했다.(김태경 기자)

⟨아시아투데이 2011. 10. 1⟩

김황식 총리 취임 1주년… 이것이 '무無 컬러'의 힘

김황식 국무총리가 1일 취임 1주년을 맞았다. 국정 운영의 대타로 등장해 확실한 주전 멤버가 됐다. "장수長壽 총리가 될 것"이라는 평가도 나왔다.

김 총리는 '따뜻하고 공정한 사회'를 국정 운영의 기본 방향으로 삼았다. 지난해 8·8 개각 이후 김태호 총리 후보자, 신재민 문화체육관광부 장관 후보자, 이재훈 지식경제부 장관 후보자 등이 줄줄이 낙마하면서 '공정公正 총리'의 무거운 짐을 어깨에 메고 시작한 일이었다.

'중도저파'를 표방하는 그의 행보는 어수선한 국정 운영의 안정을 회복하고 내실을 다지는 데 주효했다. 김 총리는 취임 100일을 맞은 지난 1월 존재감이 부족하다는 일각의 지적에 대해 "컬러가 없는 것이 내 컬러"라며 "소나기보다 이슬비처럼 일할 것"이라고 했다.

김 총리는 지난해 11월 국회 대정부 질문이 끝난 뒤 '스타'가 됐다. 상당수 의원들은 김 총리의 '중도저파적' 답변을 긍정적으로 평가했다. 법과 원칙, 친서민, 대국민 소통에 초점을 맞춘 그의 행보는 1년 뒤 대지大地를 적신 '이슬비 효과'를 발휘했다.

친근하고 감성적인 김 총리의 이미지는 누리꾼과 젊은 층을 통해 크게 드러나지 않지만 광범위하게 확산됐다. 특히 급변하는 미디어 환경에 맞춰 현장 방문 소감과 정책 관련 메시지 등을 담은 내용을 친필 메모 형식으로 소셜네트워크서비스(SNS)에 게재해 국민과의 소통 강화에 주력했다.

김 총리의 '연필로 쓴 페이스북'은 메모당 평균 22개 이상의 댓글이 달렸다. 첫 메모를 게재한 지난 3월 당시 477명이었던 그의 '팬' 숫자는 9월 말 현재 5만 3,000명에 달한다.

SNS 활동 자체가 국민과의 소통에 초점이 맞춰진 만큼 대부분의 내용은 '대국민 소통'과 관련된 것이었다. 3월 이후 9월까지 총 27차례에 걸쳐 게재한 글 가운데 법과 원칙을 강조하는 내용 5건을 제외한 나머지는 모두 친서민 정책 혹은 대국민 소통 확산 방안을 고민하는 내용이 담겼다.

'공정 총리'를 향한 그의 행보는 계속될 전망이다. 총리실 관계자는 "(김 총리는) 본인의 소신대로 사회의 낮은 곳을 찾아 현장의 소리를 귀담아듣고 이를 정책에 반영하는 소통 능력을 더욱 강화할 계획"이라고 했다.

한편, 불가리아·우크라이나 등 중·동유럽 2개국을 순방 중인 김 총리는 농업·녹색 성장을 포함한 주요 분야 실질협력 증진 방안에 대한 의견 교환, 산업 시설 시찰, 비즈니스 포럼 참석 등의 일정을 소화한 뒤 러시아를 경유해 2일 귀국한다.(윤성원 기자)

소통, 공감
그리고 연대

정부 내
소통

국무총리직의 성공적 수행을 위해 중요한 것은 말할 것도 없이 청와대나 내각과의 소통, 즉 정부 내 소통과 바람직한 관계 정립입니다. 우선 대통령과의 소통은 국무회의, 주례 보고, 각종 회의 등을 통하여 이루어집니다. 그 밖에 비공식 모임 등의 기회도 있습니다. 이런 공식, 비공식의 기회에 대통령과 의견을 나누고 공감대를 형성하는 것입니다. 매주 열리는 주례 보고 때는 총리실이 마련한 주제는 물론 그때그때 필요한 과제에 대해 논의가 이루어집니다. 사안에 따라 관련 수석 등이 배석하여 활발한 토론이 벌어집니다. 국무회의 시작 전에는 스탠딩 티타임을 갖는데, 이때 가볍지만 나름대로 의미 있는 소통이 이루어집니다. 특히 각부 장관들이 잘 활용하기에 좋은 기회입니다. 또한, 회의가 끝난 뒤의 자투리 시간도 활용됩니다.

국무회의는 매주 화요일에 개최되지만 대부분의 안건은 제한된 시간 내에서 형식적으로 처리됩니다. 사전에 차관회의에서 실무적인 검토를 거쳐 이견이 없거나 조정된 안건만이 부의되기 때문입니다. 그래서 토의가 필요한 사안을 제외하고는 토의 없이 처리됩니다. 저는 내각 전체의 활발한 토론이 필요함을 느끼게 되었습니다. 그래서 2, 3개월에 한 번씩 일요일 저녁 6시에 총리 공관에 모여 4시간 동안 난상토론을 벌였습니다. 자기 부처 소관 사항은 물론 타 부처 소관 사항에 대해서도 폭넓은 토론을 통하여 국정 전반에 대하여 공감대를 형성하고 친목도 도모했습니다.

제가 1978년 독일에서 공부할 때 텔레비전에서 내각회의를 하는 모습을 보았습니다. 회의 시작 전 각료 일부는 자리에 앉아 서로 담소를 나누고 있었고, 총리가 들어오자 앉은 채 담소를 계속하며 손을 들어 인사를 하고 총리도 그들의 어깨를 툭 치고 지나가는 모습이었습니다. 당시는 유신 시절로 권위주의식 회의 모습만을 보아 온 저로서는 적잖은 충격을 받았습니다. 저런 분위기 속에서 진정한 토론이 이루어질 수 있겠구나 하고 생각하였습니다.

저는 국가정책조정회의나 각종 위원회를 진행하면서 자유로운 토론이 이루어질 수 있도록 하였습니다. 참석자 모두에게 발언의 기회가 돌아가게 하였습니다. 제가 주관하는 회의나 오찬과 만찬 등 모임에서 아무 말 없이 돌아가는 사람은 없었습니다. 회의장에 먼저 들어가 미리 온 분들과 담소를 나누려 하였으나 쉽지 않았습니다. 비서실에서는 전원이 출석한 뒤에야 입장하도록 했습니다.

한번은 비서실의 제지를 물리치고 미리 들어갔지만 아무도 오지 않아 혼자 우두커니 앉아 있었습니다. 〈연합뉴스〉는 제가 미리 입장

<연합뉴스> 2011. 7. 22.

한 취지를 혼자 앉아 있는 사진과 함께 보도하였습니다.

총리실이나 각 부처는 필요할 때 보통은 장·차관 또는 1급 상당의 실장이 제 사무실이나 공관으로 와서 보고하게 됩니다. 그러나 저는 보고자의 직급을 제한하지 않았습니다. 사안의 필요에 따라 누구라도 보고할 수 있게 하였고 하위 직급자도 함께 올 수 있게 하였습니다. 총리실 구경(?)도 하고 상급자가 보고하는 모습을 보는 것도 좋은 공부가 될 것으로 생각했기 때문입니다. 그리고 보고자의 보고 시간을 제한하지 않았습니다. 나름대로 준비에 따라 보고하는 것을 중간에 자르지 않고 끝까지 들었습니다. 끝까지 듣지 않아도 알 수 있는 내용이라 하여 중단시키면 해당 보고자를 무안하게 하는 것이고, 또 끝까지 듣다 보면 미처 생각지 못했던 새로운 내용을 깨닫게 되기 때문입니다. 그리고 저는 보고와 관련된 질문을 할 때도 보고자의 입장을 배려하였습니다. 보고자의 답변 준비가 부족한 경우라도 당황하거나 무안하지 않도록 배려하였습니다. 질책할 일이 있어도 참았고 칭찬할 일은 참지 않았습니다.

이러한 저의 보고받는 방식은 공직 사회의 사기 앙양에 큰 영향을 주었다고 들었습니다. 덧붙이면 제 방의 문턱을 최대한 낮추고자 노력하였습니다. 필요하면 되도록 누구든 만나는 것을 주저하지 않았습니다. 특히 외빈의 경우 직급이 다소 낮더라도 접견하는 것이 우리 국익에 도움이 되는 경우라 외교부가 판단하여 건의하면 원칙적으로 접견하였고, 또 어느 경우든 예정된 접견 시간을 단 몇 분이라도 넘겨주려고 하였습니다. 외빈에게 만족감을 주어 우리나라에 호감을 갖도록 하기 위함이었습니다.

국익에 도움이 되는 의전, 배려가 있는 의전

총리의 직무 가운데 하나가 외국 손님을 접견하는 일입니다. 공식 회담이라면 논의 주제를 처리하기 위해 필요한 시간 동안 계속되지만, 의례적 접견은 20분 또는 30분을 예정해놓고 진행합니다. 총리급 이하의 외국 손님은 한국 방문 중 총리를 만났다는 자체가 한국 정부로부터 대접을 받았다는 느낌을 갖게 될 것입니다.

총리가 어떤 인사를 접견할 것인지 나름대로 기준을 정해놓고 있지만, 저는 문턱을 낮추어(?) 그런 기회를 많이 주려고 합니다. 그리고 예정된 시간 이상 접견하려고 노력합니다.

얼마 전 어느 외국 손님은 40분 이상이나 만나주어 고맙다고 솔직한 인사를 하였습니다. 이런 조그만 배려가 국익에 도움이 된다고 생각합니다. 일상생활에서도 배려는 가장 중요한 덕목입니다.

저의 출퇴근 시 청사 경비대 과장과 방호실장이 대기하였다가 인사하는 것을 그만두도록 하였습니다. 불규칙할 수밖에 없는 저의 출퇴근에 맞추어 대기한다는 것은 당사자들에겐 어려움일 테니까요. 그래도 지난 금요일에는 그날로 정년퇴직하는 김낙천 방호실장이 저의 퇴근을 기다리고 있었습니다. 서로 덕담을 섞어 작별 인사를 하였습니다.

_2012. 6. 18. 페이스북

생각이 다른 사람과의 소통은 더더욱 필요합니다. 특히 야당과의 소통이 그렇습니다. 그러나 그것이 쉽지는 않습니다. 초대하여도 선뜻 응하지 않기도 합니다. 자신들의 생각보다는 주위의 시선을 의식하는 탓이기도 합니다.

어느 정치인에게서 들은 이야기입니다. 지방에서 대통령이 참석하는 그 지역에 경사스러운 행사가 열려 인근 지역구 야당 의원으로서 행사에 참석하였는데 해당 지역구는 물론 인근 지역구 동료 야당 의원들 모두가 불참했더라는 것입니다. 불참 이유는 여당 대통령에 대한 반감의 표현인 것 같아 씁쓸했다고 합니다. 그런데 서울에 올라와 당사에 들렀더니 많은 동료 선배 의원들이 행사 참석을 비난하더라는 것입니다. 참으로 옹졸한 생각과 처신이라고 개탄하였습니다.

국회 대정부 질문에서 저에게 선비는 곁불을 쬐지 않는데 곁불을 쬐고 있다고 질책하는 야당 의원도 있었습니다. 그래도 저를 선비로 본 모양입니다만, 편 가르기의 전형이었습니다. 저는 곁불을 쬐고 있다고 생각지 않는다고 간단히 답하고 넘어갔습니다. 아무튼, 여야 정

치인들이 자주 만나 비록 다른 생각이라도 교환하는 것이 서로에게,
나라에 도움이 될 것인데 안타깝습니다. 끼리끼리만 모여 파안대소
하는 모습을 보면 저는 우울해집니다.

국민과의 소통
(이슬비 총리, 눈 덮인 휴화산, 중도저파)

    총리와 국민과의 소통은 대부분 언론을 통하여 이루어집니다. 따라서 언론과의 소통이 중요한 것은 너무나 당연합니다. 제 경험으로 언론과의 소통 가운데 우연히 만들어진 작품(?)은 '이슬비 총리'입니다. 취임 100일을 기념하는 〈연합뉴스〉 최이락 기자와의 인터뷰를 마침 해외 출장 중이던 우루과이 몬테비데오의 한 호텔에서 하였습니다. 〈연합뉴스〉 최이락 기자는 저에 대하여 과거 경력에 비추어 볼 때 존재감이나 색깔이 없는 총리라는 지적이 있다고 하면서 어떤 총리로 남고 싶은지 물었습니다. 조금은 서운했지만 옳은 지적이었습니다. 대법관을 포함한 34년의 법관 경력에 감사원장 2년, 그런데도 국민이나 정치권에서의 인지도가 낮은 것이 현실이니까요. 저의 답변은 다음과 같았습니다.

    "존재감이나 색깔이 없는 것이 맞습니다. 그러나 존재감이나 색깔이 없는 것이 나의 존재감이자 색깔입니다. 컬러를 찾으려면 정치적인 발언을 하고, 누구와 싸움도 하고, 국민에게 근사한 말을 하면 얼마든지 가능합니다. 그러나 나는 이슬비 같은 총리가 되겠습니다. 이슬비는 조용히 내리지만 땅속으로 스며들어 대지를 촉촉이 적시고 싹을 틔워 꽃을 피우고 마침내는 열매를 맺게 합니다. 소나기는 시원스럽게 내리지만 때로는 모든 것을 쓸어내버립니다. 나의 작은 노력들이 모여 국민의 이익으로 돌아간다면 그것으로 만족할 것입니다."

저의 이 발언이 언론에 주목되어 어느덧 '이슬비 총리'라는 별명을 갖게 되었고 이것이 저의 업무 수행의 방식 내지 기준이 되었습니다.

그리고 '이슬비 총리'와 짝을 이루는 또 다른 워딩은 '눈 덮인 휴화산'과 '내 마음속의 마그마'입니다. 어느 기자가 저를 마음씨 좋은 할아버지라고 표현하기에 우스개 삼아 "내가 눈 덮인 산으로 보이지만 그 안에는 마그마가 끓고 있는 휴화산과 같습니다. 내 마음속에는 마그마가 끓고 있습니다"라고 대응했습니다. 그 후로 언론에서 곧잘 이슬비와 마그마를 인용하여 저의 업무 스타일을 평가하였고 이것은 국민과 저를 친근하게 만들었습니다.

언론에서 저를 중도저파라고 부르기도 합니다. 이는 제가 광주지방법원장으로 근무할 때인 2004년에 쓴 '중도저파'라는 글에서 연유합니다. 우리 사회가 보수·진보, 좌우로 구분 지어 서로 대립하는 모습이 안타까워 쓴 글입니다. 글의 내용은 다음과 같습니다.

1970년대 후반 독일의 집권당은 좌파로 분류되는 사민당(SPD)이었고 당시 제가 살던 헤센주ﾟ의 집권당도 마찬가지였습니다. 그때 사회주의 내지 좌파라고 하면 어쩐지 좀 꺼림칙한 생각을 갖고 있던 저로서는 사회제도나 운영에 대하여 호기심을 갖고 지켜보았으나 모든 게 합리적이고 자연스러우며 국민의 복지 향상을 위해 진력하는 것을 보고, 물론 애당초의 사회주의에서 변형된 서구 사회주의이긴 하지만, 사회주의라는 것이 고약한 것은 아니구나 하는 생각을 하게 되었습니다. 우파인 기사당(CSU) 측이 집권하고 있는 바이에른 주의 뮌헨에서 공부하는 한국 학생으로부터 우파 정권이 외국인에 대하여 훨씬 까다로워 어려움이 많다는 이야기를 듣고는 사회주의가 더 인간적인 얼굴을 갖고 있는 것이 아닌가 하는 생각도 해보았습니다. 유럽 여러 나라에서 좌우의 정당이 국리민복을 위해 경쟁하면서 번갈아 집권하는 것이 자연스럽게 보였고 양자의 차이는 무게중심의 조그만 이동에 불과하다는 생각도 들었습니다. 인간의 존엄과 가치를 존중하며 이를 지향하는 사회인 것이 분명하다면, 좌인가 우인가 목매어 다툴 일은 아니라는 것을 그때 처음 알았습니다.

지금 우리나라에서는 좌우 이념 논쟁이 심심찮게 벌어지고 있습니다. 국가의 정책은 물론 개인의 성향까지도 어느 한쪽으로 구분하여 밀어 넣어야 직성이 풀리는 듯합니다. 그러나 이것은 부질없는 짓입니다. 원래 우파니 좌파니 하는 말은 프랑스혁명 직후 의회에서 보수적 성향을 띤 의원은 오른편에, 진보적 성향을 띤 의원은 왼편에 자리 잡았기에 생겨난 것이고, 보수 내지 우익은 자유와 성장을 중요시하는 반면 진보 내지 좌익은 평등과 분배에 더 역점을 두는 쪽이었습니다. 그 실천 방법으로 자유주의 내지 자본주의와, 사회주의 내지 공산주의가 경쟁하며 발전하였으나 양자는 스스로 모순에 직면하여 끝없이 진화 발전하면서 서로 수렴하는 과정을 거쳤으나 궁극적으로는 자유주의와 자본주의가 승리하였습니다. 그것은 드러나는 모순을 보다 적극적으로 해결하려는 노력을 기울였기 때문일 것입니다. 그런 의미에서 승리한 자유민주주의와 자본주의는 더욱 겸손해야 합니다. 부단히 변화를 모색하되 극단에 치우쳐서는 아니 될 것입니다. 성장과 분배가 조화를 이루며, 자본가와 노동자가 함께하며, 기존 가치의 존중과 새로운 가치에의 모색이 자연스레 교차하는 사회가 바람직한 사회입니다. 성경 말씀대로 좌로나 우로나 치우치지 말아야 합니다.

그래서 저는 모든 면에서 극단을 싫어합니다. 스스로 중도이기를 원합니다. 중도라 하더라도 중도좌파, 중도우파 중 어느 쪽이냐고 동문東問 한다면 소외계층을 보듬어야 한다고 주장하는 중도저파라고 서답西答할 것입니다. 그리고 기득한 이득에 연연한 우파 특히 극우는 추醜하고, 현실을 무시하고 꿈만 꾸는 좌파 특히 극좌도 철이 없다는 것이 저의 생각입니다.

_2004. 10. 22.

감사원장 때 같은 취지의 강연을 하였더니 어느 극우 단체에서 '극우는 추하다'라는 표현에 불만을 품고 감사원 앞에서 항의 시위를 하였습니다. 코미디 같았습니다. 저는 감사원 간부에게 "잘되었어요, 제가 꼴통 보수가 아닌 것이 증명된 셈이니까" 하고 웃었습니다.

소통과
눈물

| 연평도 포격 도발 1주기 추도식에서 |

⟨조선일보 2011. 11. 24⟩

"됐다, 우산 치우라" — 빗속에서 흐느낀 김 총리

23일 오전 10시 대전 현충원에서는 연평도 포격 도발 전사자 1주기
추모식이 열렸다. 김황식 국무총리 및 유가족과 부대원 등 3,000여
명이 참석했다. 추모식이 시작된 지 10분쯤 후 비가 내리기 시작했
다. 많은 사람들이 우산을 썼다. 김 총리의 경호팀장도 급히 김 총리
에게 우산을 씌웠다. 김 총리는 "됐다, 치우라"고 했다. 김 총리는 전
사자의 부대 동기가 추모시를 낭독할 때는 눈시울이 붉어졌으며 간
헐적으로 어깨가 들썩였다. 옷이 흥건히 젖은 김 총리는 전사자들의
묘역을 찾아 헌화하고 비석을 어루만졌다. 빗물이 얼굴을 타고 내렸

고 눈은 충혈돼 있었다. 김 총리는 "그날의 아픔이 되살아나는 듯해 슬프고 고통스럽다"고 말했다. 김 총리는 40여 분 진행된 추모식 내내 장대비를 맞았다.(조백건 기자)

〈조선일보 2011. 11. 25〉

비 맞는 총리

엊그제 대전 현충원에서 북한의 연평도 포격 도발로 숨진 전사자의 1주기 추모식이 열렸다. 행사 시작 10분 만에 비가 내렸다. 김황식 총리는 경호팀장이 우산을 받쳐주려 하자 "됐다, 치우라"고 했다. 총리는 추모식 40분 내내 장대비를 맞으며 서 있었다. 전사자의 전우들이 추모시를 낭독할 땐 눈시울을 붉혔고 어깨를 들썩였다. 총리는 옷이 흥건히 젖은 채 희생 장병의 묘역을 찾아 비석을 어루만졌다.

2002년 서해교전으로 해군 6명이 전사한 뒤 4년 동안 추모식에 총리가 참석한 적이 없었다. 2006년 한명숙 총리가 유가족을 공관으로 초청했지만 유족들은 정부의 무관심에 항의해 한 명도 가지 않았다. "이래서야 누가 나라에 목숨을 바치겠느냐"는 소리가 컸고, 추모식은 2008년에야 정부 행사로 격상됐다. 추모식은 꼭 거창하지 않아도 된다. 중요한 것은 그 추모식 분위기에서 배어나는 진심이다. 김황식 총리가 우산을 받지 않고 장대비를 맞는 모습 자체가 그 어떤 추모사보다 더 따뜻한 마음으로 젊은 병사들의 희생을 감싸 안았다. 침묵의 언어란 바로 이런 것이다.(박해현 논설위원)

〈중앙일보 2011. 11. 25〉

장대비 맞은 김황식 총리가 준 감동

23일 오전 대전 국립현충원에선 김황식 국무총리와 한나라당 박근혜 전 대표 등이 참석한 가운데 '연평도 포격 도발 전사 장병·희생자 1주기 추모식'이 열렸다. 행사가 시작된 지 10분쯤 뒤엔 하늘이 흐려지면서 비를 뿌렸다. 빗줄기는 금세 굵어져 장대비로 바뀌었고, 기온은 뚝뚝 떨어졌다. 참석자들이 우산을 쓰기 시작하자 총리실 경호팀장도 김 총리 머리 위로 우산을 펼쳐 들었다. 김 총리는 "괜찮다. 치우라"고 했다. 그러고는 행사가 끝날 때까지 30분가량 고스란히 비를 맞았다. 추모식장에서뿐 아니라 전사자들의 묘역을 찾아 헌화를 했을 때도 비를 피하지 않았다. 빗물이 얼굴을 타고 흘러내리고, 빗물에 옷이 흥건하게 젖었음에도 김 총리의 행동엔 흐트러짐이 없었다고 한다.

그런 그를 보고 고 문광옥 일병의 부친인 문영조 씨는 "진정성을 느낄 수 있었다"고 했다. 문 씨는 통화에서 "비가 많이 내린 데다 날도 몹시 추웠는데 총리는 개의치 않고 진심으로 희생자들을 추모하고 유가족들의 아픔과 고통을 함께 나누려는 모습을 보였다"며 "다른 지도자들도 본받으면 좋겠다"고 말했다.

김 총리는 추도사에서 "오늘 이 자리에 서니 그날의 아픔이 되살아나는 듯 슬프고 고통스럽기 그지없다"고 했다. 이 말이 진심임을 그는 행동으로 보여줬다. 문 씨가 "총리의 언행에서 위로를 받았다"고 한 건 감동을 느꼈기 때문일 것이다. 일부 네티즌이 "쇼라고 해도 보기 좋았다"고 한 건 김 총리처럼 처신한 정부 고위층을 별로 보지 못했기 때문일 것이다.

김황식 국무총리가 23일 대전 현충원에서 열린 연평도 포격도발 전사자 1주기 추모식에서 희생 장병의 묘지에 헌화하고 있다.   연합뉴스

"됐다, 우산 치우라"… 빗속에서 흐느낀 金총리

연평도 전사자 1주기서
40분 내내 장대비 맞아

23일 오전 10시 대전 현충원에서는 연평도 포격도발 전사자 1주기 추모식이 열렸다. 김황식 국무총리 및 유가족과 부대원 등 3000여명이 참석했다. 추모식이 시작된 지 10분쯤 후 비가 내리기 시작했다. 많은 사람들이 우산을 썼다. 김 총리의 경호팀장도 급히 김 총리에게 우산을 씌웠다. 김 총리는 "됐다, 치우라"고 했다. 김 총리는 전사자의 부대 동기가 추모사를 낭독할 때는 눈시울이 붉어졌으며 간헐적으로 어깨가 들썩였다. 옷이 흥건히 젖은 김 총리는 전사자들의 묘역을 찾아 헌화하고 비석을 어루만졌다. 빗물이 얼굴을 타고내렸고 눈은 충혈돼 있었다. 김 총리는 "그날의 아픔이 되살아나는 듯해 슬프고 고통스럽다"고 말했다. 김 총리는 40여분 진행된 추모식 내내 장대비를 맞았다.   **조백건 기자**

〈조선일보〉 2011. 11. 24.

추모식에 민주당 지도부는 모습을 드러내지 않았다. 안희정 충남지사만 참석했을 뿐 손학규 대표나 정동영·정세균 최고위원 등 민주당을 이끄는 이들의 얼굴은 보이지 않았다. 민주당이 북한의 연평도 포격 도발 1주년과 관련해 이날 한 일은 대변인도 아닌 부대변인 이름의 논평 하나를 발표한 게 전부다. "군은 당시 북의 기습 공격에 허둥대던 것을 교훈 삼아 주도면밀한 대비 태세를 갖출 것을 당부한다. 북한도 다시는 무모한 도발을 감행하지 말 것을 엄중히 경고한다"는 내용이다. 김 총리와 민주당의 태도는 비교가 된다. 진정성에 차이가 있기 때문이다.

저는 국민과의 소통이 중요하다고 생각하여 되도록 현장을 찾거나 초대하여 국민의 목소리를 들으려 노력하였으나 소통을 위한 소통은 하지 않았습니다. 업무 수행 가운데 자연스럽게 그런 기회를 만들거나 만들어졌습니다. 마주 앉지 않더라도 소통은 이루어집니다. 소통한다는 것은 공감한다는 의미입니다. 상대방의 존재를 인정하는 것입니다. 의식하지 아니한 자연스러운 소통이 뜻밖의 결과를 가져오는 경우를 적지 않게 경험하였습니다.

그 하나가 2011년 11월 23일, 대전 현충원에서 열린 연평도 포격 도발 전사자 1주기 추도식이었습니다. 추도식 시작 전에는 잔뜩 찌푸린 날씨였지만 비는 내리지 않았습니다. 근처에 자리 잡은 유족들은 1년이 지났지만 고통스러워하는 기색이 역력했습니다. 저도 안타깝고 울적했습니다. 추도식 중간에 비가 내리기 시작했습니다. 사람들은 웅성거리며 우산을 챙겨 쓰거나 비옷을 입느라 부산해졌습니다. 제 뒤에 앉아 있던 경호원이 우산을 펼쳐 씌워주었습니다. 순간, 저는 "괜찮아, 우산 치워줘"라고 말했습니다. 엄숙한 행사의 주재자인 제가 우산을 챙겨 쓴다는 것은 옳지 않다고 생각했습니다. 오히려 그대로 비를 맞는 것이 도리라고 생각했습니다. 그것이 희생자들을 추모하고 유족들의 아픔에 함께하는 것이라고 생각했습니다. 이어진 전사자 묘역 참배도 비를 맞으며 진행하였습니다. 그 자리에서 그저 마음이 이끄는 대로 했을 뿐입니다. 그런데 이 일이 언론에 보도되면서 큰 반향을 불러일으켰습니다. 이 장면이 언론에 보도되리라고는 꿈에도 생각하지 않았습니다. 일부 네티즌은 "쇼라고 해도 좋다"라고 했습니다. 당연히 쇼는 아니었습니다. 〈중앙일보〉는 사설에서 사진과 함께 이 일을 다루었습니다. 사설에 사진이 함께 실린 것은 이례적이었습니다.

| 순직 소방관 빈소에서 |

〈동아일보 2011. 12. 6〉
"아빠는 소방관" 씩씩한 아홉 살에 눈물바다

4일 오후 서울 종로구 삼청동 국무총리 공관 근처의 교회에서 예배를 마친 김황식 국무총리는 점심 식사를 한 뒤 조용히 차에 올랐다. 그는 예고 없이 경기 평택시 가구 전시장 화재 진압 중 숨진 이재만 소방위와 한상윤 소방장의 빈소로 향했다. 소방방재청 등 관계 기관은 물론이고 총리실 내부에도 알리지 않았다. 수행비서와 경호원 2명만 김 총리를 따랐다. 총리실 관계자는 "김 총리가 엄숙히 애도를 표해야 할 자리를 번잡하게 만들지 않으려 했던 것 같다"고 말했다.

빈소인 평택시 중앙장례식장에 도착한 김 총리는 유족들의 손을 일일이 잡으며 "좋은 일 하다가 돌아가셨는데 용기 잃지 말고 꿋꿋하게 살아달라"고 위로했다. 이 소방위의 둘째 아들 지호 군(9)에게는 "아버지가 뭐 하시는 분이었는지 아느냐"고 물었다. 아버지의 죽음을 실감하지 못한 어린 아들은 "소방관"이라고 힘차게 대답했다. 이 장면을 지켜보던 주변 사람들은 안타까운 마음에 눈물을 감추지 못했고 장례식장은 울음바다가 됐다고 한 관계자가 전했다. 김 총리는 "생명을 지키는 일을 하다 돌아가신 것을 절대 잊지 마라"고 당부했다.

소방관·군인·경찰 등 '제복 입은 사람들(MIU, Men In Uniform)'에 대한 김 총리의 애정과 관심은 각별하다. 김 총리는 5일에는 서울지방경찰청 기동본부를 방문해 경찰관과 전의경들을 위로했다. 그는 "총리실에서 광화문광장을 내려다보면 비가 오는데도 전·의경들이 대오를 지어 시위에 대비하는데 안타까움을 금할 수 없다"고 토로했다.(장태동 기자)

평택에서 화재 진압 중 순직한 두 분의 소방관 빈소를 찾아간 일이었습니다. 2011년 12월 4일 일요일 아침 제 마음속에는 순직한 소방관 빈소를 찾아가고 싶은 생각이 가득하였습니다. 신문에서 본 순직 소방관의 어린 아들이 눈에 밟혔기 때문입니다. 전날 비서실에 조문 가고 싶다고 했더니 의전 기준상으로는 조의금만을 전달하면 족하다고 하여 그렇게 하기로 하였습니다. 그러나 마음속에는 '가야 하는데, 가고 싶은데' 하는 생각이 떠나지 않았습니다. 그래서 아침에 공관 앞에 있는 삼청교회에서 예배 보던 중 다녀오기로 마음먹었습니다. 공식적으로 간다면 사무차장, 공보실장, 의전관 등이 수행해야 하는 행사가 되고 맙니다. 다들 집에서 쉬고 있을 분들을 불러내는 것도 도리가 아니고 번거로운 일이라 생각했습니다. 그래서 당직 경호원과 수행비서만을 대동하고 갔습니다. 빈소에서 만난 소방관의 아홉 살 아들을 보자 가슴이 턱 막히는 느낌이었습니다. 할 말을 잃고 있다가 "아빠가 어떤 분이신지 아니?"라고 묻자 "소방관입니다"라고 씩씩하게 대답하였습니다. 저는 "그래, 아빠는 남을 위해 애쓰시다가 돌아가셨으니 자랑스럽게 생각해야 한다. 너도 아빠처럼 훌륭한 사람이 되어야 한다"라고 위로하였습니다. 그런데 다음 날 공보실에서 주말 사이의 언론 보도를 챙겨 보다가 전날 빈소에서 찍힌 저의 사진을 보고 깜짝 놀라 어찌 된 경위인지 조사를 하였고, 이런 일

조용히 찾아가 어린 상주 손 잡은 김황식 총리

의전팀 몰래 순직소방관 조문

일요일인 4일 서울 삼청동 총리공관 주변 교회에서 예배를 마친 김황식 국무총리는 근처 식당에서 수행비서, 경호원 2명과 함께 된장찌개를 먹었다. 점심을 마친 김 총리는 "평택의 소방관 빈소로 가자"며 차에 올라탔다.

당황한 경호원들이 총리실 의전관과 경호팀에 이 사실을 알리려 하자 김 총리는 "알리지 마라. 조용히 조문(弔問)하고 싶다"고 했다. 총리가 움직이면 으레 총리실 고위 간부들과 의전관이 수행하고, 경호차량도 3~4대 따라붙는다.

김 총리는 앞서 이날 오전 이재만(39) 소방위와 한상윤(31) 소방장이 평택 서정동 가구전시장 화재를 진압하다 숨진 사건을 보고받았다. 김 총리는 곧바로 수행비서에게 전화를 걸

연합뉴스
김황식 국무총리가 4일 평택 가구전시장 화재로 순직한 고(故) 이재만 소방위와 한상윤 소방장의 빈소를 찾아, 이재만 소방위 아들의 손을 어루만지고 있다.

어 "오늘 평택에 다녀오려 한다. 아무에게도 알리지 마라. 조용히 혼자 가고 싶다"고 했다고 한다.

오후 2시쯤 평택 장당동의 합동분

향소에 도착한 김 총리는 유족들의 손을 붙잡고 위로했다. 김 총리는 숨진 이재만 소방위의 아들(9)에게 "아버지가 뭐 하시는 분이신지 아니?"라고 물었다. 아들이 "소방관"이라고 답하자 주변에서 오열이 터져 나왔고, 김 총리의 눈시울도 붉어졌다.

총리실 간부들은 김 총리의 '잠행'을 다음날인 5일 알게 됐다. 총리실 관계자는 "출근해서 총리실 관련 언론 보도를 살펴보다가 총리가 전날 빈소에서 찍힌 사진을 보고 깜짝 놀랐다"고 했다. 이 관계자는 "총리를 수행하는 의전실에서도 이 사실을 전혀 모르고 있었다"고 했다.

또 다른 총리실 관계자는 "간부들이 '왜 그리 조용히 가셨느냐'고 묻자 김 총리는 '조문 가는데 다 따라갔으면 유족들이 불편했을 것'이라고 하더라"고 전했다.

조백건 기자 loogun@chosun.com

〈조선일보〉 2011. 12. 6.

까지도 언론에 알려지게 되었습니다.

| 파라과이 한국학교에서 |

〈동아일보 2011. 1. 6〉

울어버린 김 총리

남미를 순방 중인 김황식 국무총리가 4일 오전(현지 시간) 파라과이의 한국학교를 방문한 자리에서 눈물을 보였다.

김 총리는 이날 오전 10시 30분경 파라과이의 수도 아순시온에 있는 한국학교를 방문했다. 김 총리는 학교를 둘러본 뒤 학생들의 학예회와 재롱잔치 장면이 담긴 비디오를 시청했다. 아이들은 한국의 전통 무용과 태권도 시범을 선보였고 한국 노래도 불렀다.

비디오 시청이 끝나고 인사말을 해야 할 김 총리는 아무 말이 없었다. 그는 조용히 손수건을 꺼내 눈물을 닦았지만 울음은 한동안 계속됐다. 김 총리를 수행한 총리실 직원들과 현지 교직원들의 눈에도 눈물이 고였다.

잠시 후 김 총리는 울먹이는 목소리로 "이역만리에서 교사들과 학생, 학부모가 합심해서 한민족의 정체성을 유지하는 것도 대단한데, 뜻을 모아 자녀들을 멋지게 키워 나가신 데 대해 다시 한번 감사드린다"고 말했다. 이어 "정체성 유지와 함께 파라과이 사회의 구성원으로서 당당하게 살아갈 수 있도록 하는 데도 소홀하지 않아야 한다"며 "정부도 재외동포, 특히 한국학교 지원을 위해 노력하겠다"고 약속했다.

파라과이 한인학교서 학예회 비디오 보다가…

"한민족 정체성 지키며 아이들 잘 키워 감사"

울어버린 김총리

남미를 순방 중인 김황식 국무총리가 4일 오전(현지 시간) 파라과이의 한국학교를 방문한 자리에서 눈물을 보였다.

김 총리는 이날 오전 10시 30분경 파라과이의 수도 아순시온에 있는 한국학교를 방문했다. 김 총리는 학교를 둘러본 뒤 학생들의 학예회와 재롱잔치 장면이 담긴 비디오를 시청했다. 아이들은 한국의 전통무용과 태권도 시범을 선보였고 한국 노래도 불렀다.

비디오 시청이 끝나고 인사말을 해야 할 김 총리는 아무 말이 없었다. 그는 조용히 손수건을 꺼내 눈물을 닦았지만 울음은 한동안 계속됐다. 김 총리를 수행한 총리실 직원들과 현지 교직원들의 눈에도 눈물이 고였다.

잠시 후 김 총리는 울먹이는 목소리로 "이국만리에서 교사들과 학생, 학부모가 합심해서 한민족의 정체성을 유지하는 것도 대단한데, 뜻을 모아 자녀들을 멋지게 키워나가신 데 대해 다시 한 번 감사드린다"고 말했다. 이어 "정체성 유지와 함께 파라과이 사회의 구성원으로서 당당하게 살아갈 수 있어야 하는 데도 소홀하지 않아야 한다"며 "정부도 재외동포, 특히 한국학교 지원을 위해 노력하겠다"고 약속했다.

1992년 문을 연 이 학교에는 유치원생과 초등학생 76명이 재학 중이며 한국어로 수업을 진행한다. 학생들은 대부분 교민과 현지주민 사이에서 태어난 아이들이다. "교민들이 자녀들에게 한국인의 정체성을 심어주기 위해 이 학교에 보내는 것"이라고 총리실 관계자는 설명했다.

김 총리는 이어 교민간담회에 참석해 "어렵고 고단한 가운데 초등학교를 훌륭히 운영하는 상황에서 어린이들의 학예회 장면을 보자 가슴이 벅차올랐다"고 토로했다.

1962년 한국과 수교한 파라과이는

김황식 국무총리가 4일(현지 시간) 파라과이 아순시온의 한국학교에서 재학생들의 학예회, 재롱잔치 등이 담긴 영상물을 보다가 전통악기를 연주하는 대목에서 눈물을 흘리고 있다. 아순시온=연합뉴스

1965년부터 한국인 농업이민을 받아줬다. 지금까지 파라과이를 거쳐 간 한인은 약 20만 명에 달하는 것으로 추산되며, 현재 5000여 명이 거주하고 있다. 파라과이의 1인당 국내총생산(GDP)은 2350달러에 불과해 교민들도 대부분 어렵게 생계를 유지하고 있다.

김 총리는 한국이 어려웠던 시절에 외국에 나가 고생한 사람들에게 각별한 마음을 갖고 있다고 총리실 관계자는 전했다. 김 총리는 지난해 9월 30일 국회 인사청문회에서 파독(派獨) 광원과 간호사 이야기가 나오자 "그들의 임금을 담보로 차관을 얻고 그것을 종잣돈으로 이 나라를 부유하게 만들었는데 그 사람들을 잊을 수 있겠는가"라며 눈물을 보였다.

김 총리는 남미 순방을 마치고 귀국 직후인 13일 파독 광원과 간호사로 일하다 귀국한 20여 명을 총리공관으로 초대해 오찬을 함께할 예정이다.

아순시온=연합뉴스
장택동 기자 will71@donga.com

〈동아일보〉 2011. 1. 6.

1992년 문을 연 이 학교에는 유치원생과 초등학생 76명이 재학 중이며 한국어로 수업을 진행한다. 학생들은 대부분 교민과 현지 주민 사이에서 태어난 아이들이다. "교민들이 자녀들에게 한국인의 정체성을 심어주기 위해 이 학교에 보내는 것"이라고 총리실 관계자는 설명했다.

김 총리는 이어 교민 간담회에 참석해 "어렵고 고단한 가운데 초등학교를 훌륭히 운영하는 상황에서 어린이들의 학예회 장면을 보자 가슴이 벅차올랐다"고 토로했다.

1962년 한국과 수교한 파라과이는 1965년부터 한국인 농업이민을 받아줬다. 지금까지 파라과이를 거쳐 간 한인은 약 20만 명에 달하는 것으로 추산되며, 현재 5,000여 명이 거주하고 있다. 파라과이의 1인당 국내총생산(GDP)은 2,350달러에 불과해 교민들도 대부분 어렵게 생계를 유지하고 있다.

김 총리는 한국이 어려웠던 시절에 외국에 나가 고생한 사람들에게 각별한 마음을 갖고 있다고 총리실 관계자는 전했다. 김 총리는 지난해 9월 30일 국회 인사청문회에서 파독 광원과 간호사 이야기가 나오자 "그들의 임금을 담보로 차관을 얻고 그것을 종잣돈으로 이 나라를 부유하게 만들었는데 그 사람들을 잊을 수 있겠는가"라며 눈물을 보였다.

김 총리는 남미 순방을 마치고 귀국한 직후인 13일 파독 광원과 간호사로 일하다 귀국한 20여 명을 총리 공관으로 초대해 오찬을 함께할 예정이다. (장택동 기자)

2011년 1월 남미 파라과이를 방문했습니다. 그곳 한국학교를 찾았을 때 학교 측에서 얼마 전에 개최된 학예회 영상을 보여주었습니다. 색동옷을 입은 작은 아이들의 재롱부터 큰 아이들의 태권도 시범까지 다양한 공연 내용이 담겨 있었습니다. 파라과이는 1960년대 우리보다 훨씬 잘사는 나라인지라 우리나라 사람들이 농업이민을 갔던 곳입니다. 그러나 지금은 우리가 훨씬 잘살고 있습니다. 많은 사람이 미국 등지로 빠져나갔지만 그대로 주저앉아 열악한 환경 속에서 살고 있는 그들이 조금 안쓰러운 생각도 들었습니다. 학예회 영상을 보고 있노라니 많은 교민, 선생님과 학생들이 지구 반대편 멀리 떨어진 조국을 그리워하며 함께 준비하는 모습이 떠올랐습니다. 모두 모여 명절을 준비하던 우리네 옛적 그 모습입니다. 동영상이 끝나고 제가 인사말을 할 차례가 되었습니다. 그런데 갑자기 목이 메어 말을 할 수 없었습니다. 침묵의 순간이 길어졌습니다. 사람들이 의아해하며 저를 쳐다보았습니다. 제 감정을 들키지 않고 인사말을 하여야 한다고 다짐하는 순간 울음이 터져 나왔습니다. 가까스로 마음을 추스른 뒤 다음과 같은 요지로 말을 이었습니다.

"이역만리 어려운 환경 속에서 서로 도우며 살아가는 여러분 감사합니다. 더욱이 우리 아이들이 조국을 잊지 않도록 잘 교육해주셔서 더욱 고맙습니다. 앞으로 서로 단합하여 잘 살아가시기 바랍니다. 대한민국도 여러분을 잊지 않고 도울 것입니다."

교민들이 구입한 운동장에 하우스를 건축해 달라는 요청을 받았지만, 즉각 수용하지 못하고 돌아온 것이 지금도 아쉽고 미안한 일로 남았습니다.

| 파독 광부·간호사 초청 행사에서 |

〈조선일보 2011. 1. 14〉

"여러분이 바로 'G20 세대'의 원조"

"여러분의 국가에 대한 헌신, 가족에 대한 사랑이 있었기에 오늘날 대한민국이 있다고 생각합니다."(김황식 총리)

"1963년 파독 이후 이런 자리가 47년 만에 처음 마련됐습니다. 감사드립니다."(김태우 한국파독광부 총연합회 회장)

김황식 국무총리가 13일 1960~70년대 외화 벌이를 위해 독일에 파견됐던 광부와 간호사 출신 인사 23명을 서울 삼청동 총리 공관으로 초청해 오찬을 함께했다. 김 총리는 "여러분은 우리나라가 1달러가 아쉬울 때 만리타국에서 열심히 일해 번 돈을 아껴서 송금했다"며 "우리가 작년에 수출 4,700억 달러를 달성하며 발전한 것은 기적이 아니다. 여러분의 희생과 헌신이 바탕이 된 것"이라고 말했다. 김 총리는 "요즘 국가에 대한 자긍심을 가지고 외국으로 진출하는 20대를 'G20 세대'라고 하는데, 여러분이 이들의 원조이자 대선배인 셈"이라고 했다. "여러분의 공로가 잊히지 않도록 정부가 노력하겠다"고도 했다.

참석자들은 "나와 내 가족을 위해 일했을 뿐인데 국가 발전에 기여하게 돼 자부심과 감사의 마음을 갖고 있다(간호사 출신)", "이제 우리나라도 다민족·다문화 국가가 되고 있으니 우리가 외국에 도움을 줄수 있도록 돕고 싶다(광부 출신)"고 답했다. 파독 광부·간호사는 현재 독일과 미국·캐나다 등에도 상당수 흩어져 있다. 국내에는 1,000명가량 거주하는 것으로 추정된다. 연합회 권이종 부회장은 "국내에서 연락 가능한 회원 450명 중에는 생활이 어려워 회비 1만 원을 못 내는 이도 있다"고 전했다.

김 총리가 이날 역대 대통령·총리 중 처음으로 이런 자리를 마련한 것은 그 스스로가 70년대 독일 유학 시절 이들을 직접 만났던 인연 때문이다. 그는 판사 시절 펴낸 책에서도 "파독 광부·간호사들의 나라 사랑을 우리 역사의 자산으로 남겨야 한다"고 했다. 김 총리는 지난해 인사청문회에서 이 일이 거론되자 "국가 발전에 헌신한 분들의 공로가 잊히지 않도록 정부가 노력하겠다"고 말하다가 눈물을 흘려 화제가 됐다. 한편, 이날 오찬엔 평소 파독 광부·간호사 후원에 관심을 가져온 한나라당 이정현 의원이 김 총리의 초청으로 참석했다.(정시행 기자)

국무총리 인사청문회 때 이정현 의원이 독일로 간 광부, 간호사들에 관하여 제가 쓴 글(광주지방법원 재직 시 '지산통신'에 쓴 글)을 읽고 이를 언급하며 질의하였을 때, 저도 모르게 눈물을 머금고 우리는 그들의 희생과 나라 사랑, 가족 사랑의 마음을 잊어서는 안 된다고 답변하였습니다. 다른 사람들에게는 참 뜬금없는 눈물이었을 것입니다. 그러나 독일 유학 시절 만나고 경험했던 그들에 대한 사연들을 알고 있는 저에게는 결코 뜬금없는 눈물이 아니었습니다. 총리 취임 후 이제는 은퇴하여 노년이 된 광부, 간호사분들을 공관으로 초청하여 오찬을 대접하며 그들을 격려하였습니다. 어느 간호사 한 분은 자기는 외국 나가기 어려운 시절에 서독에서 돈도 벌고 여행도 하며 즐겁게 지냈는데 이렇게 애국하였다고 칭찬해주니 너무 고맙다고 말하여 참 솔직하고 겸손한 분이라고 생각하였습니다. 이정현 의원은 저보다 더 열심히 이들을 도왔던 것으로 기억합니다.

또 이애주 의원은 사회학 등 여러 분야 교수님과 팀을 이루어 파독 간호사 사업의 내용과 성과 등을 분석한 보고서를 내놓았습니다. 우리가 잊어서는 안 되는 역사의 값진 기록물입니다.

파독 간호사에 대한 어떤 보고서

이애주 국회의원께서 '파독 간호 평가사업 최종 보고서'를 보내주셨습니다. 사회학 등 여러 분야의 교수님과 팀을 이루어 2년간 자료를 수집하고 분석한 결과물입니다.

1966년부터 1977년까지 1만여 명의 간호사가 서독으로 파견된 경위, 그들의 헌신과 노고가 한국 경제 발전에 기여한 내용, 성실한 전문직으로서 독일 사회 내에서 한국인의 위상을 높인 부수 효과 등을 담았습니다.

"처음 프랑크푸르트에 내릴 때 모두 한복을 입고 내렸지요. 남산타워 같은 곳에 갔는데 우리 테이블에 태극기를 꽂아주는 거야. 그때 모두 울었어요."

"저는 아이들 네 명과 남편을 두고 갔어요. 화장실 가서 울고 방에서 울고 매일 울었어요."

위와 같은 생생한 인터뷰 내용도 많이 담았습니다.

40~50년 전 대한민국 딸들의 가엾고도 자랑스러운 모습이었습니다. 흘러가는 세월 속에서 점차 잊히는 파독 간호사들에 대한 고마움을 되새기고 이들을 위로, 배려하여야 함을 일깨우는 계기를 만든 보

고서임이 틀림없습니다.

2011. 8. 29. 페이스북

| 서울 소년원에서 |

〈동아일보 2011. 12. 17〉
'울보' 김황식

'김황식 국무총리는 울보?'

김 총리가 또 눈물을 보였다. 16일 경기 의왕시 서울소년원을 방문한 자리에서다. 김 총리는 원생들을 격려하다 마침 강당에서 연습을 하고 있던 합창반을 찾아갔다. 소년원생들이 들려준 곡은 드라마 〈첫사랑〉의 주제곡인 '포에버forever'. 애절한 멜로디를 듣던 김 총리의 눈자위는 어느새 붉어졌다. 그는 "여러 어려움 때문에 성장통을 앓고 있지만 희망과 꿈, 자신감을 잃지 말아야 한다"고 당부했다.

김 총리는 눈물을 자주 보인다. 이달 4일엔 화재 진압 중 숨진 소방관들의 빈소에 경호팀 없이 조용히 찾아가 순직자의 어린 아들을 위로하다 눈가를 붉혔고, 지난달 23일 연평도 포격 도발 1주년 추도식에서는 우산도 없이 장대비를 맞으며 한참 눈물을 흘렸다. 올해 1월 파라과이 아순시온의 한국학교를 방문한 자리에서는 어린이들의 전통 악기 연주 등을 보다 손수건으로 눈물을 닦으며 울음을 쉽게 그치지 못했다. 지난해 9월 국회 인사청문회에서는 파독 광원과 간호사에 대한 질문이 나오자 "어찌 그 사람들을 잊을 수 있겠냐"며 울먹였다.

30년 넘게 판사로 재직하다 감사원장을 지낸 김 총리는 논리적이고 냉철하다는 평가를 받는다. 그러나 지인들은 "김 총리는 누구보다 가슴이 따뜻한 사람"이라고 한다. 그가 눈물을 흘린 곳은 국가를 위해 희생한 이들, 사회에서 상처받은 이들 앞에서란 점에서 눈물은 많지만 가볍지 않다는 평가가 나온다. '소통과 위안의 아이콘'이란 별칭도 붙었다. 여권 관계자는 "불통 이미지를 갖고 있는 MB 정부에 따뜻한 소통 이미지의 김 총리가 있다는 건 다행"이라고 했다.(장택동 기자)

서울 소년원을 방문하였습니다. 소년원은 범죄를 저지른 소년들을 형사처벌하는 대신에 교화하는 시설입니다. 그러나 구금되어 가족과 떨어져 지내야 하기 때문에 본인이나 가족들이 고통스럽기는 마찬가지입니다. 부모들이 찾아와 소년원생과 정을 나누며 숙박도 함께

'울보' 김황식

소방관 빈소 이어 소년원생 합창 듣다 또 눈물

'김황식 국무총리(사진)는 울보?'
김 총리가 또 눈물을 보였다. 16일 경기 의왕시 서울소년원을 방문한 자리에서다. 김 총리는 원생들을 격려하다 마침 강당에서 연습을 하고 있던 합창반을 찾아갔다. 소년원생들이 들려준 곡은 드라마 '첫사랑'의 주제곡인 '포에버'. 애잔한 멜로디를 듣던 김 총리의 눈자위는 어느새 붉어졌다. 그는 "여러 어려움 때문에 성장통을 앓고 있지만 희망과 꿈, 자신감을 잃지 말아야 한다"고 당부했다.
김 총리는 눈물을 자주 보인다. 이달 4일엔 화재 진압 중 숨진 소방관

들의 빈소에 경호팀 없이 조용히 찾아가 순직자의 어린 아들을 위로하다 눈가를 붉혔고, 지난달 23일 연평도 포격도발 1주년 추도식에서는 우산도 없이 장대비를 맞으며 한참 눈물을 흘렸다. 올해 1월 파라과이 아순시온의 한국학교를 방문한 자리에서는 어린이들의 전통악기 연주 등을 보다 손수건으로 눈물을 닦으며 울음을 쉽게 그치지 못했다. 지난해 9월 국회 인사청문회에서는 파독(派獨) 광원과 간호사에 대한 질문이 나오자 "어찌 그 사람들을 잊을 수 있겠냐"며 울먹였다.

30년 넘게 판사로 재직하다 감사원장을 지낸 김 총리는 논리적이고 냉철하다는 평가를 받는다. 그러나 지인들은 "김 총리는 누구보다 가슴이 따뜻한 사람"이라고 한다. 그가 눈물을 흘린 곳은 국가를 위해 희생한 이들, 사회에서 상처받은 이들 앞에서란 점에서 눈물은 많지만 가볍지 않다는 평가가 나온다. '소통과 위안의 아이콘'이란 별칭도 붙었다. 여권 관계자는 "불통 이미지를 갖고 있는 MB 정부에 따뜻한 소통 이미지의 김 총리가 있다는 건 다행"이라고 했다. 장택동 기자 will71@donga.com

〈동아일보〉 2011. 12. 17.

할 숙소도 마련되어 있습니다. 그곳에서 부모와 자식이 나눌 이야기와 그들의 심정을 헤아려보면 그곳은 희망의 장소이기도 하지만 안타까운 장소이기도 합니다. 그 밖에 직업훈련, 취미·교양 활동 시설들을 둘러보며 나라가 이들을 착한 시민으로 길러내고 이곳에서의 생활이 상처로 남지 않도록 정부가 더욱 노력해야 한다는 이야기를 동행한 권재진 법무부 장관과 나누었습니다. 떠나올 무렵 소년원 합창단이 '유 레이즈 미 업You Raise Me Up'등 희망을 담은 노래를 들려주었습니다. 다시 눈물이 고여 왔습니다. 이 순간도 기자의 눈을 피할 수는 없었습니다. 이 글을 쓰는 순간 너무 일찍 세상을 뜬 권재진 장관이 생각납니다. 그가 그립습니다.

| 해외 건설 플랜트의 날 기념식에서 |

〈아시아경제 2012. 11. 14〉

총리의 눈물

"공부 열심히 하세요…." 13일 오후 서울 논현동 건설회관. 김황식 국무총리가 '2012 해외 건설·플랜트의 날' 기념식에서 어린 소녀에게 나지막이 말을 건넸다. 그러고는 눈물을 애써 참으려는 듯 표정이 일그러졌다. 소녀에게, 또 행사장에 모인 내빈들에게 들키지 않으려는 의지 같았다. 짧은 한마디를 건네고 나서 총리는 한동안 감정을 추스리느라 말을 잇지 못했다.

그 소녀는 지난 6월 이역만리에서 목숨을 잃은 건설인의 딸이었다. 총리는 페루 댐 건설 공사의 사전 조사를 위해 헬기를 타고 나섰다 목숨을 잃은 고 김효준 삼성물산 부장에게 동탑 산업훈장을 추서했다. 훈장을 딸 김윤수 양(16세)이 대신 받으러 나오자 애잔한 심경을 숨기지 못한 것이다.

이날 기념식에선 사고 당시 함께 목숨을 잃은 7명의 해외 건설 역군에 대한 훈·포장도 함께 추서됐다. 시상대에는 고인들을 대신해 딸, 아들, 아내 등이 각각 올랐다. 고인들의 이름이 불릴 때마다 장내는 숙연해졌다.

포상 후 이어진 치사에서 김 총리는 슬픔이 가시지 않은 듯 떨리는 목소리로 "수상자들께 축하의 말씀을 드린다"면서, "해외 건설은 우리 경제의 원동력이라 해도 과언이 아닐 정도로 경제가 위기에 처할 때마다 위기 극복의 일등 공신 역할을 했다"고 강조했다.

김 총리와 헬기 사고 유족들의 만남은 지난 6월 페루 헬기 사고 사망자 합동 분향소에 이어 이번이 두 번째다. 분향소에서는 '대한민국을 위하여 희생하신 임들을 우리는 영원히 기억할 것'이라고 방명록에 적으며 희생자들의 넋을 기리기도 했다.

총리의 눈물 섞인 진정성에 참석한 건설 인사들은 함께 목이 멘 듯했다. 한 참석자는 "수많은 역경 속에서도 묵묵히 초대형 프로젝트를 완성하며 국부를 쌓는 데 공헌했으나 국내에서는 혹독한 저평가를 받아 왔다"며 "총리의 진심 어린 표정에 다시 용기를 얻었다"고 말했다. 희생 속에 핀 '해외 건설 5천억 달러 달성'이라는 금자탑이 더욱 빛날 수 있도록 치열한 해외 경쟁에 나서는 이들을 위한 정부의 역할이 더 절실해지는 대목이다.(이민찬 기자)

세계 7대 해외 건설 강국 대한민국!

우리나라가 해외 건설에 처음 뛰어든 것은 1965년으로, 47년 만인 올해 그동안 수주 누계가 5천억 달러를 돌파하였습니다. 특히 지난 4년 동안 2,275억 달러를 수주하여 세계 7대 해외 건설 강국으로 부상했습니다. 올해도 지금까지의 수주액이 530억 달러 남짓으로 작년 수주액 591억 달러를 넘어 목표액인 700억 달러에 근접할 것으로 예상됩니다.

척박하고 열악한 환경 속에서 가족과 떨어져 오로지 나라와 가족을 위해 피땀을 흘린 기업인과 근로자들의 노력 덕분입니다. 외국을 방문할 때면 우리가 만든 핸드폰·자동차도 자랑스럽지만, 우리 기업이 건설한 건축물·발전 시설·담수화와 화학 시설 등도 더욱 자랑스럽습니다.

이와 같은 우리의 노력과 성과를 자축하고 새로운 다짐을 하기 위한 해외 건설·플랜트의 날 기념식이 지난 13일 열렸습니다. 기념식에 참석하여 해외 건설 산업에 공을 세우신 분들의 공로를 기리기 위하여 훈장 등을 드리는 것은 기쁜 일이었지만, 1년 전 페루 수력발전소 예정지 답사 중 헬기 사고로 사망한 7명에 대한 훈장 등을 고인들의 자녀나 배우자에게 전달하는 것은 슬픈 일이었습니다. 유족들에게 위로가 되었기를 바랄 뿐입니다.

_2012. 11. 26. 페이스북

페루의 산간벽지에 수자원 시설 공사를 수주하여 그 건설 공사를 위한 준비 출장에 나섰다가 헬리콥터가 추락하는 바람에 7명의 해외 건설 역군이 사망하는 사고가 발생하였습니다. 정부와 업계는 대한 상공회의소에 빈소를 마련하고 정중히 장례를 치렀습니다. 몇 달 후 개최된 '2012 해외 건설·플랜트의 날' 행사에서는 희생자에게 훈장을 추서하였습니다. 해외 건설 수주 누계 5천억 달러 달성을 축하하는 자리이기도 했습니다. 그해 한 해 해외 건설 수주액이 700억 달러를 넘어섰습니다. 정부와 기업이 합심 노력한 결과였습니다. 그런데 훈장을 전달받는 이는 그들의 어린 자녀들이었습니다. 식장에서 훈장을 전달하는데 가슴이 미어지는 것 같았습니다. 이어서 기념사를 시작하려니 눈물은 맺히고 한동안 말을 할 수 없었습니다. 가까스로 평상심을 되찾아 기념사를 마쳤지만 이를 눈치챈 기자가 있었습니다. 들키지 않았다고 생각했는데, 기자는 칼럼으로 이를 폭로(?)하였습니다. 이런 일들로 저는 이슬비 총리에 더하여 울보 총리라는 별명을 갖게 되었습니다.

눈물은 순수합니다. 자신이 슬프고 고통스럽거나 억울할 때 흘리는 눈물보다는 다른 사람을 연민하고 그에 공감하는 눈물은 더욱 그렇습니다. 김현승 시인은 눈물은 "옥토에 떨어지는 작은 생명", "흠도 티도 금 가지 않은 나의 전체"라고 하였습니다. 눈물은 슬픔의 산물이지만 그에 그치지 아니하고 우리를 겸손케 하며 성스럽게까지 합니다. 공직자의 눈물은, 진정 순수한 것이라면, 개인적인 것을 뛰어넘기에 어떤 말이나 행위보다 더 큰 의미를 가집니다. 눈물이 소통 수단은 아니지만 자연스러운 눈물이 소통의 결과를 가져오는 것은 분명한 것 같습니다.

연필로 쓴
페이스북

　앞에 든 사례들이 자연스럽게 이루어진 소통이라면 제가 페이스북에 글을 올리는 작업은 의식적인 소통 노력입니다. 이명박 정부 초기에 홍보 노력 부족으로 많은 어려움을 겪었습니다. 특히 SNS를 통해 수많은 정보가 교류하는 시대에 정부는 잘못된 정보를 바로잡고 나아가 적극적으로 홍보하는 것이 필요합니다. 이런 취지에서 정부에서도 온라인 대변인을 두어 적극적으로 대처하기로 하였고 장관 등 공직자들도 SNS 활동을 적극적으로 하기로 하였습니다. 그리하여 저도 2011년 3월부터 총리실 계정을 활용하여 페이스북 활동을 시작하였습니다.

　서울대학교 어린이병원을 다녀온 소감을 쓴 것을 시작으로 100개를 올렸습니다. 그런데 얼마 지나지 않아 언론에서 제 글을 '연필로 쓴 페이스북'이라고 부르기 시작하였습니다. 그 연유는 제가 제주를 방문하여 제주를 주제로 한 시를 지어 낭송한 일이 있었는데, 유성식 공보실장이 이 시를 페이스북에 올리면서부터입니다. 시 '제주'는 본시 페이스북에 올리기 위한 것이 아니었습니다. 오로지 제주를 방문하여 간담회를 하면서 활용할 요량으로 쓴 것이었습니다. 제가 간담회에서 시를 낭송하자 오랫동안 언론에 종사한 유 실장은 이를 좋은 홍보 자료라고 생각했던 모양입니다. 그런데 연필로 쓴 메모를 기초로 입력하여 올리면서 따로 메모지 자체도 스캔하여 함께 올렸습니다. 왜 그렇게 하였느냐고 묻자 입력만 해서 올리면 다른 사람이 대신 쓴 것으로 오해할 우려가 있어 그렇게 했다는 것이었습니다. 그런데 저의 연필로 쓴 친필 메모지가 그대로 올라가면서 많은 사람이 친근감을 느껴 페친이 급속히 늘어나기 시작했습니다. 때로는 수정하기 전의 내용을 그대로 남겨 제 마음의 흐름을 일부러 엿보이게도 하였습니다. 처음 시작할 때 총리실 페이스북 계정의 팬이 500여 명이었으나 마칠 때는 28만 명이나 되었습니다.

저는 페이스북에 글을 쓰면서 나름대로 정한 원칙이 있었습니다. 총리로서 일방적으로 국가정책을 전달하지 않겠다는 것이었습니다. 국민이 가장 싫어하는 것이 가르치려 드는 꼰대(?)의 행태라고 생각했기 때문입니다. 그래서 총리가 아닌 한 시민으로서의 소박한 생각을 전하고 그것을 따뜻한 세상과 연결시키고자 하였습니다. 읽다 보면 자연스레 국가의 정책도 이해하게 되고 우리 사회가 나아가야 할 방향을 한 번쯤 함께 생각해보게 하는 그런 내용을 담았습니다. 이른바 '공감의 연대'를 도모하기 위함이었습니다. 일요일 밤 잠자리에 들기 전 다음 날 올릴 글을 썼습니다. 평소에도 다음에는 무슨 글을 쓸지 생각도 하고, 일요일 밤에는 그런 생각을 정리하면서 글을 썼습니다. 어느덧 이렇게 글 쓰는 시간이 저 자신 안으로 침잠하는 시간이 되어 좋았습니다. 100편의 글 중 상당 부분은 업무와 관련된 것이기 때문에 관련된 부분에서 언급하기로 하고 여기에서는 그 나머지를 소개하겠습니다.

서울대 어린이병원을 다녀와서

안녕하십니까, 국무총리 김황식입니다. 저는 지난 25일 서울대학교 어린이병원을 찾아 소아암 등 병마와 싸우는 어린 환자와 보호자를 위로, 격려하였습니다.

"많은 어려움이 있지만 서울대병원이 당연히 감당해야 하며, 환자는 물론 부모님이 무너지지 않도록 양쪽을 돌봐야 한다"는 정희원 병원장님의 말씀이 가슴에 남은 방문이었습니다.

_2011. 3. 27. 페이스북

기억에 남는 사진 한 장

지난해 3월 25일에 서울대병원 어린이병원을 다녀와서 3월 27일 처음으로 총리실 페이스북에 글을 올렸습니다. 그때 연필로 쓴 메모와 함께 한 장의 사진을 올렸습니다. 제가 소독 장갑을 낀 손으로 어린 환자의 발을 만지는 것으로 악수를 대신하는 사진입니다. 제가 총리로서 일하는 과정에 찍은 사진 중 가장 기억에 남는 사진입니다.

소아암 투병 중인 한 아이의 안타까움과 쾌유의 희망을 품고 있는 듯한 당당한 모습이 잘 드러나 있기 때문입니다. 당시 정희원 서울대

병원장님의 "어린 환자뿐만 아니라 보호자인 어머니도 잘 돌보아야 한다. 어머니가 무너지면 아이도 무너지니까"라고 하신 말씀과 함께 다시 한번 찾아 달라는 부탁을 듣고 돌아왔었습니다.

지난해 크리스마스를 앞둔 12월 23일에 다시 찾아갔습니다. 꼭 나아서 총리를 만나고 싶다던 정 군(21세)은 건강한 모습을 자랑(?)하러 나와 있어 재회의 기쁨을 나누었지만, 사진 속의 주인공은 만날 수 없었습니다.

그래도 예전에 소아암 완치율이 10~20퍼센트에 불과했으나 지금은 70~80퍼센트 이상이라는 의사 선생님의 말씀에 위로를 받고 돌아왔었습니다.

페이스북 글쓰기 1년을 맞아 문득 떠오른 이야기를 적었습니다.

_2012. 3. 27. 페이스북

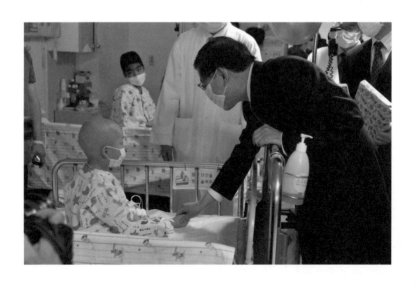

병마와 싸우는 사람들을 만나면 안타깝습니다. 환자가 어린이라면 더욱 그렇습니다. 부모의 마음은 더할 것입니다. 정희원 병원장이 환자와 부모를 모두 돌보아야 한다는 말씀과 어린이병원은 경영상으로 적자를 낼 수밖에 없는 구조이지만 서울대병원이 이를 기꺼이 감당하겠다는 말씀이 마음에 와 닿았습니다. 투병하는 어린 환자들을 격려하고자 크리스마스 무렵 다시 찾아올 테니 그때 만나자고 하였습니다. 그래서 12월 23일에 병원을 다시 찾았습니다. 한 소년은 건강을 회복하여 퇴원했음에도 저를 만나러 병원으로 와서 건강한 모습을 보여주었습니다. 그러나 다른 아이는 안타깝게도 다시 만날 수 없었습니다. 첫 번째 글과 다음의 '희망의 숲 가꾸기'는 트위터에도 함께 올릴 요량으로 140자 이내로 썼습니다. 그러나 곧 140자로는 부족하다 생각되어 페이스북에만 올리기로 하여 양을 늘려 쓰기로 하였습니다.

〈시〉 제주

웅혼한 대륙을 달려온 반도의 끝자락
푸른 바다를 넘어 우뚝 솟은 한라의 영봉
그 아래 펼쳐진 우리의 삶이
낙원의 삶이어야 하지 않겠는가!
누가 제주를 그저
우리 대한의 사랑스러운 막내라고 하는가.
누가 그저 제주가 없었더라면
대한이 얼마나 허전했으랴 하는가.

아니다.

제주는 저 넓은 대양을, 세계를 향해 나아가는

대한민국의 관문이다.

파수꾼이다.

얼굴이다.

이른 봄이면

서귀의 꽃 소식으로 우리를 설레게 하고

늦가을이면

한라 영봉의 눈 소식으로

우리를 숙연케 하는 제주,

제주가 노래하면

반도도 노래할 것이요,

제주가 가슴앓이하면

반도도 가슴앓이할 것이라.

그렇기에 제주는

희망, 평화, 번영의 섬이어야 한다.

대한민국이

희망과 평화와 번영의 땅이기 위하여

_2011. 4. 3. 페이스북

두 번째 올린 글인 이 시는 제주를 방문하며 도민들과 제주 관련 문제들을 논의하면서 저의 제주에 대한 관심과 애정을 표현할 요량으로 비행기 속에서 급히 쓴 것입니다. 당시 제주 해군기지 건설과

4·3 사건과 관련하여 해결해야 할 문제가 갈등 과제로 남아 있었습니다. 제주 해군기지와 관련해서는 평화의 섬 제주에 군사기지 건설은 온당치 않고 또한 자연환경을 파괴한다는 이유로 반대 운동이 심하였습니다. 그리고 제주 4·3 시건과 관련해서는 공산 세력의 폭동을 진압하는 과정에서 발생한 무고한 민간인 희생을 기리고 그들의 명예를 회복하기로 하여 참여정부 시절 특별법을 만들어 각종 사업을 진행하고 있는데, 희생 민간인 측에서는 그 이상의 조치를 요구하는 상황이었습니다. 도민 대표들과의 간담회를 시작하면서 이 시를 호주머니에서 꺼내 읽었습니다. 제주 관련 문제를 합당한 원칙 아래 성심껏 해결하겠다고 다짐하는 취지에서 그렇게 한 것입니다. 제 말이 끝나자 유성식 공보실장이 다가와 시가 쓰인 메모를 달라고 하여 무심코 주었더니 이를 페이스북에 올렸습니다.

희망의 숲 가꾸기

금강 변에서 열린 '희망의 숲 가꾸기' 행사에 참여, 시민들과 함께 이팝나무를 심었습니다. 각자 소망을 적은 표찰도 달고 20년 후 꺼내 볼 타임캡슐도 묻었습니다.

25미터 정도의 키에 눈 쌓인 듯 하얀 꽃을 피우게 될 아름다운 숲이 벌써 눈에 선합니다.

꽃말이 '영원한 사랑', '자기 향상'이라니 더욱 좋습니다. 가끔은 내가 심은 나무가 잘 자라는지 궁금해할 것입니다.

_2011. 4. 6. 페이스북

큰 키에 흰 눈처럼 하얀 꽃을 머리에 인 이팝나무 가로수 길로 유명한 곳이 있습니다. 광주 망월동 국립묘지에 이르는 길입니다. 꽃은 순결한 듯 소박하고 게다가 5월에 피어 그곳 가로수로서는 제격입니다. 강운태 전 광주시장으로부터 당신의 아이디어라고 자랑하는 말을 들은 적이 있습니다. 금강 변에 이팝나무를 심으며 망월동의 이팝나무가 생각나 올린 글입니다.

119 구조대원을 만나고

국내외 재난 현장에서 위험을 무릅쓰고 헌신하는 그들은 처우 개선 등을 요구하지 않았습니다. 일본 재난 현장에 파견될 때 사상 처음으로 민간 항공기가 아닌 군용기로 가게 되어 느낀 자부심, 방사능에 피폭되지 않도록 국가가 잘 관리해주리라 믿어 조금도 불안하지 않았다는 국가에 대한 신뢰, 만삭의 아내가 말리는데도 갔었는데 안전하게 임무를 마치고 돌아왔고 아내는 순산하여 느낀 행복감 등 그저 소박한 소감이 전부였습니다.

심정지 환자를 5명이나 소생시킨 구조대원에게 고맙다는 인사를 전해 오는지 물었더니, 마음속으로만 고마움을 느낄 뿐 표현하지 않는 것이 우리의 품성인 것 같다고 선의로 답하였습니다. 저는 고마움을 마음속에만 묻어두는 것은 고마움이 아니며, 그래서 제가 오늘 대신 고마움을 표시하는 것이라고 말하여 모두 웃었습니다. 대원들이 자제하였던 요구 사항 등은 정부가 잘 알고 있습니다.

_2011. 4. 25. 페이스북

공무원은 각자의 임무에 따라 다양하게 국민을 위해 봉사하는데 그 가운데 국민의 생명과 안전을 위해 봉사하는 분들이 소방대원과 구조대원입니다. 2011년 3월 11일 일본 쓰나미로 인한 원전 사고 발생 시 우리나라 구조대원이 일본을 방문하여 구조 활동을 벌였습니다. 당초 일본은 외국의 구조 지원을 받지 않겠다고 사양하였으나 우리 정부가 설득하여 파견하였습니다.

그러나 당시는 방사능 유출과 피폭에 따른 공포가 만연한 분위기였습니다. 예컨대 사고 며칠 뒤 비가 내렸는데 경기도 교육감은 학생들의 등교도 중단하는 조치를 취했습니다. 저는 국회에서 과학적 근거가 없는 과민하고 불합리한 조치라는 점을 명백히 밝힌 일도 있었습니다. 그러나 사고 현장에 직접 들어가는 구조대원들로서도 찜찜하였을 것입니다. 임무를 잘 마치고 돌아온 구조대원들을 초청하여 격려하고 많은 얘기를 나누었습니다. 구조대원들의 발언은 하나같이 인간 사랑, 가족 사랑, 나라 사랑이 듬뿍 담긴 따뜻한 이야기들이었습니다.

총리와 장관들의 SNS 활동이 시작되고 얼마만큼 시간이 지나자 언론에서 관심을 보였습니다. 〈경향신문〉 2011년 5월 13일 자 기사는 저의 경우를 "아날로그와 디지털이 만난다. 연필로 쓴 담백한 글이 소셜 미디어 안으로 들어와서도 글쓴이의 손맛과 정감을 그대로 살리고 있다. 대세가 아니고 대안이 아니라 하더라도 60대 중년의 총리가 새로운 미디어에 굴하지 않고 펼친 반전이다"라고 후하게 평가하였습니다.

그러면서 총리로 독립된 미디어가 아니라 총리실 계정이다 보니 다른 여러 뉴스와 공지 사항에 묻혀 '킬러 콘텐츠'의 독특한 강력함을 살리고 있지 못함을 아쉬워했습니다. 미처 생각 못 한 적절한 지적이었습니다. 총리를 물러나니 28만 명의 페친을 남겨두고 문을 닫은 셈이 되었으니까요. 하기야 야인으로 돌아갔으면 모든 것을 잊고, 원한다면 따로 다시 시작하는 것이 옳을지도 모르겠습니다.

파주 봉일천고등학교에서

스승의 날을 앞둔 지난 13일 봉일천고교를 찾아 선생님들과 간담회를 가지고 '1일 교사' 특강을 하였습니다. 제가 교사라면 어떻게 교육하겠는지 하는 선생님의 질문에는 "칭찬은 빨리 직접적으로, 질책은 더디게 우회적으로"라고 조금은 물정 모르는 답변을 하였습니다. 학생들에게는 격조 높은(?) 내용을 위엄 있게 전하기보다는 독서와 예체능의 중요성, 따뜻한 마음가짐, 행복한 가족 관계 등 평범한 내용을 진솔하게 전하려고 노력하였습니다. 걸그룹 티아라의 '지연'을 너무 좋아해 밤에 잠을 못 자는데 어찌하면 좋으냐는 한 학생의 질문에는 "잠을 자야 꿈에라도 만날 수 있는 것이 아니냐"고 엉터리 처방을 내놓아 함께 웃었습니다. 강의가 끝난 뒤 몇 학생이 "총리님, 안아주세요" 하며 달려들어, 순간 당황했지만 이내 그들을 꼭 껴안아 주었습니다. 사제 간에 사랑이 넘치는 밝고 맑은 교육 현장, 선생님이 더 존경받고 대우받는 사회 환경을 만들어야 한다는 생각을 하며 서울로 돌아왔습니다.

_2011. 5. 17. 페이스북

스승의 날을 계기로 5월 13일 파주 봉일천고등학교를 찾아 1일 교사 특강을 하였습니다. 꼰대(?)로 보이지 않으려고 저의 어린 시절을 회고하며 학생들에게 부담이 가지 않는 내용을 전달하였습니다. 강의 끝에 질문을 받았는데 전혀 뜻밖의 질문이 나왔습니다. 한 남학생이 자기는 걸그룹 티아라의 '지연'을 너무 좋아해 밤에 잠을 못 자는데 어찌하면 좋으냐고 물었습니다.

그곳에 있던 모든 사람이 웃었는데 질문자 본인에겐 정말 절실한 문제였던 것 같습니다. 무어라 대답할지 난감하였습니다. 하기야 정답이 있을 수 없는 질문이었습니다. 그런데 문득 황진이의 시 '꿈길'이 생각났습니다.

꿈길밖에 길이 없어 꿈길로 가니/ 그 임은 나를 찾아 길 떠나셨네/ 이 뒤엘랑 밤마다 어긋나는 꿈/ 같이 떠난 노중에서 만나를 지고/ 꿈길 따라 그 임을 만나러 가니/ 길 떠났네 그 임은 나를 찾으러/ 밤마다 어긋나는 꿈일량이면/ 같이 떠나 노중에서 만나를 지고

임을 그리워하는 참으로 아름다운 시입니다. 그래서 저는 잠을 자야 꿈에라도 만날 수 있지 않겠느냐고 대답하였습니다. 그러면서 조금 지나면 다 지나가는 바람 같은 것일 것이라고 위로해주었습니다. 한 학생은 질문 대신 자신을 안아 달라고 하였습니다. 저는 학생을 꼭 껴안아주었습니다. 다른 학생들도 따라 나와서 모두 안아주었습니다. 위로를 받고 싶었던 것 같습니다. 학생들이 나름대로 모두 힘들고 어려워하고 있다는 생각이 들어 안쓰러웠습니다. 서울로 돌아오는 차 속에서 요즘 아이들은 어른들의 생각과는 전혀 다른 세대인데 우리가 그들을 얼마나 알고 이해해주고 있는지 의문이라는 생각과 함께 숙제를 받은 느낌이었습니다.

가정의 달을 보내며

5월은 갔습니다. 가정의 달도 갔습니다. 5월에는 둘이서 하나 되어 살자는 뜻에서 21일로 정한 '부부의 날'도 있었습니다. 지난 토요일 제주평화포럼에 갔다가 우연히 알게 되어 서귀포에 있는 이중섭 미술관을 찾아갔습니다.

6·25 동란 중 피난하여 1.5평 남짓한 방 한 칸을 얻어 네 식구가 살았다는 집도 아담한 미술관 근처에 남아 있었습니다. 참으로 옹색한 방 한 칸이었습니다.

그래도 그 시절이 가장 행복했다고 하는 것은 온 가족이 살을 부대끼고 살았기 때문일 것입니다. 경제적 곤궁 때문에 일본인 아내와 두 아이를 일본에 보내고, 그들에 대한 애타는 그리움을 그림으로 그려내다 수년 후 40세의 아까운 나이로 세상을 뜨고 만 이중섭. 그 무렵 그린 '길 떠나는 가족'을 보고 있노라면 따뜻한 행복과 안타까운 설움이 함께 느껴집니다.

가족은, 부부는 함께 부대끼며 살아야 합니다. 그것이 진짜 행복입니다.

_2011. 6. 11. 페이스북

제주 출장길에 서귀포에 있는 이중섭 미술관과 그가 살던 집을 찾아갔습니다. 가난했던 예술가의 치열한 창작 정신과 가족 사랑을 느끼기에 적합한 곳이었습니다. 지금 그의 작품은 최고가를 호가하고 있으나 그는 당시 너무 가난해서 치료받을 돈도 없었습니다. 고흐도 마찬가지였습니다.

시대와 엇갈린 부조화의 모순입니다. 그런 일이 어찌 이중섭과 고흐뿐이겠습니까? 그곳 언덕배기에 앉아 서귀포 앞바다 섬들을 바라보며 온갖 상념에 잠겼을 이중섭을 생각하였습니다. 더불어 지나간 5월 가정의 달과 가족의 소중함을 생각하며 페이스북에 글을 올렸습니다.

호국 보훈의 달, 6월

총리 공관에는 900년 된 등나무가 있습니다. 천연기념물 제254호입니다.

6월 등나무 꽃이 화사하게 피면, 많은 분에게 꽃구경을 시켜드리고 싶었습니다.

그런데 몇 송이 피는가 싶더니 더는 피지 않고 잎만 더욱 무성해졌습니다. 조금은 실망스러웠습니다. 그러나 곧 생각을 바꾸었습니다.

호국 보훈의 달인 6월에는 5월과 같은 화사함을 바라기보다는 조국을 위해 희생하신 분들을 기리면서 안으로 침잠하는 달이 되어야 한다는 생각입니다. 6월에는 체코의 민족음악가 스메타나의 교향시 '나의 조국', 그 가운데 2번 '몰다우 강'을 들어도 좋을 것입니다.

호국 보훈의 달, 6월에 온 국민이 함께 즐겨 들을 수 있는 좋은 음악도 발굴되거나 작곡되어 널리 보급되었으면 좋겠습니다.

_2011. 6. 13. 페이스북

25만 원짜리 맞춤 양복

새 양복을 입었습니다. 25만 원짜리입니다. 그래도 당당한 맞춤복입니다.

전체 근로자 183명의 44퍼센트인 80명이 장애인, 그 가운데 중증 장애인이 63명인 '장애인 표준사업장' A 신사복 제조업체에서 맞춘 것입니다.

가격도 저렴하거니와 장애인 근로자들이 일하는 보람을 갖고 정성 들여 지은 작품이라 생각하니 기분이 너무 좋습니다. 총리라고 싸게 해주는 것이 아닌지 거듭 확인하여도 틀림없는 제값이랍니다. '장애인 표준사업장'은 상시 근로자 30퍼센트 이상을 장애인으로 고용하고, 장애인 근로자 50퍼센트 이상을 중증 장애인으로 고용하는 업체로서 고용노동부가 선정하여 장애인 고용 시설 무상 지원 등 여러 가지 지원을 한답니다.

'일을 통한 복지' 실현의 한 형태로서 업체, 장애인 근로자, 소비자 모두를 위한 1석 3조의 사업인 셈입니다.

_2011. 6. 21. 페이스북

페북에 올린 글 중 가장 반향이 컸던 글입니다. 정부 정책을 부드
럽게 알려 공감을 유도하기에 적합한 소재였고 또 유용한 정보도 제
공한 셈이었습니다. 이 글을 올린 뒤 양복을 맞추고자 하는 시민들이
사업장 소재지를 물어오고, 사업장도 일감이 늘어났다고 들었습니
다. 저도 나중에 두 벌을 더 맞추었습니다. 지금도 가장 편하게 즐겨
입는 옷들입니다. 추억이 깃든 옷이기도 하고요.

반기문 사무총장, 우리의 자랑

패트리샤 오브라이언 여사, UN 법률 분야 담당 사무차장으로서 아
일랜드 출신 여성 법률가입니다. 세계검사협회 서울총회 환영 만찬
에서 그분을 만나 이야기를 나누었습니다.

토픽은 단연 반기문 사무총장의 연임과 그에 대한 존경과 칭송. 자
신이 지금까지 만난 최고의 지도자라며 그의 덕목을 부지런히 열거
하였습니다.

마침 그 자리에 세계검사협회 회장으로서 아일랜드 출신이며 과거
사무차장의 상사였던 제임스 해밀턴 씨도 동석해 있었는데 해밀턴
회장은 반기문 총장에 미치지 못함을 밝히는 무례(?)를 범하기도 하
였습니다. 그러면서도 반 총장의 다음 순위에 해당한다는 배려(?)도
하였습니다. 반기문 사무총장! 그는 자랑스러운 한국인입니다. 패트
리샤 사무차장의 평가대로 냉철한 판단력과 추진력, 성실성과 따뜻

한 마음을 가진 세계적 지도자를 한국이 배출한 것이 자랑스럽습니다. 연임된 새 임기 중 큰 업적을 남기시도록 우리 국민 모두 응원해야 할 것입니다.

_2011. 7. 4. 페이스북

이명박 정부 때 대한민국의 위상은 한껏 드높았습니다. 반기문 유엔 사무총장, 김용 세계은행 총재가 국제적으로 활약하였습니다. 그밖에도 G20 정상회의, 핵확산금지 정상회의, 세계개발원조총회 등이 국내에서 열렸고, 런던 하계올림픽에서 세계 5위에 올랐고, 평창 동계올림픽도 유치하였습니다. 2008년의 세계금융위기를 가장 빠르게 극복하였습니다. 무역고 1조 달러를 달성하였고, 수출도 세계 7위에 올라섰습니다. UAE 원전도 수주하여 세계를 놀라게 하였습니다.

드디어 고교 출신자에 취업의 문이

중소기업은행 등 금융기관, 공공 기관, 민간 기업들이 고등학교 출신 신입사원을 많이 채용하기 시작하였습니다. 너무나 반가운 일입니다. 정부의 마이스터고와 특성화고에 대한 수업료 면제 등 각종 정책이 효과를 보이기 시작한 셈입니다.

실력보다는 학벌이 지배하는 우리 사회의 거품을 빼는 데 큰 역할을 할 것입니다. 앞으로 고졸 취업자에 대한 교육·훈련을 보완하여 급여·승진 등에서 불합리한 차별을 받지 않도록 하는 민관의 각종 노력이 뒷받침되어야 합니다.

저는 총리로서 내각에 참여하기 전에도 마이스터고 등의 육성 정책이 이 정부의 큰 업적으로 남을 것이라고 확신하고 있었습니다.

그렇길래 작년 한국을 방문한 독일 메르켈 총리와의 면담에서 마이스터고를 자랑스레 소개하였습니다. 독일 직업교육의 영향을 받은 것이라 이름도 독일어인 마이스터(명인·대가·장색)를 빌려 쓴 것이라고 설명해주어 메르켈 총리를 기분 좋게 해드렸습니다.

_2011. 7. 26. 페이스북

우리 사회의 큰 문제 중 하나가 청년 실업입니다. 좋은 일자리는 구하기 어렵고 한편으로 중소기업이나 지방에서는 일할 사람을 구하기 어렵습니다. 이른바 구직난과 구인난이 함께하는 일자리 미스매치입니다. 이는 우리 사회가 인고 있는 다양한 요소의 결과이지만 그 가운데 하나가 높은 대학 진학률입니다. 한때는 80퍼센트를 넘기도 하였으나 지금도 70퍼센트 정도인데 이것도 비정상입니다. 여기에는 육체노동을 천시하는 사회 분위기도 한몫합니다. 직업에 귀천이 없이 육체노동과 정신노동을 가리지 않고 자기에게 주어진 일을 천직으로 알고 최선을 다하는 것이 하느님의 뜻에 합당한 삶이라는 기독교적 정신이 지배하는 독일 등 서구 사회와 다른 점입니다.

독일이나 프랑스의 경우 대학 진학률이 50퍼센트를 넘지 않으며 대학에 진학하지 않아도 사회적 차별이 없이 떳떳하게 살아갈 수 있는 사회 분위기가 형성되어 있습니다. 우리나라도 무조건 대학에 진학할 것이 아니라 자기의 적성이나 사정에 따라 취업하고 필요하면 나중에 학업을 이어갈 수 있는 시스템을 만들어야 합니다. 그러기 위해서 우선 고교 출신이 괜찮은 일자리를 찾을 수 있는 여건을 만들어 주어야 합니다.

또한, 직업교육을 통하여 전문 기술자를 양성하여야 합니다. 학력에 따른 사회적 차별이 없도록 배려해야 합니다. 정부에서는 공무원 시험의 경우 시험 과목을 조정하고 금융기관 등에서도 고졸자에 대한 배려를 권유하기도 하였습니다. 특히 마이스터고와 특성화고를 통한 직업교육은 우리가 추구할 정책 방향의 지표입니다. 마이스터 Meister는 독일어로 장인匠人을 의미합니다. 해당 분야의 최고 기능인입니다. 이명박 정부에서 마이스터고를 만들어 정책적 지원을 한 것은 합당했습니다. 그러나 이것조차도 그 뒤 정권에 따라 흔들리고 있으니 안타깝기만 합니다.

〈서울신문 2011. 8. 19〉

조용한 김 총리 온라인 소통 힘 받네!

김황식 국무총리의 조용한 온라인 소통 홍보가 힘을 받고 있어 관가에서 화제다.

김 총리가 총리실 계정 페이스북에 자필로 쓴 글 '연필로 쓴 페이스북' 메모를 연재하면서 총리실 계정 페이스북의 팬 증가율이 부처 1위를 달리는 기염을 토하고 있다.

18일 총리실에 따르면 총리실 계정 페이스북 팬은 18일 현재 3만 1,360명을 기록했다.

개통 초인 올해 1월 팬 수가 500명인 것을 감안하면 팬 수가 반년 만에 60배나 늘어난 것이다. 전월(1만 1,027명)보다도 186.8퍼센트 증가하는 등 증가 추이가 가파르다.

페이스북 팬 1,000명 이상인 26개 부처 가운데 18일 현재 전월 대비 페이스북 팬 증가율이 가장 높은 곳도 국무총리실이다.

증가율 상위 10개 부처 가운데 팬 수가 만 단위를 넘는 부처는 총리실과 청와대 두 곳뿐인 점을 감안하면 의미 있는 성적이다. 팬 수로만 보면 총리실은 청와대(7만 7,894명), 통일부(6만 2,543명), 권익위(5만 7,199명)에 이은 4위다.

총리실 페이스북이 이처럼 호응을 받고 있는 것은 아이러니하게도 김 총리의 대중 친화력 부재와도 무관치 않다.

김 총리는 민생 현장을 방문할 때 주민들에게 따뜻한 인사 멘트도 건네기 어려울 정도로 정치적 쇼맨십이 부족한 법관 출신이다.

자신을 드러내는 작위적인 오프라인 홍보 행사 기획에 대해 손사래를 칠 정도로 거부 반응을 보여 한때 총리실 공보 라인의 애를 태우기도 했다.

그러나 위기는 기회일까. 지난 3월 27일부터 총리실 계정의 페이스북에 주 1회씩 행사나 일정 중 느낀 간단한 소회를 적은 '연필로 쓴 페이스북'이라는 제목의 글을 올리기 시작한 게 반전의 계기가 됐다. 김 총리가 쓴 친필 메모 이미지도 게시해 더욱 눈길을 끈다.

광주지법원장과 감사원장 시절 주 1회씩 꾸준히 사내 통신을 통해 글을 연재해온 '소통'의 저력이 묻어난다는 평이다. 예컨대 '25만 원짜리 맞춤 양복'(6월 21일), '투병 중 새 작품을 들고 나타나신 최인호 선생'(8월 8일) 등은 온라인과 언론에서도 화제를 불러왔다.

총리실은 이에 따라 '공정 사회 만들기' '건강한 사회 만들기' 등 온라인 행사 쪽에 무게를 두고 국정 메시지를 널리 알릴 계획이

다.(주현진 기자)

땡큐 우사인 볼트!

어제 제13회 대구 세계육상선수권대회 폐회식에 다녀왔습니다. 우리나라가 메달을 하나도 따지 못해 아쉬웠으나 참가국, 참가 선수, 관중 수에 있어서 역대 최고의 대회였습니다.

폐회식에서 만난 라민디악 국제육상경기연맹 회장은 모든 면에서 가장 성공한 인상적인 대회라고 극찬하였습니다. 다만 회장으로서는 세계신기록이 하나도 나오지 않아 아쉬웠던 것 같았습니다.

그런데 대회 마지막 경기인 남자 400미터 계주에서 기적처럼 우사인 볼트의 자메이카 팀이 세계신기록을 작성한 것입니다. 아무도 세계신기록인지 모르고 있는 순간 그는 제일 먼저 이를 알아채고 제 손을 덥석 쥐며 "월드 레코드"라고 외쳤습니다. 이어서 경기장 안은 떠나갈 듯한 환호로 뒤덮였습니다.

대회 성공을 위해 헌신한 대회 조직위 관계자, 자원봉사자 및 친절한 대구 시민에 대한 값진 보답의 선물이었습니다. 우리도 육상 꿈나무들을 잘 길러 육상 약체국이라는 소리를 듣지 않도록 하여야 하는 과제도 안았습니다.

_2011. 9. 5. 페이스북

월드컵, 하계 및 동계올림픽 다음으로 중요한 세계체육행사가 세계육상선수권대회입니다.

대구에서 개최된 제13회 세계육상선수권대회는 시설이나 운영 면에서 성공적이었지만 육상 약체국인 우리나라가 메달을 따지 못한 것은 큰 아쉬움이었습니다. 거기에다 한 가지 더, 세계신기록이 하나도 나오지 않은 대회로 기록될 뻔했습니다. 그러나 폐막식 직전에 치러진 남자 400미터 계주에서 우사인 볼트의 자메이카 팀이 세계신기록을 작성하여 아쉬움을 덜 수 있었습니다.

옆에 앉아 있던 국제육상경기연맹 회장이 알아차리고 맨 먼저 "월드 레코드"라고 소리치며 제 손을 덥석 잡았습니다. 회장도 세계신기록이 없는 대회를 걱정했던 모양입니다. 저도 그 점이 맘에 걸렸던 참이었습니다.

필라델피아 첼튼햄 교회에 전하는 감사 인사

추석 전날 노량진 1동에 있는 아동 생활시설 '서울 성로원'을 방문하였습니다. 그곳은 영유아 7명을 포함하여 중학생까지 60명이 생활하는 곳입니다. 대개 영아 때 발견되어 그곳에서 성장한 아이들입니다.

추석 선물은 체육 활동에 도움이 되도록 운동화로 하였습니다. 아이들이 직접 가게에 가서 자기가 좋아하는 색깔, 모양, 크기에 맞춰 고르게 하였습니다. 쇼핑의 현장학습을 겸해서 말입니다.

아이들은 밝게 자라고 있었습니다. 인근 교회 목사 사모님의 자원봉사로 바이올린을 배운 아이들이 '마법의 성'을 연주하였습니다. 또한, 아이들이 출석하는 노량진 강남교회의 지원과 미국 필라델피아 한인교회인 첼튼햄 교회의 초청으로 원생 4명이 15박 16일 일정으로 미국 연수를 떠난다는 반가운 소식을 들었습니다. 부모 사랑 없이 자라고 있는 아이들이 세상에 대한 고마움을 느끼고 건강하고 바르게 커갈 것입니다. 노량진 강남교회와 고국에서 안쓰럽게 자라고 있는 아이들에게 관심과 사랑을 베푸시는 첼튼햄 교회의 성도님들에게 감사의 인사를 드립니다.

_2011. 9. 14. 페이스북

부모와 함께 살 수 없는 아이들이 모여 사는 보호시설을 방문하면 늘 안타깝습니다. 정부 지원이나 자원봉사자, 후원자들의 도움으로 시설이 잘 운영되고 아이들도 밝게 지내고 있는 모습을 만나면 그래도 안심이 됩니다. 성인이 되어 규정에 따라 시설을 떠난 아이가 가끔 고향집을 찾듯 방문하여 동생들과 놀아주는 모습을 보았을 때 가슴이 아려왔습니다. 모두 정말 행복했으면 좋겠다는 생각뿐입니다. 노량진에 있는 '서울 성로원'을 방문했을 때의 감동은 특별했습니다. 미국 필라델피아 한인교회의 초청으로 원생 4명이 15박 16일 일정의 미국 연수를 떠난다는 것입니다. 참 따뜻한 한국 동포들로 진정한 교회의 모습을 보여주었습니다. 이 같은 관심과 사랑을 베푸는 첼튼햄 교회의 성도님들에게 감사 인사를 전하지 않을 수 없었습니다.

사회 통합을 위한 비정규직 대책

최근 정부에서는 비정규직 종합 대책을 내놓았습니다.

비정규직 가운데는 자발적으로 선택한 경우도 있고, 전문성 때문에 근로조건이 양호한 경우도 있어 비정규직 모두에 문제가 있는 것은 아닙니다.

그러나 비자발적인 경우로서 정규직과 동종·유사한 업무를 하면서도 불합리한 차별을 하는 경우라면, 이는 양극화 해소 및 사회 통합을 위하여 반드시 해결해야 할 문제입니다.

그러나 그 해결이 만만치 않습니다. 많은 관련 당사자의 이해관계가 엇갈리기 때문입니다.

정부는 취약계층의 사회보험료 지원, 차별 시정 강화, 최저임금 등 근로조건 보호, 비정규직 유형별 지도·점검 강화, 정규직 전환 유도, 사내 하도급 근로자 보호 등의 대책을 충실히 이행해 나갈 것입니다.

법 원칙에 충실한 정리해고 제도의 운영이나 정규직 중심 노동조합의 양보나 배려도 이 문제 해결에 도움이 될 것입니다.

무엇보다도 국민 모두 함께 더불어 살아가고자 하는 공동체 정신과 역지사지의 마음이 필요합니다.

_2011. 9. 19. 페이스북

우리 사회에 비정규직 문제가 본격적으로 등장한 것은 IMF 사태 이후입니다. 무한 경쟁의 글로벌 사회에서 우리 기업들이 경쟁력을 갖고 살아남기 위하여 다양한 경영 기법을 구사하는 가운데 인력의 효율적 활용과 관련 비용을 줄이기 위해서입니다. 또한, 경제 사정 변화에 따른 인력 조정이 어려운, 즉 고용 유연성이 부족한 사회적 환경 속에서 정규직 중심 강성 노조의 목소리가 점증하는 사정이 비정규직을 양산하는 원인이 되었습니다. 비정규직이라 하더라도 근로자가 자발적으로 선택한 경우에는 문제가 될 것은 없으나 비자발적 경우에는 근로자의 지위가 불안정하고 정규직과 동종, 유사한 업무를 하는데도 불구하고 임금 등 처우에 차별을 받는다면 이는 불합리하고 사회 통합을 해치는 일입니다.

우리나라에서 비정규직 비율은 대충 근로자의 3분의 1이고, 임금 수준은 정규직의 3분의 2입니다. 시급히 해결해야 할 문제입니다. 그러나 그 해결은 만만치 않습니다. 많은 당사자의 이해관계가 얽혀 있고 어떤 해결책도 나름의 부작용을 포함하고 있기 때문입니다. 정부는 나름대로 취약계층의 사회보험료 지원, 차별 시정 강화, 사내 하도급 근로자 보호 등 각종 정책 지원 수단을 강구해야 할 것이지만, 기본적으로는 공동체 정신 아래 노사정이 대타협을 이루어야 합니다. 기업이 감당할 수 있는 인력 관련 비용을 정규직과 비정규직이 어떻게 분배할 것인가도 중요한 핵심 과제의 하나가 될 수밖에 없는데 이 과정에서 대기업 정규직 노조가 양보해야 할 것이고 이를 유도하는 정치적 리더십이 문제 해결의 핵심 열쇠라 하지 않을 수 없습니다.

유럽에서 만난 한류

저는 지난주 불가리아와 우크라이나를 공식 방문하였습니다. 두 나라의 한류 팬으로부터 따뜻한 환영을 받았습니다. 자정이 다 된 시각에 환영 플래카드를 들고 맞아주기도 하고 작은 선물을 전해주기도 하였습니다. 지금 조성된 이 분위기를 잘 발전시켜 품격 있는 세계국가를 만들고 국가 발전도 도모하여야 한다는 과제를 생각하였습니다.

그러나 진정한 한류는 또 있었습니다.

양국 지도자들의 한국, 한국 기업, 한국민에 대한 지대한 관심과 평가, 기대가 바로 그것입니다. 전쟁을 겪고 지금도 분단된 국가가 이룬 경제 발전과 민주화, 그것이 그들에겐 불가사의한 일이었습니다. 그들은 그 원인을 한국인의 우수성, 근면성에서 찾고 있었습니다. 한국과 다방면에 걸친 협력과 교류의 확대가 자국 발전의 길이라고 생각하고 있었습니다.

우리로서도 눈앞의 짧은 이해관계를 넘어 긴 안목으로 상호 윈-윈하는 국제 관계를 만드는 것이 우리에게 맡겨진 과제입니다.

_2011. 10. 4. 페이스북

울적한 마음을 달래준 사진 한 장

오늘 아침 8시에 열린 국가정책조정회의에서 한미 FTA 국회 비준을 둘러싸고 벌어지고 있는 상황에 대하여 쓴소리를 하였습니다. 되도록 거친 감정 표현을 자제하려고 애쓰지만 어쩔 수 없었습니다. 그래서 기분이 좀 울적합니다. 그러나 저의 울적한 마음을 녹여주는 사진 한 장을 만났습니다. 〈중앙일보〉 1면에 20세의 이원태 해병이 면회 온 어머니를 업고 활짝 웃으며 걸어가는 모습의 사진입니다.

너무나 아름다운 모습입니다. 잠시 눈시울이 뜨거워집니다.

저는 어머니를 업어드린 기억이 나지 않습니다. 그러나 어머니 등에 업혔던 기억은 생생합니다. 특히 두세 살 적 어머니 등에 업혀 얕은 강을 건넜던 순간입니다.

고운 강모래와 햇살에 빛나는 맑은 강물!

그 순간 강바닥 모래의 촉감이 제 발바닥에 그대로 전해온 것으로 지금까지 기억되는 것은 어찌 된 연유일까요. 어머니와 저는 일체였으니 어머니의 느낌이 그대로 전달된 것이 아닐는지요. 사진의 모자처럼 우리나라의 모든 가족이 서로 의지하고 돕고 행복했으면 좋겠습니다. 뜬금없이(?) 이런 사진을 1면에 실어준 〈중앙일보〉! 감사합니다.

_2011. 11. 4. 페이스북

별다른 기사도 없이 신문에 실린 사진 한 장, 많은 내용을 담은 기사보다 훨씬 많은 이야기를 전해줍니다. 이 장면을 포착한 사진기자, 이를 1면에 배치한 편집자, 모두 멋진 분들입니다. 여백餘白의 아름다움을 전해주었으니까요.

〈국민일보 2011. 11. 7〉
총리가 쓰는 편지

매주 기다려지는 글이었다. 처음엔 좀 밋밋하다 싶었는데 요즘엔 안 보면 섭섭하다. 국무총리실 페이스북과 트위터에 매주 한 차례 올라오는 '총리가 쓰는 편지' 얘기다.

지난주 편지 제목은 '울적한 마음을 달래준 사진 한 장'이었다. 스무 살 해병대원이 면회 온 어머니를 등에 업은 사진을 신문에서 보고 본인이 어렸을 때 어머니 등에 업혔던 순간을 추억하는 내용이다.

"두세 살 적 어머니 등에 업혀 얕은 강을 건넜던 순간입니다. 고운 강모래와 햇살에 빛나는 맑은 강물! 그 순간 강바닥 모래의 촉감이 제 발바닥에 그대로 전해온 것으로 지금까지 기억되는 것은 어찌 된 연유일까요. 어머니와 저는 일체였으니 어머니의 느낌이 그대로 전달된 것은 아닐는지요."

언론을 통해 중계되는 총리의 말이란 대개가 공적인 언사라서 표정이나 감정이 삭제돼 있다. 총리가 쓰는 편지는 공적인 말들 너머에 있는 총리의 사적인 말들을 전해준다. 그리고 사적인 말들을 통해 총

엄마 업고 – 해병대, 전군 최초 신병 영외면회 3일 포항시 오천읍 해병대 교육훈련단에서 전군 최초로 신병 영외면회가 실시됐다. 6주간의 훈련을 마친 이원태(20) 해병이 경북 봉화에서 온 어머니 이숙희(55)씨를 업고 정문까지 걸어가고 있다. 프리랜서 공정식

⟨중앙일보⟩ 2011. 11. 4.

리는 '자리'가 아니라 '인간'으로 다가온다.

김황식 총리의 편지 쓰기는 지난 3월 말에 시작됐다. 김 총리는 매주 일요일 밤 잠자리에 들기 전 이 편지를 쓴다고 한다. 바쁜 일정 속에서도 편지 쓰기를 빼먹지 않는 건 즐겁기 때문이라고 말한 적도 있다.

총리의 편지에서 두드러지는 것은 사회 어른으로서의 모습이다. 국정 운영의 책임자로 국민들에게 얘기한다기보다 국가와 공동체를 생각하는 한 어른으로서 젊은 세대에게 말을 건네는 것으로 보인다.

김 총리는 노벨상의 계절을 보내며 우리의 독서 문화를 돌아보자고 말하고, 광복절에는 반일 감정보다 국력을 키워가는 데 관심을 갖자고 권유한다.

'어느 미군 참전용사의 코멘트'라는 글은 2007년 미국 워싱턴DC 한국전참전기념공원을 방문했던 소감을 전하며 전쟁을 겪지 않은 세대가 기억해야 할 얘기를 들려준다.

"18세 때 참전한 한 병사의 '그땐 명령 때문에 싸웠지만 (한국이 이렇게 발전했으니) 내 젊음은 충분히 보상받은 셈'이라는 코멘트가 우리에게 많은 것을 생각케 합니다."

총리의 편지에서 장애인이나 비정규직, 외국인 노동자, 고졸자 등 사회적 약자들에 대한 이야기가 자주 발견되는 것도 특징이다. 김 총리를 두고 실세니 아니니 논란하는 사람들이 있다.

그러나 김 총리는 권력과는 상관없는 다른 차원을 바라보는 것 같다. 국가의 어른, 사회의 원로로서의 총리, 그런 차원이 아닐까 싶다.(김남종 차장)

사람을 울리는 개그맨 김병만

총리실 직원 한 분이 개그맨 김병만 씨의 자전적 에세이《꿈이 있는 거북이는 지치지 않습니다》를 선물해주었습니다. 총리도 국민과 함께 호흡하기 위하여 이런 책에도 관심을 가져야 한다는 권고를 해주는 것 같았습니다. 저도 가끔 TV에서 김병만 씨를 보아 알고 있었던 터라 책을 부분 부분 읽었습니다. 그런데 본문보다 더 감동적인 대목을 책 맨 뒷부분에서 만났습니다.

KBS PD로 근무하면서 김병만 씨를 지켜본 이응진 KBS 창원 총국장님의 글입니다.

"김병만은 나를 웃기지는 못하지만 날 울게 한 개그맨이다. 그래서 그를 좋아한다. 얼마 전 김연아 선수가 진행하는 〈키스 앤 크라이〉를 봤다. 채플린 분장을 한 김병만이 스케이트 타는 모습을 보면서도 울었다."

이 총국장님의 말씀이 결코 과장이 아님을 저는 확신합니다. 저도 우연히 〈키스 앤 크라이〉를 보다가 느낀 감정이 그와 비슷했으니까요. 진지하다 못해 처연하기까지 한 김병만 씨의 노력, 이를 제대로 알고 격려해주는 선배의 마음, 그들 사이의 따뜻한 대화. 우리 대중문화계의 아름다운 한 장면을 만나 저는 흐뭇하였습니다.

_2011. 11. 11. 페이스북

총리실 직원이 건네준 개그맨 김병만 씨의 자전적 에세이집을 읽고 느낀 소감을 올린 글입니다. 가끔 텔레비전에서 만나는 김병만 씨는 다른 개그맨과는 좀 다르다는 생각이 들었습니다. 남다른 재능을 가졌다기보다 꾸준히 훈련하고 노력하여 남이 하지 못하는 연기를 해내는 것입니다. 그렇게 하는 데 시간과 노력이 필요하고 때로는 부상을 당하는 경우도 자주 있을 것 같습니다. 그런데도 그는 포기하지 않고 해냅니다. 그 자세가 감동을 줍니다. 이런 그의 연기를 보고 울었다는 선배의 코멘트도 공감이 갔습니다.

이상 국가, 아틀란티스의 교훈

아틀란티스, 플라톤의 《대화》에 나오는 이상 국가理想國家입니다.

1만여 년 전에 실제 존재했던 나라라는 견해와 상상 속 나라일 뿐이라는 견해가 엇갈립니다. 전자의 입장에서 그 위치를 찾고 있는 고고학자들의 노력은 지금도 진행 중입니다.

그런데 질서 있고 번영했던 그 나라가 하룻밤의 지진과 폭우에 의하여 침몰·소멸하였으며, 그 원인은 경신준법敬神遵法의 정신이 사라진 결과라는 것입니다. 그것의 진실 여부는 알 수 없으나 한 나라의 흥망성쇠는 그 나라 사람들의 정신세계와 행태에 밀접하게 관련 있는 것은 부인할 수 없을 것입니다.

저는 경신준법을 다음과 같이 해석합니다. 경신, 즉 신을 공경하는 것은 겸손한 것입니다. 스스로를 낮추고 오만하지 아니한 것입니다. 준법, 법을 준수하는 것은 남을 배려하는 것입니다. 법이란 사회질서를 규율하는 것으로서 기본적으로는 자기 권리를 주장하기 위한 수단이지만 다른 한편 남을 위하여 자기 권리를 한정하는 것입니다. 겸손하고 남을 배려하는 사회가 국가 발전을 이끌어 냅니다.

_2011. 11. 21. 페이스북

플라톤의 《대화》에 나오는 이상 국가 아틀란티스의 이야기는 특별한 영감을 줍니다. 어떤 사회나 나라가 지속적으로 발전하는지에 관한 영감입니다. 평화와 번영을 누리던 나라가 갑자기 멸망한 이유에 관한 해석과 관련해서입니다. 경신과 준법정신의 소멸이 멸망의 원인이라는데 거기에 담겨 있는 의미는 무엇인가, 한번 음미할 만합니다.

합법적인 시위 문화를 소망하며

날이 저물어 가는 광화문 광장에 겨울비가 내립니다. 전·의경들이 그 빗속에서 대오를 갖추어 집회 시위에 대비하고 있습니다. 젊은 전·의경들이 무슨 고생이냐는 생각에 안쓰럽습니다.

지난주 사무실에서 내려다본 풍경과 느낀 소회입니다.

우리 사회의 갈등 대립으로 인한 손실이 GDP의 27퍼센트에 이른다는 어느 민간 경제연구소의 연구 결과가 생각납니다. 영국 〈이코노미스트〉 지에 의하면 우리나라의 민주주의 수준은 세계 20위로서 22위인 일본을 앞서는 아시아 최고 수준입니다. 그러나 최근 국회와 길거리에서 벌어지는 불법적 사태로 인하여 순위가 뒷걸음칠 것 같아 걱정입니다.

"세계화에 반대하는 한국인들이 워싱턴 DC를 방문하여 질서정연하게 합법적 시위를 하고 돌아갔다. 그런데도 그분들이 왜 한국에서는 폭력적·불법적 시위를 하는지 이해할 수 없다. 공권력의 엄정함 차이 때문일 것이다."

몇 년 전 미국을 방문하였을 때 대사관 관계자로부터 들은 말입니다. 전적으로 동감입니다. 이는 정권 차원의 문제가 아닙니다. 국가 발전과 품격에 관한 문제입니다.

_2011. 12. 5. 페이스북

집회의 자유는 민주 시민의 기본적 권리입니다. 그러나 법적 테두리를 벗어나면 사회적 해악입니다. 한 나라의 민주주의 수준은 그 나라의 시위 문화를 보면 알 수 있습니다. 정당한 의사 표현보다 사회를 혼란시키고 상대방을 괴롭히는 데 목적을 둔 집회 시위가 우리 사회에 적지 않습니다. 공권력 행사도 정치적 유불리나 진영 논리에 의하여 흔들리는 것 같습니다. 국가 발전과 국가 품격에 연결되는 중차대한 문제입니다.

헌혈은 사랑의 실천

"내 가장 소중한 것을 주고도 오히려 기쁜 것을 사랑이라 한다면 피를 나누는 것보다 큰 사랑이 어디 있으랴."

도종환 시인의 '네게 흘러간 나의 피'의 일부입니다. 피는 생명입니다. 생명은 사고팔 수 없습니다. 그러니 부족한 피는 헌혈에 의존할 수밖에요. 그런데 지금 우리나라의 혈액 보유량이 부족합니다. 7일분은 확보되어야 적정한데 4, 5일분에 불과하고, 특히 O형과 A형은 3, 7일분에 그칩니다.(12. 7. 기준) 부족분을 메우는 일이 시급합니다. 국민 여러분의 헌혈에 대한 관심과 협조에다 긍정적 사회 분위기 조성이 절실합니다.

한쪽 팔이 없으신 충북의 서정석(56) 씨는 남은 팔로 30여 년간

365회나 헌혈을 하셨습니다. 앞으로 헌혈할 수 있을 때까지 600번을 채우는 게 목표랍니다.

세 번의 헌혈이 기억의 전부인 저로서는 서정석 씨가 존경스럽습니다.

하지만 초임 판사 시절 김중서 법원장님이 몸이 약하다고 저의 헌혈을 말리셨고 헌혈을 강행(?)한 저에게 푸짐한 저녁 식사를 사 주셨던 일은 흐뭇한 추억으로 남아 있습니다. 헌혈은 사랑의 실천입니다. 그 실천에 동참하지 않으시렵니까?

_2011. 12. 12. 페이스북

우리나라에서 평시에 확보되어야 할 혈액량은 7일분입니다. 그러나 여러 가지 사정으로 인하여 혈액 보유량이 이에 미치지 못하는 경우가 왕왕 생기고 그러면 긴장 상태가 조성됩니다. 꾸준히 헌혈에 관심을 가져야 할 이유입니다. 그래서 헌혈 영웅을 소개하며 헌혈에의 관심을 촉구하였습니다.

감사하는 마음

《365 Thank you》라는 책을 읽었습니다. 30년간 변호사로 근무한 존 크랠릭 씨, 2007년 당시 그가 운영하는 로펌은 망해가고 결혼 생활 파탄 등 가족 관계도 엉망이 된 막다른 상황에서 외로움과 우울증에 시달렸습니다.

새해 첫날 홀로 나선 등산길에서 "네가 지금 가지고 있는 것들에 감사할 줄 알기까지는, 너는 네가 원하는 것들을 얻지 못하리라"라는 음성을 듣습니다. 감사할 사람과 사연을 찾아 편지를 쓰기 시작합니다. 이른바 '감사 편지 프로젝트'입니다.

15개월간 365통을 썼습니다. 그 효과는 경제적 이득, 좋은 인간관계, 마음의 평화와 신체적 건강 등 즉각적이고 다양한 것들이었습니다. 희망하던 법관까지 되었습니다.

삶 자체가 완전히 변화된 것이었습니다. 이와 같은 과정을 적은 것이 위 책입니다.

책을 읽으면서 일본 신학자 우치무라 간조의 "하나님이 인간을 벌할 때는, 그 사람을 병들게 하거나 어려운 일로 고통을 주는 방법으로 벌을 주지 않고, 그 사람에게서 감사하는 마음을 뺏어버림으로써 벌을 준다"라는 말이 떠올랐습니다. 감사하는 마음을 갖는 것, 그것은 행복에의 지름길입니다.

_2011. 12. 20. 페이스북

지금 우리 사회의 특성 중 하나가 감사는 사라지고 불평불만은 늘어난 것이라는 생각이 듭니다. '헬조선' '이생망'(이번 생은 망했다)라는 말이 공공연히 회자되는 것에, 오죽 힘들면 그렇게 말하겠냐 싶은 생각이 들면서도 과연 이것이 무슨 도움이 될까 하는 생각을 합니다. 차동엽 신부님이 번역한 《365 Thank You》를 읽고 이를 소개하였습니다. 일본의 신학자 우치무라 간조內村鑑三는 하나님이 어느 인간을 벌하고자 할 때 그 사람에게서 감사하는 마음을 빼앗아버린다고 하였습니다. 감사하는 마음이 없는 사람은 벌 받고 있다고 한번 생각해 볼 일입니다.

법관은 객관적 양심에 따라 재판할 뿐

재판 대상이 되는 사건은 어떤 판사를 만나든 같은 결론이 나와야 합니다.

판사에 따라 결론이 달라진다면 재판은 운수 보기(?)가 될 것이고, 당사자는 불안해질 것이고, 법원은 신뢰를 잃을 것입니다. 그러므로 재판에 있어서 법관의 개인적 주관은 배제되어야 합니다. 그렇기에 헌법이 재판의 준거로 삼고 있는 양심도 법관 개인의 주관·소신이나 철학을 의미하는 것이 아니라 사회적 상당성을 가진 객관적 양심을 말하는 것입니다.

양심에 해당하는 영어 단어인 con-science는 '함께'라는 con과 '본다'라는 scientia가 결합된 어원을 가지는 것을 보아도 그러합니다.

법관은 자기 개인적 소신이 공동체적·객관적 양심에 어긋날 때 개인적 소신을 꺾고 객관적 양심에 따라 재판하여야 합니다. 또한, 법관도 나름대로 주관적 견해나 성향이 있지만 이를 밖으로 드러내서는 아니 됩니다.

만약 이를 드러내면 당사자는 재판 결과를 예단하여 유불리를 따지게 되고 법원은 신뢰를 잃게 될 것입니다. 국민 여러분께서도 재판의 위와 같은 특성을 감안하여 법관이 객관적 양심에 따라 재판할 수 있는 사회적 분위기를 만들어 주시기 바랍니다.

_2011. 12. 26. 페이스북

법조인으로 출발하는 젊은이들은 흔히 '약자를 돕고 사회정의를 실현하는 역할을 하겠다'라고 말합니다. 참으로 귀한 다짐입니다. 그러나 그 다짐을 실천하는 수단은 법률과 양심이지 개인의 주관적 신념이 아닙니다. 혹 양심이 주관적 신념에 해당하는 것이 아닌가 하는 의문이 있을 수 있으나, 그렇지 아니합니다. 그렇다면 이 경우의 양심은 무엇일까요? 이에 대한 확실한 개념 정립이 없으면 재판제도는 흔들립니다. 요즈음 제기되는 사법 불신도 이와 관련됩니다. 재판관의 성향을 따져 재판의 유불리를 미리 예단하는 현상은 사법 불신의 한 모습입니다. 사법 신뢰가 추락하는 것은 순식간이지만 이를 회복하는 데는 많은 시간이 소요됩니다. 그런 점에서 작금의 현실이 참으로 안타깝습니다.

권 군, 정말 미안하다

세상에서 가장 슬픈 유언장을 남긴 권 군.

사랑하는 가족들과의 이별이 서러워 한없이 망설였을 그는 우리 곁을 떠나갔고, 그를 지켜주지 못하고 허망하게 보내버린 우리는 죄인으로 남았습니다.

어떤 이는 저에게 대구로 달려가라고 권합니다. 저도 그렇게 하고 싶습니다.

그가 공부했던 교실 그 책상에 앉아도 보고, 또 다른 권 군이 생기지 않도록 학우들과 얘기도 나누어 보고, 그가 안식하는 도림사 추모관 유골함 앞을 서성이며 혹시라도 그의 미세한 음성이라도 들리는지 귀 기울여 보고 싶습니다.

그러나 다 부질없습니다. 찾아가 붙잡아 줄 권 군의 손도, 꼭 껴안아 줄 가슴도 그곳에 없습니다. 그렇게 할 수 없는 못난 나의 손을 가

만히 들여다봅니다.

지난 7월 국가정책조정회의에서 폭력·왕따 없는 학교 만들기 대책을 세웠습니다. 대책을 세웠으면 폭력·괴롭힘에 고통당하는 우리 아이들 잘 지켜냈어야지요. 정말 안타깝고 답답하고 죄송합니다.

그리고 권 군! 정말 미안하다.

_2011. 12. 30. 페이스북

한 소년이 학교폭력에 시달리다 자살한 사건, 드물지 않은 유형의 사건이지만 대구에서 발생한 이 사건은 더욱 마음을 아프게 하였습니다. 죽음을 결심하고 유언장을 작성하면서 핸드폰에 담겨 있는 아버지 어머니의 핸드폰 번호를 지웠습니다. 그 일을 하는 순간의 권 군의 마음과 모습이 자꾸 떠올랐습니다. 어른으로서, 책임 있는 공직자로서 한없이 미안하고 부끄러웠습니다. 어느 행사에서 만난 박선규 차관이 제게 대구 방문을 권했습니다. 그러나 자칫 의례적 행사에 그칠까 하여 그만두었습니다. 대신 대대적인 학교폭력 대책을 세워 2012년 2월 6일 발표하였습니다. 완전한 해결은 불가능한, 영원한 우리의 숙제입니다.

따뜻해서 아름다운 세상을 그리며

임진년 새해가 밝았습니다. 국민 여러분 모두와 그 가정에 건강과 행복이 가득가득 넘쳐나시길 빕니다. 지난 3월 시작한 저의 페북 글쓰기가 오늘로써 44번째를 맞았습니다.

그동안 관심과 성원을 보여주신 여러분께 감사드립니다.

금년에도 사정이 허락하는 대로 계속할 것입니다. 딱딱한 이야기나 정부 정책을 일방적으로 전하는 것이 아니라 제 생각을 소박하게 전하여 함께 생각해보는 공간으로 삼겠습니다.

특히 따뜻함이 느껴지는 이야기를 많이 쓸 수 있었으면 좋겠습니다. 자신의 영화를 통하여 따뜻함을 전하려고 노력하였던 이란 영화감독 압바스 키아로스타미처럼 말입니다.

키아로스타미 감독은 칸 영화제에서 황금종려상을 받은 분인데 할머니로부터 많은 영향을 받았답니다. 어린 시절 할머니는 옛날이야기를 많이 해주셨는데, 해피엔딩으로 끝나면 '지금 들려준 이야기는 진짜다'라고, 슬픈 이야기는 '이건 가짜다'라고 말씀하셨답니다. 참 따뜻한 이야기입니다. 따뜻한 기운이 감도는 사회가 아름답고 건강한 사회일 것입니다.

_2012. 1. 2. 페이스북

이란 영화감독 압바스 키아로스타미가 소개한 짧은 에피소드를 읽고 마음이 따뜻해졌습니다. 키아로스타미 감독은 어린 시절 할머니로부터 옛날이야기를 많이 들었는데, 이야기가 해피엔딩으로 끝나면 "지금 들려준 이야기는 진짜다", 슬픈 이야기는 "이건 가짜다"라고 말씀하셨습니다. 듣고 나면 여운이 남는 이 이야기를 많은 사람이 음미하길 바랐습니다.

신드바드의 나라 오만에서 만난 우리 청해부대
아라비아반도 남쪽 끝에 위치한 오만을 방문하였습니다. 《아라비안

나이트》에 나오는 모험담의 주인공 '신드바드'의 고향입니다.

지금도 긴소매에 발목까지 내려오는 전통 복장(dishdasha)을 입고 단검(khanjar)을 허리에 차고 전통을 중시하며 정치·경제적으로 안정된 점잖은(?) 나라입니다.

큰 환영과 환대를 받았습니다. 우리나라가 원유와 LNG를 수입해 주는 나라인 때문만은 아닙니다. 우리나라와의 교류 확대와 우리 기업의 활동이 오만의 발전에 크게 기여하리라는 판단 때문입니다. 예를 들어, 미개발지인 두쿰 지역에 대우건설이 수리 조선소를 수주·건설하고, 대우조선해양이 수탁·운영하고, 한국의 조선 기술을 신뢰하여 선박 수리 의뢰가 쇄도하고, 현지 근로자가 선진된 조선 기술을 습득하고. 이른바 누이 좋고 매부 좋은 상호 윈-윈의 경세 협력 모델입니다.

자랑스러운 우리 기업인들을 초청하여 격려하면서 오만의 발전도

염두에 두고 활동해주길 당부하였습니다. 또한, 무엇보다 기뻤던 것은 우리 청해부대를 찾아 장병들을 격려하고 함께 '파이팅'을 외친 것이었습니다. 수도 '무스카트'에서 우리 함정 기항지 '살랄라항'까지는 1,000킬로미터가 넘는 거리이나, 국왕이 전용기까지 제공해주어 다녀올 수 있었습니다.

_2012. 1. 20. 페이스북

　오만은 걸프 지역의 아랍 국가 가운데 부자 나라는 아니어도 전통을 중시하며 주변 국가들로부터 신망을 얻고 분쟁 시 중재 역할을 하는 점잖은 나라입니다. 《아라비안나이트》의 신드바드와 신라 처용處容의 고향이라고도 합니다. 공항 환영 행사에서는 따뜻한 푸딩 같은 음식을 맨손으로 떠먹게 하였습니다. 귀한 손님 대접의 방식입니다. 수도 무스카트는 화려하지는 않아도 꼭 방문해야 할 여행지로 추천되는 품격 있는 도시입니다. 카부스 국왕은 폭정과 실정을 거듭하는 부왕父王을 축출하고 왕위에 올라 선정을 베풀고 국가를 발전시켜 국민의 존경을 받고 있습니다. 독신으로 자식도 없이 살아가는 그를 살랄라 왕궁에서 뵈었을 때 카리스마와 함께 왠지 쓸쓸함이 느껴졌습니다. 국왕이 전용기를 내주어 1,000여 킬로미터 이상 떨어진 우리 청해부대를 다녀올 수 있었습니다.

서설의 아침에 드리는 인사
설날 연휴도 끝났습니다. 이제 꼼짝없는 새해입니다. 새해 각오를 단단히 다져야겠습니다.

추운 날씨지만 새하얀 눈이 내려 마음이 조금은 포근해집니다. 우리 옛 선현들은 눈에서도 많은 가르침을 받았답니다.

첫째, 위중爲重이라 하여 눈이 쌓이면 바깥출입이 어려워져 집에 머물게 되면서 명상을 하는 등 행동거지가 신중해짐. 둘째, 위의爲誼라 하여 눈이 쌓여 바깥출입이 뜸해지면서 서로를 그리워하게 만들어 사람들 사이에 인정을 더 두텁게 함. 셋째, 위범爲凡이라 하여 눈이 쌓여 세상 더러운 것 사소한 것을 모두 묻어버려 사람들의 마음을 대범하게 만듦. 넷째, 위축爲蓄이라 하여 눈에 대비해 땔감이나 먹을 것을 미리 준비하게 하여 사람들로 하여금 아끼고 저축하게 함. 다섯째, 위연爲娟이라 하여 눈은 여인을 더욱 예쁘게 만듦.

이모저모로 분석해 풀어 놓은 선현들의 지혜와 여유가 자랑스럽고 부럽습니다.

페친 여러분, 금년에 더욱 건강하시고 소원 성취하십시오.

_2012. 1. 25. 페이스북

눈 내린 아침에는 마음이 정갈해집니다. 눈이 갖는 매력 때문입니다. 그런데 옛 선현들은 눈에서 더 많은 덕목을 찾아내었습니다. 설유오덕雪有五德이라 할까요. 재미 삼아 이를 소개하였습니다.

김수환 추기경님과 법정 스님을 그리워하며

후배 법관이었던 L 변호사가 새해도 되고 오랫동안 뵙지 못해 인사차 들렀다며 저를 찾아왔습니다. 이런저런 덕담을 하더니 수유육덕水有六德(물이 갖는 여섯 가지 덕목)을 설명하고 물과 관련한 시 한 수를 읊조리고 돌아갔습니다.

이미 들었던 것이지만, 그가 다녀간 뒤 가끔 그 내용이 떠올라 음미하곤 합니다.

1. 낮은 곳으로 찾아 흐르는 겸손
2. 막히면 돌아갈 줄 아는 지혜
3. 구정물까지 받아주는 포용력
4. 어떤 그릇에도 담기는 융통성
5. 바위도 뚫는 물방울의 인내와 끈기
6. 유유히 흘러 바다를 이루는 대의大義

노자께서 인간 수양의 근본을 물의 덕목에 빗대어 교훈으로 제시해준 내용입니다.

공직 수행에도 일상생활에도 지침이 되는 내용입니다. 이와 관련하여 생각나는 분이 있습니다. 3년 전 오늘(2월 16일) 작고하신 김수환 추기경님, 2년 전 2월 17일 작고하신 법정 스님이십니다. 두 분이야말로 온유하고 겸손하고 절제하는 삶을 살아가기 위해 노력하는 이 땅의 많은 사람의 스승이십니다. 날로 거칠어 가는 세상 가운데 서 있노라니 새삼스레 두 분이 그립습니다.

_2012. 2. 16. 페이스북

후배 이석형 변호사는 사람들 앞에서 시를 낭송하는 것이 취미입니다. 평소 틈을 내어 시를 잘 읽지 않는 우리에게 좋은 기회입니다. 옛날 선비가 저렇겠거니 하는 생각을 합니다. 그가 새해 인사차 들렀다가 역시 품격 있는 덕담으로 수유육덕, 물이 갖는 여섯 가지 덕목을 풀어 놓고 돌아갔습니다. 공감할 내용이어서 이를 소개하였습니다. 그러다 문득 두 어른이 생각났습니다. 만인의 만인에 대한 투쟁, 아귀다툼의 세상 속에서 그래도 우리에게 스승 같은 분들이기 때문입니다. 이제는 그런 스승이 없습니다. 아니 그런 스승을 용납하지 않는 세상입니다.

최영 판사님의 임관을 축하하며

오늘은 한국 법원사에 길이 남을 의미 있는 날입니다.

시각장애인 최초로 최영 판사가 임관되어 법관 생활을 시작하는 날입니다. 이 땅의 시각장애인들은 물론 모든 국민에게 큰 기쁨과 희망을 줄 것입니다.

최 판사가 근무할 서울북부지방법원은 음성변환 프로그램 설치, 전담 보조원 채용, 별도 사무실 및 점자 유도 블록 설치 등 각종 지원 시설을 마련한답니다. 앞으로도 시설 문제는 물론 재판 사무나 인사 제도 운영에 있어서 챙겨야 할 일이 많을 것이지만, 대법원이 잘 해줄 것이라고 믿습니다.

1970년대 말 제가 독일 법원에서 연수할 때 인상 깊게 느낀 것이 법관의 30퍼센트 정도가 여성이고, 시각장애인 법관이 30여 명에 이른다는 사실이었습니다.

제가 방문했던 카셀 소재 연방사회최고법원(Bundessozialgerichts-hof)의 부원장도 시각장애인이었습니다. '아! 이것이 바로 선진 복지국가의 모습이구나' 하는 생각이 들었습니다.

그동안 우리 법원에도 여성 법관이 많이 늘었고 이제 드디어 시각

장애인 법관까지 탄생했으니 바야흐로 우리나라도 선진국 문턱을
넘어서나 봅니다.

최 판사님! 정말 축하합니다.

_2012. 2. 27. 페이스북

젊은 판사 시절 독일 마부르크 지방법원에서 연수할 때, 시각장애
인 판사의 재판을 참관하였습니다. 또 카셀의 연방사회최고법원에서
부원장인 시각장애인을 면담하였습니다. 그때의 충격은 지금도 잊지
못합니다. 법원으로서도 재판 지원에 더 많은 예산이 소요되고 당사
자를 포함하여 많은 사람이 불편할 것입니다. 그러나 독일 사람들은
이를 기꺼이 감당하고 있었습니다. 인간 존중의 진정한 복지국가의
한 모습입니다. 포퓰리즘이 아닌 디테일로 실천해가는….

식목일 아침, 매화나무 한 그루를 심으며

식목일 아침, 김포 승마산에 잣나무를 심으러 가기 전, 공관 뜰에 매
화나무 한 그루를 심었습니다. 심을 수종樹種은 제가 직접 골랐습니
다. 꽃 가운데 좋아하지 않을 꽃이 어디 있겠습니까만 나이가 들어가
면서 매화꽃에 더욱 정이 가는 것은 어떤 연유일까요?

겨울이 끝나갈 무렵이면 문득 남쪽에서 피기 시작할 매화꽃이 생
각나곤 합니다.

벚꽃을 닮았으나 야단스럽지 않고 배꽃과 비슷해도 청승스럽지 않
아 군자의 그윽한 자태를 연상시키는 꽃이라고들 말합니다. 또 옛 선
현은 매화는 한평생 춥게 살아가더라도 결코 그 향기를 팔아 안락함

을 구하지 아니한다(梅一生寒不賣香)고 상찬합니다.

저도 그런 매화가 좋습니다.

광양 매화 마을처럼 군락을 이루어 피는 매화꽃도 좋지만 호젓한 곳에 외로이 피는 매화꽃이 더욱 매화답습니다. 그래서 매화나무가 없는 공관 뜰에 매화나무를 심기로 하였습니다.

이 매화나무가 피워낼 꽃을 저 자신은 볼 수 없을지라도 다른 많은 이가 즐기게 될 터이니, 그것이 나무를 심는 즐거움이자 보람이 아닐까 합니다.

_2012. 4. 9. 페이스북

매년 식목일이면 총리 공관에 기념 식수를 합니다. 직원으로부터 수종을 골라 달라는 부탁을 받고 매화나무를 선정하였습니다. 매화나무를 기념 식수 하는 일이 드문 탓인지 공관에 매화나무가 없었습니다. 그래서 안방 창문 너머 보이는 곳에 매화나무를 심었습니다. 모든 나무들이 봄을 준비하고 있을 때 맨 먼저 고고하게 찾아올 매화꽃을 상상하면서….

저의 어느 하루

07:30

청와대 물가 장관회의 참석, 선거 후 물가 관리 방안 논의.

기존 방식으로 한계가 있는 일부 품목에 대하여 발상을 바꾸는 구체적 방안을 대통령께서 제시, 이를 실무적으로 검토하기로 함.

회의 진행 중 북한 로켓 발사 및 실패 사실 각각 보고되어 관련 회의 소집.

09:00

외교 안보 장관회의 참석, 국방부 장관 등 관계자의 상황 분석 보고, 조치 사항 논의.

정부 입장 발표문 토의 결정 후 외교부 장관이 발표하도록 함.

10:00

효창동 백범 김구 기념관에서 열린 대한민국 임시정부 수립(3·1운동 후인 1919. 4. 13. 중국 상하이에서 조직, 선포) 기념식 참석, 축사.

11:00

국가정책조정회의 개최, 원전 안전성 확보를 위한 '원전 운영 개선 대책'과 도시 노면 배수나 농경지 배수 등을 통해 발생하는 '비점 오염원의 관리 대책'을 논의.

15:00

논현동 소재 서울자살예방센터에서 OECD 1위인 자살 사망률을 낮추기 위한 자살 예방 대책 현장간담회 개최. 열띤 논의로 예정된 시간(80분)에서 30분 연장.

청사로 돌아오기 전 노병인 총리실 전 국장님 빈소에 들러 유족 위로.

18:00

다음 주 논의, 발표할 '서민 생활 보호 위한 불법 사금융 척결 방안'을 보고받고 논의.

_2012. 4. 15. 페이스북

총리가 일정을 어떻게 소화하는지 궁금해하는 국민도 계실 것 같아 어느 하루의 일정을 소개하였습니다. 총리의 일은 격무이지만 아파서는 아니 된다는 긴장감 때문인지 앓아눕거나 쉰 일은 없었습니다. 다만 외국 출장 가기 전 기력을 보충하기 위하여 병원에 가서 영양제 주사를 맞고 간 일은 있었습니다.

마하트마 간디가 말하는 사회문제

해묵은 책을 뒤적거리다가 책갈피에서 메모 한 장을 발견하였습니다.

미국인 친지가 전해주었던 마하트마 간디의 7대 사회악에 관한 메모입니다.

politics without principle(원칙 없는 정치),

commerce without morality(도덕성 없는 상업),

wealth without work(노력 없는 부),

knowledge without character(인격 없는 지식),

science without humanity(인간성 없는 과학),

pleasure without conscience(양심 없는 쾌락),

worship without sacrifice(희생 없는 신앙)이 그것입니다.

1925년의 지적인데도 지금의 상황을 그대로 지적하는 것 같아 경이롭습니다.

시공을 초월하는 사바세계(?)의 어쩔 수 없는 모습이라고나 할까요?

문득 몇 개를 더 보태면 어떨까 하는 생각이 떠오릅니다.

press without fairness(공정성 없는 언론),

NGOs without accountability(책임감 없는 NGO),

gender equality without mutual respect(상호 존중 없는 양성평
등)을 보태봅니다. 물론 부분적 현상을 전체로 삼아 과장한 측면이
있지만 두고두고 함께 음미할 만한 과제들입니다.

_2012. 4. 23. 페이스북

우리 사회가 안고 있는 문제를 아는 것은 좋은 사회를 만들어 가기
위하여 필요한 전제 조건입니다. 이에 관해 다양한 지적이나 설명들
이 있었으나 간디의 지적처럼 간명하면서도 공감 가는 것도 드뭅니
다. 다만 100여 년 전의 지적이므로 저는 시대의 변화에 맞게 세 가
지를 더 보태었습니다. 추가된 세 항목에 많은 사람이 공감을 보내주
고 있습니다.

장래 희망이 대통령인 한 소년

어린이날을 하루 앞둔 5월 4일 밤, 잠실야구장에 갔습니다.

여러 가지 사정 때문에 부모와 떨어져 아동복지시설(명진들꽃사랑
마을)에서 생활할 수밖에 없는 어린이 30명을 초대하여 함께 두산 대
LG의 경기를 관람한 것입니다.

머리를 두 갈래로 딴 홍 양(11세)은 연신 "신기해요"를 연발하며 제
손을 꼭 잡았습니다.

야구 규칙을 몰라도 그것은 문제가 되지 않았습니다. 나름대로 LG
와 두산 팬으로 나뉘었어도 승패도 문제가 되지 않았습니다. 제 곁에
앉은 장 군(10세)은 야무진 아이였습니다. 소리치며 응원하다가 제가

캔 음료를 집어 들자 얼른 가져다가 뚜껑을 따주었습니다. 빵 부스러기를 옷에 떨어트리자 재빨리 털어주었습니다. 너무 어른스럽게 저를 챙겨주었습니다. 그러더니 수첩에서 명함을 꺼내 제게 건네주었습니다. 시설 원장님은 장 군이 장래에 대통령이 되겠다며 손수 명함을 만들어 다른 사람에게 돌린다며 웃었습니다.

지금처럼 계속 꿋꿋하게 자라면 좋겠습니다. 경기가 늦어져 7회 말을 끝으로 경기장을 나왔습니다. 헤어질 때 다시 만나자는 아이들의 인사가 애잔하게 느껴졌습니다.

한번 찾아가야겠다고 마음먹었습니다.

_2012. 5. 7. 페이스북

아동복지시설에서 사는 소년 장 모 군은 장래 희망이 대통령입니다. 어릴 적 흔히 말하는 소망이 아니라 명함까지 만들어 건네주는 것을 보니 범상치 않습니다. 행동거지도 남다릅니다. 어리지만 카리스마가 느껴집니다. 그렇다 보니 잘 교육받고 성장해야 할 텐데 하는 걱정도 들었습니다. 야구장으로 초대하여 만난 아이들을 시설로 찾아가 다시 만났습니다. 장 군은 여전히 씩씩하였습니다.

6월, 양구 기행

강원도 양구군, 국토의 정중앙이지만 휴전선을 낀 산악 지방인지라 오지라는 느낌을 지울 수 없는 곳입니다. 십수 년 전, 아들 녀석 면회 갔을 때의 멀기만 했던 기억 때문인지도 모르겠습니다. 지난주 춘천시 방문에 이어 도솔산 지구 전투 위령비 참배차 양구를 찾았습니다.

도로를 넓히고 터널을 뚫어 훨씬 가까워졌습니다.

1951년 6월 미국과 한국 해병대는 도솔산 고지 쟁탈을 둘러싸고 북한군과 격전을 벌여 승리를 거두었습니다. '무적 해병'이라는 말도 이 전투의 승리에서 유래했답니다.

위령비에는 희생된 한국군과 미국군의 명단이 빼곡히 새겨져 있었습니다.

한국군은 물론이거니와 이역만리 낯선 곳에서 오로지 조국의 명령에 따라 참전한 미국 해병의 희생 앞에 숙연해졌습니다. 그 고마움을 위령비에 새겼는데 미국 참전용사들이 오히려 너무 고마워한다고 하니 아름다운 이야기입니다.

이어서 도솔산 등 1,000미터가 넘는 산악 준령으로 둘러싸인 분지 지역인 해안면亥安面을 방문하였습니다. 화채 그릇을 닮았다 하여 펀치 볼punch bowl이라고 불립니다.

도솔산에서 내려다본 아름다운 정경은 특이함 그 자체입니다.

운석 충돌로 만들어진 지형이라는 설說과 옛날에는 호수였다는 설說이 있다는 전창범 양구군수님의 설명이 흥미로웠습니다. 더는 전쟁으로 인한 희생이 생기지 않고 아름다운 국토가 상처를 입지 않도록 노력을 다짐하는 양구 방문이었습니다.

_2012. 6. 25. 페이스북

전적지를 방문하면 늘 가슴이 아픕니다. 양구의 도솔산도 그 가운데 한 곳입니다. 6·25 때 미국과 한국 해병대가 북한군과 격렬한 전투를 벌였던 곳입니다. 도솔산 전투 위령비에 당시 희생자들의 이름이 빼곡히 새겨져 있습니다. 이역만리 낯선 땅에서 조국의 명령에 따라 참전하여 희생한 미군들의 명단을 어루만지며 다시는 이 땅에 전쟁의 비극이 없기를 소망하였습니다.

아름다운 군신君臣 이야기, 장성 백비白碑

전남 장성군에 가면 아무것도 새기지 않은 묘비, 즉 백비가 있습니다. 조선조 시대 지금의 장관급인 한성판윤·호조판서 등을 역임하고 청백리로 선정된 박수량 선생의 묘비입니다. 청백리는 깨끗한 공직자를 지칭하는 말로서 조선 시대에는 국가에 의해 선발되었으며 모두 217명이었습니다.

박수량 선생은 세상을 떠나며 묘도 크게 쓰지 말고 비석도 세우지 말라는 유언을 하였습니다. 이를 안 명종 임금이 크게 감동하여 서해 바다에서 빗돌을 구하여 하사하시며 "박수량의 청백을 알면서 빗돌에다 새삼스럽게 그의 청백했던 생활상을 쓴다는 것은 오히려 그의 청렴함을 잘못 알리는 결과가 될지 모르니 비문 없이 그대로 세우라"고 명하여 지금의 백비가 세워졌답니다.

죽어서도 청렴을 실천하고자 했던 박수량 선생도 존경스럽지만, 신하의 훌륭함을 기리기 위해 백비의 발상으로 화답했던 명종 임금도 멋들어집니다. 아름다운 군신 관계 스토리입니다. 얼마 전 함평·장성 출장길에 그곳에 들렀습니다. 많은 공무원이 백비 앞에서 고개를 숙이며 바르고 청렴한 공직 자세를 다짐하고 있었습니다.

_2012. 7. 2. 페이스북

제 고향인 전남 장성군에는 비면에 아무것도 새기지 않은 묘비, 이른바 백비가 있습니다. 조선조 청백리 박수량 선생의 묘비로서 명종 임금이 하사하여 세운 비석입니다. 만들어진 경위가 감동을 주는, 즉 스토리가 있는 비석입니다. 비면에 담겼을 내용보다 훨씬 더 많은 사연을 전해주는 것 같습니다. 전국의 공무원들이 장성군을 방문하여 장성 아카데미 강좌를 듣고 백비 묘소를 참배하고 필암서원 등 명소를 둘러보는 교육 프로그램을 진행한다고 합니다.

인간관계를 황폐하게 하는 질병, 치매

지난 연말 통일부 업무 보고 때 이산가족 교류 업무를 담당하는 한 여직원의 보고에 장내가 숙연해졌습니다. 남쪽의 어머니가 북쪽의 아들을 상봉하였으나 치매에 걸린 어머니는 아들을 알아보지 못해 안타까웠는데, 마지막 날 알아보게 되었으나 작별을 서러워하여 더 안타까웠다는 이야기였습니다.

미국 최초의 여자 대법관인 오코너 여사는 치매에 걸린 남편을 간병하기 위하여 조기 퇴직하였습니다. 요양원에 있는 남편은 그곳에 있는 다른 할머니와 사랑에 빠졌고 오코너 여사를 알아보지도 못하였습니다. 그래도 오코너 여사는 남편이 행복할 테니 그것으로 만족이랍니다.

치매는 인간을, 인간관계를 황폐화하는 몹쓸 병입니다. 우리 사회도 고령화와 더불어 치매 환자가 급증하고 있습니다. 정부는 지난주 '국가치매관리종합계획'을 마련하였습니다.

치매의 ① 조기 발견 및 예방 강화 ② 맞춤형 치료·보호 강화 ③

관련 인프라 확충 ④ 가족 지원 및 사회적 소통 확대 등을 그 내용으로 담았습니다.

조기 발견과 치료로 치매의 발병이나 진행 정도를 지연시킬 수 있으며, 뇌혈관성 치매 등은 적당한 운동 등 건강 관리가 효과적인 치매 예방책이라고 하니, 우리 모두의 관심과 노력이 절대 필요하다 하겠습니다.

_2012. 7. 30. 페이스북

인간의 존엄을 손상하고 인간관계를 황폐케 하는 질병, 치매가 고령화 사회 진입과 맞물려 점점 심각한 문제가 되고 있습니다. 아름다운 가족 관계마저 비극적 상황으로 몰고 가니 정말 몹쓸 병입니다. 국가나 개인이 함께 예방 및 치료 대책을 세우는 일이 국가적 과제가 되었습니다. 일본에서는 치매를 인지증認知症으로 부릅니다. 조금은 끔찍한 느낌을 주는 치매라는 낱말보다는 중립적이고 부드러운 낱말인 것 같습니다.

성폭력 범죄, 어떻게 해결해야 할까요?

참으로 어처구니없고 부끄러운 사건이 또 발생하였습니다.

나주 초등학생 납치·성폭행 사건입니다. 끊이지 않는 성폭력 사건 때문에 국민은 분노하고 불안해합니다. 국민의 안전을 책임지는 정부로서 죄송할 따름이지만, 범죄인들에 대해서는 해도 해도 너무하다는 원망이 나옵니다.

그동안 정부는 법·제도 개선을 포함한 많은 대책을 마련해 왔습니다. 법정 형량 가중, 전자발찌 제도 도입과 확대, 성폭력 전과자 신상 공개, 아동 대상 성폭력 범죄 등에 대한 친고죄 폐지, 제한적 범위의 성 충동 억제 약물 치료(화학적 거세) 등이 그것입니다. 이번 기회에 과거의 대책을 다시 점검·개선하고, 특히 범죄 예방을 위한 우범자 관리 기구와 인력을 대폭 확충할 것입니다. 16세 미만을 대상으로 한 성폭력에 대해서만 재범 위험성·성도착증 유무를 고려하여 처분하는 성 충동 억제 약물 치료의 확대도 검토할 것입니다. 그러나 이러한 조치들이 우리가 기대하는 효과를 가져올 것인가? 솔직히 확신이 서지 않습니다.

과도한 음주, 범람하는 음란물, 게임 몰입 등 충동적·폐쇄적 인간성을 부추기는 잘못된 사회 문화가 함께 개선되어야 할 것입니다.

남을 배려하는 문화가 절실합니다. 국민의 절대적 협력이 필요합니다. 페친 여러분, 더 좋은 해결책이 없을까요?

_2012. 9. 3. 페이스북

증가하는 성폭력 범죄에 대응하기 위하여 각종 조치를 취하고 있으나 그 해결에는 한계가 있습니다. 어쩌면 인류가 생존하는 한 완전한 해결은 불가능한 문제일 것입니다. 법적 제도적 접근만으로는 해결될 수 없는 문제인 것을 잘 알기에 답답하고, 온 국민이 함께 나서야 하는 문제입니다. 이 점을 강조하기 위하여 "페친 여러분, 더 좋은 해결책이 없을까요?"라고 하소연하였습니다.

사형 제도에 관한 어떤 생각

지난번 페북에 쓴 성폭력 범죄 등과 관련한 저의 글에 페친들께서 많은 의견을 주셨습니다. 해결책으로서 엄정한 법 집행을 요구하는 의견이 많았습니다. 사회적으로 사형제 존폐에 관한 논쟁도 재연되었습니다.

우리나라는 법적으로 사형 제도가 존재하고 58명의 사형 확정자가 있지만 15년 가까이 사형 집행이 없어, 사실상 사형 폐지국으로 분류되고 있습니다. 세계적으로는 사형 폐지국이 사형 집행국의 2배 이상에 이릅니다. 미국·일본 등 일부 선진국에도 사형이 존재하지만, 사형 폐지국이 인권 국가로 평가되는 것도 현실입니다.

2010년 한국을 방문한 독일 메르켈 총리가 저를 만나 행한 첫 질문이 한국의 사형 제도 실태에 관한 것이었습니다. 제 설명을 듣고 만족해하는 것 같았습니다. 인접한 중국·일본과 다른 한국의 모습에 대해서 말입니다.

저 개인으로서는, 20여 년 전에 범행을 부인하지만 유죄로 인정되고, 유죄로 인정되는 한 범죄 내용 및 양형 기준상 사형을 피할 수 없다고 보아 사형을 선고한 적이 있습니다.

상급심에서 다른 증거들이 나타나 무죄가 되었으면 좋겠다고 생각했지만 그대로 확정되었습니다. 그 피고인이 사형 집행되지 않고 있다는 것이 저에게는 위안입니다.

_2012. 9. 10. 페이스북

현대 문명사회로 진입하면서 사형 제도의 존폐에 관한 논의가 활발해졌습니다. 그 결과 더 많은 국가가 사형 제도를 폐지하였습니다. 흔히 사형 제도의 효과로서 범죄 예방이나 사회 방위를 들고 있지만 실은 그런 효과가 없다는 것이 실증적 연구 결과입니다. 또한, 사실관계를 잘못 인정하여 사형에 처했을 때 피해를 회복할 수 없다는 것과 정치적 목적 등으로 남용되는 사례들을 생각한다면 사형 제도는 폐지됨이 옳다 할 것입니다. 그러나 끔찍한 범죄가 발생하면 국민 정서는 폐지 반대쪽으로 쏠립니다. 좀 더 냉정하고 성숙된 사회적 논의가 필요한 문제입니다.

즐거웠던 어느 조손 가정 방문

추석을 앞둔 지난 금요일에 할머니와 살아가는 유○○ 군 형제 가정, 이른바 조손 가정을 방문하였습니다. 사생활 보호를 위하여 기자분들의 동행을 피하고 찾아갔습니다.

독거 노인, 소년·소녀 가정, 조손 가정, 보육·요양 시설 등을 방문하면 으레 마음이 무거운데 이번 방문은 그렇지 않았습니다.

형인 중학생 유○○ 군은 표정이 밝고 여유 있는 소년이었습니다. 교회 선생님의 지도로 기타를 배우기 시작하여 취미 이상으로 열심히 하고 있었습니다.

한번 연주해보라는 저의 권유에 스스럼없이 솜씨를 뽐내고 앙코르를 구하자 기다렸다는 듯이 다시 연주하였습니다. 동행한 문병권 중랑구청장님 등과 함께 힘껏 박수를 쳤습니다.

소질이 있을 뿐 아니라 실력도 이미 상당한 경지에 이른 것으로 보였습니다. 교회 선생님이 훌륭한 기타 선생님을 소개하여 고등학교 졸업 시까지 무료 강습을 받을 수 있도록 해놓았답니다.

유 군을 배려한 교회 선생님, 무료 강습에 나선 기타 선생님, 모두 너무 고마운 분들이었습니다. 중랑구청장님도 유 군이 재능을 잘 살려갈 수 있도록 챙겨주실 것 같았습니다. 함께 사진도 찍고 격려 사인도 해주고 즐거운 마음으로 돌아왔습니다.

_2012. 10. 2. 페이스북

아동복지시설이나 조손 가정을 방문하면 마음이 늘 편치 않습니다. 안쓰럽고 안타까운 마음이 들기 때문입니다. 그러나 이번 방문은 그렇지 않았습니다. 인자한 할머니 밑에서 두 손자가 밝게 자라고 있는 것이 명백했기 때문입니다. 방구석에 놓인 기타를 보고 누가 배우는가를 확인하고 한번 쳐보라고 했더니 기다렸다는 듯이 연주하였습니다. 관련하여 많은 사람이 소년의 기타 공부에 도움을 주고 있었습니다. 동행했던 문병권 중랑구청장님도 관심을 가지겠다고 하셨습니다. 이런 분들의 관심으로 이 조손 가정은 결코 외롭지 않을 것이라는 생각이 들어 드물게 즐거운 방문이 되었습니다.

3,000여 명의 한국 고아를 돌본 한 일본인

지난주 해외 입양 관계자 간담회에서 한 참석자로부터 책 한 권을 선물받았습니다.

일본의 모리야마 사토시 목사님이 쓰신 책으로, 목포에서 고아들을 돌본 일본인 다우치 치즈코(한국명 윤학자) 여사의 생애를 그린 《진주의 노래》입니다.

주말에 대충 볼 생각으로 책을 집어 들었으나 곧 정성 들여 읽게 되었고 여러 장면에서 감동과 안타까움에 가슴이 메었습니다.

아버지를 따라 목포에 와 성장한 뒤 고아 구제시설인 목포공생원에서 봉사하다가 원장인 윤치호 전도사와 결혼하고, 윤 원장과 6·25 때 헤어지고도(실종) 돌아가실 때까지 사랑과 헌신으로 고아들을 돌보았습니다. 자신의 자식들도 고아들과 섞어 키웠습니다. 해방과 6·25 전쟁의 혼란, 일본인으로서 한국 생활의 어려움을 기독교의 사랑과 일본의 한국 강점에 대한 미안함으로 극복해낸 것입니다.

1968년 11월 2일 오전 10시 목포역 광장에 3만여 명의 추모객이 모인 눈물의 장례식이 열렸습니다. 한일 양국으로부터 훈장을 받기도 하였습니다.

여사의 생애가 알려지면서 많은 일본인이 목포공생원과 한국 고아들의 후원자로 나섰습니다. 안타깝고 어두운 그 시절의 한일 관계 속에서 여사는 맑게 빛나는 진주였습니다.

_2012. 11. 19. 페이스북

어릴 때 아버지를 따라 목포에 와서 살다가 한국인 전도사와 결혼하여 고아원을 운영하던 중 6·25 때 남편이 행방불명되었으나 일본으로 돌아가지 않고 고아들을 돌보다가 1968년 작고한 윤학자 여사의 생애를 소개하였습니다. 마침 제 처조부모님과도 깊은 교유가 있었던 분입니다. 여사의 장례식이 열린 목포역 광장에는 3만 명의 추모객이 모였고 이런 사실이 일본에 알려지자 많은 일본 사람이 목포를 방문하는 등 한일 친선 교류의 가교가 되었습니다. 제가 안중근 의사 숭모회 이사장을 맡으면서 알게 된 일이지만 여사의 고향은 일본 고치현高知縣이며 그곳에 목포에서 가져온 돌에 새긴 '한국 고아의 어머니 다우치 치즈코 여사 기념비'가 있으며 그 인연으로 전라남도와 고치현은 자매결연을 맺었습니다. 고치현은 안중근 의사가 뤼순旅順에서 재판을 받고 순국할 때까지 인연을 맺고 안중근 의사를 존경해 마지않았던 많은 일본 관헌의 고향으로 그들은 안 의사로부터 유묵을 받고 고향으로 돌아가 안 의사의 고매한 인품을 알리는 일도 하였고 또한 받은 유묵을 한국으로 돌려보내기도 했습니다. 저도 2018년 가을 이런 내용을 담아 '안중근 의사의 동양 평화 사상과 한일 친선 교류 협력'이라는 주제로 강연을 하였으며 지금도 고치현의 많은 분이 한국을 찾아오고 있습니다. 고치현은 일본인이 가장 좋아한다는 명치유신의 주역 중 한 사람인 사카모토 료마坂本龍馬의 고향이기도 합니다.

1905년 멕시코 이주 한인 후손을 만나고서

총리로서 외국을 방문할 때면 그곳에 사는 교민을 만나 그들을 격려하고 여러 의견을 듣곤 합니다. 뻬냐 니에또 대통령 취임 축하 사절로 멕시코를 방문한 이번에도 그리하였습니다. 그러나 이번에는 또 다른 만남을 가졌습니다. 1905년 멕시코로 이주한 한인 후손 30여 명과의 만남입니다. 한국말을 할 수 없고, 일부 참가자의 경우 한국인의 모습이 보이지 않기도 했지만, 그들은 분명 한국을 그리워하고 자랑스러워하는 한국인 후손이었습니다.

여자분들이 예쁘게 한복을 차려입은 모습을 보자 가슴이 뭉클했습니다.

1905년 1,033명의 동포가 인력 송출업자의 주선으로 5년 계약으로 제물포항을 출발, 멕시코로 떠났습니다. 그 가운데 700여 명이 성인 남자였고 나머지는 여자와 어린이였습니다. 어린이들은 구경 삼아 올랐던 배가 그냥 출발하는 바람에 강제 이주한 셈이 되었습니다. 200여 명의 남자는 대한제국 군인으로 군대가 해산되자 그 울분을 참지 못하고 친지들을 규합하여 5년 후에 돌아올 계획으로 떠났으나 나라가 망하자 그곳에 주저앉고 말았습니다. 숱한 고생 속에서도 그들은 독립운동 자금을 모아 상해임시정부로 보냈습니다.

그 공로로 훈장을 받은 고 김익주 씨의 손자 다빗 김공 씨는 바르고 성실했던 할아버지를 회상하였습니다. 참으로 감동적인 많은 이야기를 들으면서, 우리가 이들을 잊어서는 안 될 이유와 도울 방안들을 생각하였습니다.

_2012. 12. 3. 페이스북

해외 순방 시 만나는 동포들은 외모도 우리와 같고 한국말도 잘하는 편입니다. 그러나 멕시코를 방문했을 때 만난 동포들은 달랐습니다. 1905년 이주한 동포들의 자손들로 현지인들과 혼인하여 외모도 다르고 한국말도 거의 못 하는 분들이었습니다. 그런데도 할아버지로부터 전해 들은 이주 정착 당시의 어려움 등 생생한 이야기를 들려주었습니다. 정말 영화 같고 소설 같은 이야기들이었습니다. 실제로 초기 이주자들의 애환을 담은 〈애니깽〉이라는 영화가 만들어지기도 하였습니다. 그들의 한국 발전에 대한 자부심이나 한국에 대한 애정은 다른 나라의 동포들에 뒤지지 않았습니다.

페북 글쓰기를 마칩니다

다음 주부터 저는 세종시에서 근무합니다. 갖고 갈 것, 버리고 갈 것을 가리고, 마음 자락도 정리하면서 이사를 준비합니다.

이참에 작년 3월 27일부터 시작한 페이스북 글쓰기도 오늘로 마감하기로 합니다. 마침 이번 글이 100번째이고, 총리로서 일할 날도 얼마 남지 않았으니 지금이야말로 그만두기에 적합한 때라고 생각합니다.

저는 페이스북을 통해 '총리'가 아닌 한 '인간'으로서의 생각을 전하고자 하였고, 그 내용은 '따뜻한 세상'에 관한 것이길 바랐습니다.

민생 현장 방문이나 행사 참여 시 손을 높이 들어 흔드는 제스처를 일부러 피하였던 저에게 페이스북 글쓰기는 진정한 소통 방법의 하나였습니다.

그동안 제 글을 읽어주시고 때로는 적절한 추임새로 격려·성원해주신 친구분들 그리고 관심을 보여주신 언론인 여러분께 감사드립니다. 세 번의 팬 미팅도 즐거운 추억으로 간직하겠습니다. 함께했던 분들의 모습이 눈에 선합니다.

문득 김광섭 시인의 "이렇게 정다운 너 하나 나 하나는 어디서 무엇이 되어 다시 만나랴"라는 시구를 떠올리며 아쉬움을 달래봅니다.

여러분 모두 남은 한 해 마무리 잘하시고, 새해에 더욱 건강하시고 많이 많이 행복하시길 기원합니다.

_2012. 12. 17. 페이스북

저의 페북 글쓰기는 총리실 계정을 이용한 것이므로 총리직을 물러나면 더 계속할 수 없는 형편이었습니다. 그래서 마침 100번째가 되었고 청사도 세종시로 이전하게 되어 이 시점을 마무리에 적합한 때로 보았습니다. 그러나 막상 마무리하려니 서운한 생각도 들었습니다. 그래서 김광섭 시인의 시 '저녁에'의 한 구절을 인용하면서 아쉬움을 달랬습니다.

저렇게 많은 중에서/ 별 하나가 나를 내려다본다/ 이렇게 많은 사람 중에서/ 그 별 하나를 쳐다본다/ 밤이 깊을수록/ 별은 밝음 속에 사라지고/ 나는 어둠 속에 사라진다/ 이렇게 정다운/ 너 하나 나 하나는/ 어디서 무엇이 되어/ 다시 만나랴

이명박 대통령의 페이스북 댓글

김황식 국무총리의 페이스북 글쓰기가 100회로 대단원의 막을 내렸군요. 메모지에 한자 한자 대화하듯 때로는 고백하듯 담담히 써 내려가던 김 총리의 인간적이고 소박한 소통 방식에 저도 그동안 팬이었답니다. 국정 조정 관리의 정점 그 외롭고 고단한 자리에서 국민을 위해 고뇌했던 순간들을 읽으며 저도 때론 눈물짓고 때론 웃으며 공감해 왔습니다. 세종시와 서울을 오가야 하는 한층 더 바쁜 일정 속에서도 국무총리께서 새로운 소식을 주실 것을 여러분과 함께 기대합니다.

김 총리, 페북에 마지막 100번째 글

"페이스북 글쓰기는 진정한 소통 방법의 하나였습니다. 하지만 지금 이야말로 (글쓰기를) 그만두기에 적합한 때라고 생각합니다."

김황식 국무총리가 17일 페이스북 국무총리실 계정에 '연필로 쓰는 페이스북' 100번째이자 마지막 글을 올렸다. 김 총리는 지난해 3월 27일 '서울대 어린이병원을 다녀와서'라는 제목으로 글을 쓰기 시작한 이후 매주 월요일마다 메모지에 손으로 글을 썼고, 이를 총리실 직원이 스캔해 페이스북에 올려왔다.

김 총리는 마지막 글에서 "페이스북을 통해 총리가 아닌 한 인간으로서의 생각을 전하고자 했다"며 "그 내용은 따뜻한 세상에 관한 것이길 바랐다"고 적었다. 그가 써온 글에는 국정 현안에 관한 것도 있지만 자살한 학생에 대한 안타까움과 미안함, 어머니에 대한 그리움, 어려운 환경 속에도 꿈을 잃지 않은 어린이에 대한 격려 등 인간적인 내용이 많다.

김 총리는 페이스북을 통해 국민과 소통하는 대신 "민생 현장 방문이나 행사 참여 시 손을 높이 들어 흔드는 제스처를 일부러 피했다"고 소개했다. 2년여 동안 조용하고 꼼꼼하게 국정을 챙기면서도 외부에는 부각되지 않는 길을 걸어온 그의 스타일을 보여준 셈이다. 메모를 시작할 당시 1만 명도 되지 않았던 총리실 페친(페이스북 친구)은 23만 명으로 늘었고 오프라인에서 세 차례 모임도 가졌다.

글쓰기를 마치기로 결정한 배경에 대해서는 "갖고 갈 것, 버리고 갈 것을 가리고 마음 자락을 정리하면서 (세종시로) 이사를 준비한다"며 "마침 이번 글이 100번째이고 총리로서 일할 날도 얼마 남지 않았다"고 적었다. 끝으로 그는 김광섭 시인의 "이렇게 정다운 너 하나 나 하나는 어디서 무엇이 되어 다시 만나랴"라는 시구를 소개하며 아쉬움을 표현했다.(장택동 기자)

〈문화일보 2012. 12. 20〉
김 총리의 손 편지

'소통'이 시대의 화두가 되긴 했지만 제대로 된 소통은 쉽지 않다. 상대방이 그렇게 느껴야 하는데 대부분 일방적인 전달이 되고 만다. 대통령 등 고위직으로 갈수록 성공적인 소통을 하기는 더욱 어렵다. 그런 면에서 가장 성공적인 소통의 사례로 꼽히는 것이 미국 프랭클린 루스벨트 대통령의 '노변정담(fireside chats)'식 라디오 연설이다. 1933년 대공황의 어려움을 극복하기 위한 '뉴딜 정책'을 약속하고 당선된 루스벨트 대통령은 당시 널리 보급된 라디오를 통해 정담 나누듯 다정한 음성으로 정기적 연설을 함으로써 불황에 지친 국민들에게 활력소가 됐다. 이후 각국의 많은 대통령이 이를 벤치마킹해 라디오 연설을 했지만 그렇게 주목받지 못했다. 하고 싶은 이야기만 하고 국민들이 듣고 싶은 이야기를 하지 못했기 때문 아닐까.

김황식 국무총리가 지난해 3월 27일부터 매주 월요일마다 페이스북에 연재해온 '연필로 쓰는 페이스북'을 지난 17일 자 100회로 마감했다. 여느 공직자의 일상적인 자기 홍보용 글이라고 보기에는 일단 형식 자체가 친근하고 파격이다. 국무총리 전용 메모지에 연필로 또박또박 쓰고, 지우고, 첨언한 글을 그대로 스캔해 올렸다. 비서들이 대신 써주는 것이 아니라 총리가 직접 손 편지 쓴 것처럼 정감情感이 느껴진다.

10월 2일 자에 올린 '즐거웠던 어느 조손 가정 방문'이라는 글에선 할머니와 살아가는 유 모 군 형제 가정을 방문해 교회에서 배운 기타를 연주해 보이는 유 군의 밝은 모습을 보며 느낀 소소한 느낌을 진솔하게 표현했다. 5월 어린이날 야구장에서 만난 복지시설에 있는 한 소년이 직접 만든 '장래 희망 대통령'이라고 쓴 명함을 받고 애틋한 마음에 "한번 찾아가야겠다고 마음먹었습니다"라고도 약속했다. '사형 제도에 관한 어떤 생각'이라는 글에서는 20여 년 전 판사 시절 사형을 선고한 어느 사형수를 언급하면서 "사형 집행되지 않고 있다는 것이 저에게는 위안입니다"라고 솔직한 마음을 드러냈다.

메모를 시작할 당시만 해도 1만 명이 되지 않던 페친은 23만 명으로 늘었다. 총리실이 세종시로 이전하는 것과 맞춰 글쓰기를 중단한 김 총리는 "총리가 아닌 인간으로서 생각을 전하고자 했고 그 내용은 따뜻한 세상에 대한 것이기를 바랐다"고 소감을 밝혔다. 김 총리의 소박한 글에서 진정한 소통 노력이 엿보인다.(이현종 논설위원)

만남을 통한
소통

| 페북 팬 미팅 |

페이스북에 글을 올리기 시작하자 팬들이 급격히 늘어나기 시작했습니다. 그러자 공보실에서 팬들과 오프라인에서 만날 것을 건의하여 팬 미팅을 하기로 하였습니다. 내실 있는 대화를 위하여 인원수를 30명 정도로 제한하고 중학교 학생부터 68세의 아동문학가까지 다양한 연령층과 직업군으로 구성하였습니다. 장소는 광화문 근처 소박한 식당으로 정했습니다. 제가 이야기하는 것보다는 질문을 받고 응답하는 방식이었습니다.

질문은 다양했습니다. 어느 주부는 "많은 이슈와 분쟁 속에서 저 같으면 한 번쯤 욱했을 텐데"라고 물었습니다. 저는 거칠게 반격하고 싶은 때도 있지만 제가 욱하면 국민이 불안해진다고 답변하였습니다. 국회 대정부 질문 과정에서 총리와 의원 간에 볼썽사나운 장면을 국민이 목격하였고 그때 느꼈을 국민의 마음을 헤아린다면 저의 태도와 답변이 정답이라고 생각했습니다. 팬 미팅은 그 후 두 번을 더 하였습니다. 점심을 하고 함께 창덕궁을 산책하는 방식으로 하고 또 1, 2차에 참가했던 사람들을 다시 만나는 방식으로 진행하였습니다. 1, 2차 미팅 때 틈나면 다시 만나자고 약속하고 헤어졌기 때문입니다. 시간이 한참 지난 지금도 한 번쯤 다시 만나고 싶은 생각이 듭니다.

〈국민일보 2012. 1. 31〉

"제가 욱하면 국민이 불안해져"

"페! 페친 여러분 정말 만나고 싶었다. 이! 이렇게 찾아주셔서 고맙다. 스! 스스럼없이 거리낌 없이. 북! 북적북적 와글와글한 시간을 가집시다."

김황식 국무총리가 30일 광화문 인근 한 식당에서 페친 30명과 삼겹살, 김치찌개를 먹으면서 진솔한 얘기를 나눴다. 그는 직접 준비한 '페이스북' 4행시로 분위기를 이끌었고 김정일 북한 국방위원장 사망으로 한 차례 연기됐다 열린 모임에는 학생과 주부, 직장인, 자영업자 등 10~60대가 함께했다.

김 총리는 대선 출마 질문에 "나에게 표를 줄 사람은 없지 않겠나. 안 한다"고 말했다. 또 "정치권 이슈가 많았는데 중심을 잘 잡았다. 저 같으면 한 번쯤 욱했을 것"이라고 한 윤 모(41·주부) 씨에게 "상식과 원칙을 생각했다. 정말 속상하고 욱했지만 참았다. 제가 욱하면 국민이 불안해진다"고 웃었다. 김 총리는 최연소 참석자 박 모(15)

군이 학교폭력 해결책을 묻자 "죄의식을 느끼지 못하는 가해자, 저항을 못 하고 굴종하는 피해자, 관심이 없거나 적은 가정과 학교 등이 서로 복합돼 있다"며 "2월 6일쯤 관계 장관회의를 해 (대책을) 발표할 것"이라고 답했다. 그는 광주지방법원장 재직 때 쓴 글을 모은 책 《지산통신》을 갖고 나와 사인을 해 나눠줬다.(최현수 기자)

〈중앙일보 2012. 1. 31〉
김황식 '페친' 30명과 삼겹살 미팅

"많은 이슈와 분쟁 속에서 저 같으면 한 번쯤 욱했을 텐데."(윤성아 주부)

"총리가 거친 말로 공격하고 싶은 때도 있지만… 제가 욱하면 국민이 불안해진다."(김황식 총리)

김황식 국무총리가 30일 서울의 한 음식점에서 최지훈(69·아동문학가)·조빛나(22·이화여대 국어교육과)·조오제(46·회사원) 씨 등 페이스북 친구 30여 명과 만나 삼겹살과 김치찌개를 먹으며 대화를 나눴다. 경제, 양극화, 자본주의, 학교폭력, 군대, 북한, 어린 시절 등 주제를 미리 정하지 않고 질문이 나오는 대로 총리가 즉석에서 답변하는 형식으로 진행됐다. 학교폭력에 대한 고민을 털어놓은 학생에겐 "2월 6일께에 관계 장관회의 해서 (대책을) 총리가 발표할 것"이라고 답했다. 이어 "대책 발표하면 정부로선 최선을 다해 현장을 챙기고, 총리도 챙기고, 장관도 챙기고, 대통령도 챙길 것이고, 모든 사회가 불을 켜고 현장에서 효과가 있는지 없는지 챙기고 꾸준히 노력해 나가겠다"고 덧붙였다.

또 그는 "어떤 의미론 단군 이래 제일 풍요한 시대를 살고 있는데 국민은 행복하지 않은 것 같다"며 "이런 문제를 다 같이 고민해 '따뜻한 자본주의'를 잘 생각해야겠다"고 했다. 모임에 앞서 김 총리는 국무총리실 페이스북(www.facebook.com/PrimeMinisterKR)에 "겸손해야 할 자본주의가 그동안 오만해졌는지 모르겠다"고 썼다.(조현숙 기자)

페이스북 팬 미팅을 마치고

총리실 페이스북 팬 수가 2월 5일, 10만 명을 돌파했습니다.

그동안 총리실이 국민과 소통하기 위하여 나름대로 노력해온 것을 국민들이 인정해준 것 같아 기쁩니다. 앞으로 더욱 겸손하고 진솔한 자세로 소통의 폭을 넓혀 가겠습니다.

저는 지난 1월 30일 페북 팬 30명과 팬 미팅을 가졌습니다. 15세 중학생 소년부터 68세 어르신(아동문학가)까지 다양한 연령층·직업군의 팬들이었습니다. 멀리 부산에서도 오셨습니다. 미팅이 자연스럽게 잘 진행될지 걱정이었지만, 참으로 화기애애한 분위기 속에서 유익한 대화를 나누었습니다. 마치 오랫동안 알고 지내온 사람들처럼 말입니다. 온라인 상의 대화와는 또 다른 스킨십의 따뜻함이 느껴져 좋았습니다. 헤어질 때는 서로 작별을 아쉬워하며 또다시 만날 것을 약속하였습니다. 제게는 건강 걱정도 해주고, 퇴직 후에는 더 다양한 소재로 속 깊은 이야기를 전해 달라는 과분한 기대의 말도 들었습니다.

미팅에 참석해주신 분들에게 다시 한번 감사드립니다. 앞으로 적당한 시기에 보다 업그레이드(?)된 2차 팬 미팅을 갖도록 하겠습니다.

_2012. 2. 10. 페이스북

| 대학생과 간담회 및 특강 |

가천대학을 방문하여 학생들과 간담회를 가졌습니다. 청년 세대는 취업, 결혼, 출산을 포기할 정도로 어려움 속에 살아가고 있습니다. 그 해결책은 쉽지 않습니다. 다양한 요소들이 얽힌 결과입니다. 노력하면 좋은 결과가 있으리라는 식의 공자 말씀만으로는 그들에게 도움이 되지 않습니다. 그들의 고민을 충분히 공감하고 위로하는 것으로부터 시작하여 스스로 해결책을 찾도록 해주어야 합니다. 그래서 필요한 것이 같은 눈높이의 수평적 소통입니다. 현실을 그대로 수긍하고 다만 그들이 미처 깨닫지 못하고 있는 것을 일깨워주는 정도에 그쳐야 진정한 소통이 이루어질 수 있습니다. 가천대 학생들과의 간담회에서도 정부나 기성세대에 대한 비판적인 질문이 많았습니다. 정부의 소통 부족, 나꼼수 방송, 반값 등록금, 안철수 교수에 대한 평가 등. 저는 일시 모면의 사탕발림 답변을 하는 대신 대학생들이 미처 모르는 정부의 고민을 전달하려고 노력하였습니다. 그래도 그들을 위로하고 문제를 해결할 수 없기에 "술을 마시지 않고도 취할 수 있고 시행착오조차 용납되는 것, 그것은 젊음의 특권이다"라고 말하며 젊은 청춘에 대한 부러움으로 그들을 위로하고 격려하였습니다. 그들은 천만금으로도 바꿀 수 없는 젊음을 가졌고 그 가치를 미처 깨닫고 있지 못하기 때문입니다. 그러나 이것이 얼마나 위로가 되겠습니까? 다양하고 복합적인 요소로 얽혀 있어 단기간 내 해결이 어려운 문제이지만, 그래도 할 수 있는 노력은 청년 세대의 고민에 공감하며 다양한 정책적 노력을 기울이는 것뿐입니다.

〈동아일보 2011. 11. 25〉

넥타이 푼 김황식 "이슬비 같은 총리 되겠다"

"반값 등록금에 대해 국무총리로서 어떻게 생각하시나요?"

"세금으로 등록금을 감당하면 다른 예산을 줄여야 하기 때문에 정부로서는 고민입니다."

24일 오후 1시 경기 성남시 가천대 경원캠퍼스 소강당. 넥타이를 매지 않은 채 파란 와이셔츠를 입은 김황식 총리가 100여 명의 대학생 앞에 섰다. 그는 "흰 셔츠를 주로 입는데 젊고 친근하게 보이려고 파란 셔츠를 입었다"며 겸연쩍게 웃었다.

이 간담회는 2040세대와의 소통을 강조해온 김 총리가 직접 학생들과 소통하기 위해 마련한 자리다. 1시간가량 진행된 간담회에서 학생들은 다양한 현안에 대해 질문을 쏟아냈다.

김 총리는 '공공요금 등 물가가 올라 부담이 크다'는 지적에 "전기료나 공공요금은 지금 올려서 해결하지 않으면 나중에 누적돼 더 큰 재앙으로 돌아온다"며 인상이 불가피하다고 설명했다. '한미 자유무역협정(FTA) 괴담이 나온 것은 정부의 소통 노력 부족 때문'이라는 지적에는 "노력이 부족했다"면서도 "무조건 정부 발표를 믿지 않으려는 사람도 솔직히 존재한다"고 덧붙였다. 팟캐스트 방송 〈나는 꼼수다〉에 대해서는 "표현의 자유가 누구에게나 주어져야 하지만 내용에 허위가 있어서는 안 된다"고 말했다.

　김 총리 개인에 대한 질문도 나왔다. '총리를 그만두면 어떤 일을
하고 싶냐'는 질문에는 "잠을 푹 자려고 한다"고 토로했다. '어떤 비
전과 리더십으로 이 자리까지 왔느냐'고 묻자 "대통령과는 얼굴 마
주친 적도 없었는데 왜 감사원장·총리를 시켰는지 나도 궁금하다"
고 답했다. 그러면서 "(총리로서) 존재감이 없는 게 내가 목표하는 것"
이라며 "조용히 내리지만 땅속에 스며드는 이슬비 같은 총리가 되겠
다"고 말했다.(장택동 기자)

〈서울신문 2011. 11. 25〉
"정부 소통 안이했죠"… 김 총리도 토크 콘서트

김황식 국무총리는 24일 "정부가 나름대로 정책을 설명하려 노력했
지만 진솔하지 못했던 점은 유감이고, 열심히 (설명을) 하더라도 국
민들과 함께하려는 자세가 미흡했던 점은 반성한다"고 밝혔다.

　김 총리는 이날 가천대 경원캠퍼스 강당에서 '대학생들과의 소통
을 위한 간담회'를 열고 "야권에 비해 여당의 소통 노력이 떨어진다"
는 학생의 질문을 받은 뒤 "우리가 정책을 세워서 열심히 시행해 나
가면 국민들이 다 알아주겠거니 하고 안이하게 생각한 측면이 있다"
며 이같이 밝혔다.

　김 총리는 이날 사적인 이야기도 비교적 진솔하게 털어놨다. 인생
의 비전에 대한 질문에서, "총리 역할을 하고 있지만 특별히 비전을
갖고 살아오진 않았다"고 운을 뗐다. "형이 의사였는데 좋아 보이지
않았고, 이과 공부를 싫어해 법대에 갔다. 또 남들이 다 하는 사법시

험 공부를 해 운 좋게 판사가 됐다"면서 "그때부터 조화로운 사회를 만드는 데 역할을 해야겠다고 생각했다"고 밝혔다. 이어 "그러다 느닷없이 감사원장도 되고 총리도 됐는데 인생이 참 묘하다"면서 "대통령이 (나를) 한 번도 본 적이 없는데 왜 시키셨는지 궁금하지만, 지금 묻는 것은 결례이니 나중에 끝나고 물어보겠다"고 말해 좌중의 웃음을 끌어냈다.

특히 "현대사회에서 군림하려 들거나, 술수적인 것은 통하지 않는다"면서 "진지하게 들어주고 내가 두 마디 할 때 상대방 말을 여덟 마디 들어주는 낮은 자세에서 리더십이 나온다"고 지적했다. 또 대통령과의 사적인 관계에 대해서는 "정례적인 보고 이외에 개인적인 만남은 없고, 다만 언제 한 번 대통령께서 테니스 시합을 하자고 해서 친 적이 있다"고 소개했다.(주현진 기자)

〈중앙일보 2011. 11. 25〉

대학생들과 노타이 인증샷 … '김황식의 청콘'

▶이수민(가천대 신방과)=한미 FTA 괴담이 생긴 건 정부가 소통하지 않았기 때문 아닌가.

▶김황식 국무총리=공감한다. 그러나 무조건 정부 발표를 믿지 않으려는 것도 존재한다. 전체의 동의를 얻어내기 힘든 게 우리 현실이다.

김황식 총리가 24일 가천대 대학생 100여 명을 상대로 간담회를 열었다. 푸른색 셔츠에 노타이 차림이었다. 요즘 유행하는 '청춘 콘서트' 형식을 빌려 학생들과 즉석 문답을 했다. 김 총리는 '안철수 서울대 융합과학기술대학원 원장처럼 기부할 의사가 있느냐'는 질문에 "사회 환원 차원에서 (안 원장에게) 박수를 보내야 한다. 나도 그런 대열에 동참할 것"이라고 밝혔다.

한 학생은 "인터넷 방송 〈나는 꼼수다〉(나꼼수)를 방통위에서 통제하려 한다"고 따졌다. 이에 김 총리는 "다양한 의견이 다양한 방법으로 표출되는 것은 당연하다. 그 한도 안에서 국가가 통제하면 안 된다. 그러나 (사실과 다르게 보도하는) 허위가 있어서도 안 된다"고 지적했다. '반값 등록금' 문제와 관련해선 "예산 때문에 고민이지만 정부는 내년에 1조 5,000억 원을 쓴다. 저소득층 대학생들은 평균 22퍼센트의 등록금 인하 효과가 있을 것"이라고 설명했다.

김 총리는 또 대학생과의 오찬에서 "존재감이 없는 게 내가 목표하는 바"라며 "국민들은 나를 잘 모르지만 내가 일

김황식 국무총리가 24일 경기도 성남시 가천대 경원캠퍼스에서 대학생들과 간담회를 한 뒤 기념촬영을 하고 있다. 김 총리는 이날 특정한 주제를 정하지 않고 대학생들의 등록금, 취업에 대한 질문에 바로 답을 하며 대화했다. [뉴시스]

대학생들과 노타이 인증샷 ⋯ '김황식의 청콘'
(청춘콘서트)

가천대생 만남 SNS 생중계

▶이수민(가천대 신방과)=한·미 FTA 괴담이 생긴 건 정부가 소통하지 않았기 때문 아닌가.

▶김황식 국무총리=공감한다. 그러나 부조건 정부 발표를 믿지 않으려는 것도 존재한다. 전체의 동의를 얻어내기 힘든 게 우리 현실이다.

김황식 총리가 24일 가천대 대학생 100여 명을 상대로 간담회를 열었다. 푸른색 셔츠에 노타이 차림이었다. 요즘 유행하는 '청춘 콘서트' 형식을 빌려 학생들의 즉석문답을 했다. 김 총리는 '안철수 서울대 융합과학기술대학원 원장처럼 기부할 의사가 있느냐'는 질문에 "사회환원 차원에서 (안 원장에게) 박수를 보내야 한다. 나도 그런 대열에 동참할 것"이라고 밝혔다.

한 학생은 "인터넷 방송 '나는 꼼수다'(나꼼수)를 방통위에서 통제

하려 한다"고 따졌다. 이에 김 총리는 "다양한 의견이 다양한 방법으로 표출되는 것은 당연하다. 그 한도 안에서 국가가 통제하면 안 된다. 그러나 (사실과 다르게 보도하는) 허위가 있어서도 안 된다"고 지적했다. '반

**안철수 기부는 박수 칠 일
나도 그 대열에 동참할 것**

**"정부, 나꼼수 통제" 주장엔
의견 자유지만 허위는 안 돼**

값 등록금' 문제와 관련해선 "예산 때문에 고민이지만 정부는 내년에 1조5000억원을 쓴다. 저소득층 대학생들은 평균 22%의 등록금 인하 효과가 있을 것"이라고 설명했다.

김 총리는 또 대학생과의 오찬에서 "존재감이 없는 게 내가 목표하

는 바"라며 "국민들은 나를 잘 모르지만 내가 일한 게 쌓여서 그게 국면에게 돌아가면 그게 더 좋다"고 말했다. 이어 "나는 아슬히 같은 총격이 되었다. 조용히 내리지만 땅속에 스며들어서⋯"라고 덧붙였다. 그는 "조용히 일하겠다"면서 "컬러가 없는 게 내 컬러"라고도 했다.

번쳐회사를 차린 이 대학 졸업생에 "투자자로 나설 의향이 있냐"고 묻자, 김 총리는 "사업 내용을 봐서 주선할 용의는 있다"며 함께 자리한 이기권 고용노동부 차관을 즉석에서 연결시켜줬다. 김 총리는 간담회가 끝난 뒤 학생들과 '단체샷'(함께 했음을 증명하는 사진)도 찍었다. 이날 간담회는 트위터·페이스북 등 SNS에 생중계됐다. 총리실 관계자는 "이날 간담회는 일종의 파격이며 "앞으로 이런 자리를 더 만들겠다"고 했다.   이철재 기자
seajay@joongang.co.kr

〈중앙일보〉 2011. 11. 25.

한 게 쌓여서 그게 국민에게 돌아가면 그게 더 좋다"고 말했다. 이어 "나는 이슬비 같은 총리가 되겠다. 조용히 내리지만 땅속에 스며들어서…"라고 덧붙였다. 그는 "조용히 일하겠다"면서 "컬러가 없는 게 내 컬러"라고도 했다.

벤처 회사를 차린 이 대학 졸업생이 "투자자로 나설 의향이 있나"고 묻자, 김 총리는 "사업 내용을 봐서 주선할 용의는 있다"며 함께 자리한 이기권 고용노동부 차관을 즉석에서 연결시켜줬다. 김 총리는 간담회가 끝난 뒤 학생들과 '인증샷'(함께했음을 증명하는 사진)도 찍었다. 이날 간담회는 트위터·페이스북 등 SNS에서 생중계됐다. 총리실 관계자는 "이날 간담회는 일종의 파격"이라며 "앞으로 이런 자리를 더 만들겠다"고 했다.(이철재 기자)

술을 마시지 않고도 취할 수 있는 청춘

술을 마시지 않고도 취할 수 있고 시행착오조차 용납되는 것, 그것은 젊음의 특권입니다.

이토록 멋진 청춘이 '삼포세대', '알부자족', '청년실신' 등 자조적 표현과 함께 힘들어하고 있는 것이 현실입니다. 안타깝습니다.

그 원인과 해결책을 허심탄회하게 이야기하고 의기소침한 젊은 세대를 위로하며 또 충고도 하고자 지난주 가천대학교에서 대학생들과 대화 모임을 가졌습니다. 그러나 절반의 성공에 그쳤습니다. 1시간이라는 시간의 제약이 가장 큰 이유라고 생각합니다.

많은 학생에게 질문 기회를 주기 위하여 저의 답변은 짧을 수밖에 없었습니다. 두세 시간 정도는 되어야 진정한 소통이 가능하다는 생각이 들었습니다.

다음에 기회가 있으면 그렇게 해볼 요량입니다. 이번에는 새로운 시도를 하였다는 점에 의미도, 보람도 있었다고 자위하렵니다. 아무튼, 저를 반겨주고 좋은 질문을 해주신 대학생 여러분, 그리고 멋진 사회로 대화 모임을 잘 이끌어주신 오미영 교수님께 감사드립니다.

_2011. 11. 28. 페이스북

| 대학 특강 등 |

가천대학에서의 토크 콘서트에 이어 대학을 찾아 몇 번 특강을 하였습니다. 법의 날을 계기로 연세대학교 법학대학원, 논산의 건양대학교, 천안의 한국기술교육대학교, 공주의 공주대학교 등이었습니다. 그 밖에 광주제일고등학교, 파주의 봉일천고등학교, 대전법동중학교 등에서도 특강을 하였습니다. 퇴직 후에 명예박사학위를 주겠다는 대학들이 있었지만 사양하였습니다. 세상은 그다지 명예스럽게 봐주지 않을 것 같기 때문이었습니다. 법학사, 제겐 이것으로 충분했습니다. 그러나 독일에서 잠시 유학했던 마부르크대학이 있는 헤센주 폴커 부피에Volker Bouffier 주총리가 제안한 마부르크대학 명예박사학위는 받을 걸 그랬나 하는 생각도 듭니다.

〈뉴시스 2012. 9. 13〉

김황식 총리, 건양대 특강서 싸이 언급한 이유는…

"학벌로 성공하는 시대는 끝났다. 실력과 전문성, 인성이 승부를 가르는 시대가 됐다."

김 총리는 13일 오후 충남 논산시 건양대학교를 방문해 대학생과 교직원 1,000여 명을 대상으로 '대학 생활, 무엇을 준비해야 할 것인가'를 주제로 한 특강에서 이같이 말했다.

김 총리는 "내가 대학을 다닐 때에는 경제적으로 어려웠지만 행복했다"면서 "그러나 요즘 학생들은 뭔가 불안하고 장래에 대한 기대도 조금씩 허물어지고 근심 걱정이 많은 것 같다"며 운을 뗐다.

평소 대학생들과 소통을 희망했던 김 총리는 이날 학생들의 이해를 돕기 위해 직접 파워포인트(PPT) 화면을 띄워 놓고 열정적인 강연을 펼쳤다.

김 총리는 먼저 대한민국의 현주소를 진단했다. 급속한 경제 발전과 민주주의, 한류 확산, 글로벌 리더십 뒤에 숨겨진 일자리 미스매치 40만 명, 합계출산율 1.24명, 65세 이상 고령자 566만 명, 포퓰리즘 문제, 자살률 35.5명 등 우리 사회의 문제점에 대해 설명했다.

그는 대학 시절은 '인생 2모작, 3모작'을 준비해야 하는 가장 의미 있는 시기라며 청년들이 어떠한 목표를 세우고 준비해야 할 것인지에 대해 진지하게 조언했다.

김 총리는 "인생은 짧고 예술은 길다"라는 문구를 인용하며 "요즘 건강이 좋아져 평균 80세까지 일하거나 살 수 있어 인생 2모작, 3모작을 준비해야 한다"며 "50세가 되면 직장에서 물러나야 하는데 무엇인가 방향을 바꿔 보람 있는 일을 해야 한다"고 당부했다.

그러면서 "예전에는 어느 학교 나왔느냐가 중요했지만 실력과 전문성을 갖춰야지 학벌로 성공하던 시기는 끝났다"고 거듭 강조했다.

그는 특히 "양보와 희생, 소통, 팀워크, 따뜻한 인간관계 유지 등 인성이 진정한 실력"이라며 "지식과 인성을 갖추기 위해서는 교양과 창의성을 갖춰야 한다. 이를 위해 문학, 역사, 철학, 교양 등 폭넓은 독서가 중요하다"고 주문했다.

김 총리는 행복의 비결에 대해 "권력, 부, 명예를 행복의 목표로 삼을 것인가"라고 질문한 뒤 "이들은 목표로 삼아서 성취할 수 있는 것이 아니다"고 잘라 말했다.

이는 목표로 삼아 이룰 수 있는 것이 아니라 자신이 전문적인 교양과 인성을 길러가는 과정에서 결과적으로 자연스럽게 주어지는 것이라는 게 김 총리의 결론이다.

김 총리는 특히 성공의 조건으로 ▲즐겁고 신나는 마음으로 하기 ▲자기만의 스토리 쓰기 ▲어떠한 역경에도 굴하지 않고 헤쳐 나가는 회복탄력성(Resilience) ▲감사하는 마음가짐 등을 들었다.

그는 세계적으로 인기를 끌고 있는 '강남 스타일'의 가수 싸이를 예로 들며 "자기가 좋아하는 일을 신나게 즐겼기 때문에 오늘날과 같은 성과를 이뤘다"고 칭찬했다.

'기업이 여전히 대학 간판을 본다'는 여학생의 지적에는 "지방대 졸업생들이 상대적으로 불이익을 받았는데 지금은 사회가 엄청나게 빠른 속도로 변화하고 있어 이러한 풍조는 변할 것"이라며 "정부도 기업에서 하는 일에 간섭할 수 없지만 공무원 채용은 물론 공기업 채용과 신규 사업 할 때 지방대생을 뽑을 것"이라고 답변했다.

지방대 발전 방향에 대해서는 "지역 대학은 지역 기업과 경제 발전의 촉매이며 수도권 밀집 현상이나 국토 불균형 개발을 해소할 수 있는 대안"이라며 "이를 위해 지방 기업이 육성돼야 하고 지방 기업과 대학 간에 산학 활동이 강화돼 지역경제 발전에 촉매 역할을 할 수 있는 시스템을 만들어야 한다"고 말했다.

김 총리는 마지막으로 학생들에게 자신이 가장 좋아하는 김광섭 시인의 '저녁에'라는 시를 소개하며 강연을 마쳤다.(강수윤 기자)

또한, 한경밀레니엄포럼, 글로벌문화경제포럼, 밀레니엄클럽, 수요정책포럼, 대한민국 헌정회, 대한상공회의소, 광주상공회의소, 중앙공무원교육원, 초중고등학교 교장연수, 한국능률협회, 한국법률가대회, 강원도청, 장성아카데미 등에서 특강을 하며 다양한 소통 기회를 가졌습니다.

| 소통에 대한 언론 등의 평가 |

〈중앙일보 2011. 11. 26〉
'중도저파' 김황식 … 서민 눈높이 맞추고 낮은 자세로

소통의 리더십, 현안의 해결사, 한국의 원자바오溫家寶…. 요즘 정치권에서 김황식 국무총리에게 붙여준 수식어들이다. 김 총리는 평소 "존재감이 없는 게 목표"라 했지만 시간이 갈수록 조용히 존재감을 더해가고 있다. 지난 23일 비가 오는 가운데 대전 국립현충원에서 열린 연평도 포격 도발 전사 장병·희생자 추모식 때 우산을 마다하고 비를 맞으며 헌화하는 모습이 전해진 게 직접적 계기가 됐다. 익

명을 원한 김 총리의 한 지인은 "그는 보수적 가치에 대해선 신념이 분명하다. 국가·안보관에서 특히 더 그렇다"고 말했다.

그의 리더십은 한 번의 행사로 생겨난 게 아니다. 그는 올 들어 동남권 신공항 등 주요 현안의 해결사 역할을 맡아 왔다. 이명박 대통령이 신임한다는 뜻이기도 하지만 김 총리만 한 적임자가 없다는 게 정치권의 평가다. 사안을 잘 꿰뚫고 있는 데다 몸을 낮춰가며 진정성을 보여주는 소통 방식 때문이다. 서울대 박효종(윤리교육과) 교수는 "지금까지 총리의 위상은 수동적이었고, 주요 행사에서 대통령 '대독'이 주 업무였다. 그러나 김 총리는 원칙을 지켜가며 소통에 힘써 총리의 새 역할 모델을 만들고 있다"고 말했다.

예컨대 그는 24일 가천대 학생들과 점심을 먹으며 "내가 두 마디 할 때 상대방의 말 여덟 마디를 들어주며, 눈높이를 맞추고 낮은 자세로 하면 거기서 오히려 리더십이 생긴다"고 말했다. 총리실 고위 관계자는 "김 총리에게 보고를 하면 끝까지 내용을 다 듣는다. 그래서 이면의 내용까지 충분히 말할 수 있게 된다. 이 때문에 무리한 판단이 적다"고 말했다. 일각에선 김 총리를 '한국의 원자바오'라고도 부른다. 중국 총리인 원자바오는 이웃집 아저씨 같은 친근한 이미지로 '서민 총리'라는 별명을 지녔다.

그렇다고 그가 늘 부드럽기만 한 건 아니다. 결정적 순간엔 '강단'을 보인다. 검·경 수사권 조정이 대표적이다. 국무총리실이 조정안을 발표했던 22일 오전 조현오 경찰청장은 김 총리에게 예정에 없는 면담을 요청했다. 조 청장이 수사권 조정안에 대한 경찰의 입장을 김 총리에게 전달하기 위해 찾아온 것이었다. 김 총리는 30분 넘게 조

청장의 얘기를 별말 없이 들었다. 그는 잠시 뜸을 들인 뒤 "조직이 아닌 국민의 입장에서 생각하자"며 조 청장을 설득해 조정안을 마무리 지었다고 한다.

김 총리는 요즘 소통 행보를 부쩍 강화하고 있다. 대학생과의 간담회에 이어 다음 달엔 페이스북 네티즌 초청 행사도 잡아놨다. 연말까지 모든 총리실 직원과 돌아가며 송년 오찬도 할 계획이다. 그는 '보여주기식 행사'를 싫어해 모든 행사에 사전 질문을 받지 않는다. 또 지난 5월 파독 광부·간호사들과 오찬을 할 때엔 "어렵게 생활했던 분들을 홍보에 활용하는 모양새가 될 수 있다"며 비공개로 하라고 지시하기도 했다.

김 총리는 자신이 정치적으로 부각되는 것을 부담스러워한다. 또 스스로를 "이념적으로 중간적인 사람으로서 소외계층을 보듬어야 한다"는 의미에서 '중도저파'라고 표현한다. 오히려 이런 모습 때문에 정치권에선 김 총리가 '기대주'로 비치고 있다. 여권에선 한때 10·26 서울시장 보궐선거 후보로도 거론됐다. 이에 대해 김 총리 본인은 "적절치 않다"고 일축한 바 있다.(이철재·권호 기자)

〈세계일보 2011. 11. 26〉
민심 파고드는 김황식 총리

요즘 김황식 국무총리의 말과 행동이 눈길을 끈다. 강단과 감성을 적절히 섞어 민심을 파고드는 인상이다. 노련한 정치인 같다는 평가도 나온다.

김 총리가 지난 23일 대전 현충원에서 열린 연평도 포격 도발 전사자 1주기 추모식에서 장대비를 맞으며 헌화하는 장면은 인상적이다. "됐다, (우산) 치우라"는 발언은 회자되고 있다. 보수층 마음을 살 수 있는 부분이다.

그가 한미 자유무역협정 관련 '괴담'에 대한 엄격한 대응 방침을 밝히며 비준을 위한 적극적 움직임을 보인 것도 마찬가지다. 그는 투자자-국가 소송제(ISD) 논란 시 야당 주장을 조목조목 반박하는 '정부 대변인' 노릇도 했다.

김 총리에게 이런 면만 있는 게 아니다. 24일에는 그가 강조해온 '2040세대' 소통 차원에서 대학생과 만나 스스럼없이 어울렸다. 경기 성남 가천대학교를 방문해 교직원·학생과 가진 오찬 간담회에서 "이슬비 같은 총리가 되겠다"고 했다. 그러면서 "내가 두 마디 할 때 상대방 여덟 마디 들어주면 리더십이 생긴다"고 '경청 리더십'을 강조했다. '반여(反與) 정서'가 퍼져 있는 젊은 층이 정부 여당에 요구하는 대목이다.

김 총리는 25일 국가정책조정회의에서 공공요금 인상 계획에 대한 '속도 조절론'을 지시했다. 민생고를 배려한 메시지다. 요 며칠 그의 동선은 이처럼 민심 흐름을 조용히 따르는 모습이다.

총리실 유성식 공보실장은 이날 "김 총리는 매사 진심을 갖고 겸손한 자세로 대한다"며 "이런 진정성이 이런저런 상황과 어우러져 호응을 받는 것 같은데, 전혀 의도하지 않았던 일"이라고 전했다.(김달중 기자)

〈서울경제 2011. 12. 7〉

김황식 총리 '겸손 행보' 눈에 띄네

6일 오후 서울 세종로 정부청사 10층 국무총리 집무실. 성 김 신임 주한 미국 대사를 접견하기에 앞서 김황식 국무총리가 어두컴컴한 집무실에 앉아 있다.

정전이 아니다. 겨울철 에너지 절약 캠페인 동참을 솔선수범하기 위해 집무실의 형광등 절반을 끄도록 지시했기 때문이다. 국정 총괄 조정자인 총리로서의 위신 때문이 아닌 낮으면서 겸손한 자세로 헌신하겠다는 취임 초심을 잃지 않기 위한 행보다.

김 총리의 '겸손 행보'가 연일 화제다. 지난 4일에는 예고 없이 경기 평택시 서정동 가구전시장 화재 진압 중 숨진 두 명의 소방관 빈소를 경호와 의전팀도 없이 홀로 찾아 유족들을 위로하고 눈시울을 붉혀 잔잔한 감동을 자아냈다.

집무실 에너지 절약 실천을 비롯해 김 총리의 두 소방관 빈소 잠행에 대해 의전팀조차 다음 날 언론 보도를 보고 알 정도로 낮은 자세로 임하는 김 총리의 '겸손 리더십'이 세종로 관가에 연일 회자되고 있는 것이다.

잘 알려지지 않은 김 총리의 겸손 행보는 지난해 수능에서도 발휘됐다. 지방 일정을 위해 김포공항으로 이동해야 하지만 의전과 경호로 인한 교통 혼잡 초래로 수험생에게 피해를 주지 않기 위해 이른 아침 공항으로 이동해 1시간 정도를 공항에서 대기했다고 한다.

이 같은 김 총리의 겸손 리더십은 최근 총리가 내복 입기를 실천한다는 얘기가 돌면서 총리실 직원 전체의 내복 입기 행보로 이어져 총리실 분위기까지 훈훈해졌다고 한다. 김 총리의 낮으면서 겸손한 행보는 조만간 또 다른 미담으로 회자될 것으로 보인다.

한 측근은 "총리가 올해 끝나기 전에 비공식적으로 불우이웃 집 주기 실천 행사에 참석하는 것을 생각 중"이라고 귀띔했다.(이현호 기자)

〈국민일보 2011. 12. 7〉
돋보이는 김황식 총리의 '이슬비 행보'
김황식 국무총리의 최근 '이슬비 행보'가 국민의 가슴을 따뜻하게 해주고 있다. 김 총리는 일요일인 지난 4일 평택 서정동 가구전시장 화재를 진압하다 순직한 이재만 소방위, 한상윤 소방장 빈소를 예고 없이 찾았다. 김 총리는 "알리지 마라. 조용히 조문하고 싶다"며 측근 경호원들만 대동하고 갔다. 총리실 의전팀도 다음 날 신문을 보고 알았다고 한다.

앞서 김 총리는 11월 23일 비가 내리는 가운데 대전 현충원에서 열린 연평도 포격 도발 전사자 1주기 추모식에서 경호팀장에게 우산을 치우도록 했다. 김 총리는 옷이 흥건히 젖은 채로 전사자들의 묘역을 찾아 헌화하고 비석을 어루만졌다. 전사자의 부대 동기가 추모시를 낭독할 때, 비석을 어루만지며 총리는 울었다. 가식적인 모습이 아니라 진심으로 애통해했다고 취재 기자들은 전했다.

김 총리는 최근 집무실 전등을 3분의 1로 줄이고 혼자 집무할 때와 외빈을 접견할 때, 소규모 회의와 대규모 회의 때를 구분해 점등을 하거나 소등하도록 했다. 김 총리는 혼자 업무를 볼 때 책상 위 스탠드만 사용하고 있다고 한다. 김 총리는 총리실 페이스북을 통해 자신의 집무실 절전 계획을 공개했다. 총리 자신부터 에너지 절약을 실천하자는 취지에서였다.

김 총리는 지난달 대학생과의 만남에서 자신은 '이슬비 같은 총리'가 되겠다고 말했다. 이슬비는 조용히 내리지만 땅속에 깊이 스며드는 속성을 갖고 있다. 그는 "존재감이 없는 게 내가 목표하는 바"라며 "국민들이 나를 잘 모르지만 내가 일한 게 쌓여서 국민들에게 돌아가면 그게 더 좋다"고 말했다. 그의 진심이 묻어난다.

역대 총리들은 실권 없는 2인자로 각종 행사에서 대통령의 축사를 대독하는 '대독 총리'거나 정치적 국면 전환 때 대신 짐을 지는 '방탄 총리'였다. 최근 혼탁한 정치와 모럴 해저드의 공직 사회를 보면서 서민 속으로 젖어드는 김 총리의 '이슬비 리더십'이 국민에게 큰 위로를 주고 있다. 군림하거나 술수를 쓰지 않는 그의 '낮은 자세 리더십'이 국민에게 감동으로 와 닿고 있다.

〈조선일보 2011. 12. 7〉

불통不通 정부의 소통법

요즘 세종대왕의 훈민정음 창제를 소재로 한 〈뿌리 깊은 나무〉라는 TV 드라마가 인기다. 작가의 상상력이 지나치게 가미돼 역사를 왜곡한다는 논란도 있지만, 그럼에도 시청자들의 공감을 끌어내는 이유는 오늘에도 절실한 정치 지도자의 덕목과 국민과의 소통에 대한 고민이 등장하기 때문이다.

이런 장면도 나온다. 백발의 성리학자를 필두로 사대부들이 땅에

엎드려 "전하, 문자는 아니 되옵니다. 어찌 성리학을 버리려 하시옵니까!" 하고 한글 창제에 반대하니, 세종대왕 역을 맡은 배우 한석규는 이렇게 설득한다. "한나라 때 언로言路를 틔우려 간관諫官을 만들었으나 그 간관을 만든 후부터 더욱 언로가 막히었다. 한자가 어렵기에 백성들이 그들의 말을 임금께 올리려면 관료를 거칠 수밖에 없었고, 그 관료들은 백성들의 소리를 왜곡하고 편집했다. 언로를 틔워 사방 만민의 소리를 들으라. 이것이 유학에서 임금에게 가장 강조하는 덕목이다."

세종대왕 시절엔 상상도 못 했던 소통 수단이 사통팔달四通八達로 뚫린 시대다. 그럼에도 국민과의 소통에 불합격점을 받아 온 이명박 정부가 집권 5년 차를 앞두고 조직 개편을 단행했다. 작년에 신설한 청와대의 '국민소통비서관'을 선임비서관으로 높이고, 그 밑에 '세대공감 회의'와 '세대공감 팀장'을 신설키로 했다. "10·26 재·보선에 나타난 2040세대의 민심을 분석해 국정 운영에 반영하기 위해서"라고 한다.

'간관(국민소통비서관)이 있다고 백성과의 소통이 이뤄지는 건 아니다'는 걸 드라마도 꿰뚫어 보는데 이 정부는 왜 그리 답답한 해법만 내놓는지 모르겠다. 이명박 정부가 '불통' 판정을 받은 건 국민이 납득하기 힘든 인물을 중용하려는 외골수 인사, 재산을 몽땅 내놨다면서도 느닷없이 사저私邸 논란에 휩싸이는 대통령의 진심 등을 헤아릴 수 없었기 때문이다.

말 잘하고, 첨단 소통 방식을 동원하는 것이 소통의 전부도 아니다. 조근조근한 말투로 TV와 강연 무대에서 젊은이들과 눈높이를 맞추는 안철수식 소통, 지긋한 나이에도 트위터 같은 새로운 소통 매체를 능란하게 활용하는 박원순식 소통, 거친 화법으로 할 말 못할 말 쏟아내는 〈나는 꼼수다〉의 소통법만 있는 것도 아니다. 현 정부에서는 김황식 총리의 조용한 소통법도 공명共鳴이 크다. 지난 일요일 김 총리는 총리실 의전관에게 알리지도 않고 조용히 평택의 소방관 빈소로 조문 갔다. 소방관 아버지를 잃은 아홉 살 소년의 손을 잡고 "아버지가 뭐 하시는 분인지 아니" 하고 말을 건넸다. 유족들이 불편해할까 봐 간부들을 거느리지 않고 조문 간 것이라고 한다. 김 총리는 얼마 전 연평도 포격 도발의 전사자 1주기 추모식 때도 40여 분간 내내 비를 맞으며 조문했다.

그걸 보면 소통의 핵심은 상대방의 입장을 이해하고 공감할 줄 아는지, 그리고 내가 전달하려는 말에 얼마나 진정성이 담겨 있는가다. 미국 심리학자 다니엘 골먼은 이 같은 타인과의 소통 능력을 '감성지능', 그것이 확대된 것을 '사회지능'이라고 표현했다.

한국은 점점 소통이 힘든 사회구조가 되고 있다. 소득 격차·교육 격차 같은 겹겹의 양극화가 사회를 단절시키고 있다. 그렇기에 내 말에 귀 기울이고, 내 처지에 공감할 줄 아는 '감성지능' 높은 리더에 대한 갈증이 커질 수밖에 없다. 국민소통비서관을 100명 임명한다고, 전문가 1,000명을 모아 SNS 본부를 만든다고 국민과의 소통 능력이 높아지는 건 아니다.(강경희 경제부 차장)

〈한국경제 2011. 12. 8〉

野도 칭찬한 '김황식식式 소통'… 어디 가든 "들으러 왔다"

자유선진당은 지난 6일 "국민에게 감동을 준 김황식 국무총리를 정부는 본받아야 한다"는 대변인 명의의 논평을 냈다. 야당이 고위 관료에 대해 공개적으로 칭찬한 것은 매우 이례적이다.

자유선진당이 이런 논평을 내놓은 배경엔 김 총리의 소통 방식이 자리하고 있다. 총리실의 한 관계자는 "자신을 낮추고 조용한 행보 속에서도 진실된 모습을 보여온 것이 잔잔한 감동을 주고 있는 것 같다"고 말했다.

김 총리가 대외 행사에서 강조하는 것은 '낮은 자세로 귀 기울이기'다. 진솔함도 강점이다. 지난달 23일 연평도 포격 1주년 추모식 때 폭우 속에서 수행비서가 우산을 받쳐주자 "치우라"며 40여 분간 비를 맞은 채 눈물을 흘린 게 대표적인 예다.

그는 7일 경기도 김포 해병 2사단을 방문해 사병식당에서 함께 식사를 하며 장병들을 위로했다. 최근 경찰부대, 가천대를 방문했을 때도 구내식당을 이용했다. 경호 인력은 항상 1~2명으로 최소화한다. 식사를 할 때마다 "나는 들으러 왔다"는 말을 빼놓지 않는다.

지난 4일엔 순직 소방관 장례식에 참석해 자녀들의 손을 잡고 눈시울을 붉혔다. 보수 진영의 '위로의 아이콘'으로 떠오르고 있다는 평가까지 나온다. 이런 때문인지 여권 일각에선 "내년 선거에도 나서야 하는 것 아니냐"는 얘기가 흘러나오고 있다.

소셜네트워크서비스에선 김 총리의 팬이 빠르게 늘고 있다. 7일 현재 총리실 트위터 팔로워는 1만 6,481명, 페이스북 팔로워는 8만

7,721명이다. 합하면 10만 명이 넘고 16개 중앙정부 부처 중에서 가장 많은 숫자다.

그렇지만 김 총리가 정치권에 진출하거나 대외적으로 보폭을 공개적으로 넓힐 가능성은 낮다는 게 주변의 전언이다. 본인이 정치에 뜻이 없음을 누차 강조했고, 대통령과의 관계도 고려해야 하기 때문이다. 총리실의 한 관계자는 "노무현 전 대통령 탄핵 때 고건 당시 총리가 대통령 대행을 무난히 수행하면서 '대통령보다 낫다'는 평가를 받다 청와대와 사이가 틀어진 경험이 있어 김 총리도 조심스러워할 수밖에 없다"고 말했다.(남윤선 기자)

<국민일보 2011. 12. 15>

김황식 총리의 리더십

기자 생활을 하면서 국무총리실을 비교적 오래 출입했다. 세 번이나 출입하다 보니 무려 5명의 총리를 가까이서 접해볼 수 있었다. 노태우 정부 때의 강영훈·노재봉·정원식, 김영삼 정부 때의 이수성·고건. 인물평을 하는 건 도리가 아닐뿐더러 솔직히 그럴 자신도 없다.

조심스럽긴 하지만 느낀 점을 말해보라면 대략 이렇다. 강 총리는 외유내강형 학자풍이고, 노 총리는 좀 차다는 인상을 남겼다. 정 총리는 무색무취한 교수 스타일이고, 이 총리는 다정다감한 분으로 기억된다. 고 총리는 큰 몸집만큼이나 무게감을 느끼게 했다. 기억력이 대단하다는 건 공통점이 아닐까 싶다.

우리나라 총리의 이상형에 대해서는 의견이 분분하다. 포용력을 갖춘 원로형이 좋다는 주장과 대통령을 행정적으로 보좌하는 실무형이 낫다는 생각이 팽팽히 맞서 있다. 군사정권 때는 전자를 선호하다 대통령 직선제가 시행되면서 후자 쪽으로 다소 무게가 기울었지만 정답이 있는 건 아니다.

이는 총리 자체가 이론적 기반이 없는, 참으로 애매한 제도이기 때문일 것이다. 1948년 헌법 제정 당시 이승만의 대통령제와 한민당의 내각책임제를 혼합한 타협안을 채택하다 보니 기형이 나온 것이다.

현행 헌법 제86조는 "국무총리는 대통령을 보좌하며, 행정에 관하여 대통령의 명을 받아 행정 각 부를 통할한다"고 규정하고 있다. 인사권과 예산권도 없이 어떻게 행정 각 부를 통할하라는 건지 의문스럽지만 이런 총리의 위상은 제헌 이후 63년째 유지되고 있다. 총리 제도에 문제가 없는 건 아니지만 그래도 필요하다는 국민적 동의 때문이 아닐까.

이런 상황에서 요즘 김황식 총리가 주목받고 있다. 전남 장성 출생, 63세, 광주일고·서울법대 졸업, 대법관·감사원장 역임. 작년 9월, 그가 이명박 대통령으로부터 총리 지명을 받았을 때 국민들의 평가는 그리 좋은 편이 아니었다. 김태호 총리 지명자가 국회 인사청문회 과정에서 낙마하자 위기에 몰린 이 대통령이 총리 최적임자를 찾기보다 청문회 통과가 확실한 사람을 선택한 것으로 비쳤기 때문이다.

1년 수개월이 지난 지금 김 총리는 바람직한 총리상을 착실히 구축해 나가고 있다. 그는 '이슬비 총리'를 자임하며 낮으면서도 조용한 리더십을 발휘하고 있다. "존재감 없는 게 내가 목표하는 바다. 컬러가 없는 게 내 컬러다"라는 그의 말이 어딘가 신뢰감을 준다. 정치인 출신이나 정치 성향이 강한 전직 총리들의 미사여구 발언에 식상

해서일까.

김 총리에게서는 매사 진정성이 보인다. 연평도 피격 1주년 추도식에서 우산도 없이 장대비를 맞으면서 조문한 점, 경기도 평택 소방관 빈소에 경호 및 의전팀 없이 조용하게 조문한 사실은 국민들에게 울림을 주기에 충분했다. 그저께도 중국 어선 선장에 피격당해 목숨을 잃은 해양경찰관 빈소를 찾아 "나라가 당신을 지켜주지 못해 죄송하다"며 고개를 숙였다.

소셜네트워크서비스에 관심이 많은 점도 대국민 소통이 절대 부족한 현 정부에 경종을 울릴 만하다. 총리실 트위터 팔로워는 2만 명에 육박하고, 페이스북 팔로워는 9만 명 돌파를 눈앞에 두고 있다. 김 총리가 틈틈이 올리는 육필 메모가 국민들에게 진한 감동을 주는 것 같다.

진보 성향의 일부 몰지각한 네티즌들은 보수 언론이 의도적으로 '김황식 띄우기'를 한다며 비판적 시각을 드러내고 있다. 황당한 일이 아닐 수 없다. 김 총리의 최근 행보는 특별한 정치적 의도를 갖고 있지 않다는 점에서 사회 통합에 큰 도움이 될 것이다. 보수와 진보를 떠나 미더운 총리를 가졌다는 것은 행운이다.

다만 김 총리가 정치적으로 민감한 국정 과제에 대해 얼마만큼 조정 능력을 발휘하고 있는지는 과문한 탓에 왈가왈부 논할 자신이 없다. 그리고 대통령을 상대로 적기에, 제대로 직언을 하는지도 잘 모르겠다. 이런 점은 임기 말 총리로서 유념해야 할 부분이다.(성기철 편집국 부국장)

저 나름의 소통 노력에 대하여 언론은 후하게 평가해주었습니다. 심지어 야당인 자유선진당 대변인께서도 성명을 내어 칭찬해주었습니다. 이처럼 감성적인 표현으로 이루어진 정당의 논평은 지금까지 본 적이 없습니다. 그러나 그 내용은 정작 청와대의 소통 부족을 함께 지적하는 것이어서 좋아할 일만은 아니었습니다.

순직 소방관의 빈소를 조용히 찾아가 어린 상주의 손을 잡고 위로한 김황식 총리가 우리 국민에게 뜨거운 감동을 안겨주었다.

고 이재만 소방위 아들의 손을 가만히 부여잡고 "아버지가 뭐 하시는 분이신지 아니?"라는 총리의 말 한마디에 애절한 감동이 파도처럼 몰아친다.

국민은 이런 국무총리에 어울리는 정부가 되기를 진심으로 갈구하고 있다.

김황식 총리는 지난달 23일 연평도 포격 도발 전사자 1주기 추모식에 참석해서도 추모식 내내 장대비를 고스란히 맞으며 그렇게 서 있었다.

전사자의 전우들이 추모시를 낭독할 땐 눈시울을 붉혔고 어깨를 들썩였다. 옷이 흥건히 젖은 채 희생 장병의 묘역을 찾아 비석을 어루만지는 총리의 따뜻한 손길과 마음에 유가족과 국민은 한없는 감동을 느꼈다.

장대비가 쏟아지고 추운 날씨임에도 불구하고 연평도 전사자를 애도하고 유가족과 진심으로 아픔을 함께한 국무총리를 정부는 본받아야 한다.

이 시대 영웅인 소방관의 순직을 마음으로 애도하기 위해 휴일임에도 한달음에 달려간 그의 마음과 같은 국정 운영을 해야 한다.

진정한 소통은 말이 아니라 행동이 수반될 때 비로소 이뤄질 수 있다.

청와대는 어제 국민소통비서관을 사회통합수석실 선임비서관으로 만들고 '세대공감 회의'와 세대공감 팀장을 신설하는 조직 개편을 단행했다.

이외에도 총무비서관을 늘리고 대통령 측근과 친인척 비리에 대한 감찰 기능을 강화했다. 외신 대변인 직위도 신설했다. 하지만 이것뿐이다.

이를 바라보는 국민의 시선은 여전히 싸늘하다. 감동이 전혀 없기 때문이다.

_자유선진당 대변인 문정림의 논평(2011. 12. 6.)

03
나의 중점 어젠다,
따뜻하고 공정한 사회

제가 총리에 취임하면서 '따뜻하고 공정한 세상' '법과 원칙' '소통과 화합' '나눔과 배려' 등 큰 틀의 목표를 정했지만, 보다 구체적으로 어떤 일에 역점을 둘 것인지 고민하였습니다.

우리나라는 제2차 세계대전 이후 독립한 나라 중 60여 년 만에 산업화와 민주화를 동시에 달성한 유일한 나라로 평가받고 있지만, 압축 성장 및 발전 과정에서 과도한 경쟁, 탈법과 편법의 만연, 성과 지상주의, 물질 만능 사고 등으로 각종 사회적 부작용을 낳고 있습니다. 절차와 과정의 공정성이 취약한 까닭에 결과에 대한 불복이 만연하여 사회 갈등이 증가하고 있고 또 외환위기 이후 중산층의 감소, 소외감과 상대적 빈곤층 증가, OECD 국가 중 가장 높은 자살률, 낮은 행복 지수 등 사회적 위험 요소가 상존해 있습니다. 진정한 선진국으로 나아가기 위해서는 반드시 극복하고 해결해야 할 과제들입니다.

또한, 당시 이명박 대통령께서 8·15 광복절 경축사에서 우리 사회가 지향할 가치로서 공정 사회를 주창하신 직후라 저는 당연히 이 부분을 중점적으로 챙기고 실천해야 할 과제로 여겼습니다. 그래서 공정한 사회 구현과 건강한 사회 만들기를 어젠다로 삼아 적극적으로 추진하기로 하였습니다. 이에 더하여 감사원장 재직 시 시급히 챙겨야 할 과제로 여겼던 복지의 중복과 사각을 없애고 누수를 방지하는 제도의 정비를 추진하기로 하였습니다.

이상 세 가지를 총리실 차원에서 일상적으로 챙기는 사안 이외에 특별관리 사안으로 삼고 이를 위한 태스크포스 팀(TF)을 만들어 작업을 시작하였습니다.

공정 사회
구현

　총리실이 중심이 되어 공정 사회 구현을 위한 추진 체계 구축과 과제 발굴에 적극적으로 나서기 위해, 우선 국무차장이 주재하고 각 부처 1급이 참석하는 '공정 사회 실현 TF'를 구성하여 각 부처의 추진 계획을 총괄하고 추진 상황을 점검 관리하기로 하였습니다. 또한, 재정·행안·교육·복지 등 공정 사회 담당 과장이 참석하는 '실무 TF'를 수시로 운영하여 실무 지원을 하기로 하였습니다. 그리고 각 부처 및 공공 기관은 자체 추진 계획을 수립하여 체계적으로 추진하고 기관별 실정을 감안하여 공정 사회 추진 관련 TF를 구성·운영하기로 하였습니다. 이러한 TF 활동과는 별도로 총리가 직접 외부 전문가를 초치하여 간담회를 개최하고 또한 검찰, 경찰, 국세청 등 내부 기관 간부들을 초치한 간담회를 개최하였습니다. 이런 과정을 거쳐 병역·납세·교육·근로 등 국민의 4대 의무와 함께 하도급, 전관예우 등 기득권층의 우월적 지위 및 특권과 관련된 과제를 중심으로 8대 중점 과제로 선정하고, 5대 추진 방향별로 시급성과 실현 가능성을 우선적으로 고려해 국민의 생활 현장과 사회 및 직장에서 불공평, 불합리하다고 느끼는 사안들을 선별하여 80개 추진 과제를 선정하였습니다.

5대 추진 방향은 1)공정한 법 제도 운영과 부패 없는 사회, 2)균등한 기회가 보장되는 사회, 3)권리가 보장되고 특권이 없는 사회, 4)건강한 시장경제로 활력 있는 사회, 5)약자를 배려하고 재기를 지원하는 사회로 정하였으며, 8대 중점 과제는 1)공정 과세와 성실 납세, 2)전관예우성 관행 개선, 3)교육 희망 사다리 구축, 4)공정한 병역 의무, 5)공정 투명한 공직 인사, 6)열린 고용 사회 구현, 7)일을 통한 공정 사회 실현, 8)대·중·소 기업 동반 성장 등으로 정하였습니다.

위와 같이 마련된 항목들은 각 부처 및 기관에서 추진하는 한편, 총리실은 추진 상황을 점검하고 공정 사회 보고 대회를 개최하여 우수 사례를 발표하는 등의 노력을 기울였습니다.

공정 사회는 다양한 방향에서 접근, 실현하여야 할 과제이지만 그 가운데 소득 불균형 확대에 따른 양극화 문제의 해결이 최우선 과제입니다. 그러나 그 해결이 쉽지 않기 때문에 많은 사람이 자본주의의 한계 내지 위기를 이야기합니다. 그러나 자본주의가 시대 변천에 즉응하여 변화함으로써 공산주의에 승리한 역사적 사실에 비추어 볼 때 그 위기는 얼마든지 극복할 수 있습니다. 이른바 새로운 버전의 자본주의 4.0, 따뜻한 자본주의, 인간의 얼굴을 가진 자본주의, 겸손한 자본주의가 그 해답입니다. 이를 위해서 정부를 포함한 모든 경제

주체의 사고의 전환과 협력을 이끌어 내는 노력이 필요하다고 보았습니다.

소득 양극화가 해결되지 않으면

오늘 아침 대한상공회의소에서 400여 기업인을 상대로 조찬 강연을 하였습니다.

경기 침체와 금융위기 속에서도 분투하고 계신 것에 감사드리는 한편, 고졸 취업 확대·비정규직의 정규직 전환과 차별 시정 등을 부탁드리고 공생 발전을 위한 다양한 정부 정책을 설명해드렸습니다. 이 모든 것은 소득 불균형의 확대에 따른 양극화 문제의 해결 없이는 지속적인 경제 발전도, 사회적 안정도 기할 수 없다고 생각하기 때문입니다.

"1970년대 말 미국인 총소득에서 최상위 부유층 1퍼센트가 차지하는 비율은 9퍼센트였는데, 2007년경에는 23.5퍼센트에 달했다. 이렇게 되면, 경제적으로는 중산층이 구매력을 상실하여 장기 저조 경제 상태에 빠지고, 정치적으로는 중산층의 좌절감과 불안이 가중되어 공포와 두려움이 나타나고 이를 적의와 분노로 바꾸어 부추기는 선동가들이 등장하여 사회는 불안정해진다."

미국의 경제·사회 사상가인 로버트 라이히Robert Reich의 위와 같은 지적은, 그 해결책에 대해서 모두 동의할 수는 없을지라도 충분히 공감할 수 있어 이를 소개하기도 하였습니다.

_2011. 10. 31. 페이스북

자본주의 4.0: 따뜻한 자본주의로 가는 길

고용 없는 성장으로 인한 일자리 부족, 국가 재정 사정으로 인한 복지 혜택의 미흡, 세계경제의 침체로 인한 저성장과 엷어지고 불안해진 중산층. 이러한 상황 속에서 많은 사람이 자본주의의 위기를 말합니다, 불안해합니다.

그러나 저는 인간 이성과 노력이 이러한 문제들을 모두 극복해낼 수 있다고 믿습니다. 2004년 10월 저는 '지산통신'에 다음과 같이 썼습니다. "자유주의 내지 자본주의와, 사회주의 내지 공산주의가 경쟁하며 발전하였으나… 궁극적으로는 자유주의와 자본주의가 승리하였습니다. 그것은 드러나는 모순을 보다 적극적으로 해결하려는 노력을 기울였기 때문일 것입니다. 그런 의미에서 승리한 자유민주주의와 자본주의는 더욱 겸손해야 합니다. 부단히 변화를 모색하되 극단에 치우쳐서는 안 될 것입니다."

겸손해야 할 자본주의가 그동안 오만해졌는지 모르겠습니다.

근자에 들어 변화와 개선의 노력이 활발합니다.

〈조선일보〉가 개최하는 '자본주의 4.0: 따뜻한 자본주의로 가는 길'이라는 주제의 콘퍼런스도 그 노력의 하나입니다. 기대를 갖고 그 성과를 지켜볼 것입니다.

_2012. 1. 30. 페이스북

건강한 사회
만들기

　우리나라가 선진 일류 국가로 도약하기 위해서는 '공정 사회' 과제
추진과 병행하여 각종 사회병리 현상을 해소하기 위한 적극적인 노
력을 지속적으로 추진해야 할 필요성이 대두되었습니다. 그러나 이
를 위해서는 개인의 행동 양식은 물론 사회 구성원 전체의 인식을
바꿔야 하는 만큼 개별 부처의 노력만으로는 한계가 있을 수밖에 없
습니다. 이에 총리실에서는 '건강한 사회' 구현을 목표로 '건강한 사
회 만들기'라는 범정부적 틀에서 우리 사회의 지속 가능한 발전을
저해하는 각종 사회병리 현상 해소를 추진하게 되었습니다. 우선 생
명과 가족의 가치 존중, 상호 신뢰하는 사회 구축, 각종 중독 현상과
사회적 병폐 해소를 '건강한 사회 만들기'의 추진 방향으로 설정하
고, 급증 추세에 있는 부정적 현상 중에서 다수가 바람직한 방향으로
바뀌어야 한다고 생각하는 과제, 정부의 정책적 개입 및 민관 협력

여지가 있는 과제를 중심으로 다음과 같은 12대 과제를 선정하였습니다.

1) 자살 예방, 2) 인공 임신중절 예방, 3) 건전한 입양 문화 만들기, 4) 가출 위기 청소년 줄이기, 5) 교통사고 사상자 절반 줄이기, 6) 폭력 따돌림 없는 학교 만들기, 7) 무분별한 고소 줄이기, 8) 아름다운 인터넷 세상 만들기, 9) 관혼상제 허례허식 줄이기, 10) 도박 중독, 불법 도박 없는 사회 만들기, 11) 인터넷 중독 없는 사회 만들기, 12) 마약 퇴치, 약물 오남용 줄이기.

전문가 의견 수렴, 민관 합동 협의체 운영, 부처 간 협의 등을 통해 과제별 대책을 지속적으로 마련하여 국무총리가 주재하는 국가정책조정회의 등에서 기본적인 대처 방안을 논의하고 후속 조치를 추진하였습니다. '건강한 사회 만들기'는 국민의 인식과 생활 문화의 변화가 필요한 중장기적인 과제로서 정부 부처가 관련 기관·단체와 협조 체제를 구축하여 지속적이고 일관성 있게 추진할 필요가 있었습니다. 이에 정책 추동력을 확보하고 관련 부처의 적극적인 추진 의지와 역량 집중 투입을 유도하기 위해 계획, 실적, 홍보, 민관 협력 등을 중심으로 현장 점검을 실시하였습니다. 특히 국무총리 주재 현장 간담회를 개최하여 시민사회 및 언론의 관심을 유도하였습니다. 사소하게 보이지만 우리에게 절실한 문제를 국무총리가 적극 나서서 챙기는 모습에 많은 국민이 관심을 갖고 호응해주었습니다.

건강 사회 만들기 동영상을 소개합니다

지난 2월 14일 청와대에서 열린 국무회의에서 4분짜리 동영상 한 편이 상영되었습니다.

국무총리실장이 '건강 사회 만들기' 추진 현황을 보고하면서 소개한 것입니다.

총리실은 작년부터 건전한 입양 문화 만들기, 아름다운 인터넷 세상 만들기, 관혼상제 허례허식 줄이기 등 12대 과제를 선정하여 추진하고 있습니다.

동영상은 30분에 1명씩 자살, 하루에 교통사고로 15명씩 사망, 1년에 인공 임신중절이 19만 건, 게임 과몰입률 6.5퍼센트, 도박 유병률 6.1퍼센트 등 우리나라의 안타까운 현실을 보여주고 그 해결을 위한 우리 모두의 노력을 끌어내기 위한 것입니다.

우리 모두 이미 알고 있던 내용이었지만 함께 모아 정리해놓고 보니 안타까움이 더해졌습니다. 숙연한 분위기가 되어 한동안 침묵이 흘렀습니다.

대통령께서 침묵을 깨고 '건강한 사회 만들기' 위한 노력을 민간과 협력하여 진행하고 방송 등을 통하여 널리 홍보하자고 말씀하셨습니다.

동영상을 국무총리실 페이스북에 올려놓았습니다. 페북 친구 여러분, 꼭 봐주시고 좋은 의견도 주시기 바랍니다. '건강한 사회 만들기' 위한 사회적 공감대 형성이 문제 해결의 첫걸음이니까요.

_2012. 2. 23. 페이스북

안타까운 자살 사망률 증가

우리나라의 자살 사망률은 인구 10만 명당 31.2명으로 OECD 국가 중 가장 높고, 하루 평균 43명, 연간 1만 5,000여 명에 이릅니다.(2010년 기준) 더욱이 자살 사망률이 계속 증가하는 추세라 걱정스럽습니다.

총리실에서는 생명과 가족의 가치를 존중하고 각종 사회적 병폐를 해소하기 위해 '건강한 사회 만들기 대책'을 추진하고 있는데, 그 가운데 하나가 '자살 사망률 줄이기'입니다.

지난 금요일(4월 13일) 논현동에 있는 서울시 자살예방센터에서 중앙 부처 지자체 자살예방센터 관계자, 의료인, 언론인, 학계 및 시민 단체가 함께 모여 현장 간담회를 개최하였습니다.

자살의 주요 원인인 우울증은 다섯 명 중 한 명이 걸릴 정도인데 국민의 인식 부족과 사회적 편견 때문에 발견과 치료가 어려운 현상을 타개할 제도적 노력, 자살 시도자의 재시도를 막기 위한 관련 기관의 역할과 협력, 인터넷 자살카페 등 유해 매체의 차단 등 관리, 언론의 신중하고 지혜로운 보도를 통한 자살 억제 및 자살 확산 차단 노력에의 동참 등 현장 경험을 바탕으로 제시된 생생한 목소리는 정책에 잘 반영될 것입니다. 물론 쉽게 해결될 문제는 아닙니다. 자살 없는 대한민국을 만들기 위한 우리 모두의 관심과 노력 외에 달리 길이 없습니다.

_2012. 4. 18. 페이스북

검소한 혼례 문화 조성을 위하여

호화 결혼식, 과다 혼수 등의 고비용 혼례 문화. 하객·혼주·신랑·신부 등 국민 대부분이 부담을 느끼는 문제입니다. 그런데도 누구도 이 문제를 개선할 엄두를 내지 못하고 방치해놓고 있는 형편입니다. 그렇다고 정부가 나서서 규제로 풀어갈 문제는 아닙니다.

다만 정부로서도 공공시설을 예식 장소로 제공하거나 고위 공직자가 솔선수범하는 등 검소한 혼례 문화 조성을 위한 다양한 노력을 할 여지가 많아, 지난 금요일 오전 관계 장관회의에서 이를 논의하였습니다.

여성가족부와 조선일보사가 공동으로 추진 중인 프로젝트, 즉 1,000만 원 안팎의 비용으로 결혼식을 올리고자 하는 100쌍을 선정하여 예식 장소 제공, 장·차관이 주례 서주기 등 도움을 주는 사업도 적극 지원키로 하였습니다.

오후에는 갑작스레 〈조선일보〉 윤 부장님과 관련 인터뷰를 하게 되었습니다. 장차 아들 결혼식 계획을 물어 가족·친지 중심으로 검소하게 치를 것이라고 답변하였습니다.

법원 청사에서 치른 첫아이 결혼식에 대한 물음에는, 오래전 일이니 덮어두자고 하였으나 당시 상황을 조사해 기사화하였습니다. 자기 일을 잘한 일인 양 자랑한 듯하여 민망하지만, 언론이 혼례 문화 개선에 적극 나서주니 참으로 고마운 일입니다.

_2012. 5. 14. 페이스북

〈조선일보 2012. 9. 17〉

총리가 주례 선 작은 결혼식

"이 두 사람은 참으로 용기 있는 젊은이들입니다. 이들과 특별한 인연은 없지만 아름답고 거룩한 뜻을 격려하기 위해 주례를 맡겠다고 나섰습니다."

16일 오후 서울 서초구 서울법원 종합청사 예식장에서 열린 신랑 김봉석(33) 씨와 신부 정진아(25) 씨의 결혼식 단상에 김황식 국무총리가 주례로 섰다. 회사원인 김 씨와 대학원 진학을 준비 중인 정 씨는 3년간 만나는 동안 월급의 절반을 아껴 모아 결혼을 준비했다. 가전제품과 가구는 대부분 자취 때 쓰던 것들을 쓰고, 두 사람이 만난 지 100일이 되던 때 나눈 반지를 결혼반지로 했다. 신혼여행은 제주도 항공권을 저렴하게 구입했다.

김 총리는 이날 "많은 이들이 건전한 혼례 문화를 정착시켜야 한다고 말하지만 실천하기 위해서는 대단한 용기가 필요하다"며 "이들은 그런 유혹을 당당히 뿌리치고 자기 힘으로 마련한 경비로 결혼식을 치르고 있다"고 격려했다.

이어 "법원에서 근무하며 주례를 서거나 축하를 하러 이곳에 100번 넘게 왔고, 내 딸도 여기서 결혼했다"며 "그런 특별한 곳에서 두 사람의 주례를 서니 감회가 남다르고 기쁘다"고 말했다. 김 총리는 아들 역시 간소하게 결혼시키겠다고 약속한 바 있다.

이날 결혼식 후 김 총리는 "총리직을 맡은 뒤 처음으로 주례를 섰는데 이 기억은 시간이 지나도 안 잊어버릴 것 같다"며 웃었다.

신부 정 씨는 "호화 결혼식이 결혼 생활의 질質과 비례하는 것이 아니고, 간소하게 결혼식을 하더라도 얼마든지 뜻깊고 알차게 (신혼생활을) 출발할 수 있다"면서 '작은 결혼식'을 축하하며 주례를 서주신 총리께 잘 사는 모습을 보여드리겠다"고 말했다.(박진영 기자)

총리로서 처음으로 결혼식 주례를 섰습니다

어제 서울법원 종합청사 예식장에서 주례를 섰습니다. 여성가족부, 〈조선일보〉사와 생활개혁실천협의회가 검소한 혼례 문화 확산을 위해 함께 펼치는 '내 힘으로 하는 참 혼인식'이었습니다. 그곳은 제가 법원에 근무하는 동안 주례를 서거나 축하하러 수없이 갔었고, 제 딸도 결혼했던 곳이라 감회가 새로웠습니다.

지난주에는 감히(?) 주례를 찾아 인사드릴 엄두를 못 내고 있는 신랑 신부를 사무실로 불러 각오와 다짐을 검증(?)하고 덕담도 해주었습니다. 많은 이들이 결혼 비용과 낭비적 결혼 문화를 걱정하고 건전한 혼례 문화를 이야기합니다만 이를 개선하기는 쉽지 않습니다. 그리하여 여성가족부와 〈조선일보〉사가 공동으로 앞서 본 캠페인을 펼치고 저도 이에 적극 동참하여 주례로 나선 것입니다.

결혼식이 끝나자 신랑 신부는 제게 편지 한 장을 건넸습니다.

"간소한 예식이 초라한 것이 아니라 얼마든지 특별한 것이 될 수 있다는 것을 몸소 체험하고 있으며" "덕담해주신 것 잊지 않고, 양보하고 사랑하며 행복한 가정을 꾸리는 것으로 보답해드리겠습니다"라는 내용이 담긴 정감 어린 편지였습니다. 두 젊은이의 행복을 진정으로 계속 기원할 것입니다.

_2012. 9. 17. 페이스북

복지 제도 개선,
복지 정책은
종합예술

| 복지 서비스 향상을 위한 개선책 |

우리나라는 주요 복지 제도의 도입과 확대 등을 통해 비교적 단기간에 선진국 수준의 제도적 기반을 구축하면서 복지 지출도 빠른 속도로 증가하고 있습니다. 그러나 복지가 중복되거나 사각지대가 존재하여 복지 재원이 적정하게 분배되지 못하고 있고 또한 복지 전달체계 및 서비스가 공급자 중심으로 이루어지면서 현장 수요에 맞는대응이 이루어지지 못하고 있습니다. 이에 국무총리실은 복지 전달체계 개선 및 재원의 적정 분배를 통해 복지 서비스의 질을 향상시키고 국민의 복지 체감도를 제고하고자 민관 합동의 '복지 서비스 향상 TF'를 구성하여 체계적인 검토 분석을 하도록 하였습니다. 감사원장 재직 시 느낀 절실함의 발로였습니다. 현장 실태 조사를 통하여파악한바, 복지 담당 공무원의 부족으로 충실한 복지 서비스의 제공에 어려움을 겪고 있었습니다. 특히 복합적인 문제를 가진 위기 가구에 대한 충실한 상담, 지속적인 사례 관리 등 지역 단위의 능동적 수행에 한계를 나타내고 있었습니다. 또한, 각종 복지사업이 13개 부처별, 기관별로 다기화되어 제공됨에 따라 복지 서비스의 중복 발생 및 서비스 이용자의 불편이 야기되었고, 다양한 선정 기준은 일선 복지 공무원의 과중한 업무 부담 등 사업 집행상 혼란을 초래하고 있었습니다. 그리고 민관 협력이 정착되지 못하여 민간 자원의 효과적 활용에 한계를 드러냈습니다. 이러한 문제점들의 개선을 위하여 사회복지 담당 공무원을 2014년까지 7,000명을 확충하기로 하였습니다. 물론 그 가운데는 상대적으로 업무가 줄어든 행정 분야 인력을 일부 전환해 충당하는 노력도 하였습니다. 작은 정부를 지향하는 정부 입장에서는 파격적인 조치였습니다. 복지 공무원의 증원에 대하여 보건복지부(당시 진수희 장관)와는 달리 청와대는 처음에는 부정적인 입장이었으나 제가 대통령과의 주례보고에서 그 필요성을 진지하게 설명하여 이를 관철시켰습니다. 또한, 복지사업 간 연계 조정을 통하여 중복 수급을 금지하고 복지 대상자 선정 기준을 표준화하여 사업 운영의 효율성 및 수급자 간 형평성을 도모하였습니다. 시스템 측면에서는 사회복지 통합 관리망과 다른 복지 전산망과의 연계를 강화하여 수요자의 접근 편의성을 제고하고, 민관 협력 기반 강화를 통해 민간 자원 활용의 극대화를 위해 노력하였습니다.

| 모범 사례를 찾아, 서울특별시 금천구로 |

이런 정부의 노력에 더하여 지자체 수준에서도 창의적인 노력을 하여 바람직한 복지 업무를 수행하고 있는 곳이 있었습니다. 대표적인 곳이 서울특별시 금천구였습니다. 차성수 구청장은 "우리가 추구하는 것은 '기다리는 복지'가 아니라 능동적으로 사각지대를 발굴하는 예방적 복지"라는 신념을 가지고 업무를 추진하였습니다. 복지 공무원을 대폭 늘린 것은 바로 이런 취지에서입니다. 저는 금천구를 찾아가서 금천구 사례를 보고받고 차 구청장과 관계 직원들을 격려하고 고마움을 전했습니다. 저는 복지 담당자는 관내 가구들의 숟가락 숫자까지 파악할 정도로 주민들의 사정을 꿰뚫고 있어야 한다고 강조하곤 하였습니다. 도움을 구하지도 못하고 생을 마감한 이른바 '송파세 모녀' 사건은 우리 사회가 부끄러워해야 할 사건인데 아직도 이런 일이 끊임없이 발생하고 있습니다. 사건 소식을 들을 때마다 가슴이 답답하고 눈물이 납니다. 이런 불행한 일이 발생하지 않도록 챙기는 것이 복지 정책의 핵심 중 하나입니다.

| 선별적 복지와 보편적 복지 그리고 재정 건전성 |

복지 수준의 설정과 복지 재원의 조달 방안은 이 시대의 중차대한 과제입니다. 저는 이른바 '선별적 복지' '보편적 복지'에 대한 정책적 입장의 정리와 효율적 복지 정책의 시행을 위하여 재직 기간 동안 최선의 노력을 기울였습니다. 오늘날 야기되는 복지 관련 혼란상은 위와 같은 고민들이 진지하게 검토되지 아니하고 다분히 포퓰리즘에 흐른 탓임을 생각하면 안타깝기만 합니다.

취임 초기 기자들과의 오찬 자리에서 복지 정책의 나아갈 방향을 원론적으로 얘기하면서 '필요한 사람에게 필요한 만큼'을 강조하였습니다. 전자는 지원이 필요한 사람에게는 반드시 복지 혜택이 돌아가야 하고, 후자는 국가의 재정 형편을 고려하여 복지 혜택이 적정하게 배분되어야 한다는 취지였습니다. 즉 복지 사각을 없애고 복지 중복 누수를 막아 재정 건전성을 유지하고자 함입니다. 그러면서 노인들의 지하철 무임승차를 예로 들어 장차 복지 제도를 설계함에 있어 국민의 형편에 따라 여유 있는 계층에 대한 지원을 줄여 이를 여유 없는 계층을 위해 사용하는 이른바 선별적 복지가 바람직하다고 언급하였습니다. 물론 건강보험이나 실업보험 등과 같이 사안의 성격과 시대 상황이나 국가의 재정 형편의 변화에 따라 온 국민에게 일률적으로 지원해야 하는 이른바 보편적 복지의 필요성이나 가치를 무시한 것은 아니었습니다. 그리고 기왕에 주어진 혜택인 지하철 무임승차를 폐지하자는 뜻도 아니고 다만 장차 보편적 복지와 선택적 복지를 잘 조화시켜 합리적이고 지속 가능한 복지 제도를 만들어야 한다는 취지였습니다. 그러나 일부 언론이나 야권에서는 마치 지하철 무임승차제를 당장 폐지하겠다는 취지로 이해하거나 오해하여 공격하였습니다. 저의 본래 뜻을 밝히고 오해, 혼란을 드린 것에 대해서는 사과를 하여 사태는 일단락되었으나 저의 복지에 관한 철학은 변함이 없었으며 재직 중 내내 기조는 변함이 없었습니다. 복지 증대를 포퓰리즘의 정치적 수단으로 활용할 가능성이 증대하고 현실화하는 세태 속에서 저는 기회 있을 때마다 복지와 정치가 뒤섞이면 국가적 재앙이 됨을 강조하였습니다. 심지어 야당뿐 아니라 여당에 대해서도 쓴소리를 마다하지 않았습니다.

〈조선일보 2011. 1. 27〉

"선택 복지? 보편 복지? 정치인들끼리 만든 의미 없는 논쟁일 뿐"

김황식 국무총리가 26일 정치권의 복지 논쟁에 대해 "내년 총선과 대선을 앞두고 포퓰리즘이 확산되고 있다"며 "총리로서 정치권의 비생산적·비합리적 논란에 흔들리지 않고 정책을 엄정하게 집행해 나가겠다"고 말했다.

김 총리는 이날 서울 롯데호텔에서 열린 '한경밀레니엄포럼' 특강에서 새해 국정 과제 및 내각 운영 방향을 밝히면서, 무상 급식·무상 의료와 재원 마련 등을 둘러싼 여야 간 논란을 비판하며 복지 정책에서의 법과 원칙을 강조하는 데 긴 시간을 할애했다.

김 총리는 우선 의료·학교급식 등 공공서비스 대상의 범위를 두고 벌어지는 '선택적 복지'와 '보편적 복지' 논란에 대해 "그런 것이 논란이 되는 게 이해가 안 간다. 정치인들의 뜻에 따라 혼란이 야기되는 것일 뿐, 의미 없는 논쟁"이라며 "복지(혜택)는 그때그때 필요한 사람에게 갈 수 있도록 해야 한다. 국민이 조금만 생각하면 우리가 어느 방향으로 가야 할지에 대해 이견이 없을 것"이라고 말했다. 그는 또 "복지 분야에는 (학교급식과 의료뿐 아니라) 고령화, 저출산, 계층·지역 갈등, 자살 증가, 인터넷 문화, 불법 낙태 등 해결할 문제가 산재해 있다"면서 정치권의 '좁은 시야'를 비판했다. 김 총리는 "복지는 성장과 분배의 조화 그리고 오늘과 내일의 조화의 문제"라면서 발언을 이어갔다.

"감사원장 할 때 복지 공무원들의 횡령이 빈발하는 것을 보고 깜짝 놀랐다. 수급 조건이 안 되는 사람들이 서류를 조작하기도 하고, 이런저런 명목의 혜택이 좋아서 일하는 분위기를 기피하게 만드는 경우도 있다. 이러다 보면 기초생활수급자에게 가야 할 수혜가 차상위 계층보다 불리한 경우도 있다."

김 총리는 이런 문제 인식으로 총리실 내 전담 TF를 구성, 10개 지방자치단체를 표본 연구해 복지 지출의 누수漏水를 막고 한정된 재원으로 실질적인 복지를 달성할 수 있도록 정책 체계를 재정비하는 방안을 마련하고 있다고 밝혔다. 복지공무원 증원에 대해서도 "전반적으로 부족한 것이 사실"이라면서도 "엄격하게 업무 분석을 해서 늘릴 것은 늘리고 줄일 것은 줄이겠다"고 했다.

대법관 출신인 김 총리는 특히 "나는 총리로서 특색이 있다면 정치권과 절연돼 있다는 것이다. 총리로서 성공하는 길은 정치권의 비생산적 현장에서 벗어나 정책을 집행해 나가는 것"이라면서 "그렇게 하지 못하면 총리로서 가치가 없는 것"이라고도 했다.

김 총리는 취임 이후 '퍼주기식 복지'에 대해 기회 있을 때마다 비판적 시각을 드러내고 있다. "부자 노인까지 지하철 무료 탑승할 필요가 있느냐"는 발언이 오해를 일으킨 적도 있으나, 복지 분야의 다양한 수요를 충족하고 복지 사각지대를 해소해 진짜 빈곤층을 지원하기 위해선 정책의 남발보다는 엄정한 집행이 더 중요하다는 생각은 굽히지 않고 있다.(정시행 기자)

〈동아일보 2012. 2. 22〉

청 "국가 부도 갈 거냐" 여야 "전면 대결이냐"… 복지 공약 대충돌

올해 총선과 대선을 앞두고 쏟아져 나오는 여야의 포퓰리즘 복지 공약들을 둘러싸고 정부와 정치권이 정면충돌하고 있다. 정부 고위 인사들이 잇따라 정치권의 선심성 공약이 야기할 위험성을 강도 높게 경고하고 나서자 여야 정치권에서는 "정치권과 전면 대결하려는 것이냐"며 정부를 비판하는 목소리가 나왔다.

김황식 국무총리는 21일 국무회의를 주재하면서 "새누리당과 민주통합당 복지 공약을 모두 실현하려면 5년간 최대 340조 원이 든다"는 기획재정부 복지 태스크포스의 20일 발표 내용을 언급하며 "심히 걱정스러운 상황"이라고 말했다. 김 총리는 "시장경제나 헌법적 가치에 배치되는 무리한 주장에 확고한 원칙을 세워 대응해 달라"고 국무위원들에게 당부했다.

김대기 대통령경제수석비서관은 이날 브리핑에서 "복지 예산의 증가 속도가 너무 빠르면 빚으로 갚아야 하며, 결국 감당할 길은 '국가 부도'로 가든지, 청년들이 다 갚아야 한다"고 말했다. 이어 "복지 예산의 (증가) 속도는 우리가 감내할 수 있는 수준으로 가야 한다"고 덧붙였다.

박재완 기획재정부 장관도 한 라디오 프로그램에 출연해 "유권자가 충분히 검증된 정보를 갖고 선택권을 행사할 수 있도록 도와드리는 것이 현 정부의 책임 있는 자세"라고 강조했다. 김동연 재정부 제2차관은 "한정된 재정 여건에서 정제되지 않은 복지 제도를 무분별하게 도입하면 오히려 꼭 필요한 서민복지가 축소될 우려가 있다"고 말했다.

이명박 대통령도 22일 취임 4주년 특별회견을 통해 양대 선거를 앞두고 쏟아져 나오는 정치권의 포퓰리즘 공약에 정면 대응하고, 남은 임기 동안 흔들림 없이 정부 기조를 유지하겠다는 뜻을 밝힐 것으로 알려졌다.

이 같은 정부 고위 인사들의 발언에 대해 민주통합당 이용섭 정책위 의장은 원내 대책회의에서 "정치권과 전면전을 하겠다는 건 정부의 자세로 매우 부적절하고 위험하다"며 "민생을 파탄 냈으면 책임을 통감하고 민생 대책을 강구하는 게 정부의 시급한 과제인데도 정치권 때리기에만 급급하니 참으로 몰염치한 일"이라고 말했다. 그는 "정치권이 복지 정책을 내놓은 것은 이명박 정부의 친(親)대기업 정책으로 서민의 삶이 너무 어렵기 때문"이라면서 "이를 해소하기 위해 노력하는 정치권을 범정부 차원에서 비판하는 것은 적반하장"이라며 정부를 성토했다.

새누리당 김종인 비상대책위원도 비상대책위원회 산하 정책분과위를 주재하면서 "정당의 정책 공약에 정부가 시비를 거는 건 처음 있는 일이며 상당히 옳지 못한 행동"이라고 비판했다. 그는 "지난 대선 때 (이명박 후보의) '747'(7퍼센트 경제성장, 1인당 국민소득 4만 달러 달성, 7대 경제 대국 진입)은 허무맹랑한 공약인데, 재정부는 그때는 아무 얘기 안 했다가 왜 갑자기 그런 일을 하는지 모르겠다"고 목소리를 높였다.

하지만 정치권 일각에서도 지나친 포퓰리즘에 대한 반성의 목소리가 나오기 시작했다. 새누리당 안형환 의원은 이날 보도자료를 내고

"국가의 미래를 생각할 때 (정부를 격하게 비판한) 김 비대위원의 발언이야말로 옳지 못한 발언"이라며 "정부가 이렇게 나선 건 정당의 포퓰리즘이 정도正道를 벗어나는 수준으로 달려가고 있기 때문"이라고 꼬집었다. 안 의원은 "선거가 아무리 급해도 대한민국을 굳건히 지켜야 할 새누리당은 선거 승리에만 눈이 먼 야당과 차별화된 모습을 보여줘야 하는데 그렇지 못하다는 지지자들의 지적을 겸허하게 들어야 한다"고 덧붙였다.(박중현·홍수영 기자)

복지 제도를 설계함에 있어서 재원을 어떻게 마련할 것인가가 중차대한 문제입니다. 빚을 내서 복지를 하는 것은 국가 부채를 증대시켜 재정 건전성을 훼손시킵니다. 국가부채비율 증가는 국가신용등급에 부정적 영향을 주어 국채 금리 상승과 해외 차입 차질을 가져옵니다. 그리되면 원화 가치는 떨어지고 외국인 투자자들이 떠나면서 금융시장은 혼란에 빠집니다. 우리나라는 해외 의존도가 높고 원화는 달러나 유로화, 엔화와는 달리 안전 자산이 아니기에 더욱 그러합니다. 그래서 많은 나라에서 헌법이나 법률로 국가부채비율이나 재정적자비율을 정하여 관리합니다. 한 정권이 당장 인기를 얻고 정권을 유지하기 위하여 국가 부채를 늘려 복지 정책을 시행한다면 그 나라의 장래는 없습니다. 후세들은 부담을 떠안게 됩니다. 흔히 정부 여당은 우리나라 국가부채비율이 다른 나라와 비교해 양호한 편이라고 호도하지만, 상대적으로 높은 공기업·가계·기업의 부채와 급속하게 진행되는 고령화·저출산 추세 그리고 예상 밖의 재난이나 통일에 대비하여 평상시에는 여력을 비축해 놓아야 하는 나라 사정을 생각한다면 복지 정책 및 재원 마련 대책은 신중하게 접근해야 하는 문제입니다.

복지 증대와 그에 따른 재정이 필요하다면 차라리 증세하는 것이 옳습니다. 그러나 법인세나 소득세의 증세는 현재의 개방경제 시대에 있어서 국가 경쟁력에 영향을 주기 때문에 다른 나라와 비교하며 신중하게 해나갈 수밖에 없고, 따라서 부가가치세 등 간접세 증세를 통해 필요한 재원을 확보해야 합니다. 이는 OECD의 권고 사항이기도 합니다. 또한, 조세 제도의 정비를 통하여 낮은 세율稅率, 넓은 세원稅源의 국민개세주의國民皆稅主義 및 적정 과세가 이루어져 정부에 대한 신뢰와 국민 사이에 통합이 이루어져야 합니다. 우리나라는 40퍼센트의 근로자가 면세인데 이 비율은 과도합니다. 북유럽 등 선진 복지국가는 높은 조세 부담률, 조세제도 운영의 투명성과 이와 관련한 국민의 합치된 의사에 터 잡아 복지 정책이 시행되고 있음에 반하여 과연 우리나라는 그와 같은 기반이 마련되어 있는지 의문이 듭니다. 이러한 상태에서 그 나라들을 끌어들여 복지 증대를 주장하는 것은 국민 기만입니다. 먼저 그 기반을 확립하는 노력이 선행 또는 병행되어야 합니다. 또한, 복지 제도가 근로를 회피하는 수단으로 작용하지 않도록 하여야 합니다. 이처럼 복지 정책의 시행에 있어서 함께 고려해야 할 사항들이 너무 많아서 복지 정책이야말로 가장 복잡하고 어려운 종합예술이라 할 것입니다. 그런데 지금 복지 제도가 너무 가볍게 눈앞의 이익을 위한 정치적 수단으로 활용되고 있는 듯하여 너무 안타깝습니다. 국가적 대재앙이 눈앞에 어른거리는 것 같습니다.

자손들 명의의 신용카드를 멋대로 사용해서야

피상속인이 사망하면 그의 재산은 상속인에게 상속됩니다. 상속재산에는 적극재산은 물론 소극재산(빚, 채무)도 포함됩니다. 따라서 피상속인의 채무가 많은 경우에는 상속인은 억울하게 피해를 입습니다. 그래서 민법은 상속 포기와 한정승인 제도를 두고 있습니다. 포기는 상속을 통째로 포기하여 채무를 상속하지 아니하는 것이고, 한정승인은 상속받은 재산 범위 내에서만 채무를 상속하는 것입니다. 그러나 국가 채무는 다음 세대가 꼼짝없이 떠안을 수밖에 없습니다. 빚을 내 나라 살림을 하는 것을 경계해야 할 이유입니다. 각종 복지 정책 등을 내세워 정권 교체를 이룬 일본 민주당의 노다 신임 총리는 최근 〈문예춘추〉 9월호에 기고한 '나의 정권 구상'에서, "지금의 상황은 자손들 명의의 신용카드를 아버지와 조부모가 멋대로 사용하고 있는 상황"이라고 지적하였습니다.

반성적 고려에서 나온 옳은 지적입니다. 우리에게도 해당되는 말입니다.

_2011. 9. 26. 페이스북

《우리가 만나야 할 미래》를 읽고

지난 주말 스웨덴 쇠데르턴대학교 교수로 재직 중인 최연혁 교수의 《우리가 만나야 할 미래》를 읽었습니다. 우리 시대 최대의 화두인 '복지'와 관련하여 자주 인용되는 것이 스웨덴의 복지 제도인데, 최교수는 스웨덴 사회의 실상과 복지 제도의 역사·내용을 우리에게 정확히 전달하고 싶어서 책을 썼다는 것입니다.

최고의 복지 수준을 자랑하는 스웨덴의 제도를 당장 우리의 것으로 옮겨 오는 것이 가능한가, 가능하다 하더라도 그것이 옳은 것인가, 많은 의문이 남습니다.

스웨덴 복지 제도는 우선 100년 이상의 역사를 갖고 온갖 진통을 겪어 만들어진 제도입니다. 노사정의 대타협, 노노 갈등의 해소, 좌우 정파 간의 합리적 조정, 때로는 복지 축소에 대한 국민의 양보 이런 것들이 모인 결과입니다.

지금도 부유층은 소득의 60퍼센트, 저소득자도 29퍼센트를 소득세로 냅니다(우리나라는 40퍼센트 가까운 소득자가 면세). 부가가치세 세율이 25퍼센트입니다(우리나라는 10퍼센트).

지금 우리가 논의하는 부자 증세 정도로는 해결될 문제가 아닙니다. 먼저 국민 전체의 공공성에 관련한 사회적 합의가 필요합니다. 그리고 사회·경제의 투명성이 확보되어 탈세·수뢰·복지의 부정 수급이 없고 이른바 지하경제가 존재하지 않아야 합니다. 또한, 성장이 지속되어야 복지가 지속될 수 있습니다. 정확한 현실 진단과 치밀한 장래 계획 속에서 복지 정책을 발전시켜야 한다는 생각을 거듭하게 됩니다.

_2012. 8. 20. 페이스북

사회 통합

| 사회 통합은 국가 발전의 원동력 |

어느 사회든지 갈등이 없을 수 없으나 어느 나라보다도 갈등이 심한 나라가 우리나라입니다. 갈등을 합리적으로 해결하여 사회 통합을 이루어 내는 것이 시대적 과제이고 국가 발전의 길입니다.

우리 사회의 갈등은 남북이 분단된 현실에서 보수·진보, 좌우의 이념 간 갈등, 수도권·비수도권, 영남·호남 등 지역 갈등, 양극화 등 빈부 갈등, 정부 정책 관련 이해득실에 따른 갈등, 세대 갈등, 양성 갈등, 대기업·중소기업 사이의 갈등, 노사 갈등, 정규직·비정규직 사이의 노노 갈등, 장애인이나 이민자 등 소수자들에 대한 차별 관련 갈등 등 수많은 양태로 나타나고 있습니다.

갈등으로 인한 사회적 비용 또한 막대합니다. 삼성경제연구소에서 수년 전에 발표한 것을 보면 우리 사회에서 갈등으로 인한 사회적 비용이 우리 GDP의 27퍼센트라고 합니다. 이런 사회적 비용을 완전히 없앨 수는 없습니다. 하지만 이런 비용을 일부라도 줄인다면 우리 사회는 안정적인 3만 달러, 나아가 4만 달러 시대로 진입할 것입니다. 이런 경제·사회적 비용뿐만 아니라, 국론 분열에 따른 무형의 손실도 막대합니다.

갈등은 증대되고 있는데 갈등 해결을 위한 우리 사회의 역량은 대단히 미약합니다. 다양한 갈등 양태에 따른 다양한 해결 방안이 도출되어야 하지만, 그 기본은 대화와 타협입니다. 물론 사적 분쟁이나 갈등에서도 양보와 타협이 중요합니다. "아무리 좋은 판결도 화해만 못하다"라는 법률 격언이 이를 말해줍니다.

저는 법관을 포함한 40여 년의 공직 생활 동안 갈등 해결 관련 일을 많이 해왔습니다. 총리로 취임할 때도 갈등 해소와 사회 통합 문제가 저의 가장 큰 관심사였습니다. 그래서 취임 시 "분열·대립하고 있는 우리 사회를 통합하는 데 특별히 노력하겠다. 이 문제를 해결하기 위해서는 법과 원칙이 기본이 되어야 한다. 원칙에 어긋나는데 떼를 쓴다고, 큰 목소리로 외친다고 쉽게 들어주는 것은 안 된다. 그러나 법과 원칙만으로는 갈등이 해결되지 않는다. 법과 원칙이 사안이나 상황에 따라서는 가변적이기 때문이다. 그래서 우선 소통하고 화합하는 과정, 대화하고 타협하는 과정을 거쳐야 하고, 그런 과정을 거치고도 해결되지 않는 문제들은 서로 나누고 배려하는 보완적 노력을 통해 해결해야 한다"라고 강조하였습니다.

이와 같은 갈등 과제를 해결하기 위해서는 관련 당사자들이 함께 노력해야겠지만 최우선의 주체는 정치권입니다. 그러나 지금 정치권은 그 역할을 하지 못하고 있습니다. 오히려 편 가르기와 갈라치기로 자신들의 정치적 목적을 달성하려고 합니다.

정치권의 협치 노력이 절실합니다. 말로는 협치를 주장하지만 행동이 따르지 않습니다. 협치의 주장은 자기에게 유리한 한도 내에서만 유효한 것 같습니다. 그러므로 정치인의 선의에만 의존할 것이 아니라 대화와 타협이 없이는 국정 운영이 불가능할 정도로 제도 자체의 틀을 바꾸어야 합니다. 우선 소위 제왕적 대통령제로 불릴 정도의 대통령에의 권력 집중을 분산하는 방향으로 헌법을 개정하는 것입니다. 1987년 개정 헌법은 장기 집권을 막고 대통령을 국민의 손으로 직접 선출하고자 하는 당시의 시대정신을 반영하였으나 지금은 그 역사적 사명을 다하였고 또한 정보화 사회 도래 등 시대가 많이 변화하였으므로 이를 반영한 헌법 개정이 필요합니다. 선거제도에 있어서 표의 등가성等價性이 깨진 승자 독식이 되지 않고 국민의 정당에 대한 지지 의사가 의석수에 최대한 반영될 수 있는 방식으로 개선되어야 합니다. 연정을 통한 협치의 모범을 보이고 있는 독일의 제도와 관행이 참고가 될 것입니다. 저는 총리로서 헌법 개정에 협조할 것임을 기회 있을 때마다 천명하였습니다.

남북 분단 문제는, 우리는 집권 세력이 진보냐 보수냐에 따라 햇볕 정책과 강경·압박 정책으로 왔다 갔다 하였습니다. 통일 정책이 일관되지 못했습니다. 독일은 우파인 콘라드 아데나워 총리의 서방 정책과 좌파인 빌리 브란트 총리의 동방 정책이 우파인 헬무트 콜 총리에 의하여 통합적으로 계승되어 통일을 이루어 냈습니다. 북한은 법률적으로 반국가 단체로서 우리의 안보를 위협하고 있으므로 만약 도발하면 언제든지 제압할 준비를 갖추고 있어야 하지만, 다른 한편 한 민족으로서 통일을 이루어야 하는 상대방이므로 대화하고 협력하여야 합니다. 그러므로 국방부나 통일부는 상반된 입장에서 각기 역할을 달리해야 합니다. 햇볕 정책(포용 정책)을 한다고 해서 국방부나 국정원의 태세나 역할이 약화되어서도 안 됩니다. 이 두 가지 정책은 하나만 선택해야 하는 것이 아니라 병행해 나가야 합니다. 이렇게 할 때 남남 갈등도 해결될 것입니다. 이명박 정부는 남북 상생과 공동 번영을 기본으로 하면서도 대화의 전제로서 비핵화의 선행·금강산 관광객 피살 사건에 대한 사과와 재발 방지 대책을 주장하였지만, 저는 이러한 전제를 충족시킨 다음의 대화는 사실상 불가능하다는 생각에 우리가 요구하는 선행 조건을 실현하기 위한 대화는 필요하다는, 정부 입장과는 다소 결이 다른 답변을 국회에서 하기도 하였습니다.

〈조선일보 2010. 11. 25〉

"월드컵 때 연평해전… 햇볕 정책이 북 변화 못 시켰다"

김황식 국무총리가 24일 김대중 정부의 햇볕 정책이 북한을 변화시키지 못했다는 견해를 밝혔다. 김 총리는 이날 국회 예산결산특위에 출석해 "평화를 지향하는 김대중 전 대통령의 햇볕 정책에 대해 과연 북한이 자기들의 태도를 변화시켜왔는지 (의문이다). 겉으로만 다소 유화된 모습을 보이다가, 안으로는 계속 도발을 준비하고 그것을 감행하는 북한의 실체를 고려하면서 정책을 펴나가야 한다"고 말했다. 김 총리는 민주당 전병헌 의원이 "현 정부의 대북 정책에 대한 심

"월드컵때 연평해전… 햇볕정책이 北 변화 못 시켰다"

김황식 총리, 국회 답변

김황식〈사진〉 국무총리가 24일 김대중 정부의 햇볕 정책이 북한을 변화시키지 못했다는 견해를 밝혔다.

김 총리는 이날 국회 예산결산특위에 출석해 "평화를 지향하는 김대중 전 대통령의 햇볕 정책에 대해 과연 북한이 자기들의 태도를 변화시켜왔는지 (의문이다). 겉으로만 다소 유화된 모습을 보이다가, 안으로는 계속 도발을 준비하고 그것을 감행하는 북한의 실체를 고려하면서 정책을 펴나가야 한다"고 말했다. 김 총리는 민주당 전병헌 의원이 "현 정부의 대북 정책에 대한 심각한 재검토가 필요하다고 보는데 어떤가"라고 묻자 이같이 말했다.

그는 앞서 "2002년 월드컵 4강전에서 한국과 터키 간의 3·4위 결정전이 있을 때 바로 연평해전이 일어났다"며 "저는 정말 그때 북한이 이래도 되는가. 김대중 대통령께서 얼마나 북한을 껴안고, 동족으로 품고 또 (남북)평화를 위해 노력하는데, 세계인의 축제가 한반도에서 벌어지고 있는 그 시점에 도발하는 것을 보고 '북한 사람들 정말 이상한 사람들이고 납득할 수 없는 사람들이다. 정말 이럴 수가 있는가' 하는 생각을 했다. 결국 북한이 근본적으로 변해야 한다"고 말했다.

김 총리는 이날 국회 예결위 상황 보고를 통해 전날 발생한 북한의 연평도 공격에 대한 단호한 입장도 보였다.

그는 "여러 정황으로 볼 때 사전에 치밀하게 기획된 의도적 침투 도발이며, 정부는 이번 사건의 성격을 대한민국에 대한 명백한 무력 도발로 규정한다"며 "특히 무방비 상태의 민간인 거주지까지 포격했다는 점에서 무차별적인 만행이라고 규정한다"고 했다.

조백건 기자 loogun@chosun.com

〈조선일보〉 2010. 11. 25.

각한 재검토가 필요하다고 보는데 어떤가"라고 묻자 이같이 말했다.

그는 앞서 "2002년 월드컵 4강전에서 한국과 터키 간의 3·4위 결정전이 있을 때 바로 연평해전이 일어났다"며 "저는 정말 그때 북한이 이래도 되는가. 김대중 대통령께서 얼마나 북한을 껴안고, 동족으로 품고 또 (남북) 평화를 위해 노력하는데, 세계인의 축제가 한반도에서 벌어지고 있는 그 시점에 도발하는 것을 보고 '북한 사람들 정말 이상한 사람들이고 납득할 수 없는 사람들이다. 정말 이럴 수가 있는가' 하는 생각을 했다. 결국 북한이 근본적으로 변해야 한다"고 말했다.

김 총리는 이날 국회 예결위 상황 보고를 통해 전날 발생한 북한의 연평도 공격에 대한 단호한 입장도 보였다.

그는 "여러 정황으로 볼 때 사전에 치밀하게 기획된 의도적 침투 도발이며, 정부는 이번 사건의 성격을 대한민국에 대한 명백한 무력 도발로 규정한다"며 "특히 무방비 상태의 민간인 거주지까지 포격했다는 점에서 무차별적인 만행이라고 규정한다"고 했다.(조백건 기자)

노사 관계의 갈등이 우리 사회 갈등의 핵심을 이루고 있습니다. 서로를 사회적 파트너로 인식하고 상호 존중·협력하는 방식으로 통합을 이루어 가야 합니다. 특히 정규직과 비정규직에 따라 같은 일을 하면서도 임금 차이가 있어 이것이 사회 통합을 저해합니다. 기업은 해고의 어려움 때문에 정규직을 채용하지 않으려 하고 비정규직을 채용하는 방법을 택합니다. 그렇게 해서 빚어지는 정규직과 비정규직 사이의 급여 차이 등 갈등이 많습니다. 사회 통합을 저해하는 요소입니다. 이런 문제를 노사가 머리를 맞대고 해결해야 하는데 그 일이 쉽지 않습니다. 네덜란드의 바세르나르 협약이나 독일의 하르츠 개혁 등을 참고할 수 있을 것입니다. 전자는 충분한 대화와 타협을 통하여 의사 합치를 이루었지만, 후자는 그에는 이르지 못하였으나 충분한 사회적 논의의 숙성 기간을 거쳤다는 점에서 의미 있는 성과물입니다. 이런 일을 하기 위해서는 국가의 최고 지도자가 직접 나서야 합니다. 이에 필요한 노력을 저는 어느 신문 칼럼에서 '부둥켜안고 뒹굴어야' 한다고 표현하였습니다.

이상에서 몇 가지 유형의 갈등만을 간략하게 언급하였으나 모든 유형의 갈등 해소를 위해 가장 필요한 것은 충분한 대화로, 역지사지의 마음으로 상대방을 이해하고 양보하는 자세입니다. 아무리 좋은 결론이라도 이러한 과정이나 숙려 기간을 거치지 않으면 후유증을 남기게 됩니다. 사안에 따라서는 사회적 공론화를 거쳐야 하고 그 과정에서 언론, 시민 단체, 전문가 그룹이 사안 본질에 맞는 객관적 논의에 동참할 때 비로소 갈등을 최소화할 수 있을 것입니다. 저는 이러한 사회적 분위기를 만들기 위해 나름대로 노력하였습니다. 모든 갈등 과제의 해결을 앞에서 본 기준에 따라 처리하였습니다. 그 구체적 사례는 다음 장에서 보겠습니다.

주요 갈등
해소 사례

부처나 기관, 지역, 중앙 및 지방정부 간에 대립 갈등이 생긴 경우 이를 합리적으로 해결하여야 하는 것은 당연합니다. 통상 청와대나 총리실이 맡아 해결합니다. 그러나 각 당사자의 이해가 걸린 문제인 만큼 당사자가 승복하고 사회적으로 수긍되는 해결책을 도출하는 것은 만만치 않습니다. 2011년 2월경부터 대통령께서 갈등 과제를 총리실에 맡겨 처리하도록 하는 경우가 많아졌습니다. 〈중앙일보〉(2011. 2. 12.)는 "MB '김황식 잘한다' … 갈등 이슈 다 맡겨"라는 제하에서 "김황식 국무총리가 이끄는 총리실에 대해 이 대통령이 흡족해하고 있으며 많은 일을 맡기고 있다" "앞으로 갈등이 첨예한 이슈는 김 총리가 정리하는 체제로 간다" "정치인이 아닌 만큼 정치적 부담에 신경 쓸 필요가 없는 김 총리가 중심이 돼 문제의 가닥을 잡아 나갈 것"이라고 보도하기도 하였습니다. 저는 대통령의 뜻을 정확히 알지는 못하고 다만 주어진 일에 충실하였습니다. 이하에서 그러한 사례 몇 가지를 어떤 원칙과 방법으로 처리하였는지 살펴봅니다.

| 검·경 수사 업무 조정 |

18대 국회 사법제도개혁특별위원회에서 논의한 검찰개혁의 일환으로 경찰의 수사 개시권 명문화가 문제로 되었습니다. 이는 바로 형사소송법 제196조 제1항 수정 여부 및 그 내용 여하의 문제였습니다. 검·경 양 기관의 입장 차이는 컸습니다. 경찰 측에서는 수사 현실의 법제화를 주장하며 위 조항을 수정하여 사법경찰관의 수사 개시권을 명시하려는 입장을, 검찰은 이에 반대하며 위 조항의 수정은 수사권을 조정하는 결과를 가져오므로 수정이 불가하다는 입장이었습니다. 그러나 국회에서는 양측의 입장을 절충하는 선에서 법률 개정을 한다 하면서도 그 구체적인 내용은 대통령령으로 정하도록 함으로써 문제 해결을 다시 정부에 떠맡긴 셈이 되었습니다. 국회는 검찰과 경찰의 눈치(?)를 보며 책임 회피성 타협을 한 것입니다. 김준규 검찰총장은 국회의 법률 개정에 불만을 품고 사표를 제출하였습니다. 검찰총장의 임기 만료를 앞둔 시점의 고위 공직자로서 온당한 처신이 아니라고 보고 저는 대통령이 사표를 수리할 때까지 업무에 충실할 것을 지시하였습니다. 당시 대통령께서는 동계올림픽 유치를 위해 남아공을 방문 중이셨습니다.

이처럼 형사소송법이 개정됨에 따라 총리실은 대통령령 제정 작업을 추진했습니다. 총리실은 검찰과 경찰 간 서면 협의, 3박 4일간의 실무 조정회의, 총리실장 주재 고위급 조정회의 등을 통해 양 기관의 의견 차이를 좁혔으나 일부 미해결 쟁점에 대해서는 총리실이 법 개정 취지, 국민의 인권, 수사 절차의 투명성과 효율성을 고려하여 조정안을 만들어 확정하였습니다. 조정안은 기존 법무부령으로 되어 있던 '사법경찰 관리 집무규칙'(78개 조문)의 내용을 대부분 대통령령에 그대로 수용하되, 다만 논의 과정에서 경찰의 의견을 존중하여 10개 조문을 삭제하고 10개 조문은 경찰의 의견을 반영해 수정했습니다. 또한, 사법경찰관의 수사 자율성을 제고하고 검사의 지휘권을 합리화하기 위한 규정들을 두었습니다.

예컨대 경찰에서 수사 중인 사건을 검찰이 함부로 송치 명령을 내려 검찰로 가져가지 못하도록 하였습니다. 필요한 경우에는 개별 검사가 아닌 소속 기관장이 이유를 밝혀 송치를 요구하도록 하였습니다. 사실상 자의적 송치 요구를 봉쇄한 것입니다. 다른 한편, 경찰이 사건을 입건하지 않고 내사 상태로 두어 자의적으로 처리하는 것을 막기 위하여 일단 강제수사 방법이 동원되었거나 피의자로 조서를 받은 사건은 모두 내사가 아닌 정식 사건으로 하여 검찰에 송치하도록 하였습니다.

대통령령 제정 작업 이전 법률 개정 단계에서부터 이미 양 기관이 첨예하게 대립하며 항의 집회 등 부적절한 실력 행사를 하거나 항의 사표를 제출하는 일까지 발생하였습니다. 많은 사람이 어떤 내용의 대통령령이 나오더라도 상당한 후유증이 예상된다며 몹시 걱정하였지만 저는 법과 원칙에 맞는 안을 만들면 어떤 저항도 제압할 수 있다는 자신감을 보이며 법무부 장관과 행정안전부 장관을 불러 검·경의 부적절한 대응에 대하여 특단의 조치를 취할 것임을 경고하기도 하였습니다. 최종안을 발표하기 전에 하급 경찰관 및 젊은 검사 각 10명씩을 시간을 나누어 총리실로 오도록 하여 그들의 의견을 들었습니다. 비서실은 전례도 없고 불상사가 있을지도 모르며 의전상 적절치 않다는 의견을 냈지만 제가 걱정할 것 없다며 추진토록 하였습니다. 수긍할 만한 애로에 대해서는 공감하고, 오해하고 있는 부분에 대해서는 법 원리를 내세워 상세히 설명하고 설득하였습니다. 특히 경찰관들 불만의 상당 부분은 모법인 형사소송법 개정 사항에 해당하는 것이어서 경찰이 실력을 키우고 국민의 신뢰를 얻은 다음 해결할 수 있을 것이라며 더욱 노력할 것을 당부하였습니다. 젊은 검사들과의 간담회가 끝나자 검사들이 저와 개별적으로 사진을 찍자고 제인하였습니다. 기꺼이 응했습니다. 그런데 문득 경찰관들과는 사진을 찍지 않았는데 이 사실이 밖으로 알려지면 경찰은 달리 취급받았다 하여 서운해할지 모른다는 생각이 들어 검사들에게 조정안이 발표될 때까지 사진을 페이스북 등에 올리지 말도록 당부하였습니다. 조정안을 마련하는 동안 검·경은 물론 총리실 내에서도 법률가로서 실무 경험이 많은 제 생각이 무엇인지 궁금하였을 것이나 저는 불필요한 오해나 잡음을 막기 위하여 제 의견을 직접적으로 표출하지 않고 진행 상황을 점검하며 원칙적인 언급만 하였습니다. 조정안이 발표된 뒤 별다른 소요는 없었습니다. 어느 기관에 편향되지 않은 법 원칙에 따른 일 처리, 그에 따른 총리실에 대한 신뢰와 충분한 소통 등이 그 이유가 아닌가 생각합니다.

이상은 당시의 법 체제하의 해결 방안이었지만 검·경 수사권 조정

등 검찰개혁을 보다 근본적으로 살펴볼 필요가 있습니다. 검찰개혁의 목표는 실체적 진실 관계를 명확히 밝혀 범죄자를 처단함으로써 사회정의를 실현하며 그 과정에서 인권침해가 없도록 하여 사회질서를 유지하는 것입니다. 그런데 지금까지 검찰 제도의 운영과 관련하여 다음과 같은 문제를 제기할 수 있습니다.

첫째, 정권 차원에서 검찰을 통치 수단으로 활용하고 검찰은 이에 부응하여 조직의 권한과 권위 유지에 활용한 측면이 있었으나, 이는 반드시 시정되어야 할 폐해입니다. 이는 제도의 문제가 아니라 운영의 문제입니다. 정치적 리더십과 검찰 구성원이 이에 대한 확고한 인식을 갖는다면 당장이라도 해결될 수 있는 문제입니다. 특히 대통령의 생각과 자세가 그 출발점입니다. 둘째, 검찰의 수사 과정에서 나타날 수 있는 과잉 수사나 가혹한 수사 등 인권침해 행태를 시정하여야 합니다. 시민사회의 지적과 시대에 맞는 검찰의 개선 노력으로 해결해야 할 문제입니다. 셋째, 검찰과 경찰과의 합리적인 수사 업무의 분장을 통하여 국민의 불편을 최소화하고 수사의 효율성을 기하는 것입니다. 이 점이 바로 검·경 수사권 조정의 핵심입니다.

경찰이 수사 보조자가 아니라 수사 담당자로서 역할을 하게 됨은 시대의 추세이지만 경찰이 검찰에 뒤지지 않는 수사 역량과 인권 의식을 갖출 것을 전제로 하여야 할 것입니다. 또한 과거 검찰 제도 운영상의 폐해가 반복되지 않도록 하는 제도적 장치를 확실하게 하여야 할 것입니다. 합리적 제도 개선과 함께 대통령 등 정치적 리더십과 제도 운영 담당자의 확고한 신념으로 해결해야 할 문제입니다. 이른바 검찰개혁에 정치적 이해와 고려가 개입된다면 검찰개혁은 개

악으로 이어지고 그 피해자는 국민일 것입니다.

| LH공사 본사 입지 결정 |

이명박 정부는 공공기관 혁신 차원에서 한국토지공사와 대한주택공사를 통합하여 한국토지주택공사(LH공사)를 출범시켰습니다. 그러나 이미 한국토지공사는 전북 혁신도시로, 대한주택공사는 경남 혁신도시로 이전하기로 결정되었기 때문에 통합된 LH공사의 이전 지역을 결정해야 하는 문제가 대두되었습니다. 정부는 LH공사 지방 이전 협의회를 구성하여 여기에서 지방 이전 방안을 마련하고 국회 협의를 거친 후 지역발전위원회의 공공기관 지방 이전 계획 변경 심의를 거쳐 이전 계획을 확정하도록 합의했습니다. 그러나 전라북도와 경상남도의 의견이 첨예하게 대립되었습니다. 전북은 종전 이전 계획의 취지를 살려 LH공사의 부서를 분산 배치하자고 주장하고, 경남은 LH공사를 경남으로 일괄 이전하고 대신 전북에 추가 국책 사업을 지원하자고 주장하였습니다. 그러나 분산 배치는 지역 갈등에 따른 정치적 분쟁 가능성은 줄일 수 있지만 통합된 공사의 경영 효율성 차원에서 수용하기 어려운 방안이었습니다. 일괄 이전하는 방안이 당연하나 어느 한 지역이 이득이나 손해를 보지 않도록 양 혁신도시 간 형평성을 고려할 필요가 있습니다. 이러한 점과 양 혁신도시의 핵심 기능(경남: 산업 지원 및 첨단 주거 선도 도시, 전북: 농업·생명 허브 도시)을 고려할 때 LH공사를 경남으로 일괄 이전하고, 당초 경남 혁신도시로 이전할 예정이었던 국민연금공단을 전북 혁신도시로 재배치하여 전북 혁신도시에 구 토지공사 인원을 보전하고 세수 부족분은 별도로 보전하는 방안을 강구하기로 하였습니다. 그리고 사업 규모 면에서 구 주택공사가 구 토지공사에 비해 훨씬 컸다는 점도 결정에 작용하였습니다. 이 사안은 거대 공공기관의 지방 이전을 두고 지역적 차원에서 정책 결정의 합리성보다는 지역 차원의 정치적 합리성이 우선 판단 기준으로 작용하여 양 지자체 간 무한 대립이 진행되었던 사례였습니다. 비록 첨예한 지역 갈등으로 인해 양 지자체 간 완벽한 의사 합치에 따른 정책 결정을 이루지는 못했지만, 1년여에 걸쳐 최대한 합의 도출을 위해 노력하면서도 합리적인 원칙과 기준에 따라 결정하되 형평성까지도 충분히 고려하여 지역 갈등을 최소화한 사례입니다.

그런데 위와 같이 결정할 때 국민연금관리공단에 속한 기금운용본부는 서울에 존치하기로 하였는데 전라북도가 노력하여 기금운용본부마저 전주로 이전시켜버렸습니다. 당초 기금운용본부를 서울에 존치하기로 한 것은 기금운용 업무의 성격상 경제 및 금융의 허브인 서울에서의 적극적 활동이 필요한 때문이었습니다. 지역의 이익이 국가적 이익을 눌러버린 것입니다.

| 동남권 신공항 |

동남권 지역 주민들의 국제공항 접근성 향상이 필요하다는 의견이 제기되고 특히 이를 정치권에서 강력하게 주장함에 따라 정부에서는 2008년 3월부터 2010년 12월까지 신공항 개발의 타당성 및 입

지 조사 연구를 시행하였습니다. 그 결과 정부는 경상남도 밀양 일원과 부산광역시 가덕도 일원 두 곳으로 후보지를 압축하였습니다. 한편, 부산·대구 등 영남권 5개 지방자치단체에서는 공항 입지의 조속한 선정 및 착공을 요구하면서 신공항 입지를 두고 지자체 간 유치 경쟁이 과열되는 양상을 보였습니다. 지역별로 신공항 유치 추진단, 범시민 유치위원회 등을 결성하는 등 지역 간 갈등이 첨예하게 대립하는 부작용도 나타났습니다. 정부에서는 지역 간 갈등을 예방하고 원만한 입지 평가를 위해 지자체 간 합의를 도모하면서 지자체 추천 인사를 참여시켜 공정한 입지 평가를 시도하는 등 많은 노력을 하였으나 입지와 공항 명칭을 둘러싸고 지자체 간 극명한 입장 차이로 인해 성과를 거두지 못했습니다. 그러는 사이 지역 간 갈등과 유치 경쟁은 점점 더 심화되었습니다.

이에 정부에서는 밀양과 가덕도 2개 후보지를 대상으로 기존 연구 용역 결과를 토대로 경제성, 기술적 타당성에 입각해서 공정하고 객관적인 후보지 입지 평가를 내리기로 하였습니다. 그리하여 전문가들로 입지평가위원회를 구성하고 이와는 별도로 평가의 공정성과 독립성을 확보하기 위해 관련 분야 전문가들로 평가단도 구성하였습니다. 입지평가위원회와 평가단의 입지 평가 결과, 두 후보지 모두 환경에 미치는 영향이 크고 공항 운영상 상당한 장애가 있으며 공항 규모에 비해 건설비가 과다하여 신공항의 입지로는 부적합한 것으로 평가하였습니다. 저도 헬리콥터를 타고 양 지역을 둘러보았습니다.

밀양의 경우 20개 이상의 산봉우리를 절개해야 하고, 가덕도의 경우 해양오염이나 자연 훼손을 일정 부분 감내해야 하는 상황이었으며 항공 수요도 미주나 유럽 등 장거리 노선은 영업성이 인정되지 않아 취항이 쉽지 않은 상황이라는 지적들이 많았습니다. 이에 따라 정부는 영남권의 항공 수요에 보다 효율적으로 대처하기 위해 필요한 보완 대책을 추진해 나가는 것으로 방향을 정하였습니다. 아울러 정부에서는 영남지역을 기점으로 보다 많은 근거리 국제노선이 연결될 수 있도록 김해공항의 여건을 지속적으로 개선하는 동시에, 지역 주민들이 느끼는 공항 이용의 불편함을 해소하는 방안을 적극 추진하기로 하였습니다. 이는 과학적인 근거를 기초로 지역적 이해에 바탕을 둔 정치권의 개입을 물리친 사례라 할 만합니다.

이 결론에 대하여 지역 정치권 차원에서 저항은 있었으나 전국적 차원에서는 적절했다는 평가가 훨씬 많았습니다. 동남권 신공항 문제는 지역 정서에 터 잡은 정치적 문제가 아니라 경제와 과학적 관점에서 풀어가야 할 전국적인 문제였기 때문입니다.

| 과학비즈니스벨트 입지 선정 |

국제 과학비즈니스벨트의 조성 및 지원 사업은 세계적인 수준의 기초연구 환경을 구축하고, 기초연구와 비즈니스가 융합될 수 있는 기반을 마련함으로써 국가 경쟁력 강화에 이바지함을 목적으로 한 것으로 이명박 전 대통령이 17대 대통령 선거에 출마하면서 충청권에 공약으로 제시하였습니다. 그러나 2010년 말 관련 법률이 제정되는 과정에서 그 입지를 특정하여 법률에 규정하지 아니하고 입지 선정의 원칙과 절차를 규정하였습니다. 법치 행정의 원리상 당연한 조치

였습니다. 그러자 충청권에서는 공약에 위반하여 다른 곳으로 입지를 정하는 것이 아닌가 하여 문제를 제기했고, 다른 지역에서는 과학비즈니스벨트 유치를 위한 운동을 시작하여 지역 간 갈등이 시작되었습니다.

국회에서 충청권 출신 의원들은 저에게 공약대로 이행할 것을 강력히 요구하였습니다. 그러나 저는 법률에 정한 절차에 따라 진행할 것이라는 입장을 고수하여 법률이 정한 입지선정위원회의 결정에 따랐습니다. 최종 결정에 대하여 어느 지역도 더는 문제를 제기하지 않았습니다. 정치적 결정이 아니라 법과 원칙에 따른 결정임을 모두가 인정했기 때문입니다.

선거 과정에서의 공약은 정치적인 약속일 뿐 그 실현은 법적 절차를 거쳐 이루어져야 하는 것은 너무나 당연한 일입니다. 선거에서 표를 얻기 위한 공약 남발, 그 실현 및 폐지 과정에서 사회적 갈등과 혼란이 생깁니다. 국력이 낭비됩니다. 이를 제어할 수 있는 것은 국민의 판단 역량과 투표권 행사뿐입니다.

| 제주 민·군 복합형 관광 미항 건설 |

제주 남방 해역은 우리나라 전체 교역 물동량의 대부분이 통과하는 해역으로 경제적 군사적으로 중요한 전략 요충지입니다. 그래서 참여정부는 제주도에 해군기지를 건설하기로 하고 여론조사 등을 거쳐 2007년 6월 강정마을을 해군기지 건설 지역으로 확정하였습니다. 이명박 정부는 2008년 9월 11일 개최된 국가정책조정회의에서

제주 해군기지를 국가 발전과 지역 발전의 조화를 도모하는 차원에서 해군기지 역할뿐 아니라 제주 관광자원을 개발하고 지역경제에 도움이 될 수 있도록 민·군 복합형 관광 미항으로 건설하기로 결정하였습니다. 호놀룰루, 샌디에이고, 시드니 등 세계적 관광 미항은 해군기지도 겸하고 있음에 착안한 것입니다. 그리고 지역 주민의 소득 증대와 복지 향상, 강정 지역과 제주 지역 발전을 위해 총리실 주관으로 관계 부처 조정회의를 개최하여 지역발전계획을 수립하고 2012년 2월 29일에 1조 771억 원 규모의 지역발전계획을 확정하였습니다. 그러나 일부 시민 단체를 중심으로 한 건설 반대 운동이 극심하여 그 추진에 어려움을 겪었습니다. 평화의 섬에 군사기지를 두는 것과 자연 훼손을 용납할 수 없다는 취지이긴 하나 국익과는 거리가 먼 주장들이었습니다. 일부는 일단 찬성한다고 하면서도 끊임없이 문제를 제기하기도 하였습니다. 15만 톤급 크루즈 선박 두 대의 동시 접안이 불가능하다는 것이 대표적인 것입니다. 정부는 전문가들로 시뮬레이션 팀을 구성하여 접안이 가능하다는 것을 입증하기도 하였습니다. 저는 개인적으로 추진 과정이 너무 힘들어 기지를 옮기는 방안도 검토해보았습니다. 특히 당시 야당 인사들이 노무현 대통령의 참여정부가 결정한 일에 격렬히 반대하는 것을 이해할 수 없었습니다. 그러나 원래 2위 후보지였던 진도 팽목항이 남방 해역과의 거리 등 입지 요건에서 너무 차이가 나는 데다 이미 천억 원 이상의 예산이 투입되었고, 국가 안보와 관련된 국책 사업을 부당한 목소리에 굴복시킬 수는 없기에 나름대로 소통하고 설득하며 추진하였습니다. 제주 지역 출향 인사들을 공관으로 모셔 대화하며 협력을 구하였으나 크게 도움은 되지 못했고 그래도 최선을 다하였다는 점에 의미를 두고 싶습니다.

제주 민·군 복합항 건설 논란의 안타까움

참여정부 시절 중앙정부와 제주도가 협의하여 시작한 민군 복합항 건설과 관련한 갈등이 계속되고 있습니다. 기지 건설에 반대하는 분들은 평화 수호와 자연환경 보호를 그 이유로 내세웁니다. 제주도가 남방 해역과 해상 교통로에 대한 감시와 보호 활동을 위한 기지 건설에 가장 적합한 곳이고, 환경 및 문화재 보호와 관련한 적법한 절차를 거친 이상, 그 주장은 과다하다고 생각합니다. 또 다른 문제 제기는 해군기지와 함께 건설하기로 한 관광 크루즈선 부두에 관한 설계가 당초 약정한 15만 톤급 크루즈 선박 2척 수용이라는 조건을 충족하지 못한다는 것입니다. 그런데 15만 톤급 크루즈 선박은 세계에 6, 7척밖에 없고, 우리나라에 들어오는 것이 8만 톤급임을 고려하면 15만 톤급 2척이 동시에 제주에 들어오는 것은 사실상 상정하기 어렵습니다. 그래서 어떤 이는 과다 시설에 의한 예산 낭비라는 주장도 합니다. 그러나 일단 약정이 체결된 이상 이를 이행하는 것이 정부의 책무입니다. 정부는 최근에 이루어진 기술검증위원회의 보고를 참고하여 크루즈선이 안전하게 접안할 수 있는지 다시 한번 챙길 것입니다. 지금은 불필요한 논란보다는 훌륭한 항만 건설과 제주 발전을 위해 함께 지혜를 모아야 할 때입니다.

_2012. 2. 21. 페이스북

이처럼 수많은 갈등 과제의 해결에 있어 법과 원칙, 상식과 순리, 소통과 설득, 나눔과 배려를 통하여 문제를 해결하였고 그 후유증을 최소화하는 노력을 게을리하지 아니하였습니다.

04

주요 현안 및
관심 사항

새로운 성장 동력,
녹색 성장

이명박 정부의 주요 국가발전전략의 하나가 녹색 성장(Green Growth)입니다. OECD는 이를 받아 회원국 공통의 국제적 어젠다로 발전시켰습니다. 대한민국이 주도하여 국제사회에 내놓은 최초의 어젠다이기도 합니다. 녹색 성장은 한마디로 환경보호와 경제성장이라는, 겉으로 보기에는 서로 배치되는 요소를 결합하여 양자의 조화와 윈-윈을 이루고자 하는 정책입니다. 즉 석탄, 석유 등 화석연료의 소비로 인해 대기에 누적되는 온실가스로 인한 지구온난화에 따른 기후변화에 대응하여 환경을 보호하는 한편 이를 해결하는 과정에서 새로운 성장동력 산업을 창출하여 경제성장을 함께 달성하고자 하는 것입니다.

저는 2011년 5월 프랑스 파리에서 열린 OECD 각료 이사회에 참석하여 녹색 성장을 주제로 연설을 하였습니다. 그때 만난 앙겔라 구르겔 사무총장은 한국의 녹색성장 정책을 극찬하며 "이명박 대통령은 녹색 성장의 아버지, 김 총리는 어머니"라고 농담을 하여, 저는 "총장이 어머니이고 저는 조카쯤 될 것이다"라고 대꾸하며 웃었습니다. 실은 저는 녹색성장위원회의 정부 측 위원장이었지만 그때까지 녹색 성장의 중요성에 대하여 크게 인식하지 못하고 있었습니다. 프랑스 방문을 계기로 그 중요성을 깨닫게 되었고, 특히 한국에 대한 국제사회의 기대가 큰 것을 알게 되었습니다. 만약 그 기대에 어긋나면 한국은 말만 앞세우고 실천은 없는 우스꽝스러운 나라가 되겠다 싶어 귀국 후에 김상협 수석, 우기종 단장 등과 협력하며 녹색성장위원회 및 이행 점검회의를 열심히 챙겼습니다. 대한민국은 덴마크와 녹색성장 동맹을 맺고 포럼을 열기도 하고, 국내에서는 녹색 성장을 범세계적으로 확산시키기 위하여 녹색성장연구소(GGGI)를 창립해 국제기구로 발전시켰습니다.

또한, 녹색기후기금(GCF, Green Climate Fund)의 사무국 소재지를 인천 송도로 유치하였습니다. GCF는 기후변화에 대응하기 위해 수천억 달러 규모의 재원을 조성하여 그 집행을 담당하는 국제금융기구입니다. 당초 독일과 유치 경쟁이 벌어졌고 막판까지 우리가 불리한 것으로 평가되었으나 막판 뒤집기에 성공하였습니다. 이명박 대통령의 외국 정상과의 전화 외교가 주효하였습니다. 송영길 인천시장도 유치 노력에 열심히 동참하였습니다. 얼마 후 라오스에서 개최된 아셈ASEM 회의에서 만난 독일 외교부 장관은 GCF 유치 실패가 아쉬웠을 텐데도 축하 인사를 전하며 앞으로 서로 협력해 나가자고 하였습니다. 이런 이야기를 나누고 있는 도중 영국 외교부 장관이 끼어

들더니 "영국은 한국을 지지했지!"라고 말했습니다. 제가 괜히 독일 장관에게 미안할 정도로 솔직한 말이었습니다. 이렇게 솔직한 것이 영국의 문화인가 아니면 영국 장관의 개인적 특성인가 궁금하였습니다.

아무튼, 이같이 소중한 녹색성장 정책은 박근혜 정부에 들어와서 홀대를 받았습니다. 우선 녹색 성장이라는 용어조차 사라졌습니다. 외국의 관계자나 전문가들은 정권 교체와 함께 힘을 잃은 녹색성장 정책에 대하여 의아해합니다. 4대강 사업도 마찬가지로 폄훼되었습니다. 많은 이들이 박근혜 대통령의 이명박 대통령에 대한 개인적 반감 탓이라고 생각합니다. 이것이 사실이라면 정말 어처구니없고 부끄러운 일입니다. 정권 교체에도 불구하고 국가의 주요 정책이 계승되고 진화 발전하는 것이 선진국의 모습입니다. 저는 그 생생한 사례를 독일에서 많이 보았습니다. 그 대표적인 예로, 좌파 빌리 브란트 총리의 동방 정책은 우파 헬무트 콜 총리에 의해 계승되어 독일 통일이 이루어졌고, 좌파 게르하르트 슈뢰더 총리의 하르츠 개혁은 우파 앙겔라 메르켈 총리에 의해 계승되어 독일은 '유럽의 병자'에서 '유럽의 성장 엔진'으로 변모한 것입니다.

녹색성장 동맹국 덴마크를 다녀왔습니다

저는 우리나라의 '녹색성장 동맹국'인 덴마크를 공식 방문하고 방금 전에 돌아왔습니다. '안보 동맹' '경제 동맹' 등과는 달리 '녹색성장 동맹'은 좀 낯선 낱말일 것입니다. 석탄, 석유 등 화석연료의 소비로 인해 대기에 누적되는 온실가스로 인한 지구온난화에 따른 기후변화에 대응하여 환경을 보호하는 한편, 이를 해결하는 과정에서 새로운 성장동력 산업을 창출하여 경제성장을 함께 달성하고자 하는 것이 녹색 성장입니다. 우리 정부는 2008년 녹색 성장을 새로운 국가발전전략으로 채택하였고, OECD는 이를 받아 회원국 공통의 국제적 어젠다로 발전시켰고, 또한 우리나라는 이를 범세계적으로 확산시키기 위하여 녹색성장연구소를 창립해 국제기구로 발전시켰습니다. 이러한 과정에서 우리와 뜻을 같이하여 손을 맞잡고 녹색 성장을 주도하는 나라가 덴마크입니다. 작년 5월 두 나라는 녹색 동맹을 체결하여 협조해 나가고 있습니다. 저는 이번 덴마크에서 열린 녹색 성장포럼(GGGF)에서 기조연설을 하고, 많은 외국 지도자와 대화를 나누었습니다. 그들은 녹색 성장을 주도하고 있는 우리나라에 대하여 많은 찬사와 기대를 보내주고 있었습니다. 한편으로 우리의 책임이 막중해지고 있습니다.

_2012. 10. 11. 페이스북

참으로 경사스러운 녹색기후기금 송도 유치

지난 토요일 녹색기후기금 이사회는 인천(송도)을 그 사무국 소재지로 결정하였습니다. 이른 아침부터 설레는 가슴을 달래며 기다렸던 좋은 결과가 전해졌을 때, 그 기쁨이란 이루 말할 수 없었습니다.

지난번 출장 간 덴마크에서 그 유치가 어려울지도 모른다는 걱정도 했었기 때문에 더욱 그러했습니다. 녹색기후기금은 기후변화에 대응하기 위해 수천억 달러 규모의 재원을 조성하여 그 집행을 담당하는 국제금융기구입니다.

우리나라의 녹색성장 정책이 국제적으로 인정받고, 전 세계를 상대하는 중량감 있는 국제기구를 최초로 유치함으로써 국가의 위상이 한껏 높아졌습니다.

뿐만 아니라, 최소 500명 이상의 고급 외국 인력이 우리나라에서 거주하고 GCF 관련 각종 국제회의와 행사가 열림에 따라 창출되는 경제 효과, 기후변화 및 관련 분야에서 양성될 우리나라의 전문 인력, GCF 사업에 대한 우리 기업의 참여 가능성 확대 등 우리가 얻는 유·무형의 효과는 실로 상당합니다.

더욱이 대통령께서 주요국 정상에게 적극적 설득 작업에 나서고 중앙·지방정부와 민간 부문 모두가 일심 단결하여 이루어 낸 성과이기에 더욱 경사스럽습니다.

_2012. 10. 22. 페이스북

받는 나라에서
주는 나라로,
공적 개발원조

ODA는 'Official Development Assistance'의 약자로 '공적 개발원조' 혹은 '국제 개발원조'로 불립니다. 우리나라는 해방 후 다른 나라의 원조를 받던 수원국受援國으로서 성공적인 발전을 이루었습니다. 이러한 성공을 바탕으로 우리는 과거 국제사회의 도움에 보답하고 지구촌 문제 해결에 동참하기 위해 ODA 사업을 시작하여 수원국에서 공여국供與國으로 발전하는 기적을 보여주었습니다. 드디어 2010년에는 OECD 개발원조위원회 DAC(Development Assistance Committee)에 가입하고 국제개발협력 기본법을 시행한 것을 계기로 국제개발협력 선진화 방안 및 국제개발협력 기본 계획 등을 마련하였습니다. 2011년 11월에는 부산에서 세계개발원조 총회를 개최하였습니다.

우리나라의 개발원조 정책의 기본은 '두 손을 모아 정성으로 드리는 원조'입니다. 겸손하고 따뜻한 마음으로 하는 원조가 진정한 원조이며, 이를 위해 원조 규모도 확대해 나가며(GNI 대비 ODA 비율을 0.2퍼센트를 목표로), 유상 원조보다는 무상 원조의 비율을 늘려가며, 과거 우리가 경험했듯 수원국의 지속 가능한 발전에 도움이 되는 다양한 콘텐츠를 발굴하는 것이었습니다. 저는 국제개발협력위원회 위원장으로서 관련 회의를 주재하고 정책을 결정할 때 가장 즐거웠습니다. 제가 관심을 가지고 열심히 챙겼던 분야입니다. 한 번도 회의에 불참한 기억이 없습니다.

정성을 모아 두 손으로 드리는 우리나라의 개발원조

우리나라가 짧은 시간에 세계가 놀랄 만한 발전을 이룬 요인 중의 하나는 국제사회의 원조를 받아 이를 효율적으로 잘 이용한 점입니다. 이제는 우리나라도 다른 나라에 도움을 주는 나라가 되었습니다. 국제사회의 고마움을 잊지 않고 빈곤과 저개발로 고통을 받는 많은 개도국에 우리의 개발 경험을 전하고 유·무상의 물질적 지원을 하는 일은 보람 있는 일일 뿐 아니라 우리 국익에도 도움이 될 것입니다.

저는 엊그제 라오스 비엔티안에서 열린 ASEM 정상회의에 참여하여 국제개발협력에 관한 정책 제안 연설을 하고, 우리나라가 제공한 차관으로 추진 중인 메콩강 변 종합관리사업 현장을 방문하여 우리 관계자를 격려하였습니다.

홍수로 인한 범람 위험이 있는 비엔티안시의 메콩강 변에 제방을 쌓고 그 위에 도로를 건설하고 인근에 공원도 만드는 사업입니다. 건너편 태국 땅의 강변보다 더 튼튼하고 아름다운 강변일 것입니다. 비엔티안 시민들은 그 강변과 공원을 휴식 공간으로 이용하면서 홍수 범람 위험이 없어진 것을 고마워한답니다.

공사에 동원된 한국제 중장비의 우수성을 알게 된 때문인지 라오스 곳곳의 공사 현장에 국산 중장비가 늘어나는 것도 부수적 효과라고 최병한 현장소장님은 자랑스럽게 말씀하십니다.

_2012. 11. 7. 페이스북

가자, 아프리카로

아프리카는 더는 가난과 질고의 대륙이 아닙니다.

〈이코노미스트〉 지에 따르면 2001~2010년 10대 급속 성장 국가 중 6개국이 아프리카 국가입니다. IMF는 2011~2015년 사이 톱 10 성장 국가 중 7개국이 아프리카 국가일 것이라고 합니다. 아직은 빈약한 인프라, 관료주의와 정치 불안 등의 문제가 일부 있으나, 경제 성장에 따라 중산층이 이미 34퍼센트로 3억을 넘어섰고, 이들이 민주주의를 촉진해 나갈 것입니다.

아프리카는 이제 약속의 땅입니다. 우리나라에도 기회의 땅입니다. 우리 기업들이 자원 개발·에너지 협력 등 다양한 사업을 위해 진출하고 있으나 그 폭을 더욱 넓혀 나가야 합니다.

아프리카 국가들은 우리나라의 개발 경험을 배우기를 원합니다. 우리는 그들의 자존심을 존중하면서 정성을 모아 두 손으로 돕되, 물고기 잡는 법을 가르쳐주는 방식으로 지원해야 합니다. 그곳에서 일하는 많은 봉사 단체가 보다 효율적으로 활동할 수 있어야 합니다.

감사원장 재직 시 재외 공관 감사를 하여 아프리카에 공관을 늘리고 전문성 있는 공관원을 배치하는 등 아프리카 지역 외교 강화 방안을 강구하도록 권고했던 저로서는 각별한 감회를 품고 케냐와 모잠비크 출장길에 나섭니다.

_2012. 7. 9. 페이스북

모잠비크를 떠나며

1인당 국민소득이 580달러 남짓인 나라, 모잠비크 국민의 삶의 모습 중 하나는 '걷기'인 것 같습니다. 교통비를 절약하기 위하여 직장이나 학교를 걸어서 오고 가는 사람이 많습니다. 한두 시간 또는 두세 시간도 걷습니다. 새벽에도 걷고 밤중에도 걷습니다. 너무 안쓰럽습니다. 그래도 월 100달러라도 벌 수 있는 직장을 가진 사람은 행운입니다.

동포가 운영하는 가발 공장을 방문하였습니다.

가격이 불과 1, 2달러 정도인 합성섬유 가발을 생산한다니 그 사업이 얼마나 힘들겠습니까? 그래도 홍승춘 사장님은 200여 분의 아줌마 종업원을 잘 보살피실 것입니다.

또한, 마니싸 지역에서 젊은이를 상대로 6개월, 1년 과정의 농업기술을 가르치는 등 빈곤퇴치사업을 벌이는 현장도 방문하였습니다. 헌신적으로 봉사하시는 이상범 국제기아대책기구 모잠비크 지부장님 등의 모습도 존경스럽거니와 미래에 대한 희망을 안고 열심히 훈련 중인 모잠비크 젊은이들의 모습도 훌륭합니다. 우리 일행을 맞아 노래와 춤으로 한국에 대한 그리움을 표현해준 그들이 오히려 고맙기만 합니다.

그래도 광활하고 비옥한 농토를 갖고 있고, 한국가스공사가 지분 참여한 해상 광구에서 이미 11억 톤 이상의 가스가 발견되었으며, 질 좋은 유연탄 등 풍부한 광물자원을 갖고 있어 얼마든지 중소득 국가로 발전시켜 나갈 수 있습니다.

한국의 발전 경험을 공유하며 협조하기를 바라는 알리 총리는 머무는 사흘 동안 계속 만나며 저와 유익한 대화를 나누었습니다.

_2012. 7. 16. 페이스북

뿌리 뽑아야 할
학교폭력

학교폭력은 반드시 해결해야 할 문제이지만 그 해결이 쉽지 않습니다. 역대 정부에서 '학교폭력 예방 및 대책에 관한 법률'을 제정하고 5개년 기본 계획을 세우고 하였으나 성과는 미미하였습니다. 오히려 더욱 악화되기까지 하였습니다. 2011년 말 대구에서 한 중학생이 폭력에 시달려 자살하는 비극적인 사건을 계기로 학교폭력 해결을 위한 특단의 노력을 시작하였습니다. 문제의 본질은 죄의식이 없는 가해자, 저항하지 못하는 피해자, 무기력한 방관자, 무관심하거나 소극적인 가정 및 학교 관계자 등의 결합에 있습니다. 저는 각별한 관심을 갖고 이 문제에 매달렸습니다.

학교폭력 해결의 길 I
저는 지금 학교폭력 관련 간담회에 참석하러 면목동 중곡초등학교에 갑니다.

학교폭력을 주제로 한 애니메이션 영화 〈돼지의 왕〉을 감독한 연상호 씨 등 청소년 폭력 문제 해결을 위해 노력해온 여러분의 다양한 의견을 듣고 토의도 할 것입니다. 그러나 솔직히 말해 새롭고 뾰족한 해결책이 나올지 걱정도 됩니다.

그동안 '학교폭력 예방 및 대책에 관한 법률'을 제정하고(2004. 7.), 5개년 기본계획을 두 차례 수립하고(2005, 2009), 위기 학생 진단·상담·치료의 원스톱 지원을 위한 Wee 프로젝트를 추진하였으나 그 성과는 미흡하였습니다. 그래도 다시 한번 과거의 대책들을 재점검하고 새로운 개선책을 발굴할 것입니다.

그리고 우리의 이와 같은 노력의 과정에 온 국민과 사회가 관심을 갖고 참여해주신다면 그 해결의 길은 열리게 될 것입니다.

"한 아이를 키우려면 온 동네가 나서야 한다"는 아프리카 속담은 학교폭력 문제 해결에도 그대로 적용되어야 합니다.

또한, 학업 성취에 앞서 바르고 따뜻한 인성을 갖춘 인재를 육성하는 것이야말로 학교폭력을 포함하여 우리 사회가 안고 있는 모든 문제를 해결하는 지름길입니다.

_2012. 1. 9. 페이스북

학교폭력 해결의 길 2

지난번 페이스북에 쓴 대로 '학교폭력 간담회'에 다녀왔습니다. 생생한 현장의 목소리와 전문가들의 의견을 들을 수 있어 참으로 유익하였습니다.

학교폭력은 학교에 국한된 것이 아니라 '모두 강자가 되고 싶은 욕망'이 표출된 한국 사회 전반의 문제로 파악하고 근본적 해결을 도모하여야 한다는 의견에서부터, 과거의 학교폭력과 달리 '일진'이 중심으로 된 변칙적 문화로 정착해버린 학교폭력의 원인과 실태에 관한 구체적 내용까지 다양하였습니다.

죄의식이 없는 가해자, 저항하지 못하는 피해자, 무기력한 방관자, 무관심하거나 소극적인 가정 및 학교 관계자 등 해결할 문제가 너무 많습니다.

그렇지만 학교폭력 상황에 '멈춰!'를 외치도록 하여 결국 학생 모두가 서로 보살피는 관계로 변화시킨 김미자 선생님의 성공 사례 등은 우리에게 희망을 주기도 합니다.

간담회에서 나온 의견과 많은 분이 댓글로 올려주신 주옥같은 의견을 참고하여 좋은 대책을 만들겠습니다. 대책 수립만으로 해결될 수 없는 문제임을 잘 알기에, 끈질기게 확인 점검하며 열심히 챙기겠습니다. UAE와 오만 출장을 떠나며 우선 그동안의 경과를 적습니다.

_2012. 1. 12. 페이스북

〈서울신문 2012. 1. 20〉
김 총리 '학교폭력 해결' 보폭 넓힌다

김황식 국무총리가 중동 순방에서 돌아오자마자 19일 청소년상담지원센터를 방문하는 등 학교폭력 해결에 강한 의지를 보였다. 아랍에미리트연합 등 일주일 동안의 중동 순방을 마치고 지난 18일 귀국한 김 총리는 이날 서울 중구 수표동에 있는 서울시청소년상담센터를 찾았다. 여독이 채 풀리지도 않은 상태에서 가진 귀국 후 첫 공식 활동이었다. 김 총리는 가출 청소년들을 만나 이야기를 나눴고 10명의 상담 교사들과 머리를 맞댔다. 청소년 문제와 학교폭력을 의논했고 현장 목소리에 귀를 세웠다.

김 총리는 상담지원센터에서 상담 교사들을 만나 "여러 전문가를 모시고 의견 수렴을 하기 위해 왔다. 학교폭력 종합대책을 2월 초순쯤 발표할 예정"이라고 밝히기도 했다. 그러나 김 총리는 "종합대책을 내놓는다고 해서 모든 문제가 해결되리라고는 생각하지 않는다"고 허심탄회하게 털어놨다. "대책 자체도 계속 점검, 보완해 나가야 하고 대책이 현장에서 제대로 이행되고 있는지 잘 챙겨야 한다"고 말을 이어갔다.

대화 도중 김 총리는 "학교폭력에 대해 여러 차례 대책이 나왔지만 폭력이 줄지 않고 오히려 흉포화되고 또 초등학교까지 확산되고 있다"며 침울한 목소리로 여러 차례 안타까움을 드러냈다. 그러면서 "근본적인 원인도 짚어보고 실태도 다시 파악하고 어떤 대책이 가장 효과적인 대책인지도 여러모로 생각하고 고민하고 있다"고 말했다.

김 총리는 상담센터의 임시 보호소로 사용되는 방에 신발을 벗고 들어가 한 중학교 3학년 가출 소년을 만나 얘기를 나눴다. 학생의 어깨를 감싸 안으면서 김 총리는 "어떻게 가출을 하게 됐니"라고 부드러운 목소리로 물었고 학생은 "부모님의 간섭이 심하고 집이 답답하다"고 답했다. 김 총리는 "그래도 집이 제일 좋은 것 아니겠느냐, 부모님과 대화를 많이 하도록 하면 어떻겠느냐"며 가출 소년을 다독이기도 했다. (이석우 선임기자)

중동 출장에서 돌아온 뒤 서울시청소년상담센터를 찾아 관계자들과 학교폭력 관련 문제 등을 논의하였습니다. 그곳 상담센터의 임시보호소에 한 가출 소년이 머물고 있었습니다. 방에 들어서니 소년은 방 가운데에 혼자 서서 서성거리고 있었습니다. 부모와의 갈등이 가출 원인이었습니다. 어깨를 감싸 안으며 부모님이 돌아오길 기다리고 있을 것이라며 귀가를 권유하였습니다. 그곳을 떠나 인근 식당에서 점심을 하는데 그 소년 생각이 떠나지 않았습니다. 수행원을 시켜 소년에게 용돈을 전달하도록 하였습니다. 제가 할 수 있는 최소한의 선의였습니다.

관계 부처, 전문가나 학교 현장 관계자 등이 다양한 논의를 거쳐 2012년 2월 6일 82쪽에 이르는 '학교폭력 근절 종합대책'을 발표하였습니다. 이것으로 해결되거나 끝날 문제가 결코 아닙니다. "한 아이를 키우려면 온 동네가 나서야 한다"는 아프리카 속담처럼 온 국민이 나서서 끝까지 챙기는 노력만이 그 해결책입니다. 나름대로 열심히 했던 과제였습니다.

〈조선일보 2012. 2. 7〉

총리·장관 4명이 나선 학교폭력 대책

정부는 6일 '폭력 예방을 위한 복수 담임제' '학교폭력 은폐 교사 중징계' 등을 담은 학교폭력 근절 종합대책을 발표했다. 작년 12월 말 대구에서 왕따 폭력에 시달리던 한 중학생이 자살하는 등 전국적으로 피해 사례가 잇따르자 내놓은 대책이다.

학교폭력 가해 학생 처벌 수위는 한층 강화된다. 가해 학생은 학교폭력을 일으키는 즉시 학교장 판단에 따라 출석 정지될 수 있다. '학교폭력을 신고했다'고 피해 학생을 보복 폭행할 경우 가중처벌을 받는다. 학교폭력 내용은 가해 학생 생활기록부에 기재된다.

교내 폭력을 예방하고 학생들의 생활 지도와 감독을 강화하기 위해 복수 담임제가 도입된다. 우선 중학교에서 학생 수가 30명 이상인 학급에 올 1학기부터 부담임 한 명을 추가 배치하기로 했다.

학교폭력을 은폐하는 교사들은 가중처벌된다. 교육과학기술부는 "교내에서 발생한 폭력 문제를 숨기려다 적발된 학교장과 교사에 대해서는 금품 수수·성폭력 등 교육계 4대 비리와 동일한 수준으로 간주해 중징계(정직·해임·파면)를 내릴 것"이라고 말했다.(탁상훈 기자)

학교폭력 해결의 길 3

저는 방금 전 10시에 관계 부처 장관과 유관 분야 인사들과 함께 '학교폭력 근절 종합대책'을 발표하였습니다. 학교폭력을 뿌리 뽑겠다는 각오로 정부, 학부모, 학교와 교사, 유관 단체가 머리를 맞대고 만들어 낸 대책입니다.

이번 대책은 학교만의 대책이 아니라 학부모와 지역사회 전체가 함께 참여하는 대책입니다. 아울러 우리 모두가 지금 당장 챙겨야 할 일일 뿐만 아니라 긴 안목에서 교육을 통해 아이들을 바르게 키우기 위한 내용도 포함시켰습니다.

교권 강화와 학교장·교사의 책임성 강화, 학부모의 관심과 역할 강화(밥상머리 교육 등), 전문성 있는 지역사회 인사나 학부모를 중심으로 한 학교폭력 예방 기구 활성화, 학교폭력 서클 등에 대한 경찰의 단속과 관리 강화, 교육과정에서의 인성 교육, 예체능 교육과 독서 활동 교육 등 수많은 대책을 마련하였습니다. 문제는 실천입니다.

그런 점에서 오늘의 대책은 끝이 아니라 시작입니다. '이번에 못 고치면 앞으로도 못 고친다'는 심정으로 챙겨 나갈 것입니다.

국민 여러분! 동참하여 도와주시기 바랍니다.

_2012. 2. 6. 페이스북

백년대계 치수 사업, 4대강 사업

    제가 총리로 취임한 2010년 10월에는 4대강 사업도 중간 단계를 넘어 마무리 단계에 접어들었습니다. 그런데도 4대강 사업은 국회에서 여전히 논쟁적인 주요 현안이었습니다. 제가 2008년 9월 감사원장으로 취임하자마자 4대강 사업에 대한 감사 준비를 시작하였습니다. 막대한 예산이 투입되고 사회적으로 사업 타당성에 대한 논의도 활발했기 때문입니다. 흔히 감사원은 전제군주 시대에는 군주의 지시를 따르는 사냥개(Hunt Dog), 근대에 들어서는 감시견(Watch Dog), 복잡한 현대사회에는 안내견(Guide Dog)의 역할로 변화되었다고 말합니다. 그러므로 4대강 사업과 같은 대규모 사업에는 단순한 잘못의 지적에 그치는 것이 아니라 사업이 효율적으로 진행될 수 있도록 안내 또는 컨설팅하는 역할도 해야 합니다. 마치 마라톤 선수가 전 구간을 뛰는 동안 코치가 가능하다면 따라가면서 구간에 따라 속도를 올리거나 줄이도록 지시하여 좋은 성적을 내도록 해야지 끝난 뒤에 분석 평가하는 것은 무의미합니다. 그런 취지에서 감사원은 바로 감사 계획 및 준비를 거쳐 감사에 착수하였습니다. 팀을 구성하여 네덜란드, 독일 등 유럽 국가와 일본을 방문하여 유사 사업을 조사토록 하였습니다. 사업 계획의 타당성과 절차적 적법성, 지류와 본류 사업의 순서, 설계 입찰 시공의 적정성, 수질 관리나 환경적 성과 등을 사업 진행 단계별로 나누어 3년에 걸쳐 매년 감사하기로 하였습니다. 제가 재직 중 1차 감사를 시작하였으나 감사 결과는 내지 못하고 국무총리로 부임하였습니다. 그렇지만 4대강 사업에 대해서는 나름대로 파악하고 있어서 야당이나 일부 환경 단체의 공격에 대해서는 잘 대응하였습니다.

4대강 사업은 첫째, 강바닥을 준설하고 제방 둑을 높이 쌓아 홍수에 대비하는 것입니다. 물을 담을 그릇이 커지는 셈이니 홍수 방지에 도움이 되는 것은 너무나 당연한 상식입니다. 둘째, 보를 건설하여 물을 가두어 수량을 확보하여 가뭄에 대비하는 것입니다. 강에 물을 가두면 인근 지역의 지하수도 풍부해집니다. 우리나라는 강우가 6, 7월에 집중되고 다른 때는 강우량이 적어 심지어 강바닥이 드러나는 경우도 있습니다. 기본적으로 우리나라는 물 부족 국가로 분류되는 형편입니다. 물론 보는 하천 수위를 조절할 수 있는 다양한 형태(승강식, 회전식, 전도식)의 가동보를 설치하여 물이 흘러갈 수 있도록 하여 수질이나 홍수 조절 기능도 합니다. 셋째, 4대강으로 유입되는 각종 폐수 등의 정화 설비를 확충하여 수질을 개선하는 것입니다. 수량을 확보하는 것도 수질 개선에 도움이 됩니다. 녹조 발생의 부작용을 지적하는데, 고여 있는 물이어서 녹조 발생 가능성이 높지만, 이것도 여름철 고온에 인燐을 함유한 생활 폐수나 축산 폐수가 유입되는 등의 사정과 관련된 것이므로 4대강 사업만을 그 원인으로 지적할 수 없습니다. 4대강 사업과 관련 없는 북한강 등 수역에서도 녹조는 발생합니다. 강이 말라 바닥이 드러나면 녹조 발생 여지도 없습니다. 넷째, 사실상 버려져 생활공간으로 활용되지 않고 있는 수변 공간을 생태 공간이나 레저 공간으로 활용할 수 있도록 하는 것입니다. 강변을 따라 자전거 길을 조성한 것도 그 예입니다. 그리고 강 유역(제외지)에서 행해지는 농사를 금지함으로써 그로 인한 수질오염을 막을 수 있습니다.

4대강 사업은 실제로 소기의 성과를 나타내고 있습니다. 이는 그 유역의 주민들이 실감합니다. 그러나 후속되어야 할 지류 관련 사업이 이루어지지 않거나 수질 정화 시설이 확충되지 않음에 따른 결과적 흠결을 4대강 사업의 문제로 폄훼하는 것은 부적절합니다. 4대강 사업이 과학의 문제가 아니라 정치 문제로 변질되어 아직도 논란이 되는 것은 참 안타까운 일입니다.

돌이켜 생각해보면, 사업 추진 과정에서 소통이 부족하여 국민을 충분히 설득하지 못한 아쉬움은 있습니다. 정부 스스로 22조의 대규모 사업이라고 하였으나 그 내용을 살펴보면 거기에는 4대강 사업과 직접 관련되지 않은, 4대강 사업이 아니더라도 추진해야 할 저수지 관련 사업, 수질 개선 관련 사업 예산 등이 포함되어 있습니다. 어느 의미에서는 4대강 사업의 핵심 사업은 보 건설과 준설 사업입니다. 이렇게 한정하면 예산 규모는 훨씬 줄어들었을 것이고 그리되면 국민의 평가는 좀 더 우호적이었을 것입니다. 또 4대강 사업을 한꺼번에 진행하지 않고 순차적으로 진행하는 것도 좋은 방책이었을 것입니다. 만약 그렇게 진행한다고 하였더라면 아마도 해당 지역들이 다투어 선先 추진을 주장하여 정부로서도 어쩔 수 없이 명분을 갖고 한꺼번에 진행할 수 있었을지도 모르겠습니다. 박준영 전남지사는 당의 입장과 달리 영산강 사업을 강력히 희망하였고, 지역에서 섬진강도 포함해 5대강 사업으로 해달라는 건의가 있었던 것이 그 상징적 예입니다.

세계 물의 날을 맞으며

지구상 존재하는 물의 총량을 5리터라고 가정할 때 세계 인구가 사용할 수 있는 담수는 찻숟가락 정도에 불과하답니다. 그만큼 물이 많아도 사용할 수 있는 물은 한정되어 있다는 뜻입니다. 더욱이 우리나라의 물 스트레스(연평균 총 물 수요/연평균 가용 수자원×100)가 40퍼센트를 초과하여 OECD 국가 중 최고 수준입니다. 한마디로 물 부족 국가입니다.

우리가 체감하지 못하는 '불편한 진실'입니다. 그런데도 우리에겐 물을 낭비하는 습관이 있고, 수돗물 값은 OECD 평균 3분의 1에 불과합니다.

저는 지난주 프랑스에서 개최된 제6차 세계 물 포럼에 참석하였습니다. 세계 물 포럼은 국제기구, 각국 정부, 시민 단체, 기업 등 물 관련 전문가 약 3만 명이 모여 3년마다 개최하는 지구촌 최대의 물 관련 행사입니다.

3년 후 제7차 회의는 우리나라 대구 경북에서 열립니다. 포럼에서 만난 루익 포숑 위원장 등 많은 인사가 우리나라의 4대강 살리기 사업을 높이 평가하고, 데비 차드 대통령은 우리의 경험·기술을 살려 고갈되어 가는 차드호湖 물 문제 해결을 도와줄 것을 요청하기도 하였습니다. 물 문제 해결에서도 우리나라가 선도적 역할을 하고 있습니다. 그런 만큼 물을 절약하는 생활 습관을 확산시키는 노력이 절실한 때입니다.

_2012. 3. 19. 페이스북

걱정 없는
전력 공급

2009년 이후 여름철이나 겨울철 전력 사용 성수기에 전력이 부족한 비상 상황이 곧잘 발생하였습니다. 실제로 2011년 9월에는 블랙아웃(대규모 정전 사태)이 발생하기도 하였습니다. 그 때문에 담당 최중경 장관이 정치적 책임을 지고 사임하기도 하였습니다. 최 장관에게는 안타깝고 미안한 일이지만 국민의 불안을 진정시키고 모든 관계자에게 전력 관리의 중요성과 그 책임성을 인식하는 계기로 만들기 위함이었습니다. 전력 부족 현상은 발전소 건설 등 장기적 계획이 부실하여 생긴 현상입니다. 이를 극복하기 위하여 발전소 증설과 함께 우선은 전기 사용을 절약하는 길밖에 없습니다. 심지어 기업에 조업 시간 단축이나 조업 시간대 변경 등의 협조를 구하고 그에 따른 손실을 보전해주기도 하였습니다. 그 액수가 하루에 100억 원을 상회하니 참으로 기막힐 노릇이었습니다. 전력 사용 성수기에는 전력 예비율을 챙기는 것이 중요한 일과였습니다. 또한, 온 국민의 절전을 독려하기 위하여 심지어 문을 열어놓고 영업하는 점포 등을 찾아 문을 닫고 영업하도록 명동 등 현장을 찾아 단속 활동을 벌이기도 하고, 사무실에서 나름대로 절전 계획을 세워 실천하면서 이를 알려 동참을 유도하였습니다. 겨울에는 내복을 꼭 입는데 한번은 동료 공직자에게 바지를 걷어 내복 입은 모습을 보여주었는데 기자가 이를 찍어 보도하기도 하였습니다.

지금은 발전소의 증설 등으로 전력 수급 사정이 핍박하지는 않으나 장차 내연기관 자동차의 전기자동차로 대체, 4차 산업혁명 시대로의 진입에 따라 전력 사용이 대폭 증가할 것인데 무리하게 탈원전을 추진하고 있는 정부가 이에 잘 대응하지 못하면 큰 재앙을 맞을 것입니다. 태양광·풍력 등 신재생 에너지는 생산성, 경제성에 있어서 적지 않은 문제를 안고 있습니다. 전기요금이 상대적으로 낮고 전력 소비 증가율은 높은 우리나라의 현실을 변화시키는 것도 중요한 과제입니다. 한편,

NEWSIS
김황식 총리의 내복 사랑

【서울=뉴시스】홍찬선 기자 = 올들어 가장 추운 날씨를 보인 25일 오후 김황식 국무총리가 서울 종로구 삼청동 총리공간에서 열린 학력차별극복자 및 관련기업 오찬간담회에서 인사들과 대화를 나누던 중 내복을 보여주고 있다.

mania@newsis.com

〈뉴시스〉 2011. 10. 25.

산업용 전기요금이 저렴하여 경쟁력 있는 산업들이 요금 인상으로 인한 비용 부담 때문에 기업을 해외로 이전하는 사례도 늘고 있습니다. 이런 모든 문제를 종합할 때 생산원가가 가장 낮고 탄소 배출이 거의 없어 환경보호에도 적합한 원전을 퇴출시키는 탈원전 정책은 재고되어야 할 것입니다. 특히 원전 산업은 우리나라가 세계적 기술력과 경쟁력을 가진 산업인데 이를 사장시키는 것은 너무 안타깝습니다. 총리 재직 시 우리가 수주하여 건설 중인 아랍에미리트 바라카 원전 건설 현장을 방문하여 느꼈던 자부심, 피용 프랑스 총리가 저에게 아랍에미리트 원전 수주 경쟁에서 패배한 뒤에 한국을 재인식하고 더 많은 관심을 갖게 되었다고 말했을 때 느꼈던 자부심은 이제는 초라한 추억으로 변해버렸습니다.

나의 절전 계획서

2009년 이후 여름이 아니라 겨울에 전력 사용 최고치를 갱신하는 추세이고, (강추위가 예상되는) 내년 1월 2, 3주에 전력이 부족한 비상 상황이 발생할 우려가 큽니다. 정부는 지난 9월 15일의 정전 사태를 교훈 삼아 발전소 적정 관리를 통해 공급 능력을 극대화하는 한편, 각종 절전 대책을 통해 수요 관리를 철저히 하여 정전 사태가 재발하지 않도록 할 것입니다.

당연히 공공기관이 솔선수범하여 에너지 절약을 할 것입니다.

저도 총리 집무실 절전 계획을 다음과 같이 세웠습니다.

① 집무실 전등을 3분의 1로 줄이되, 혼자 집무 시·접견 시·소규모 회의 시·대규모 회의 시 등을 구분하여 점등·소등한다.

② 샹들리에 전구는 LED 전구로 교체하고 전구 수를 2분의 1로 줄인다.

③ 스위치 조작은 구분된 구역별로 행하도록 한다.

일본은 지난 원전 사고 이후 15퍼센트의 절전 계획을 세웠으나 국민의 적극적인 협조로 22퍼센트의 절전 성과를 거두었답니다. 국민 여러분의 협조를 당부드립니다.

동·하절기에 우리가 전력 사용을 10퍼센트만 줄여도 연간 약 5,000억 원을 아낄 수 있으니까요.

_2011. 11. 14. 페이스북

하루에 100억을 날려 보낸다고 생각하니

저는 오늘 오후 하계 절전 시민 단체 공동 캠페인 출범식에 참석하고 이어서 한국전력거래소를 방문하였습니다. 올해는 예년보다 일찍 찾아온 더위로 전력 수요가 급증하고 있고 앞으로도 평년보다 높은 기온이 계속될 전망이어서 전력 수급에 비상등이 켜졌기 때문입니다.

수요·공급 양 측면에서 잘 관리하지 않아 '블랙아웃'이라도 발생하면 우리는 국가적 대재앙을 맞게 됩니다. 수요 관리의 한 방법으로 기업에 조업 시간 단축이나 조업 시간대 변경 등의 협조를 구하고 그에 따른 기업 손실을 보전해주는 인센티브 제도가 있습니다. 6월 1일 현재 이미 2,191억 원을 보전해주었고 앞으로도 수천억 원의 예산(기금)이 소요될 전망입니다. 우리가 절전하면 얼마든지 아낄 수 있는 예산입니다. 하루에 100억 원 정도 날려 보내는 것 같아 너무 아깝습니다.

펜친 여러분, '냉방 온도 26도 유지하기', '피크 시간대(14~17시) 냉방기 가동 자제하기' 등 절전 노력에 적극 참여해주시기 바랍니다.

그리고 우리나라 전기요금은 원가의 88.4퍼센트로 OECD 국가 중 가장 낮은 수준이고, 그런 탓인지 전력소비증가율('02~'10년)은 55.9퍼센트로 OECD 국가 평균 9.1퍼센트(일본 2퍼센트, 미국 7.7퍼센트)보다 훨씬 높다는 점도 참고해주시기 바랍니다.

_2012. 6. 7. 페이스북

불법 사금융 척결과
서민 금융지원

    생활 형편이 어려운 서민들은 급전이 필요한 경우 제도권이 아닌 사금융을 이용하게 됩니다. 그러나 서민들은 이 과정에서 불법 고금리, 폭행, 협박, 심야 방문, 전화 등 불법 채권 추심 등으로 상상을 초월한 고통을 받고 있고 그 규모가 수십조 원에 이르고 있습니다. 저는 2012년 4월 18일 관계 부처 장관들과 함께 불법 사금융과의 전쟁을 선포하고 대대적 단속에 나섰습니다. 우선 피해 신고를 유도하여 정확한 피해를 확인하고 보복 범죄가 우려되면 이를 보호하며, 피해 유형에 따라 상담을 실시하여 미소금융, 신용회복위원회, 캠코 등 서민금융지원기관을 통해 각종 지원을 하였습니다. 법률구조공단은 실비로 피해 회복을 위한 소송 지원을 하고, 수사기관은 불법 사금융업자에 대한 단속 처벌을 강화하였습니다. 이 모든 것은 금융위원회, 금융감독원, 법무부, 검찰·경찰, 국세청 등 관계 기관의 공조하에 이루어질 수 있어 총리가 적극적으로 나섰던 것입니다. 이어서 춘천의 강원도청에 설치된 피해 상담소를 방문하였습니다. 군인들, 심지어 장교들까지도 피해를 입고 있는 사실을 확인하고 이들이 굴레에서 벗어날 수 있도록 상담·안내하는 관계자들을 격려하였습니다. 8월 29일에는 안양 중앙시장을 방문하여 영세 상인들이 불법 사채를 쓰지 않고 저리의 미소금융 등의 지원을 받을 수 있도록 안내도 하였습니다. 그 기금을 만드는 데 미소금융 김승유 이사장 등 금융권에서 많은 협조를 해주어 가능한 일이었습니다.

〈한국경제 2012. 4. 18〉

서민 울리는 '30조 독버섯' 뿌리 뽑는다

정부가 불법 사금융(불법 사채)을 척결하기 위해 대대적인 단속과 수사에 나선다. 정부는 18일부터 다음 달 31일까지 45일간을 '피해 신고 기간'으로 정하고 불법 고금리 대출과 채권 추심 행위 등에 따른 피해 사례를 접수하기로 했다.

신고 내용에 대한 처리와 피해자 구제를 위해 검찰을 비롯해 경찰, 금융감독원, 법률구조공단 등 총 1만 1,500여 명의 인력을 투입한다.

정부는 17일 청와대에서 이명박 대통령 주재로 '불법 사금융 척결 대책 관계 장관 회의'를 열어 이 같은 방안을 확정했다. 정부는 금감원과 경찰청, 지역 파출소 등 총 2,215곳에 불법 사금융 피해신고센터를 설치, 피해 신고를 접수한다. 금감원·경찰청 홈페이지에 신고 코너를 운영함과 동시에 피해자 신고 대표전화(1332번)도 개설했다.

정부가 이날 발표한 근절 대책은 '피해 신고—피해 구제—수사 의뢰'로 요약된다. 신고 대상은 △이자 제한법(최고 이자율 30퍼센트)을 위반한 불법 고금리 대부(미등록 대부업자·사채업자) △대부업법(최고 이자율 39퍼센트)을 위반한 불법 고금리 대부(등록 대부업자) △폭행·협박·심야 방문·전화 등 불법 채권 추심 △대출 사기·보이스피싱·불법 광고 등 불법 사금융 행위 등이다.

정부는 피해자들의 적극적인 신고를 유도하기 위해 익명으로 신고를 접수하는 한편 보복 범죄가 우려되는 경우 수사 과정에서 출석·귀가 시 동행하고 주거지를 주기적으로 순찰하기로 했다.

피해 구제 방안도 강화된다. 피해 신고자에 대해서는 금감원에서 피해 유형에 따라 1차 상담을 실시한 뒤 미소금융, 신용회복위원회, 캠코 등 서민금융지원기관에서 일대일 맞춤형 정밀 상담을 받게 된다. 금감원은 효과적인 피해 구제를 위해 신고인별로 '전담 컨설턴트'를 지정, 전체 상담 과정을 지원키로 했다. 법률구조공단은 무료 법률 상담을 실시하고, 위법행위에 대해서는 사후 실비 정산을 조건으로 소송 지원도 한다.

정부는 불법 사금융의 근본적 해결을 위해 법정 최고 금리를 위반한 대부업자의 경제적 이익을 환수할 수 있도록 법률을 개정할 방침이다.

초과 이익 환수액은 피해자 구제에 쓰인다. 불법 채권 추심을 근절하기 위해 집중 단속을 실시하고, 검·경이 보유한 범죄 데이터베이스를 활용, 조직폭력배 등 배후 세력을 발본색원한다는 방침이다. 피해자 유인을 차단하기 위해 불법 대부 광고 게재를 중단하고 모니터링을 강화한다.

전문가들은 이번 대책의 성패 여부는 관계 부처 간 공조가 얼마나 지속적이고 강력하게 이뤄지느냐에 달렸다고 보고 있다. 또 불법 사금융과의 전쟁은 현상에 대한 처방인 만큼 서민들의 일자리를 늘리고 상환 능력을 높여줘야 불법 사금융의 유혹에서 벗어날 수 있을 것이라고 덧붙였다.

금융연구원의 한 관계자는 "불법 사금융이 근절되지 않는 이유는 과거에 나온 근절 방안들이 대부분 일회성 대책이었기 때문"이라며 "정권이 바뀌어도 흔들림 없이 지속해야 한다는 공감대가 형성돼야 한다"고 말했다. 금융권의 한 관계자는 "서민들이 사채업자에게 돈을 빌리는 이유는 일자리 부족으로 소득이 줄면서 생활고와 채무 부담이 가중되는 게 근본 원인"이라며 "단속을 강화하는 것과 더불어 서민들의 삶을 개선할 수 있는 거시적인 정책이 함께 마련돼야 한다"고 강조했다.

불법 사금융 단속으로 서민들에 대한 자금 공급이 오히려 위축될 것이란 우려도 적지 않다. 정부와 민간이 이 같은 점을 고려해 미소금융, 새희망홀씨, 햇살론 등 서민 금융에 올해 3조 원을 투입하기로 했지만, 철저한 감독과 관리가 이뤄져야 자금이 적재적소에 신속하게 공급될 것이라고 전문가들은 지적했다.(조수영·류시훈 기자)

〈매일경제 2012. 4. 8〉

"불법 사금융은 사회악" 전방위 전쟁

A씨 부부는 생활비를 조달하기 위해 불법 사채업자로부터 350만 원을 빌렸다. 생활고에 시달리던 부부가 돈을 제대로 갚지 못하자 사채

업자는 임신 5개월째인 부인을 강제로 낙태시키고 노래방 도우미로 취직시켰다. 영화 속에서나 나올 법한 불법 사금융의 현장이다.

정부가 불법 사금융과의 전쟁을 선포했다. 정부는 17일 청와대에서 이명박 대통령 주재로 김황식 국무총리 등이 참석한 가운데 '불법 사금융 척결 방안'을 발표했다. 김황식 총리는 담화문을 통해 "불법 사금융은 반드시 척결해야 할 '사회악'"이라며 "정부의 모든 행정력을 동원해 불법 사금융을 뿌리 뽑겠다"고 밝혔다.

정부는 우선 18일부터 다음 달 31일까지 대대적인 단속 및 수사에 나설 예정이다. 이를 위해 검찰을 비롯해 경찰, 지방자치단체, 금융당국, 법률구조공단 등 관계 기관의 인력 총 1만 1,500명이 전격 투입된다. 검찰은 대검과 5개 지검에 합동수사본부를 설치하고 지청에 전담 검사를 지정해 수사를 담당하도록 했다. 경찰도 전국 16개 지방경찰청에 1,600명의 전담 수사팀을 구성해 불법 대부 광고, 불법 채권 추심 행위 등에 대해 대대적인 단속을 실시한다. 국세청은 신고된 대부업자들에 대한 세무조사를 진행할 예정이다.

이명박 대통령은 이와 관련해 이날 SNS인 트위터와 페이스북의 청와대 페이지에 올린 글에서 "어려운 형편을 악용해 자신들의 배를 채우는 파렴치범들이 더는 우리 사회에 발붙이지 못하도록, 할 수 있는 모든 방법을 동원하겠다"며 "불법 사금융은 끝까지 추적해 반드시 뿌리 뽑겠다"고 약속했다.

불법 사금융 시장 규모에 대한 정확한 실태는 파악되지 않고 있지만 정부는 약 20~30조 원 규모인 것으로 추정하고 있다. 2008년 16조 원 수준에 비하면 크게 늘어났다. 이에 따라 서민들의 고통도 커지고 있다. 금감원에 설치된 서민금융종합지원센터에 따르면 2007년만 해도 한 해에 3,000건 수준이던 불법 사금융 피해자 신고·상담 건수가 2009년에는 6,144건, 2010년 1만 3,528건, 2011년 2만 5,535건으로 매년 두 배 가까이 증가하고 있다. 고금리 사채, 불법 추심 등 불법 사금융이 증가하는 첫 번째 이유는 서민들의 가계 여건이 더욱 악화되고 있기 때문인 것으로 풀이된다.

양극화가 심화되면서 저소득 가구의 적자 가구 비율은 꾸준히 증가하고 있다. 서민들의 생활이 어려워지면서 급전이 필요할 경우 제도권이 아닌 사금융에 의존할 수밖에 없는 환경이 조성되고 있는 것이다. 실제로 2009년 130만 명 수준이던 대부업 거래자는 지난해 247만 4,000명으로 급증했다.

또한 정부가 가계 부채 연착륙 대책으로 은행 등 제도권 금융회사의 대출을 억제하면서 서민들이 돈 빌릴 곳이 줄어든 탓도 크다. 정부는 이를 방치할 경우 서민 경제를 계속 갉아먹을 수밖에 없는 만큼 모든 권한을 동원해서라도 불법 사금융과의 전쟁에 나선 것이다.

집중 신고와 단속을 통해 불법 사금융을 뿌리 뽑겠다는 게 정부의 의도이지만 우리 사회에 만연해 있는 불법 사금융을 완전히 뿌리 뽑기는 어려울 것이라는 관측도 나온다. 역대 정권이 불법 사금융 척결을 정책 목표로 내세웠지만 여전히 불법 사금융이 활개치고 있다는 점도 그런 방증이다. 금융권 관계자는 "결국 돈의 수요와 공급의 문제로만 놓고 본다면 수요가 있다면 공급도 계속 존재하게 마련"이라며 "서민층의 경제 여건이 나아지지 않는다면 불법 사금융은 계속 독버섯처럼 자라게 될 것"이라고 말했다.

특히 불법 사금융과의 전쟁 과정에서 제도권에서는 돈을 빌리기 어렵지만 진짜 급전이 필요한 서민층이 대출을 받는 데 더욱 어려움을 겪을 것이라는 염려도 나온다.

서민들이 제도권에서 돈을 빌리지 못해 마지막 수단으로 사채업자를 찾는 것이 일반적인 관행인 만큼 서민들의 '대출 갈증'을 풀어줄 수 있는 보완책이 필요하다는 것이다.(손일선·문지웅 기자)

현충 행사를
다시 생각한다

우리는 참혹한 전쟁을 경험했고 분단은 아직도 계속되고 있으나 과연 우리의 안보 의식은 어느 정도인지 의문스러울 때가 많습니다. 6·25 전쟁이 어느 해 발생했는지, 남침인지 북침인지 모르는 젊은이들이 상당하다는 현실 앞에 아연실색하지 않을 수 없습니다. 이 모든 것은 정부나 기성세대의 책임입니다. 우선 현충 행사가 형식적 의례적인 것이 아니라 온 국민이 함께 회고하며 헌신 희생한 분들을 기리며 나라 지킴을 다짐하는 진정한 행사가 되어야 합니다. 정권에 따라 현충 행사의 의미나 성격이 달라지고 심지어 남남 갈등까지 일어나는 것은 참으로 부끄러운 일입니다. 팔레스타인에 의해 체포 억류된 이스라엘 군인을 석방시키기 위해 이스라엘 정부가 어떤 노력을 하였는지를 보여주는 기사가 국가의 책무를 생각하게 합니다. 자국의 군인은 살았건 죽었건 반드시 고국으로 돌아오게 한다는 나라가 강국이자 선진국입니다.

<국민일보 2012. 3. 27>

"역사를 잊은 나라에 미래는 없다"

"고 이창기 준위…, 최한권 원사…, 장철희 일병…, 한주호 준위…."

26일 오전 10시 대전 유성구 갑동 국립대전현충원 현충광장. 천안함 피격 2주기를 맞아 열린 추모식에서 천안함 전사자 46명과 고 한주호 준위의 추모 영상이 한 명씩 비쳤다. 동시에 그들의 이름이 하나씩 호명됐다.

전사자의 이름이 호명될 때마다 유족들은 오열했다. 그때마다 추모식장은 더욱 숙연했다. 이를 지켜보던 시민들도 눈시울을 붉혔다. 흐느끼는 소리가 여기저기로 번졌다. 추모식장은 애통함과 결연함이 교차했다.

추모식에는 김황식 국무총리, 박근혜 새누리당 비상대책위원장과 한명숙 민주통합당 대표 등 정·관계 인사와 시민 등 3,000여 명이 참석해 가신 이들의 넋을 기렸다. 유족 대표의 헌화·분향에 이은 추모 공연이 끝났다.

김 총리가 추모사를 읽었다. "역사를 잊은 나라에 미래는 없으며 고인들의 숭고한 희생과 헌신을 영원히 기억해야 한다"고 강조했다. 이어 "잊어지지 않고 놓아지지 않는 흔적 때문에 얼마나 힘드냐"며 유족들을 위로했다.

유족들과 김 총리, 각 정당 대표 등은 추모식을 마친 뒤 46용사 묘역을 찾았다. 유족들은 다시 오열하며 산화한 용사들의 이름을 불렀다. 살아있는 그들을 보듯 묘비를 어루만졌다.

박 비대위원장은 참배를 마친 뒤 "천안함 용사들의 숭고한 희생정신이 헛되지 않도록 국민이 행복한 나라를 만들겠다"고 말했다. 한 대표도 "평화라는 것이 굳건한 안보 위에 있다는 것을 다시 한번 생각하게 됐다"고 말했다.

최윤희 해군참모총장은 정오부터 대전 유성의 계룡스파텔에서 유족들과 부상자, 승조원 등이 참석한 가운데 위로 행사를 열었다.

서울 전쟁기념관 평화의 광장에서는 오후 6시 30분부터 9시 30분까지 국가보훈처 등이 후원하는 '2012 서울평화음악제'가 열렸다. 이 자리에서 유족들에게는 피폭된 천안함 파편 중 폐기되는 부분을 녹여 46용사 개인별로 제작된 인식표 모형의 특별기념패가 국민의 이름으로 전달됐다.

추모식과 함께 전국 각지에서는 다양한 추모 행사가 펼쳐졌다. 백령도에서는 27일 천안함 46용사 위령탑 참배 행사가 있었다.

대전현충원에는 이날 하루 종일 참배객들의 발길이 이어졌다. 시민들은 추모식이 끝난 뒤 열린 추모걷기대회에 참가해 용사들의 희생정신을 기렸다. 대전현충원이 홈페이지에 개설한 '천안함 용사 사이버 참배' 코너에도 "항상 죄송하고 감사하다. 용사들의 고귀한 희생을 절대 잊지 않겠다" 등의 참배의 글이 줄을 이었다.(정재학 기자)

〈동아일보 2012. 11. 24〉
김 총리 "적 앞의 분열은 침략을 부르는 초대장"
북한의 연평도 포격 도발로 전사한 서정우 하사와 문광욱 일병의 2

주기 추모식이 23일 서울 용산 전쟁기념관 중앙광장에서 김황식 국무총리 주관으로 전사자 유족과 김관진 국방부 장관, 해병대원 등 4,000여 명이 참석한 가운데 거행됐다. 이날 행사는 영상물 상영과 헌화 및 분향, 추모사, 추모 공연 순서로 진행됐다.

행사는 포격 도발 당시 해병대원들의 용맹성과 전투 정신을 담은 '서해, 우리가 지켜야 할 바다'라는 제목의 동영상 상영으로 시작됐다. 빗발치는 포탄에도 굴하지 않고 목숨을 걸고 영토와 영해를 지켜낸 해병대원들의 헌신적인 모습에 장내가 숙연해졌다.

김 총리는 추모사에서 "연평도 포격 도발은 1953년 정전협정 이후 북한이 저지른 최악의 도발"이라며 "우리 영토를 직접 공격한 폭거이자 군인·민간인을 가리지 않은 무차별 만행이었다"고 북한을 비난했다. 이어 "더 중요한 것은 안보 앞에서는 모든 것을 뛰어넘어 하나가 돼야만 한다는 사실"이라며 "적 앞의 분열이야말로 침략을 부르는 초대장이라는 것을 인류 역사는 수도 없이 증명하고 있다"고 강조했다.

포격 도발을 체험한 연평초등학교 6학년생 한원규 군(12)은 추모 편지를 낭독하며 "늦었지만 서정우 형, 문광욱 형에게 감사드리고 싶습니다. 우리를 지켜주셔서 정말 고맙습니다"라고 감사의 뜻을 전달했다. 한 군이 두 전사자의 이름을 부르며 편지를 읽어 내려가는 동안 유족과 동료 장병들은 손수건으로 연신 눈가를 훔쳤다.

국방부 의장대의 진혼나팔로 시작된 추모 공연은 해병대 군무단의 군가 메들리와 해병대 출신 가수 이정이 선도한 대합창에 이어 대형 태극기 상승 퍼포먼스로 마무리됐다.

북한은 이날 연평도 도발을 '승전'이라고 주장했다. 〈노동신문〉은 '패전을 승전으로 둔갑시키는 해괴한 광대극'이라는 기사에서 "연평도 포격전은 괴뢰 군부 호전광에게 패전의 쓴맛을 안기고 백두산 혁명 강군의 위력을 만천하에 시위한 승전"이라고 보도했다. 또 "연평도 불바다를 펼친 우리 서남전선 군 장병들 속에서는 단 한 명의 희생도, 단 한 명의 부상자도 없었다. 있었다면 들판에 매어놓은 황소 뒷다리에 포탄 파편 한 개가 박혔을 뿐"이라고 주장했다.(윤상호 군사 전문기자·장택동 기자)

대 1,027 포로 협상의 충격과 감동

질라드 샤리트(25세), 5년 반 전에 팔레스타인 하마스 그룹에 의하여 억류되었다가 최근 포로 협상 끝에 풀려난 이스라엘 병사입니다. 이스라엘은 그 대가로 팔레스타인 포로 1,027명을 석방하였습니다. 균형이 맞지 않는 협상 결과로 보입니다. 석방되는 팔레스타인 포로에 의해 피해를 입은 이스라엘 국민의 감정은 어찌 되는 것입니까?

혹시 상대방이 이런 상황을 이용하지는 않을는지, 참으로 어려운 문제입니다.

개별적·구체적 상황에 따라 합당하게 처리할 수밖에 없겠지요. 아무튼, 자국의 군인은 살았건 죽었건 반드시 고국으로 돌아오게 한다는 이스라엘 정부의 방침에 숙연해집니다.

긴 협상 과정에서 질라드의 가족은 고통 속에서도 절제하며 정부의 협상 노력을 지원하였답니다. 질라드의 귀환에 맞추어 집 안의 냄새마저 떠날 때의 그것으로 조성하였으며, 군과 언론은 다시 모인 가족들이 평화롭게 재회를 즐기도록 10일 동안 취재 활동을 아니하기로 신사협정을 하였답니다. 참으로 많은 교훈을 주는 동시에 많은 것을 생각하게 하는 사건입니다.

_2011. 10. 24. 페이스북

6·25 전쟁 때 한국을 도왔던 우방 국가들에 대한 고마움도 잊어서는 아니 될 일입니다. 참전용사나 후손들을 우리나라로 초청하는 일을 지속하고 또 2010년도에는 6·25 전쟁 60주년을 맞아 직접 참전국을 찾아가 고마움을 전하는 다채로운 행사를 펼치기도 하였습니다. 이런 일들은 우리나라의 품격을 높이는 일이기도 합니다.

이태식 주미 대사는 재직 중 참전용사를 모시고 식사를 대접하고 우리 핸드폰을 선물로 드리면 그분들이 그렇게 고마워하고 감격스러워하셨다고 합니다. 그들이 경험했던 참혹한 나라의 기적 같은 발전에서 보람을 찾았을 테니까요. 저도 덴마크를 방문했을 때 병원선에서 우리를 도왔던 분들을 초대하여 식사를 대접하였습니다. 그때 그분들이 들려준 이야기를 잊을 수 없습니다.

〈국민일보 2012. 6. 26〉

6·25 해외 참전용사 후손 유학생 12명 총리실 초청

6·25 전쟁 62주년을 맞은 25일 낮 서울 삼청동 총리 공관에 12명의 외국인 학생들이 나타났다. 이들은 한국에 유학 중인 6·25 해외 참전용사의 후손들로 터키와 에티오피아, 콜롬비아, 태국 출신 학생들이었다.

해외 참전용사들의 헌신에 감사하기 위해 이날 자리를 마련한 김황식 국무총리는 유학생 한 명 한 명과 일일이 "안녕하세요, 어느 나라에서 왔어요?"라며 인사를 했다. 터키에서 온 학생에게는 "우리는 형제의 나라"라며 손을 힘껏 잡았고, 콜롬비아에서 온 학생에게는 "지금 이명박 대통령이 콜롬비아에 있는 것 알지요? 우리는 매우 친한 나라"라고 강조해 웃음을 자아냈다.

에티오피아 출신의 레디엇Rediet 양과 인사할 때는 함께 참석한 조윤선 전 새누리당 의원이 "지난해 7월 이명박 대통령의 에티오피아 순방 시 손을 들어 한국에서 공부하고 싶다고 말했던 학생"이라고 소개하기도 했다.

김 총리는 학생들과의 오찬 후 "62년 전 오늘 한국이 절체절명의 위기에 빠졌을 때 여러분의 할아버지와 아버지 덕분에 우리는 승리할 수 있었다"고 회고했다. 그는 이어 "대한민국은 고마움을 잊지 않고 참전국들과 지속적이고 긴밀하게 협력할 것"이라며 "참전용사 후손들인 여러분이 한국에서 다양한 경험과 학식을 쌓고 양국 관계를 잇는 가교가 되어주길 바란다"고 말했다.

이에 터키 출신의 투르굿Turgut 군은 유창한 한국어로 "감격스러운 자리에 초대해주셔서 감사하다"며 "장학금과 생활비를 받으며 공부하는 만큼 사회에 기여할 수 있는 사람이 되겠다"고 화답했다. 할아버지가 전쟁 당시 경기도 용인 일대 전투에 참전했던 투르굿 군은 터키의 태권도 국가대표로도 활동했다.(정승훈 기자)

어느 미군 참전용사의 코멘트

6·25 전쟁이 일어난 지 61년이 지났습니다. 우리 민족에게 동족상잔의 최대 비극이었지만, 우리를 도우러 왔던 참전국 용사의 희생도 가슴 아픕니다. 특히 미군 사망자는 3만 6,940명으로 전체 참전군 사망자 4만 670명의 대부분을 차지합니다.

2007년 미국 대법원 방문길에 찾아갔던 워싱턴DC 한국전참전기념공원에서 느낀 감회를 저는 지금도 잊을 수 없습니다. 완전무장한 채 우장(판초)을 입고 빗속을 헤쳐 나가는 19인의 군인상! 조국의 명령에 따라 척박하고 낯선 땅에서 목숨을 걸고 싸웠던 그들. 그렇기에 바닥에 다음과 같이 새겨놓았습니다.

"우리 미국은 조국의 부름을 받아 알지도 못하는 나라, 만난 적도 없는 사람들을 지켜주기 위하여 분연히 나섰던 우리의 아들·딸들을 한없이 존경합니다."

18세 때 참전한 한 병사의 "그땐 명령 때문에 싸웠지만 한국이 이렇게 발전했으니, 내 젊음은 충분히 보상받은 셈"이라는 코멘트가 우리에게 많은 것을 생각하게 합니다.

_2011. 6. 27. 페이스북

가끔 생각나는 사람, 스벤약트 할아버지

덴마크를 다녀온 뒤 그곳에서 만난 사람 중 지금도 가끔 생각나는 사람이 있습니다.

병원선 유틀란디아호를 타고 6·25 전쟁에 참전했던 스벤약트(88세) 할아버지입니다. 600명이 넘는 참전자 중 25명만이 생존해 있는 참전용사회 회장을 맡고 있는 할아버지의 활달한 말씀 속에는 쓸쓸함이 묻어 있었습니다.

병원선 근무 중 만난 간호사와 1955년 결혼하여 50년을 함께 살다가 부인이 2005년에 먼저 세상을 떠났지만 참으로 행복했던 결혼 생활이었다고 회상합니다. 위험을 무릅쓰고 인천에서 서울까지 데이트 삼아 여행했던 것이 참으로 무모하면서도 즐거운 추억으로 엊그제 같다고 하시며 웃습니다.

한국 근무를 인연으로 하여 맺어진 커플이 16쌍이었지만 어느 한 쌍도 이혼하지 않았다고 합니다. 덴마크의 이혼율에 비추어 보면 기적 같은 일이랍니다. 한국이 맺어준 인연이기 때문일 것이라고 자랑스러워하십니다.

혼자 외롭게 사시는 할아버지는 지금도 가끔 유틀란디아호가 떠났다 돌아온 코펜하겐 항구의 랑에리니에 부두 그리고 그곳에 세워진 참전기념비 주변을 산책하시면서 근처 인어공주상을 찾는 동양인이 한국인이 아닐까 궁금해하실 것 같습니다.

_2012. 10. 27. 페이스북

독도 문제,
어떻게
해결할 것인가?

한국·일본·중국 3국 사이에는 늘 긴장 관계가 존재해 왔습니다. 그 가운데 하나가 영토 분쟁입니다. 중국과 일본 사이의 센카쿠(중국 명으로는 댜오위다오) 열도, 한국과 일본 사이의 독도, 다른 한편 일본과 러시아 사이에 북방 4개 섬을 둘러싼 영토 분쟁이 그것입니다. 일본은 주변 3국과 모두 영토 분쟁을 하고 있는 셈입니다. 독도는 역사적으로나 국제법적으로 정당한 우리 영토로서 실제로 우리가 지배하고 있음에도 일본은 틈만 나면 자기 영토임을 내세우고 있습니다. 일본도 독도를 자기 영토라고 주장할 뿐 당장 현상을 변경하는 조치를 취할 수는 없습니다. 다만 문제 제기를 꾸준히 하여 한국 영토로 고정화되는 것을 막을 심산일 것입니다. 정부는 총리실에 독도영토 관리단을 두어 일본의 주장에 대응하면서 독도가 우리 땅임을 확실히 하는 조치를 취하고 있습니다. 기본적으로 우리가 지배하고 있으므로 독도를 분쟁 지역화하고자 하는 일본의 전략에 말려들지 않고 필요 이상으로 대응하는 것보다 로우키low-key로 대응해 나가는 것이 실효적입니다. 그런 취지에서 2011년 4월 8일 "독도에 해병대를 주둔시켜 대내외적으로 한국의 영토를 명확히 해야 하지 않느냐?"라는 한나라당 김옥이 의원 질문에 저는 현실적으로 독도에 경찰이 주둔하는 것이 적절하지만, 상황 전개에 따라 군대가 주둔하는 방안은 전략적 장기적으로 검토할 문제라고 답변하였습니다.

독도 문제가 양국 관계에 근본적인 영향을 주어 양국에 피해를 주는 일은 피하는 지혜가 필요합니다. 그런 의미에서 저는 이명박 대통령께서 임기 말 독도를 방문하신 것은 적절한 일이 아니었다고 생각합니다. 이명박 정부에서 이미 한승수 총리께서 독도를 방문하였으니 우선 그것으로 족했습니다. 물론 아직껏 대한민국 대통령이 독도를 방문한 적이 없는데 이는 잘못이라는 생각에서, 그리고 당시 노다野田 일본 총리가 위안부 문제 해결 약속을 저버린 것에 분개하여 방문하신 것으로 알고 있으나 참았다면 좋았을 것입니다. 청와대에서 결정한 일이었지만 제 의견을 말할 기회가 있었다면 가시지 말도록 권고하였을 것입니다.

독도 문제는 한일 간의 많은 문제 가운데 하나이므로 전체의 틀에서 판단할 필요가 있기 때문입니다. 일본이 지배하고 있는 센카쿠 열도를 둘러싼 중일 간의 분쟁에 관하여 덩샤오핑鄧小平은 "우리 세대는 이 문제를 합리적으로 해결할 지혜가 없으나 우리보다 지혜로운 다음 세대가 이 문제를 합리적으로 해결할지도 모르니 그때까지 문제 해결을 미루어 둡시다"라며 분쟁으로 인한 당장의 갈등과 그로 인한 국익 손상을 막는 지혜로운 처신을 보여주었습니다. 아무튼, 독도가 우리 영토임을 확실히 하면서도 필요 이상의 갈등이 증폭되는 것은 막아야 합니다.

저는 재직 중 한일 관계가 원만하게 발전할 수 있도록 관리하였습니다. 2011년 3월 동일본 지진, 쓰나미로 원전이 폭발한 사고가 발생했을 때 저는 국무회의에서 일본이 상처받는 일이 없도록 우리 정부나 국민 모두 세밀하게 살피고 일본의 불행을 진심으로 위로하고 고통을 분담해야 한다고 지적하였습니다. 그 무렵 국회에서 한 야당 의원이 일본이 오염수 방출과 관련하여 협약이 있는데도 사전 통보를 하지 않은 것은 우리 정부의 외교적 무능이 아니냐고 다그쳤습니다. 저는 우리나라의 무능이 아니라 협약에 따른 통보를 아니한 일본의 무능이라고 말하고 싶다고 답변하였습니다. 그런데 몇 시간 지나지 않아 본회의장으로 메모 한 장이 전달되었습니다. 일본 기자가 '일본 무능'이라는 저의 발언과 관련한 질문을 하자 일본 정부는 이에 답하기 위하여 저의 발언 취지가 무엇인지 알고 싶다고 물어왔습니다. 일본에서 한국 국회에서 오가는 발언을 이렇게 실시간으로 파악하고 있음에 깜짝 놀랐습니다. 저는 "취지는 무슨 취지, 말 그대로 협약대로 통보하지 않은 측의 잘못이지 우리의 무능은 아니다"라는 점을 강조한 뜻이라고 전달하게 하였습니다.

얼마 후 일본 마쓰모토 다케아키松本剛明 외교 장관은 "국민이나 총리가 '일본 정부나 일본 자체가 무능하다'는 취지로 말했다고는 생각하지 않는다"며 "한국 정부의 문제 제기를 고려해 우리도 이제부터 더 노력해야겠다고 생각한다"고 말했습니다. 작은 해프닝이었지만 일본 측의 합리적이고 이성적인 일 처리였습니다. 의원 질의가 무능 운운하는 것이었지만, 답변은 '일본 측의 절차상 잘못이지 우리의 잘못은 아니다'라는 정도로 했으면 좋았겠다는 생각을 했습니다.

동북아 지역의 평화와 공동 번영은 우리가 지향할 목표이기도 합니다. 이와 관련 제가 가장 부러워하는 것은 EU(유럽연합)입니다. EU가 2012년도 노벨평화상 수상자로 결정되었을 때 저는 마치 우리가 수상한 것처럼 기뻤습니다. 그 이유는 EU 통합 작업은 참혹한 전쟁의 역사에 대한 반성에서 시작하여 다양한 나라, 언어, 종교, 문화 등의 차이에도 불구하고 하나로 통합하여 평화와 공동 번영을 이루고자 하는 것으로 인류 역사에 있어서 위대한 작품이기 때문입니다. 그리고 EU 통합 작업이 성공하면 이는 하나의 모델로서 평화와 공동 번영을 지향하는 한·중·일에도 큰 자극이 될 것이기 때문입니다.

〈세계일보 2012. 10. 4〉

김 총리 "우리 땅 넘보는 시도에 단호 대처"

김황식 국무총리는 3일 "우리는 단군 성조께서 터를 닦은 이래 5,000년을 지켜온 우리 국토, 이 땅의 단 한 뼘이라도 넘보려는 어떠한 시도에도 단호히 대처해 나가겠다"고 밝혔다.

김 총리는 이날 세종문화회관에서 열린 개천절 경축식에서 "우리를 둘러싼 동북아시아의 정세도 긴장이 가시지 않고 있으며, 영토와 영유권을 놓고 벌어지는 역내국 간 갈등은 첨예화되고 있다"면서 이같이 말했다. 김 총리는 이어 "연말 대통령 선거를 앞두고 있는 선거 분위기에 편승해서 사회 갈등이 깊어지는 일이 있어서는 안 된다"며

"남북 관계를 건강하게 발전시켜 나가는 것도 우리가 풀어야 할 숙제"라고 지적했다.

　김 총리는 또 "전 세계 곳곳에서 한민족의 자긍심을 갖고 성공신화를 써가고 있는 재외동포들은 우리의 자랑이고, 우리와 더불어 살고 있는 외국인들도 대한민국의 내일을 함께 열어 가는 우리 공동체의 일원"이라고 강조했다.(박세준 기자)

광복절을 보내며

어제는 광복절이었습니다. 일제의 압제로부터 해방된 기쁨을 되새기는 국경일이지만 국력이 약하여 침탈당했던 수모를 함께 되새기게 되어 마냥 기쁜 날만은 아닙니다.

　올해 광복절은 더욱 착잡합니다. 독도 영유권, 동해 표기 문제 등이 우리를 안타깝게 하기 때문입니다. 지난 11일 경주세계문화엑스포 개막식에 참석하였다가 그 이튿날 경주시 양북면 감포 해안의 문무대왕릉을 찾아갔습니다. 대왕은 삼국통일을 이룩한 신라 30대 왕으로서, 죽으면 화장하여 동해에 묻으면 용이 되어 동해로 침입하는 왜구를 막겠노라 유언하여 해변으로부터 200미터 떨어진 바위섬에 수중릉이 조성된 것입니다. 이처럼 일본은 긴 역사 속에서 때때로 우리와 악연을 맺어 왔습니다.

　그러나 어찌합니까? 우리가 마음대로 선택할 수 없는 이웃 나라라면, 우리가 국력을 키우고 품격 있는 세계국가를 만들어 지혜롭게 대처해 나갈 수밖에요.

_2011. 8. 16. 페이스북

EU의 노벨 평화상 수상은 어떤 의미일까요?

저는 지난 10월 10일 프랑크푸르트에서 독일 주요 일간지인 프랑크푸르터 알게마이네 차이퉁Frankfurter Allgemeine Zeitung의 발행인 귄터 논넨마허와 유럽·동북아 정세 등에 관한 대화를 나누었습니다. 저는 EU의 재정 위기 및 불안정성이 조속히 극복되고 EU를 통한 유럽 통합 노력은 계속되어야 한다고 강조하면서 다음과 같이 부연하였습니다.

"EU 통합 작업은 다양한 나라, 민족, 언어, 종교, 문화 등의 차이에도 불구하고 하나로 통합하여 평화와 공동 번영을 이루고자 하는 것으로 인류 역사에 있어서 위대한 작품이다. 과거의 대립·갈등과 참혹한 전쟁의 역사에 대한 반성을 토대로 한 이 작업은 유럽을 위해서만이 아니라 온 세계를 위해서도 반드시 성공되어야 한다. 평화와 공동 번영을 목적으로 삼고 있는 한·중·일에도 통합은 아니더라도 많은 참고가 될 것이다."

그런데 이틀 뒤인 10월 12일 노벨평화상 위원회는 EU를 수상자로 결정·발표하였습니다. 일부 국가·언론 등에서는 유로존의 불안정한 상황이나 EU 회원국 간의 갈등을 들어 부적절한 수상이라고 지적합니다.

그러나 그 거대한 작업이 순탄하게 이루어지겠습니까? 일부 시행착오도 불가피하겠지요. 그렇기에 EU를 격려할 필요가 있는 시점에 이루어진 적절한 수상이라는 것이 저의 생각입니다.

_2012. 10. 15. 페이스북

한일 정보보호협정의
오해와 진실

　2012년 6월 26일 제가 주재하는 국무회의에서 한일 정보보호협정 체결안을 의결하였습니다. 6월 29일 도쿄에서 양국 간에 정식으로 협정 체결을 하기 위한 준비 작업이었습니다. 그러나 의결이 되자마자 야당과 일부 언론에서 일본과의 정보보호협정 체결은 부당하며 그것도 안건을 국민 모르게 밀실에서 처리하였다며 공격하고 나섰습니다. 그 바탕은 반일 감정을 이용한 정치 공세였습니다. 그리고 정보보호협정에 대한 오해도 한몫하였습니다.

　정보보호협정은 일방 국가가 취득한 정보로써 상대방 국가에 유익하다고 보이는 정보를 상대방에 제공하고, 제공받은 국가는 이를 자기 나라의 정보에 준하여 외부에 비밀로 하며 잘 관리한다는 내용을 골자로 한 것입니다. 정보 제공도 의무적으로 하는 것이 아니라 상대방 국가에 필요하고 유익하다고 판단하는 경우에 임의적으로 하는 것입니다. 그런 의미에서 강한 법적 구속력을 갖는 것이 아니라 양국 간의 우호 친선의 상징적 조치라 할 만합니다.

우리나라는 러시아나 구 동구권 국가를 포함하여 30여 개국과 정보보호협정을 체결하고 있었습니다. 한일 간에도 협정 체결은 없었지만 사실상 정보는 교환되고 있었습니다. 이를 보다 확실하게 공식화하기 위한 협정 체결이었습니다. 우리나라의 국익에도 도움이 되는 것이었습니다. 북한이 발사한 미사일에 관한 정보에서부터 일본 해안에 표류한 북한 선박에서 발견된 수상한 물체에 이르기까지 다양한 정보 등이 그 예입니다.

밀실에서 비밀리에 처리하였다는 것도 오해입니다. 국무회의는 매주 화요일에 열리는데 이때 의결 처리되는 안건은 통상 그 앞 주 목요일 차관회의에서 최종 논의하여 이견 없이 정리된 안건들입니다. 그러나 차관회의에서 논의되지 않은 안건이지만 신속한 처리가 필요한 경우에는 차관회의를 거치지 않고 막바로 국무회의에 상정되기도 합니다. 이를 신속 처리 안건이라고 부르는데 한 주에 평균 2, 3건에 이릅니다.

예컨대 외국 정상이 방한한 기회에 정보보호협정을 체결하고자 하여 서두르는 경우 등이 그 한 예이고 실제로 그런 경우가 여러 번 있었습니다. 저에게 보고되기를 한일 정보보호협정은 6월 29일 도쿄에서 체결하기로 날짜가 정해졌으므로 차관회의를 건너뛰어 신속 안건으로 처리하기로 하였다는 것이었습니다. 그렇다 하더라고 한일 관계의 민감성을 생각한다면, 오해할 만한 빌미를 주지 않는 좀 더 신중한 절차를 거쳤으면 좋았겠다는 아쉬움이 듭니다만 정쟁의 대상으로 삼을 일은 아니었습니다. 국회에서 임내현 의원 등 야당 측의 거센 공격이 있었지만 내용적으로는 저의 답변에 의하여 이해되는 분위기였습니다. 그렇지만 정치 공세는 계속되어 이해찬 야당 대표는 국무총리에 대한 해임안을 발의하였으나 의결 정족수 미달로 무산되었습니다.

한편, 정치 공세에 밀린 여당 원내대표 이 모 의원은 도쿄에서의 협정 체결을 미루도록 정부에 요구해 왔습니다. 12월 대선을 염두에 둔 정치적 판단이었을 것입니다. 저는 협정 체결을 미루기로 하였다는 소식을 천안에서 기업인들과의 간담회를 마치고서야 보고받았습니다. 저는 순간적으로 저와 아무 상의도 없이 그와 같은 결정을 한 것에 대해 분개하였고, 국가 미래를 위한 결정이 아니라 정치적 이해에 따른 결정임을 밝혀 정치권에 경고를 하고 총리직을 사퇴할 것을 생각하였습니다. 그러나 대선이 반년도 남지 않은 때에 후임 총리 인선 등으로 정부나 사회를 혼란스럽게 할 우려가 있어 생각을 접었습니다. 얼마 후 김성환 외교부 장관이 저에게 "총리님, 죄송합니다. 제가 그만두었어야 했는데요"라고 말하여 그냥 웃고 넘겼습니다. 이 모 의원은 원내대표로서 택시를 대중교통에 편입시켜 정부가 공적 지원을 하는 개정 법률도 야당과 함께 통과시켰습니다. 많은 승객을 상대하는 택시 운전사들의 호감을 얻어 표를 얻기 위한 포퓰리즘적 발상의 법률 개정이었습니다. 정부는 애당초 개정안에 반대하였고 이것이 통과되자 국무회의의 논의를 거쳐 법률안 거부권을 행사하여 법률로 발효되는 것을 막았습니다. 이 모 의원은 제20대 총선을 앞두고 여당의 공천관리위원장으로서 활동하였으나 그 과정은 국민이 눈살을 찌푸리게 했고 선거 결과는 여당의 참패였습니다. 학력이나 경력상으로는 최고 수준의 엘리트였지만 정치적 행보는 평범한 정치인에 지나지 않았습니다.

한일 관계 해결,
독불 관계에서
배운다면

한일 관계는 과거사 문제 등으로 끝없는 갈등을 겪고 있습니다. 한국과 일본은 자유민주주의와 자유 시장경제를 신봉하면서 인권, 정의, 법치 등 인류 보편적 가치를 공유하는 나라로서 우리 국익을 위해서라도 교류 협력을 해나갈 수밖에 없습니다. 2011년 3월 11일 동일본 대지진으로 쓰나미와 후쿠시마 원전 사고가 발생했을 때 우리 국민은 일본이 겪고 있는 불행을 안타까워하며 마음으로, 물질로 정성을 다해 도왔습니다. 1998년 10월 8일 한일 간의 우호적 파트너십을 선언한 김대중 대통령과 오부치 총리의 '21세기의 새로운 한일 파트너십 공동 선언'은 그에 이은 한류와 더불어 한일 관계를 개선하는 좋은 기회가 되었습니다. 그러나 그 뒤 이명박 대통령의 독도 방문, 일본군 위안부 문제와 강제징용판결 문제 등으로 한일 관계는 오히려 최악의 상태를 맞고 있습니다. 양국 관계를 바람직한 방향으로 이끌기 위해 노력해야 합니다. 저는 이를 한때 견원지간이었으나 지금은 형제 우호국으로 변모한 독일과 프랑스의 사례에서 그 해답을 찾을 수 있다고 생각합니다. 핵심은 열린 정치적 리더십과 활발한 민간 교류가 그것입니다.

독일과 프랑스는 보불전쟁·제1, 2차 세계대전 등 숱한 전쟁을 겪은 견원지간의 나라입니다. 그러나 제2차 세계대전 후 독일과 프랑스의 정치 지도자들은 증오의 역사를 극복하고 화해와 협력 관계로 나아가기 위하여 노력하였습니다. 특히 아데나워 서독 수상과 드골 프랑스 대통령은 두 민족 간의 적대 관계를 해소하기 위하여 수없이 교차 방문하는 등 온갖 노력을 다하였습니다. 마침내 1963년 1월 22일 파리에서 독불우호조약(엘리제 조약)을 체결하였습니다.

양 정상은 연 2회, 주요 장관들은 3개월마다 반드시 만나며 청소년 교류재단, 환경협의회 및 문화협의회 구성, TV ART 채널, 핵 분야 및 우주항공 분야 공동 연구와 기술 교류 등을 통하여 양국 관계를 형제의 나라로 발전시켰습니다. 그동안 연간 5만 내지 10만 명의 청소년 교류가 이루어졌습니다. 2003년에는 공동 역사 교과서도 출간하였습니다. 교과서는 양국의 교사 등으로 구성된 집필자들이 객관적 사실을 기술한 뒤 그에 대한 역사적 평가는 각각 구분하여 기술함으로써 상대방의 입장을 서로 이해하도록 하였습니다.

2019년 1월 22일에는 메르켈 독일 총리와 마크롱 프랑스 대통령이 아헨에서 만나 독불 관계를 더욱 발전시키는 아헨Aachen 조약을 체결하였습니다. 지금 프랑스와 독일은 독불 관계뿐 아니라 EU와 유럽 전체를 이끌어 나가는 기관차 역할을 하고 있습니다.

저는 독불 관계가 이렇게 아름다운 관계로 변화된 것에 한없는 부러움을 느낍니다. 굴곡진 역사를 가진 한일 관계가 지금의 독불 관계처럼 변화 발전할 수 없을까 하는 소망 때문입니다. 한국 사회에서는 일본은 왜 독일처럼 사죄하지 않는지, 불만이 많습니다. 반면에 일본 사회에서는 일본도 기본적으로 사죄를 하였음에도 한국은 거듭거듭 사죄를 요구하는데 이는 지나친 것이며 특히 전쟁 책임이 없는 세대에게 사죄를 요구하는 것은 지나치다는 것입니다. 저는 독일과 일본의 차이는, 독일은 9개국과 국경을 맞대고 있는 국가이므로 인접국과의 관계가 개선되지 않으면 국가 운영에 지장을 받는 국가이지만 일본은 그렇지 않은 국가라는 지정학적인 이유, 일본은 전쟁 책임이 있는 국가이지만 다른 한편 원폭이라는 인류 최대의 비극적 피해를 경험하여 스스로 피해국으로 생각할 여지가 있는 국가라는 이유, 회개와 용서의 기독교적 윤리관과 다른 종교적 세계관을 가진 국가인 이유 등 때문이라고 생각합니다. 이러한 관점에서 한국도 일본이 독일과는 다를 수밖에 없는 현실을 제한적으로나마 인정하면서 문제를 풀어 나갈 필요가 있습니다. 하루아침에 모든 것을 해결하겠다는 생각은 접어두고 차근차근 미래지향적으로 풀어 나가야 합니다.

한국은 역사적으로 일본 침략의 많은 피해를 입었습니다. 가까이는 1910년부터 1945년까지 36년간, 멀게는 1952년부터 7년간 침략을 받았습니다. 또 수백 년 동안 일본 정부 차원의 침략은 아니지만 수시로 왜구라고 불리는 일본인들의 침략을 받았습니다. 일제강점기에는 한국 이름을 쓰지 못하게 하는, 이른바 창씨개명을 강요당했고 한국말을 쓰지 말고 일본말을 쓰도록 강요당하기도 하였습니다. 그렇기에 한국인들이 일본에 대해, 일본이 저지른 잘못 등 과거사 문제에 대해 무관심한 일본에 섭섭한 생각을 갖는 것은 당연합니다.

그러나 한국과 일본은 앞서 본 쓰라린 과거 외에 오랫동안 인적 교류, 문화 교류를 통해 선린우호 관계를 유지 발전시켜 온 것도 사실입니다. 아니 그런 기간이 훨씬 길었습니다. 에도 시대의 조선통신사가 그 사례입니다. 또 서기 663년에는 일본과 백제가 힘을 합쳐 당나라와 신라의 연합군에 대항해 싸우기도 하였습니다. 그 이전에 많은 한반도 사람들이 일본으로 건너가 서로 돕고 도우며 살았습니다. 지금도 양국의 많은 사람이, 특히 젊은이들은 음악·드라마·영화·만화·애니메이션·소설 등 상대방의 문화를 이해하고 즐기고 있습니다. 한국 관광객들이 즐겨 찾는 곳 중의 하나가 일본입니다.

요컨대 가장 중요한 것은 서로를 잘 알고 이해하는 것입니다. 서로 교류하는 과정에서 상대방을 알게 됩니다. 알게 되면 이해하게 됩니다. 이해하게 되면 친밀해집니다. 그런 의미에서 일시적으로 정부나 정치인 사이에 갈등이 있더라도 민간 베이스에서의 교류 협력을 통한 관계 개선을 위한 노력은 계속되어야 합니다.

독불 관계 개선에 있어서 가장 중요한 역할을 한 것은 청소년 교류였습니다. 정치인은 문제 해결에 자신의 정치적 이해를 바탕으로 민족적, 감정적으로 접근하는 것을 피해야 합니다. 국제 규범을 바탕으로 미래지향의 리더십을 발휘해야 합니다. 이런 모범을 보여준 독불 관계 및 EU에서 우리가 배워야 할 교훈입니다.

여수 엑스포의
성공적 개최

　재직 중 즐겁고 설레는 마음으로 임했던 일이 2012년 5월부터 8월 사이에 열린 여수세계박람회(여수 엑스포)였습니다. 여수 엑스포는 바다와 기후변화를 주제로 하여 인류와 바다의 조화롭고 아름다운 공존의 메시지와 그 실현 방법을 제공하는 것을 목표로 하는 박람회였습니다. 저는 여수 엑스포의 성공적 개최를 위하여 열심히 노력하였습니다. 중앙정부가 할 수 있는 지원에 최선을 다하고, 여러 차례 방문하여 현장을 점검하고, 많은 관람객이 찾을 수 있도록 티켓 구매 권고 등 온갖 수단을 동원하였습니다. 많은 사람, 특히 학생들이 관람해야 좋을 박람회지만 지역적으로 외진 곳인 여수에서 개최되었기 때문에 관람객을 유치하기 위한 각별한 노력이 필요했습니다. 개최 기간 중 일과의 시작은 전날의 입장객 수를 확인하고 목표 인원 달성을 챙기는 일이었습니다. 임종룡 총리실장이 정말 열심히 챙겨주었습니다. 그 결과는 목표를 초과한 820만 명이 관람하였습니다.

아무튼, 박람회장 조성은 물론 박람회를 위하여 여수 엑스포역, 이순신 대교, 도로망 확장 및 신규 건설, 도시 정비 등에 많은 예산을 투입함으로써 여수 일원의 면목을 일신하는 계기가 되었습니다. 그 덕분에 지금 여수는 많은 관광객이 찾는 명소가 되었습니다. 특히 가수 버스커버스커의 '여수 밤바다'라는 감미로운 노래는 덩달아 젊은 이들의 사랑을 받는 노래가 되었습니다. 더불어 GS칼텍스 허동수 회

김황식 총리 '여수 망중한' 김황식 국무총리(오른쪽에서 둘째)가 31일 오전 여수세계박람회장 한국관에서 열린 제17회 바다의 날 기념식에 참석했다. 행사를 마친 김 총리가 박준영 전남지사(오른쪽) 등과 함께 편안한 자세로 영상물을 관람하고 있다. [뉴시스]

〈중앙일보〉 2012. 6. 1.

장께서 기부하여 건설된 예술복합공간 '예울 마루'도 여수의 또 다른 명물로서 널리 알려지게 되었습니다. 여수를 방문하면 마음이 푸근해졌습니다. 그래서 박람회장에서 편안한 자세로 천장을 바라보는 모습이 사진기자의 눈에 잡혔습니다. 그것도 신문 1면에 컬러로 큼직하게 실렸습니다. 자세가 흐트러진 민망한 모습이었지만 그래도 기자의 눈에는 친근해 보였던 모양입니다.

기다려지는 여수 엑스포

5월 12일부터 8월 12일까지 93일간 열리는 여수세계박람회! 벌써부터 저의 마음을 설레게 합니다. 여수 엑스포 정부지원위원장이 아닌, 한 개인으로서 조금도 과장 없는 저의 솔직한 마음입니다. 그동안 엑스포 지원 관계로 세 번 현장을 다녀왔습니다. 개막 D-50일인 3월 23일 방문에서는 세계인과 우리 국민이 함께 찬탄하며 즐기게 될 모습이 눈앞에 선연하게 떠올랐습니다.

여수 엑스포는 바다와 기후변화를 주제로 하여 인류와 바다의 조화롭고 아름다운 공존의 메시지와 그 실현 방법을 제공하는 친환경 박람회가 될 것입니다. 최첨단 IT 기술을 기반으로 한 박람회 조성 및 운영, 콘텐츠 구성 등 자연과 인간과 기술이 한데 어우러진 유비쿼터스의 세상을 보여줄 것입니다. 바다 위에 떠 있는 Big-O 등을 무대로 한 첨단 멀티미디어 쇼, 세계적 문화예술 공연, K-pop 스타들의 공연, 기네스북에 오른 세계 최대의 파이프오르간 연주 등 문화의 향기와 즐거움이 넘쳐날 것입니다.

각국의 개최 경쟁 때문에 앞으로 수십 년 내에 한국에서 열리기 어려운 박람회입니다.

얼마 전 한국을 방문한 반기문 UN 사무총장님과도 폐막식에서 만나기로 약속하였습니다.

_2012. 4. 2. 페이스북

여수 엑스포가 진정한 국제박람회가 되려면

지난 5월 31일 바다의 날 기념식 참석차 여수 엑스포 현장을 방문하였습니다. 기념식 등 관련 행사를 마치고 나니 몇 시간의 여유가 있었습니다. 몇 군데 전시관을 둘러보았습니다. 사람이 많이 모이는 아쿠아리움 등 인기 있는 전시관은 피하였습니다. 기다릴 필요 없는 국제관의 몇 군데를 방문하였습니다.

덴마크관은 덴마크 왕세자와의 면담 시 관람을 약속하였고, 모나코관은 모나코 대공과의 면담이 약속되어 있었고, 독일관은 주한 독일 대사와 약속하였기 때문에 방문하였습니다.

선진국답게 주제에 잘 맞는 콘텐츠와 세련된 전시 방법을 보여준 전시 공간을 여유를 갖고 편안하게 둘러보았습니다.

이어서 여수 엑스포를 유치 단계부터 적극 후원하고 있는 현대자동차 그룹과 GS칼텍스 기업관을 방문하고 나머지 5개의 기업관도 마저 방문하였습니다. 그렇게 함이 공정하다(?)는 생각 때문에. 다음 방문 기회에도 사람들이 많이 찾지 않는 국제관, 특히 작은 나라들의 전시관을 둘러볼 작정입니다.

재미있는 한국 관련 전시관과 유명한 몇 나라 전시관만 붐빈다면 국제박람회라는 명분이 퇴색될까 하는 걱정 때문만은 아닙니다. 이번 기회가 아니면 보기 어려울 뿐 아니라 그 나라들을 응원·격려하고 싶으니까요.

_2012. 6. 11. 페이스북

우리 세대의 마지막 박람회, 여수 엑스포가 끝나갑니다

여수 엑스포 폐막(8월 12일)을 열흘 남짓 앞두고 있습니다. 참여정부가 유치하고 이명박 정부가 착실히 준비하여 개최한 여수 엑스포는 성공적인 박람회로 기록될 것입니다.

곤잘레스 로세르탈레스 국제박람회기구(BIE) 사무총장은 바다를 이용한 박람회장의 아름다움과 훌륭한 박람회의 운영·주제 및 관리를 들어 성공적인 박람회라고 평가합니다.

중국 CCTV의 리유에 기자는 "상하이 엑스포보다 규모는 작지만 시설이 훌륭하고 창의적이다. 특히 긴 줄을 기다리면서도 웃음을 잃지 않는 관람객과 친절한 자원봉사자가 인상적"이라고 칭찬합니다.

지난주 만나뵈었던 정진석 추기경님도 엑스포 관람 소감으로 "박람회장이 아름답고 내용도 좋아 교육적 효과가 큰 만큼 많은 국민, 특히 학생들이 많이 관람하면 좋겠다"고 말씀하셨습니다. 치열한 박람회 유치 경쟁을 감안할 때 향후 30년간 우리나라에서 BIE 공식 박람회를 주최하기는 어려워 우리 세대의 마지막 박람회가 될 전망입니다.

기간이 너무 짧아 아쉬움이 없지 않지만 남은 기간이라도 많은 학생이 관람하면 좋겠습니다. 기후변화, 녹색 성장과 해양 활용에 관한 우리 세대의 과제에 대하여 다음 세대의 주인공인 우리 학생들이 도전을 받고 비전을 품게 되는 기회가 되었으면 좋겠습니다.

_2012. 8. 1. 페이스북

여수 엑스포를 마치며 투발루를 생각합니다

해양을 주제로 하여 열렸던 여수 엑스포가 마침내 대단원의 막을 내렸습니다. 로세르탈레스 국제박람회기구 사무총장, 나기 의장 등 박람회 관련 인사들은 하나같이 성공적인 박람회였다고 평가합니다. 관람객도 당초의 목표를 넘어선 820만 명 남짓이었습니다.

우리 국민께서 먼 남쪽의 여수까지 찾아와주시고 무더운 날씨 속에서 긴 대기 행렬을 잘 참아주시는 등 뜨겁게 성원해주신 덕입니다. 헌신적으로 협조하신 여수 시민들의 공도 결코 잊어서는 안 될 것입니다.

폐막식에 앞서 여수 선언이 발표되었습니다.

기후변화와 해양이 직면한 위험을 극복하고 지속 가능한 발전을 이루어 내기 위한 여수박람회의 철학과 비전을 전 세계로 확산하기 위한 것입니다.

여수 선언 낭독은 윌리 텔라비 투발루 총리가 하셨습니다.

투발루는 남태평양에 있는 9개의 산호초 섬으로 이루어진 나라입니다. 지구온난화로 인하여 2개의 섬이 이미 수몰되었고 50년 이내에 전 국토가 수몰될 위험에 처한 나라입니다. 투발루 국민과 총리에게는 기후변화와 해양이 직면한 위험이니 얼마나 절실하고 안타깝겠습니까? 그러나 이것은 정도의 차이는 있겠지만 온 인류의 문제입니다.

무분별한 개발과 남획으로부터 바다를 지켜내고 친환경적으로 이용하는 것은 우리 모두의 과제입니다.

_2012. 8. 13. 페이스북

피할 수 없는
다문화 사회

우리나라도 이제는 결혼이민자나 취업 근로자를 포함하여 200만 명 이상의 외국인이 우리와 함께 살고 있는 다문화 사회입니다. 이에 따라 다양한 사회문제가 발생하나 이들을 잘 포용하여 국가 발전의 동력으로 발전시켜 나가야 합니다. 외국인 문제를 생각할 때면 저는 늘 "과부와 나그네 돌보기에 힘쓰라"는 성경 말씀을 떠올립니다. 다문화 정책은 당연히 중요한 국가적 과제가 되었고, 저로서도 각별한 관심을 갖고 다문화가족정책위원회를 운영하였습니다.

외국인 혐오증이나 부정적 인식은 사회병리 현상의 하나입니다. 국가의 품격과 관련된 문제이자 사회 통합을 이루기 위해서도 잘 챙겨야 할 문제입니다. 특히 출산율 저하로 국가 경쟁력이 쇠퇴할 조짐이 보여 보다 더 개방적인 이민 정책을 추구해야 할 우리 입장에서는 더욱 그러합니다. 결혼이민자나 그 자녀가 우리 사회에 잘 정착할 수 있도록 지원하고 취업 근로자가 부당한 대우를 받지 않도록 관리하는 것은 당연합니다. 각 지역에 다문화지원센터를 개설하여 이들을 돌보는 일이야말로 필요하고 중요한 일입니다. 많은 자원봉사자가 함께 나서는 모습은 아름답습니다. 안산에 있는 외국인지원센터가 그 대표적인 예입니다. 저는 재직 중 이런 센터를 여러 번 방문하였습니다. 제가 지금 이사장으로 봉직하는 호암재단에서는 2019년 사회봉사상 수상자로 대전의 '러브 아시아'를 정했습니다. 정부 보조 없이 100퍼센트 민간 후원과 의사 선생님 등 자원봉사만으로 수십 년간 외국인을 돌보는 단체입니다.

엄마를 따라 중도 입국한 자녀들은 언어와 문화의 부적응 문제로 더 큰 어려움을 겪고 있고, 이들이 사회에 적응하지 못하고 떠돌이로 남게 되면 우리 사회의 불안 요소가 될 수도 있습니다. 제천에 있는 한국폴리텍 다솜고등학교는 이들을 대상으로 기술교육과 사회적응 교육을 하는 교육기관입니다. 그 개교식에 참석하여 태생적으로는 완전히 외국인인 그들이 잘 교육을 받고 행복한 우리 국민으로 변모하기를 소망하였습니다. 그 소망이 너무 절실하여 저는 헌법상의 행복추구권을 인용하고 행복해야 할 의무가 있다고까지 강조하였습니다. 탈북자들도 마찬가지입니다. 외국 이민자나 탈북자들도 공무원이 될 수 있는 길을 열었습니다. 또 국회까지 진출하였습니다. 대통령이 참석한 어느 행사에서 서울시 공무원으로 채용된 탈북 여성이 저에게 "이렇게 대통령 곁에 앉는다는 것은 북한에서는 상상할 수 없는 일이고, 만약 이렇게 앉았다면 내 일생은 보장될 것"이라고 웃으며 말했습니다. 저는 아무나 대통령 곁에 앉을 수 있고 그렇다고

하여 어떤 특혜도 부여되지 않는 곳이 대한민국이라고 웃으며 말해
주었습니다.

<동아일보 2012. 4. 19>

김 총리 "외국인 혐오는 사회병리"

김황식 국무총리는 18일 한국 사회에 '제노포비아(외국인 혐오증)'가
퍼지고 있는 것에 대해 "사회병리 현상"이라며 우려를 표명했다.

김 총리는 이날 제5차 다문화가족정책위원회를 주재한 자리에서
"다문화·외국인에 대한 부정적 인식과 차별은 사회의 다양성과 사
회 통합을 저해한다"며 "이는 글로벌·세계화 시대에 역행하는 것으
로 우리 사회에 뿌리내려서는 안 되는 일종의 사회병리 현상"이라고
지적했다. 이어 김 총리는 "외국인에 대한 혐오증이나 부정적 인식이
더는 깊어지거나 확산되지 않도록 종합적인 개선책을 마련해 추진
하라"고 지시했다.

정부는 이날 회의에서 올해 다문화 관련 53개 과제에 총 925억 원
의 예산을 투입하는 내용의 다문화가족 지원정책 시행 계획을 심의·
확정했다.(장택동 기자)

안산에서의 어머니 생각

어릴 적 우리 집은 늘 고향에서 온 손님, 아버지가 모시고 온 손님들
로 북적거렸습니다.

손님 접대는 당연히 어머니 몫. 맛있는 먹거리도 손님 접대용으로
저장·유치되는 경우가 많았습니다. 가족보다 손님이 우선인 어머니

의 정책(?)에 7남매나 되는 가족 중 일부는 불만도 제기하였습니다. 그래도 어머니는 "우리가 어려우면 손님 오시라고 해도 오지 않는다. 복으로 알아라"라고 하시며 거부하셨습니다. 구걸 온 거지에게도 손님이라 부르도록 엄명하신 분입니다.

지난 금요일 안산에 있는 외국인지원센터를 방문하였습니다.

센터장을 비롯한 많은 분이 어려운 여건 속에서도 다양한 프로그램으로 외국인들을 돌보고 있었습니다. 틈을 내어 자원봉사하는 의사 선생님들의 헌신도 감동을 줍니다. 모두 고맙습니다. 우리나라, 복받는 나라가 될 것입니다.

외국인지원센터에서 어머니 생각을 할 줄은 미처 몰랐습니다.

_2011. 5. 9. 페이스북

〈국민일보 2012. 4. 19〉

결혼이민자 40명 이상 지방공무원으로 채용한다

정부는 올해 외국인 출신 결혼이민자 40명 이상을 지방공무원으로 선발하고, 27명 이상을 지역아동센터 복지교사로 채용키로 했다. 또 다문화 가정 출신 청소년의 교과 학습지도와 한국어 교육, 직업훈련을 대폭 강화하는 등 다문화가족 정책 관련 53개 과제에 925억 원을 투입하기로 했다.

정부는 18일 김황식 국무총리 주재로 다문화가족정책위원회를 열어 이 같은 내용의 2012년도 다문화가족 지원정책 시행 계획을 확정했다. 계획에 따르면 외국인 결혼이민자 자녀 가운데 정규학교 중도 탈락자나 중도 입국자들을 대상으로 한국어 및 직업교육을 실시하는 다솜학교가 1곳 더 증설된다. 현재는 충북 제천 한국폴리텍 다솜학교 한 곳뿐이다. 또 초·중·고교에 재학 중인 다문화 가정 자녀들에게 한국어 및 교과 학습 집중지도 프로그램을 운영하는 글로벌 선도학교도 80곳에서 150곳으로 확충된다.

정부는 사회적 기업이 결혼이민자를 채용할 경우 1인당 최저임금과 사회보험료를 지원키로 했다.(최현수 기자)

〈동아일보 2012. 3. 3〉
"기술 열심히 배워 행복할 권리 찾을게요"

"여러분은 행복해야 합니다. 행복할 권한과 의무도 있습니다. 누구도 자신의 출생 때문에 차별받지 않는 사회를 만들기 위해 정부가 더욱 노력하겠습니다."

2일 오후 충북 제천시 강제동 옛 한국폴리텍대 제천캠퍼스 강당. 김황식 국무총리의 축사가 끝나자마자 200여 명이 앉아 있던 객석에서는 우레와 같은 박수가 터져 나왔다. 자리에 앉아 있던 머리색과 피부색이 다른 45명의 학생은 이날부터 함께 공부하는 친구가 됐다. 김 총리는 "우리 사회가 아직은 다문화 학생들에게 힘든 환경"이라며 "앞으로도 계속 노력할 것을 저에게 직접 약속해 달라"고 강조했다.

한국폴리텍 다솜학교는 국내 최초의 다문화 가정 학생을 위한 기술학교다. 이 학교는 2010년 사회통합위원회에서 다문화 가정 학생들만 다니는 기술학교의 필요성이 제기되며 논의가 시작됐다. 이후 고용노동부 산하 한국폴리텍대가 학교 설립을 추진해 이날 개교했다.

신입생 45명은 모두 부모 중 한쪽이 외국 출생이다. 일반적인 정규

교육과정에 적응하지 못하는 다문화 가정 학생들에게 '기술 전수'로 새로운 기회를 주겠다는 것이 이 학교의 목표다. 이곳을 졸업하면 고교 학력을 인정받는 동시에 기능사 수준의 자격을 취득할 수 있다. 컴퓨터기계과, 플랜트설비과, 스마트전기과 등 3개 학과로 운영된다. 정원은 각각 15명이며 폐교한 한국폴리텍대 제천캠퍼스 건물을 활용해 전 재학생이 기숙사에서 생활하게 된다.

전남 해남의 한 일반계 고교를 중퇴하고 다솜학교 1학년으로 새로 입학한 김혜진 양(17)은 지금은 한국 국적인 어머니가 중국 동포 출신이다. 중학교 때까지 반마다 두 명 이상 있었던 다문화 가정 학생들은 고등학교 입학 이후 김 양 혼자 남았다. 김 양은 "동급생의 따돌림 때문에 1년 만에 고등학교를 중퇴할 수밖에 없었다"며 "앞으로 국내 최고의 전기 기술을 배워 다문화 가정 학생도 잘할 수 있다는 것을 보여주고 싶다"고 말했다.

다문화 가정 학생들에게 기술을 습득하는 일은 일반 학생들보다 더욱 절실한 문제다. 다솜학교 변경환 교사는 "이번에 입학한 학생 중 80퍼센트가 국내 출신자가 아닌 중도 입국자"라며 "한국말과 한국 문화에 서투른 학생들을 우리 사회에 뿌리내리게 하기 위해서라도 제대로 된 기술을 가르치겠다"고 강조했다. 국내 1호 다문화 기술학교인 다솜학교는 향후 국내 다문화 가정 학생뿐 아니라 새터민 학생들에게까지 기술 교육을 확대할 계획을 갖고 있다. 또 한국폴리텍대에 재학하는 대학생을 멘토로 지정해 다솜학교 학생들의 기술 교육 및 사회 적응을 도울 계획이다.(박재명·장택동 기자)

행복할 권리, 행복해야 할 의무

'행복'이라는 낱말은 본래 법률에 쉽게 쓰이는 용어는 아닙니다. 그러나 현행 헌법에 처음 사용되면서 법 영역으로 들어왔습니다. 헌법 제10조의 '행복을 추구할 권리'가 그것입니다.

다양한 해석이 가능하겠지만, 안락하고 만족스러운 삶을 추구할 권리라고 정의해 두겠습니다. 그러나 이 권리는 행복을 추구하기 위하여 필요한 조치(급부 등)를 국가에게 적극적으로 요구할 수 있는 것을 내용으로 하는 것이 아니라, 그저 국민이 행복을 추구하기 위한 활동을 국가권력이 간섭해서는 안 된다는 정도의 것에 불과합니다. 권리라고 하기에는 조금 공허한 것입니다.

결국, 행복은 스스로 만들어 가야 하는 것입니다.

지난달 일신여상 졸업식에서 축사를 하던 중, 장래에 대한 기대와 불안을 갖고 사회에 진출하는 젊은이들이 정말 행복했으면 좋겠다는 생각이 간절하여, 원고에 없는 내용을 다음과 같이 추가하였습니다. "여러분은 반드시 행복해야 합니다. 여러분에게는 행복할 권한도 있고, 행복해야 할 의무도 있습니다."

지난 3월 2일 충북 제천시 소재 한국폴리텍 다솜고등학교 개교식에서도 우리 사회적응 교육 및 기술 교육을 받기 위하여 입학하는 다문화 가정 자녀들에게도 같은 취지로 격려해주었습니다.

행복을 위하여 스스로 노력할 때 행복할 권한도 주어지는 것입니다. 그래서 행복은 권한이자 의무입니다.

_2012. 3. 5. 페이스북

이자스민 씨의 국회의원 당선을 바라보며

외국 화폐에 Korea, Seoul 등의 낱말이 있다면 여러분은 이를 믿으시 겠습니까?

그 화폐는 바로 필리핀의 500페소짜리입니다. 그 화폐에는 필리핀의 민주화를 위해 헌신하다 암살당한 베니그노 아키노 상원의원의 초상과 그가 한국전쟁에 종군기자로 참여하여 송고한 기사가 실려 있습니다. 현재의 노이노이 아키노 대통령이 그의 아들입니다.

저는 2010년 7월 1일 아키노 대통령 취임식에 특사로 참석하였습니다.

이튿날 면담에서 저는 대통령에게 그 화폐를 내보이며, "외국 화폐 중에 Korea라는 단어가 들어 있는 유일한 화폐이며, 그런 점에서도 한국과 필리핀은 인연 깊은 나라이며, 이 화폐를 간직하고서 많은 한국인에게 그런 사실을 알리겠으며, 결혼하여 이주해온 필리핀 등의 여성들이 한국에 잘 정착할 수 있도록 노력하겠다"는 등의 말씀을 드렸습니다.

대통령께서도 어릴 적 아버지로부터 한국에 관한 얘기를 많이 들었다며 호감을 나타내었습니다. 필리핀은 한국전 참전을 비롯하여 지금까지 국제 외교 관계에 있어 한국을 앞장서 지지해준 고마운 나라입니다. 그런 점을 떠나서도 다문화 시대에 접어든 현시점에 어느 정당 소속이건 결혼이주민이 국회에 진출한 것은 의미 있는 일입니다. 필리핀 국민은 물론 베트남 등 다른 나라 국민도 한국을 달리 평가하고 고마워할 것입니다.

_2012. 4. 30. 페이스북

우리나라도
농업 선진국이
되어야

총리 취임 후 얼마 되지 않아 구제역 파동이 일어났습니다. 구제역 청정국 지위를 유지하기 위하여 백신 접종을 피하고 미루는 바람에 피해가 더 커진 결과가 되었습니다. 수십만 마리의 가축이 살처분되었고 그 참혹한 장면이 텔레비전에 노출되어 국민이 충격을 받았습니다. 공무원들이 혹한의 날씨 속에서 방역에 나서야 했고 그 과정에서 희생을 당하기도 하였습니다. 사태가 수습된 뒤 문제점을 재점검하고, 관련 매뉴얼을 정비하고 나아가 가축 질병 방역체계 개선 대책을 재수립하였습니다. 그러나 재직 중 결과적으로나마 가장 잘못한 일이었습니다. 이런 아쉬움을 계기로 저는 축산업 선진화 방안, 농업 보조금 개편 방안, 농산품 유통 단계 합리화 방안 등 농촌 문제 전반을 점검하는 기회를 가졌습니다.

농업이 우리나라 GDP에서 차지하는 비중이 3퍼센트 미만이고 국가 예산도 3퍼센트에 미치지 못합니다. 식량은 자급률이 30퍼센트 정도로 상당 부분 해외 수입에 의존하고 있습니다. 그러나 식량안보라는 말이 있듯이 우리 생존의 기반인 만큼 농업은 그 규모와 비중에도 불구하고 결코 경시할 수 없는 산업입니다.

농촌은 정서적으로 우리의 고향이기도 합니다. 우리가 농업·농촌에 관심을 가져야 하는 이유입니다. 또한, 농업·농촌 문제는 서로 부딪치는 많은 요소를 안고 있습니다. 생산자인 농민의 수익을 확보해 주어야 하지만 소비자인 시민들을 위한 적극적인 물가 관리도 필요합니다. 이와 관련 외국 농축산물의 수입, 나아가 FTA 체결에 있어서 고려할 부분이 생깁니다. 중간 이익을 줄이기 위하여 다단계인 유통 단계를 줄일 필요가 있으나 그 실현의 현실적 어려움과 함께 소비자 편의와 관련 산업의 보호 육성도 도외시할 수 없습니다. 젊은 층을 농업에 끌어들이고 기업농으로 육성하여 신산업으로 발전시켜야 하는데 현실은 고령자 중심의 농촌 현실 때문에 용이하지 아니하여 우리 농업 정책은 그만 복지와 산업이 뒤섞인 결과가 되어 있습니다. 부단한 개선 노력이 필요한 대목입니다. 국회 대정부 질문에서 최인기 의원의 "선진국들은 농업 분야에서도 선진국"이라며 농업 문제에 더 많은 관심을 가져 달라는 발언은 제가 지금까지도 공감하며 마음에 담고 있는 지적입니다.

한번은 고향의 김양수 군수가 사무실로 찾아와 용산역 광장에서 장성군민과 재경 장성군 향우 사이의 직거래 장터를 열 계획을 설명하였습니다. 여러 가지 면에서 의미 있는 좋은 아이디어라고 생각하고 저도 참석하여 인사를 하고 다음과 같이 당부하였습니다.

"재경 향우들은 장성에서 가져온 농산품을 모두 사주시어 장성에서 오신 분들이 모두 빈손으로 돌아가게 하시고, 만약 팔리지 않으면 재경 향우들에게 기부하고 빈손으로 돌아가시라."

당연히 전자를 강조하기 위함이었습니다. 농산품은 다 팔렸고 중간에 농산품을 더 조달하여 이것마저 다 팔았습니다. 또한, 장성군민과 재경 향우 사이의 직거래를 위한 연락처 등의 정보 교환도 이루어졌습니다.

선진국은 농업 분야도 선진국

지난달 18일부터 이틀간 용산역 광장에서 전남 장성군과 재경 향우회가 함께 추진한 '직거래 장터'가 열렸습니다. 유통 단계를 줄여 생

산자와 소비자가 직접 만나 서로 이익을 도모하는 한편 고향의 정을 함께 나눌 수 있도록 제가 제안했던 행사였습니다.

저도 참가하여 "서울 향우분들은 고향 분들이 가져온 농·특산물을 다 팔고 빈손으로 돌아갈 수 있도록 해주시고, 고향 분들은 다 팔리지 않으면 서울 향우분들에게 기증하고 빈손으로 돌아가시라"고 우스개를 섞어 부탁하였습니다. 물론 다 사주어야 함을 강조하기 위함이었습니다. 2억 이상 매출을 올리고 '빈손'으로 돌아가는 성과를 거두었답니다.

농촌이 어려움을 겪고 있습니다. 농업도 과거의 모습에 안주하는 것이 아니라 경쟁력을 갖춘 사업으로 발전할 수 있도록 정부는 지원할 것입니다.

"선진국은 농업 분야에서도 선진국"이라는 최인기 농림수산위원장의 국회 대정부 질문에서의 지적은 우리 모두 음미할 만한 내용입니다.

_2011. 7. 12. 페이스북

한글날을
공휴일로

　저는 우리 문화유산 중 가장 자랑스러운 것은 한글이라고 생각합니다. 그런데 한글날은 국경일이지만 공휴일은 아닙니다(2011년 당시). 5대 국경일 가운데 공휴일은 3·1절, 광복절, 개천절의 3일입니다. 일제 침략으로 수치를 당한 대한민국, 해방된 지 70여 년이나 지난 지금도 일본과 관련된 두 날이 국경일이자 공휴일이고 한글날은 공휴일이 아니라니, 부끄럽고 화나는 일입니다. 저는 한글날을 공휴일로 만들어 진정한 국민 축제일로 삼아야 한다고 생각했습니다.

　페이스북에 그런 취지의 '자랑스러운 우리 한글날'을 쓰고, 이명박 대통령에게 제 의견을 말씀드렸습니다. 대통령은 쉬는 날이 늘어나는 것에 대한 경제적 부담을 우려하셨습니다. 그러나 저는 포기하지 않았습니다. 최광식 문체부 장관도 제 의견과 같음을 확인하고 한글 관련 단체들이 한글날 공휴일화 건의에 나서도록 유도하게 하였습니다. 어느 정도 여론을 조성한 후 대통령께 다시 건의하였습니다. 마침내 대통령께서도 동의하셨습니다.

　2012년 말 공휴일로 지정하였고, 이듬해부터 공휴일이 되었습니다. 광화문 광장에서 공휴일 지정을 축하하는 행사도 열었습니다. 또 세종문화회관 옆 공터에 '조선어학회 사건 기념비'를 세우고자 하는 한글학회를 도와 당시 오세훈 서울시장의 도움을 이끌어 내어 실현시켰습니다.

　저의 이런 노력을 안 한글학회 김종택 회장은 한글학회 소식지에 고마움을 실어 전했고 몇 해 뒤에는 '김황식 총리에게'라는 시를 쓰시기도 하였습니다. 저의 작은 노력이 회장님에게 감동을 주었다면 저로서도 고마운 일이 아닐 수 없으나 한글을 사랑하는 공직자로서 당연히 해야 할 일이었습니다.

광화문 광장 공휴일 지정 축하 행사

지금 고궁 박물관에 세종대왕 때 만들었다는 물시계를 고증을 거쳐 다시 만든 물시계가 있습니다. 물이 흐르는 양에 따라 구슬 등이 작동하면서 시각을 알리는 종을 치는 구조입니다. 참 재미있는 볼거리입니다. 이를 광화문 광장에 설치하면 프라하의 천문시계보다 더 인기 있을 것 같습니다. 세종대왕이 한글을 창제하신 경복궁과 세종대왕 동상이 있는 광화문 일대를 세종대왕 관련 스토리로 채워 축제를 벌이는 한글날, 저는 그것을 꿈꾸었습니다.

자랑스러운 우리 한글날

어제는 한글날이었습니다. 3·1절, 제헌절, 광복절, 개천절과 함께 국가의 경사스러운 날을 기념하기 위하여 정한 5대 국경일 가운데 하나입니다. 하지만 한글날이 저에게는 가장 경사스러운 날로 느껴집니다.

우리 민족의 긴 역사 속에서 한글만큼 소중하고 자랑스러운 문화유산은 없다고 생각하기 때문입니다. 배우기 쉽고 쓰기에 편할 뿐 아니라 독창적이고 과학적인 점에서 그렇고, 또한 정보화 시대를 맞고 보니 더욱 그렇습니다.

그러나 국적 불명의 언어와 문자, 어렵고 낯선 외국어의 범람 가운데 우리 한글이 병들어 가고 있는 것도 현실입니다. 한글을 아끼고 지키는 데 더 많은 정성을 쏟아야 할 것입니다.

나아가 한글날을 더욱 발전시켜 온 국민이 한글의 우수성을 다시 생각하고 자랑스러워하는 날로 삼았으면 좋겠습니다. 다른 공휴일을 조정해서라도 한글날을 공휴일로 하여 축제일로 삼는 등 한글날을 기리는 다양한 방안을 논의해봤으면 합니다. 여러분의 의견은 어떠신지요?

_2011. 10. 10. 페이스북

늦가을/ 바람 부는데/ 해 저무는데/ 조선조 오백 년/ 세월 한 자락 걸어놓고/ 도포 한 자락 걸어놓고/ 주막집 툇마루에 앉아/ 해설피 웃고 있는/ 당신은 누구입니까/ 도산서당 가는 길은/ 구비구비 아득한데/ 고봉 선생 편지는/ 언제 전하렵니까/ 고봉 선생 사단칠정四端七情 논변이/ 하서 선생 이기理氣 논강이/ 부질없어 웃습니까/ 과거 날은 다가오는데

_〈시〉 가던 길을 가셔야지요 - 김황식 총리께

공정 선거,
민주주의의 핵심

    선거는 민주주의의 꽃입니다. 선거의 공정이야말로 민주주의의 핵심 요소입니다. 우리나라의 선거제도는 형식적 측면에서는 큰 발전을 이루었으나 내실에 있어서 아직 미흡한 점이 많습니다. 현행 국회의원 선거제는 표의 등가성에 심한 왜곡을 가져오고, 30~40퍼센트대 득표로 대통령 당선이 가능한 것은 국민 통합의 관점에서 문제라 할 것입니다.

    또한, 대선을 앞두고 대권 주자 주변에 대형 캠프가 차려져 교수·기업인·시민 단체·관계자 등이 몰려들고, 그들은 나중에 논공행상에 따라 한자리 차지하여 국민 통합을 저해하고 국정을 비효율적으로 운영하게 하는 원인을 제공하기도 합니다. 또 후보 간, 진영 간의 극한 대립은 사회적 편 가르기로 이어져 사회 통합과 국가 발전에 장애로 작용합니다. 시정되어야 할 폐단입니다. 이런 과정에 공무원까지 끼어든다면 재앙이 아닐 수 없습니다. 공무원의 정치적 중립이라는 법 원칙에도 벗어납니다. 2012년에 접어들자 연말 대선을 앞두고 공직 사회에도 정치권 줄 대기 우려가 나오기 시작하였습니다. 심지어 일부 판사들까지 SNS를 통하여 정치 편향적 발언을 하는 사례도 생겨났습니다. 만약 그런 일들이 임기 말 레임덕 현상으로 비친다면 국정 운영에 차질을 빚을 것입니다. 그래서 강한 톤으로 이를 경고하였지만 지금 보니 조금은 거친 표현이라는 생각이 듭니다. 우리의 희망은 갈등과 대립보다는 화해와 포용으로 국정을 이끌어 가는 대통령을 갖는 것입니다. 남아공의 만델라 대통령처럼.

〈서울신문 2012. 1. 27〉

김 총리 "공직자 중립성 훼손하면 본때 보여야"

김황식 국무총리는 26일 임기 말 공직자의 '정치권 줄 대기'와 관련, "공직자의 중립성을 훼손하면 본때를 보여야 한다"고 말했다.

김 총리는 서울 삼청동 총리 공관에서 출입기자단과 간담회를 갖고 "대부분의 공직자는 사명감을 갖고 성실히 근무하고 있지만 그런 (줄 대기) 사례가 있다면 엄정하게 처리하겠다"며 이같이 밝혔다. 이어 김 총리는 "정치권도 공무원의 중립성을 깨는 행위를 해선 안 된다"며 "정치권도 협조해야 한다"고 말했다.

최근 일부 판사들이 소셜네트워크서비스를 통해 소신을 밝히는 것과 관련, "소신 내용에 따라 다르다"면서도 "법관은 객관성, 진실성을 유지해야 하는데 그것에 흠이 될 수 있는 것은 자제해야 한다. '판사는 판결로만 말한다'는 말이 있다"고 에둘러 비판했다.

임기 말 '레임덕'에 대해서는 "정권 말기라 힘이 빠지는 게 있을 수는 있지만 정부는 정권의 정부가 아닌 국민의 정부인 만큼 정치권에서 어떤 일이 벌어지든 정부가 해야 할 일은 임기 마지막 순간까지 해야 한다"며 공직 기강의 고삐를 다잡을 방침임을 밝혔다.

한편, 김 총리는 자신이 "이슬비 같은 총리가 되고 싶다"고 말했던 것을 언급하며 "이슬비처럼 좌고우면하지 않고 할 일을 꾸준히 해나가야 한다"고 강조했다.

김 총리는 최근 중동 순방 성과에 대해 "순방국에서 기대했던 것보다 훨씬 더 좋은 답변이 있었다"고 말했다.(이석우 선임기자)

대선의 계절에 만델라 대통령을 생각합니다

바야흐로 대통령 선거의 계절입니다. 좋은 대통령이 선출되기를 바라는 것이 온 국민의 마음이겠지요. 어떤 분이 좋은 대통령일까요?

문득 지난 7월 아프리카 방문 중 겪은 일이 생각납니다.

모잠비크 수도 마푸토에서 남아공의 요하네스버그로 향하는 남아공 항공기 기내에서, 제가 대한민국 총리임을 알고 승무원이 한 가지 부탁을 해왔습니다.

만델라 전 대통령이 곧 94회 생일을 맞게 되어 승객들에게 축하 메시지를 받아 전달하고자 하는데 저도 동참해 달라는 것이었습니다. 물론 기꺼이 동참하였습니다. 축하 메시지가 빼곡한 신문지 크기의 두꺼운 도화지의 중앙 여백에 축하의 글을 적었습니다. 넬슨 만델라 대통령, 남아공 최초 흑인 변호사, 인권운동가로서 27년간 감옥 생활을 하면서도 인간으로서 존엄과 긍지를 유지하고 미래에 대한 희망을 잃지 아니한 분, 갈등과 대립보다는 화해와 포용으로 문제 해결을 도모하며 1993년 노벨평화상을 받고 이듬해 대통령이 된 분, 임기를 마치고 대통령직에서 깨끗이 물러나 조국뿐 아니라 온 세계의 정신적 지주가 된 분입니다.

대선의 계절에 만델라 대통령이 지녔던 덕목을 생각해봅니다.

_2012. 9. 24. 페이스북

현장에서 만난
사람들

쪽방촌
사람들

작은 집들이 다닥다닥 붙어 있는 쪽방촌에는 가난한 사람들이나 혼자 사는 노인들이 살고 있습니다. 선진국 문턱에 들어섰다고 자랑하는 대한민국 수도 서울에 아직도 이런 쪽방촌이 있다는 것은 부끄러운 일입니다. 현장을 방문해보면 그 환경이 열악하여 통로는 비좁고 전깃줄은 얽혀 있어서 만약 화재라도 발생하면 큰 인명 피해가 예상됩니다. 서울시가 소유자들과 상의하여 최우선적으로 정리, 해결해야 할 문제 중 하나인데 진척이 더디기만 합니다. 여름철 혹서기나 겨울철 혹한기를 앞두고 서민 생활 점검 대책회의를 통해 대책을 수립하고 실천합니다. 때로는 영등포나 창신동 등 쪽방촌을 방문하여 실태를 점검하고 주민들과 대화를 나누었습니다. 불만을 얘기하는 사람보다는 사소한 도움에 감사해하는 사람들이 훨씬 많았습니다.

한번은 쪽방촌에 혼자 사시는 저와 동향인 80대 노인을 만났습니다. 조심스럽게 가족 관계를 물었습니다. 딸 둘이 지방에 살고 있어 연락할 수 있는데도 자기들 살기도 힘들 텐데 부담을 줄까 보아 일부러 연락하지 않는다며 허허롭게 웃었습니다. 가슴이 찡하게 아려 왔습니다. 국가의 복지 지원이 없었지만 서로 부대끼며 의지하고 살았던 옛날이 더 좋았다는 생각도 듭니다. 그래도 정부나 지자체가 다 챙기지 못하는 일을 선량한 봉사자들이 대신 해주고 있습니다. 부근에 병원을 열어 어려운 사람들을 돕고 있는 요셉의원, 광야홈리스복지센터 등을 방문하여 그들을 만나면 천사를 만나는 기분입니다. 방문길에 꽁꽁 얼린 생수병을 배달하는 해맑은 대학생 봉사자들을 만나 "학생들, 수고하십니다"라고 전하는 인사로 고마움을 대신하였습니다.

폭염 속의 쪽방촌에서

폭염이 계속되고 있습니다. 모두 힘들어합니다. 저로서는 우선 국민 건강과 전력 사정이 걱정입니다. 특히 쪽방 등 열악한 환경 속에 살고 계시는 노인들의 건강이 가장 큰 걱정입니다. 지난 목요일 동대문 쪽방촌을 찾았습니다. 김나나 동대문 쪽방상담소장은 320여 명의 쪽방 주민을 돕고 있었습니다.

짧은 만남이었지만 생글생글 웃으면서도 야무지게 일하는 모습이 감동을 줍니다. 한 구청 관계자는 미혼인 김 소장을 쪽방촌과 결혼한 사람이라고 칭송(?)합니다.

대낮인데도 어두워 손으로 더듬거리며 계단을 올라야 하는 쪽방에

쪽방촌 찾은 김 총리 2일 서울 종로구 창신동 쪽방촌을 방문한 김황식(왼쪽) 국무총리가 쪽방에 살고 있는 한 할머니와 이야기를 나누고 있다. 김 총리는 이날 동대문 쪽방상담소를 찾아 '폭염 기간에 독거 노인들의 건강에 더 각별히 신경 써 달라.'고 당부했다. 정연호기자 tpgod@seoul.co.kr

〈서울신문〉 2012. 8. 3.

거주하는 한 할아버지는 얼마나 힘드시냐는 나의 질문에 연신 괜찮다는 대답입니다.

그러면서 월세가 9만 원으로 전기·수도요금이 다 포함되어 있어 저렴할 뿐 아니라 집주인은 수년 동안 월세를 한 푼도 올리지 않고 있어 참으로 고맙다고 말씀하십니다. 다른 할머니는 건강이 좋지 않지만 많은 사람이 관심을 갖고 챙겨주니 고마울 뿐이랍니다.

_2012. 8. 6. 페이스북

고독사와 직장

고독사孤獨死, 직장直葬. 요사이 새로이 등장한 단어들입니다. 국어사전에도 나오지 않습니다. '고독사'는 돌보는 이 없이 홀로 죽는 것, '직장'은 장례식도 없이 화장터로 직행하는 장사 방식을 말한답니다.

주로 독거 노인과 극빈 노인들의 죽음에서 나타나는 일들입니다만, 노인들에게만 한정되는 것이 아닙니다.

일본에서는 고독사가 한 해에 1만 5,000건이 넘으며, 도쿄에서 죽은 사람 중 30퍼센트가 무연고로 인해 화장터로 직행한다고 합니다. 가족 해체와 깊은 연관이 있습니다. 우리나라도 1인 가구가 414만으로 지난 5년간 30퍼센트나 증가하였습니다. 따라서 우리나라의 문제이기도 합니다.

개인 중심으로 변화하는 사회현상의 결과로 안타깝습니다. 이와 같은 문제를 해결하려는 따뜻한 사회적 운동이 필요합니다. 정부가 어떤 역할을 해야 할지 고민해야 합니다. 헌법 제10조에 나오는 '인간으로서의 존엄과 가치'가 산 자에게만 적용되어야 하는지 엉뚱한 생각을 해봅니다.

_2011. 7. 19. 페이스북

소록도의
한센병 가족

　어릴 적 집 서가에 한센병 환자 시인 한하운의 시집이 꽂혀 있어서 가끔 꺼내 읽었습니다. '황톳길', '보리피리' 등 한센병 환자로서의 슬픔과 절망을 노래한 시들이었습니다. 그 후 한센병 환자들을 수용하고 있는 소록도에 관해서도 알게 되었습니다. 작은 사슴, 이름처럼 여리고 아름다운 섬 소록도, 그리고 그 안에 사는 안타까운 사연을 지닌 사람들, 이 관계는 아이러니하다는 생각을 하였습니다.

　광주고등법원에 근무할 때 개인적으로 처음 소록도를 찾아갔습니다. 아직 녹동항과 소록도가 다리로 연결되기 전이었습니다. 그때 소록도에서 많은 것을 생각하였습니다. 그러다가 총리로서 소록도를 방문하게 되었습니다. 뒷전에 물러나 있기를 좋아하는 아내가 저의 소록도 방문 계획을 알고서 자기도 함께 가고 싶다고 하였습니다. 할아버지가 소록도병원장으로 근무하였다는 인연을 내세우며. 저나 총리실은 기꺼이 환영하며 함께 소록도를 방문하여 즐겁고 보람 있는 한때를 보냈습니다. 나중에 들으니 할아버지는 한센병 환자들이 자치회를 만들어 스스로 의사 결정하고 건의할 수 있는 자치권을 확보해주어 환자들의 추앙을 받았다고 합니다. 그 후 조창원이라는 원장은 한센병 환자도 부부로서 아이를 출산할 수 있도록 해주었다고 합니다. 멸절 대상으로까지 생각했던 일제강점기 이후의 혹독한 시련을 겪은 소록도에 희망의 빛을 비춘 사람들이었습니다.

그 가운데 오스트리아에서 간호학교를 졸업하고 1960년대에 20대의 꽃다운 나이로 소록도에 들어왔다가 2002년에 늙고 병들어 폐만 끼칠 뿐 아무 도움이 되지 못한다며 조용히 고국으로 돌아간 두 간호사 마리안느와 마거릿 이야기는 감동을 줍니다. 그리하여 전남 지역을 중심으로 이들의 고마움을 잊지 않기 위하여 노벨평화상 추천 운동이 시작되었습니다. 제가 그 위원장을 맡아 소록도 성당 김연준 신부님, 신경림 대한간호협회장님 등과 함께 열심히 하였습니다. 다큐멘터리 영화를 만들어 그들의 업적을 알리고 국내에서 100만 명 이상의 추천 서명을 받았고, 국제간호사회 및 영국·캐나다·오스트리아 등의 의회와 협조하며 그 추천 사업을 진행하였습니다. 노벨상 수상이 목표이지만 추천 운동 과정에서 우리 모두 희생·헌신·봉사 등의 가치를 되새겨 보고 고마움을 마음속에만 묻어두지 않고 밖으로 나타내고자 함입니다. 이 일을 접한 외국인들은 우리의 노력, 특히 자국민이 아닌 외국인을 위해 추천 운동을 벌이는 우리에게 감동하며 응원합니다. 즉 우리나라의 국격 향상에도 도움을 주는 일입니다. 특히 2020년은 나이팅게일 탄생 200주년이자 세계보건기구

(WHO)가 정한 간호사의 해이며 코로나19로 고생하는 간호사들에 대한 고마움을 생각한다면, 소록도 두 간호사가 노벨평화상을 받으면 큰 의미가 있을 것입니다. 그러나 2020년 노벨평화상은 세계식량계획(WFP)에 돌아갔습니다. 그러나 우리의 노력은 계속될 것입니다. 한 번에 선정되지 않는 경우가 더 많고, 또 과정에서 얻는 것이 더 많기 때문입니다.

〈조선일보 2012. 5. 17〉

총리 부인 이례적으로 한센 가족 행사 참석

조부가 소록도병원장으로 인술 베풀었기에

17일 전남 고흥군 소록도에서 열리는 '전국 한센 가족의 날' 행사에 김황식 국무총리가 부인 차성은 여사와 함께 참석할 예정이다.

차 여사는 평소 외부 행사 참석을 꺼리는 것으로 알려져 있어 그가 동행하는 이유에 대해 총리실 안팎에서 궁금해했다.

차 여사가 이례적으로 이 행사에 참석하는 것은 소록도가 그에겐 특별한 의미가 있는 곳이어서다. 차 여사의 할아버지인 고 차남수(1903~1990) 씨가 11대 국립소록도병원장을 지냈다.

차남수 원장은 1960년 6월부터 61년 1월까지 7개월 동안 소록도병원장으로 재직하면서 당시 한센병 환자 정책을 수용 위주에서 치료 위주로 전환하는 데 기여한 것으로 알려졌다. 김 총리는 이 같은 인연 때문에 실무진에 "소록도에 아내와 같이 가고 싶다"는 뜻을 전했다.

차남수 원장은 우리나라 외과 전문의 제1호다. 일본 규슈제국대학

의학부를 졸업하고 귀국해 대구의학전문학교 교수를 거쳐 1941년 목포 대안동에 병원을 차렸다. 광복 후엔 안동도립병원, 국립소록도병원, 국립부산재활원 등에서 원장으로 일하는 등 1941년부터 1990년 세상을 떠날 때까지 50년간 인술을 펼쳤다.

그는 "의술은 인술仁術이어야 한다"며 가난한 환자, 특히 부모 곁을 떠나 공부하는 가난한 고학생들에게 무료 진료를 많이 베푼 것으로 의학계에 알려져 있다. 이런 선행 덕에 그는 죽을 뻔한 위기도 넘겼다고 한다. 6·25 전쟁 때 해남으로 피신 중 빨치산에게 붙잡혀 처형 직전까지 갔으나 빨치산 대원 중 그의 무료 진료로 목숨을 구한 사람이 그를 알아보고 구출해줬다는 것이다. 1960년 당시 다들 가기를 꺼린 소록도병원에 간 것도 서울대 의대를 졸업한 큰아들에게 목포 병원을 맡기고 한센인들을 돌보기 위해 자원自願한 것이라고 관계사들은 전했다.

그는 소록도병원에 재직하는 동안 직원들의 반대에도 불구하고 매점을 환자들에게 넘겨 자율 운영토록 하고, 외출 제도를 개선해 환자들의 바깥나들이를 도왔다. 또 환자들로부터 병원 운

김황식 총리 한센인 점심 배식봉사

김황식 국무총리가 17일 전남 고흥군 국립소록도병원 개원 96주년 및 제9회 전국한센가족의 날 기념식을 마친 후 한센인 노인들에게 점심 배식봉사를 하고 있다. 김 총리는 한센병에 대한 편견 때문에 차별을 받아온 한센인들에게 특별법에 따른 정부의 적극적인 지원을 약속했다. /사진=국무총리실

〈서울경제〉 2012. 5. 18.

영을 비판하는 글을 응모받아 병원 기관지인 〈성화〉에 실을 정도로 환자들에게 자율권을 준 원장으로 평가받았다.

17일 행사에서 김 총리는 한센인들을 위로하고 정부의 적극적인 지원을 약속할 것으로 알려졌다. 한빛복지협회와 국립소록도병원이 주관하는 이 행사에서는 기념식과 함께 체육대회, 전시회, 공연, 한센인 이해 교육, 한센 가족 복지 상담 등이 열릴 예정이다. 허돈 한빛복지협회 고문이 한센인 권익 신장과 국가한센병관리사업에 기여한 공로로, 국립소록도병원 김이화 간호주사는 한센병 퇴치 및 병원 발전과 한센인 복지 향상에 기여한 공로로 대통령 표창을 받는 등 20명의 유공자가 상을 받는다.(김민철 기자)

소록도 가는 길

제가 국립소록도병원을 방문하는 것을 알게 된 아내는 할아버지가 병원장으로 근무하셨던 곳이라며 따라가고 싶다고 했습니다. 차별과 냉대의 서러운 삶을 살아오신 한센인들을 격려, 위로하는 기회인만큼 오히려 환영할 제안이었습니다. 할아버지는 저에게 특별한 감동을 준 어르신이었습니다. 88세로 돌아가시기 전날 손수 펜을 잡아 남긴 유서 때문입니다.

"본인은 생의 마지막 언덕 위에 서서 평소 본인을 아껴주시고 사랑해주신 모든 분에게 삼가 인사를 올립니다. 먼저 88세 미수米壽까지 생을 누리도록 성은聖恩을 베풀어주신 하나님께 감사드리고, 이 복된 삶을 이어오는 동안 본인에게 지혜와 용기를 베풀어주신 여러 스승님과 선배님들 그리고 벗들과 후배 여러분에게도 뜨거운 감사를 드

럽니다. 생야일편부운기生也一片浮雲起요, 사야일편부운몰死也一片浮雲沒
이라 하였습니다. 한 조각 뜬구름에 불과한 인생에 종말의 시간이 온
다는 것은 천명天命이요, 사람의 숙명일진대 본인은 기쁜 마음으로
천명에 순종할까 합니다. (중략) 본인의 간절하고 마지막인 기도와
소원은 두 가지가 있습니다. 하나는 내 고향 목포인들이 서로 사랑하
고 서로 도우실 것을 바라는 마음이요, 또 하나는 의사님들이 히포
크라테스의 선서를 꼭 지켜주시라는 간곡한 소망입니다. 모든 형제
자매여, 이제 본인은 하나님의 부르심을 받아 자연으로 돌아갑니다.
○○○ 올림"

　　죽음 앞에서의 평안과 담대함, 그리고 사사로움이 없는 당부 말씀
의 충격과 감동을 다시 떠올린 소록도 방문이었습니다.

_2012. 5. 21. 페이스북

문학인들

한 국가가 품격 있고 그 나라의 문화가 풍성하기 위하여 다양한 예술 분야의 균형적 발전이 필요한데 그 가운데 가장 중요한 것이 문학이라 생각합니다. 디지털 문화가 확산되면서 차분히 앉아 책을 읽는 사람이나 시간이 점점 줄어들고 있습니다. 즉 국민 독서율이 점점 떨어지고 있습니다. 독서율이 높아지면 사회는 한층 안정되고 각종 사회적 갈등도 줄어들 것입니다. 국민의 행복 지수도 높아질 것입니다. 국민이 책을 읽지 않는 나라에서 우리가 바라는 노벨문학상 수상자가 나올 리 만무합니다. 노벨문학상을 받으려면 우리 작품이 잘 번역되어 외국 독자들에게 소개되는 것이 중요합니다. 그래서 저는 작가, 평론가나 국립번역원 관계자들을 만나 격려하기도 하고 새로이 발표된 작품을 소개하기도 하였습니다. 투병 중에 새 소설을 출간한 최인호 선생에 관한 글을 페북에 올리고 출판사로 쾌유를 비는 카드와 함께 난 화분을 보냈습니다. 선생께서 화분을 꼭 껴안고 집으로 가져가셨다는 소식을 듣고 오히려 제가 위로를 받은 기분이었습니다. 김주영 작가는 공관에서 만나 얘기를 나눈 적이 있었는데 새 작품을 발표하셔서, 그것도 공감할 우리 모두의 이야기를 다룬 것 같아 페북에 소개하였습니다.

책 읽는 국민, 행복한 나라

디지털 문화가 확산되면서 활자 문화가 쇠퇴하는 것이 아쉽습니다.

독서실태조사 결과에 따르면 국민 독서율이 2004년 76퍼센트에서 2010년 65퍼센트로 줄어들었습니다. 한 나라의 국력이 국민 독서율과 상관관계가 있을진대 무심코 넘길 일이 아닙니다.

그래서 정부는 올해를 '독서의 해'로 지정하였습니다.

책은 우선 우리에게 재미를 줍니다. 삶에 유익한 지식과 지혜를 주며 스스로 사색하고 성찰하게 합니다. 그리고 세상을 따뜻하고 진중하게 만듭니다. 좋은 책을 읽고 마지막 장을 덮을 때 느끼는 감동을 그 무엇에 비견할 수 있겠습니까?

올해 온 국민이 책 읽기 운동에 나서면 각종 사회적 갈등이나 경제적 어려움도 완화되고, 지금 문제 되는 학교폭력·따돌림 문제도 해결의 길이 열리게 될 것입니다.

책을 읽는 국민은 행복해집니다.

정부도 '독서의 해'가 구호에만 그치지 않고 내실 있고 지속 가능한 독서운동이 전개되도록 각종 프로그램을 개발할 것입니다. 그리고 독서운동은 국민과 함께할 때 성과를 거둘 수 있습니다. 다양한 아이디어를 주시면 참고하겠습니다.

_2012. 2. 13. 페이스북

노벨상의 계절을 보내고

노벨상 수상자가 연이어 발표되는 10월 초. 덧없이 지나갔습니다.

금년에도 우리나라와는 인연이 없었습니다. 많은 부분에서 국력 신장을 뽐내고 선진국 문턱에 다다랐음을 자랑스러워하지만, 노벨상 에 이르면 아쉽기만 합니다. 이웃 일본은 과학 부문(물리, 화학, 의학) 만 15명에 문학상, 평화상, 부럽습니다. 그러나 머지않아 과학 부문 에서 우리나라 수상자가 나오리라 예상, 기대해봅니다. 우리 국민은 문학상에 기대를 많이 하는 것 같습니다. 그러나 문학상을 받기 위해 서는 작품이 잘 번역되어 세계인들에게 읽히는 것이 중요하지만, 나 아가 그 나라 국민의 문화적·문학적 소양이나 분위기가 어떠한가도 중요하다고 합니다. 국가적 국민적 뒷받침이 필요하다는 말입니다. 과학 부문 상이 개인 상이라면 문학상은 단체상이라고나 할까요.

가을이 깊어갑니다. 책 읽기 좋은 계절입니다.

책을 읽으면 세상 시름도 잊게 되고 조금은 행복해집니다. 또한, 나의 책 읽기가 우리나라 문학상 수상을 앞당기는 디딤돌이라고 한 다면, 이것은 좀 과장이겠지요?

_2011. 10. 17. 페이스북

투병 중 새 작품을 들고 나타나신 최인호 선생

최인호 선생의 신작 장편《낯익은 타인들의 도시》를 읽었습니다. 선생께서 수년간 투병 중이라는 안타까운 소식만을 듣던 중 선생은 그 고통 속에서 빚어낸 작품을 들고 우리에게 나타나신 것입니다. 선생에게도, 우리에게도 구원의 일입니다.

젊은 시절 제가 좋아했던 《무진기행》, 《서울 1964년 겨울》의 김승옥 선생은 오랫동안 창작 활동을 아니하고, 《병신과 머저리》, 《이어도》의 이청준 선생은 작고하고, 최인호 선생은 투병 중이어서 허전했던 참이었으니까요.

훌륭한 작가, 좋은 작품을 가진 사회는 행복합니다. 여유 있습니다. 품격 있습니다.

그러므로 훌륭한 작가를 존경하고 아껴드려야 합니다.

또한, 작가가 좋은 작품을 쓰는 것은 독자들에 대한 책무입니다. 그래서 며칠 전 최인호 선생에게 하루빨리 건강을 회복하셔서 국민에게 좋은 작품을 선물해주시기 바란다는 감사와 격려의 뜻을 전달하였습니다.

_2011. 8. 8. 페이스북

잘 가요 엄마

5월은 갔습니다. 다투어 피어나던 화사한 꽃들은 지고, 가정의 달에 걸맞게 그 많던 날들도 잊혀갑니다. 그래도 5월과 함께 흘려보낼 수 없는 것은 어머니 생각입니다. 어머니는 우리의 영원한 주제이고 시어詩語입니다. 마침 소설가 김주영 선생이 장편소설 《잘 가요 엄마》를 내놓았습니다. 작가 자신은 누구에게도 털어놓기 힘들었던 가정사이자 참회록이라고 하였지만, 거기에 그려진 것은 지난 시절 자식과 집안을 위해 희생하면서도 이를 행복으로 여겼던 우리 어머니들의 모습이요, 또 어머니에게 잘해드리지 못하고 떠나보낸 것을 회한하는 자식들의 모습으로서, 우리 모두의 이야기입니다. 소설 가운데 어머니의 유품인 핸드백 속에 오래되었으나 사용한 적이 없는 립스틱이 나옵니다. 여인으로서 단장해보고 싶었겠지만, 그것이 사치스러워 보이는 것 같아 망설이다 세월을 보낸 것이 아닐까요.《잘 가요 엄마》덕분에 당신 나이 39세 적 7남매의 막내로 저를 낳아주시고, 72세의 아쉬운 나이지만 노환으로 자식을 괴롭힐까 걱정하셨던 당신의 소망대로 갑자기 쓰러진 지 며칠 만에 떠나가신 어머니, 구걸 온 거지를 손님이라 부르지 않고 거지라 불렀다고 저를 나무라셨던 어머니를 다시 한번 생각하였습니다.

_2012. 6. 4. 페이스북

언론이
연결해준
만남

　신문을 통해 국민의 생각이나 사정을 집하는 것은 당연합니다. 그
런 가운데 총리로서 그냥 지나칠 수 없는 경우도 있습니다.

　한번은 모 신문에서 우리나라 서남단의 외딴섬 가거도를 취재한
기사를 보았습니다. 마을 이장이 가거도에 대한 정부의 관심이 적은
것을 서운해하며 차라리 중국에 편입되어버렸으면 하는 생각이 들
때도 있다는 것입니다. 참 고약한 발언이라는 생각도 들었지만 달리
생각해보니 얼마나 서운했으면 그런 발언까지 하였을까 하는 생각
이 들었습니다. 수십 년에 걸쳐 완공된 방파제가 태풍에 의해 큰 피
해를 입었던 참이었습니다.

　그래서 가거도를 방문하기로 하였습니다. 승용차 크기의 돌덩이가
100여 미터 떨어진 마을 입구에까지 날아와 처박혀 있었습니다. 건
국 이래 중앙 부처의 차관급 공직자도 방문한 적이 없던 곳에 국무

총리가 방문한 자체가 마을 주민들에게는 큰 위로가 된 듯하였습니다. 가거도可居島라는 섬 이름이 그저 '살 만한 섬'이라는 정도의 느낌이 들어, 저는 가거도가 편안하게 살 만한 안거도安居島로 만들자는 다짐을 하며 주민들을 격려하였습니다. 그 뒤 인터넷에서 보니 저의 소망의 글귀가 담긴 석비가 가거도에 세워져 있었습니다. 목포에서 쾌속선으로 3시간 남짓 걸리는 섬이지만 자연 풍광이 수려하여 세상 시름을 잊고 힐링하기에 더없이 좋은 섬이었습니다. 울릉도와 더불어 꼭 방문하기를 권하고 싶은 곳입니다.

전남 고흥군에 사시는 노인분들이 용돈을 줄여 통일 기금을 만들고 있다는 기사를 보았습니다. 휴전선과는 가장 멀리 떨어진 남도 끝 고흥군에서 여생을 편히 즐기셔야 할 어르신들이 나라 걱정을 하며 커피값을 아껴 기금을 모은다는 소식, 참으로 감동적이었습니다. 그 운동을 주도하고 계시는 김갑수 옹과 통화하여 더 자세한 내용을 듣고 소록도 방문길에 만나 점심을 대접하며 응원해드렸습니다. 고흥을 시작으로 하여 전국 각지에서 같은 운동이 전개되고 있습니다. 고흥군의 공원은 '통일발원기념공원'입니다. 운동장은 '박지성 공설운동장'입니다. 축제는 '우주항공축제입'니다. 당시 박병종 군수를 만나 조그만 고흥군이 이름은 하나같이 거창하게 짓는다고 놀려드렸습니다. 박 군수도 싫지 않은 표정이었습니다.

소위 전쟁위안부로 비극적 삶을 사신 황금자 할머니에 관한 기사가 보도되었습니다. 할머니는 지자체로부터 받은 지원금과 폐지를 수집하여 번 돈을 모아 생활비는 최소한으로 하고 나머지를 학생들에 대한 장학금으로 기증한 내용의 기사입니다. 그것도 여러 번 수천만 원에 이르는 적지 않은 금액이었습니다. 굴욕의 삶을 안으로 삭이고 나라를 위해 좋은 일을 하겠다는 할머니의 생각이 존경스러워 화곡동의 할머니 댁으로 찾아갔습니다. 할머니는 노령으로 치매를 조금 앓고 있었지만 "나라가 먼저다"라는 말씀을 수차 반복하셨습니다. 할머니야말로 진정으로 일본을 이기고 있다는 생각이 들었습니다. 총리 퇴직 후인 2014년 할머니가 작고하셨다는 보도를 보고 장례식장을 찾아 명복을 빌었습니다.

1박 2일
여행 중에
만난 사람들

　우리나라 경제의 문제점 중 하나가 해외 의존도가 높고 상대적으로 내수 시장이 작다는 점입니다. 국내 소비를 진작시켜 내수 시장을 활성화할 필요가 있습니다. 그 가운데 하나가 국내 관광의 활성화입니다. 우리나라에서는 1일 관광이 많습니다. 2012년경 1일 관광에는 5만 원 정도 소비되지만 2일 관광에는 20만 원 정도 소비됩니다. 그래서 정부는 국내 경기 활성화 차원에서 2일 이상의 관광을 하자는 캠페인을 벌였습니다. 총리실에서도 총리, 총리실장, 차장 등을 반장으로 하여 십수 명의 직원들이 주말을 이용하여 국내 관광에 나섰습니다. 모처럼 직원들이 격의 없이 소통하고 또 중간에 요양 시설 등 현장도 점검하고 실정을 파악하였습니다. 저는 영월·정선, 안동·영주, 여수·거문도를 3회에 걸쳐 방문하였습니다. 일과 휴식을 함께한 유익한 경험으로, 좋은 추억으로 남았습니다.

여행을 한 번 하는 것은 책을 한 권 읽는 것과 같습니다. 지혜와 지식을 얻습니다. 재미도 있습니다. 생활에 활력을 불어넣어줍니다.

지난 주말 총리실 직원들과 함께 강원도 정선·영월 1박 2일 여행을 다녀왔습니다. 연령, 직급, 성별을 망라한 다양한 직원들과의 조촐한 그룹 여행이었습니다.

모든 여행에는 나름대로 목적이 있기 마련이지만, 이번 여행처럼 거창한(?) 목적을 갖고 떠난 것은 처음입니다. 먼저, 국토 사랑입니다. 우리나라처럼 아름답고 곳곳에 볼거리가 많은 나라도 흔치 않습니다. 외국 여행도 좋지만, 국내 여행에 보다 많은 관심을 갖고자 함입니다. 다음으로, 국민의 여행이 내수 경기를 진작시켜 경제 회복에 도움을 줍니다. 1박 2일 여행만 해도 당일 여행보다 서너 배의 경제 효과를 가져옵니다.

또한, 직장 동료들과 함께하는 여행은 소통을 강화시켜 인화를 이루고 일의 능률까지 높여줍니다. 공직자들에게는 민생 현장에 대해 생생한 체험을 하는 망외의 소득도 있습니다. 영월 별마로천문대에서는 오랫동안 잊고 있었던 밤하늘 별자리의 추억을 불러냈습니다.

청정 자연 속에 자리 잡은 단종 임금의 유적을 둘러보며 슬픈 역사 이야기에 빠지기도 하였습니다. 우리나라 곳곳이 우리를 부르며 기다리고 있습니다.

_2012. 8. 27. 페이스북

시민들과의
교류와 공감

때로는 총리 공관으로 정치인, 언론인이나 고위 공직자가 아닌 평범한 시민들을 초청하여 얘기도 듣고 격려하는 일이 많았습니다. 어려운 가정 형편 등으로 학교에 다니지 못해 한글을 해득하지 못한 할머니들이 서울시교육청이 만든 초등학력 인정 문자해득교육 프로그램에 참여하여 한글을 깨친 할머니들을 만나 격려하였습니다. 그들에게는 평생 안고 살았던 한을 푼 셈입니다.

〈동아일보 2012. 10. 16〉

"뒤늦게 용기 내 공부하는 여러분이 영웅"

"학교에서 공부를 할 수 있게 됐을 때는 춤을 추고 싶었습니다. 아무것도 더 바라는 것이 없습니다. 총리님, 학교 마치면 맛있는 것 사드릴게요."(원부용 씨·64·여)

"세계에서 가장 가난했던 대한민국이 선진국 진입을 바라보게 된데는 여러분의 희생이 있었습니다. 여러분이야말로 우리 사회가 존경해야 할 진짜 영웅입니다. 조금 늦었지만 용기를 내서 공부하게 된것은 찬사와 격려를 받아 마땅합니다."(김황식 국무총리)

평균연령 70세 안팎의 만학도들이 15일 서울 종로구 삼청동 총리공관에 모였다. 지난해 서울시교육청이 시작한 초등학력 인정 문자해득교육 프로그램에 참여한 늦깎이 학생들. 배우지 못한 한恨을 평생 지녔던 이들의 사연이 〈동아일보〉 보도로 알려지자 김 총리가 격려하기 위해 초청했다.

황해도가 고향인 방수자 할머니(71)는 6·25 전쟁 때문에 공부할시기를 놓쳤다. 5남매를 키우느라 공부할 엄두도 내지 못하다가 올해 서울 종로구 교동초에서 공부하고 있다. 저혈압으로 쓰러진 사돈을 걱정하는 마음을 담은 편지로 백일장에서 은상을 탔다.

한일선 할머니(81)는 "종갓집 맏딸로 태어났다. 당시에 나환자(한센인)가 깊은 산속에 숨어 있다 등굣길의 아이를 잡아간다는 소문이있어 학교에 못 다녔다"며 "친구의 권유로 다닌 학교에서 공부할 수있어 행복하다"고 말했다.

늦깎이 학생들은 하나같이 밝은 표정이었다. 자녀들이 숙제를 물어봐도 답하지 못했던 부끄러움. 군대에 있는 아들에게 편지 한 장못 보낸 설움. 지하철 노선도를 읽지 못해 혼자 타지 못했던 불편. 이제는 훌훌 털어버렸다. 한별례 할머니(70)는 김 총리를 만나 악수한손을 집에 가서도 씻지 않겠다고 말하며 환하게 웃었다.

눈시울을 붉힌 쪽은 오히려 교사들이었다. 서울 중랑구 면목초등학교에서 늦깎이 학생들을 가르치는 김순현 교사(54·여)는 "처음에 문해교실을 하라는 공문을 받았을 때는 불편하기도 했지만 가장 은혜받은 게 교사들이다"라며 "학생들이 글을 읽다가 울고, 글을 쓰다가 웃는다. 해드린 게 별로 없는데 너무 감사해하니까 우리가 더 행복하다"고 말했다.

김 총리는 "뒤늦게 공부를 하려는 사람들이 손쉽게 접근할 수 있는 환경을 마련하는 데 부족함이 없도록 해달라"고 김응권 교육과학기술부 제1차관과 이대영 서울시교육감 권한대행에게 당부했다.(김도형·장택동 기자)

생활 현장에서 묵묵히 나눔과 봉사를 실천하는 좋은 이웃들이 많습니다. 그 가운데 몇 분을 초대하여 격려하였습니다.

나눔을 실천하는 사람들

"콩알 하나라도 나누어 먹어라." 어릴 적 많이 들었던 나눔을 강조한 말입니다.

우리 사회에 그런 나눔·봉사를 실천하는 분들이 많습니다. 얼마 전 몇 분을 모셔 격려해 드렸습니다. 큰 금액은 아니라도 20년 이상 꾸준히 13명의 아동과 결연하여 기부해 오신 기와공 류상율 씨, 직장 내 사회봉사동아리 '징검다리'를 조직하여 독거 노인 및 학대 피해 아동과 결식 아동을 대상으로 봉사하는 서정복 씨, '나이가 더 들기 전 사회에 좋은 일을 해보자'라는 생각에 치과병원을 정리하고 특수학교와 연을 맺어 치과 치료 나눔을 실천하는 우광균 씨, 그 밖에 가수 박상민 씨, 여자 프로복서 김주희 씨, 배우 류지태 씨, 피아니스트 서혜경 씨 등등. 널리 그 사연을 알리고 부르고 싶은 이름들이 너무 많습니다.

기부하고 나니 "건강이 좋아지고 일이 잘 풀린다", "산 정상에 서 있는 것처럼 상쾌하다", "한없는 행복감을 느낀다", "나누어 준 것보다 더 큰 것을 돌려받는다".

나눔의 달인들의 코멘트입니다.

_2011. 5. 24. 페이스북

우리의 좋은 이웃, 공정의 달인

세상을 행복하게 사는 비결의 하나는 좋은 사람을 가까이, 이웃으로 만나는 것입니다.

그러나 이것은 마음대로 선택할 수 없는 경우가 많아 비결이라고 할 수 없을지도 모릅니다.

좋은 이웃을 만난다는 것은 어쩌면 행운입니다. 총리실에서는 공정의 달인 7인을 선정하여 그 사연을 짧은 동영상에 담아 소개하였습니다.

성적을 낮게 받은 아이에게 자신감을 심어주기 위해 묘수를 짜내는 이지혜 선생님, 직원의 학력 보충과 학교·지역·양성 차별 않기를 확실히 실천하는 가갑손 사장님, 주의력결핍과잉행동장애 학생을 품에 꼭 안고서 방과 후 별도의 수업을 하는 공복순 선생님, 스승·아버지·형 모두의 역할을 하는 탁민제 교수님, 농업기술 전수에 최선을 다하는 김종원 계장님, 알코올 중독자에게 새 삶을 찾아주는 신정호 교수님, 어린이 교통안전에 헌신하는 김상곤 할아버지, 모두 좋은 이웃들입니다. 이런 분들을 가까이 둔 사람은 행복합니다.

문득 나는 다른 사람에게 얼마큼 좋은 이웃인지 생각해봅니다.

_2011. 8. 1. 페이스북

초등학생 네 명을 초청하여 그들과 이야기를 나누며 즐거운 시간을 갖기도 하였습니다.

공관 근처에 사는 아이들로 공관 앞 골목에서 퇴근길에 몇 번 만난 꼬마 친구들입니다. 공관에 초청된 사람 중 최연소자로, 연회장이 아닌 안방으로 초청되어 아내가 음식을 장만하여 대접한 유일한 팀입니다.

동네 꼬마 친구들과의 즐거운 한때

해 질 녘 동네 골목길에서 놀고 있던 아이들이 그곳을 지나던 제 차를 향하여 합창하듯 "안녕하세요" 하며 인사를 했습니다.

아이들이 골목길에서 함께 놀고 있는 모습, 예전에는 흔했지만 지금은 낯선 풍경입니다. 깍듯한 인사도 정겹습니다. 몇 달 전 일이지만 그 풍경이 머릿속에 계속 남아, 지난 토요일 이들을 초대하여 오찬을 함께하였습니다.

재동초등학교 4학년 네 명입니다.

총리 공관 초청 인사(?) 가운데 최연소이자 연회장이 아닌 안방으로 초청된 유일한 팀입니다. 빼빼로를 선물로 들고 왔습니다. 이들과 학교생활 이모저모, 취미, 장래의 희망과 꿈 등 다양한 얘기를 나누었습니다. 유엔 사무총장도 피아니스트도 되고 싶은 A군은 피아노 연주를 하고, 세계적인 요요 기술 달인이 되고 싶은 B군은 그동안 갈고 닦은 솜씨를 보여주고, 축구선수와 의사가 되고 싶은 C, D군은 〈개그 콘서트〉의 '멘붕 스쿨' 한 장면을 시연해 보였습니다. 자신을 다문화 가정 아이라고 소개한 C군은 활달하고 구김살이 없어 안심이 되었습니다. 그런데 학교생활의 어려운 점을 묻자 한 아이는 여자아이들이 가끔 때려 힘들다는 하소연이었습니다. 웃음이 나왔지만 웃을 일만은 아니라는 생각도 들었습니다.

_2012. 11. 12. 페이스북

우리나라가 전반적으로 스포츠 강국이라 할 수 있으나 종목에 따라서는 국제 수준에 크게 미달하는 종목도 있습니다. 여자럭비가 그렇습니다. 기자 등 다양한 직업을 가진 사람들이 순수한 아마추어 정신으로 뭉쳐 훈련하여 국제 시합에 출전하였는데 22전 연패의 초라한 성적입니다. 그러다가 마침내 라오스를 꺾고 첫 승을 거두었습니다. 이들을 초청하여 격려하였습니다.

〈동아일보 2011. 10. 11〉

여女 럭비 '기적의 1승'… "총리님이 오찬 초청했어요"

지난해 광저우 아시아경기에 출전한 한국 여자럭비 대표팀은 6번 싸워서 모두 졌다. 15점을 올리는 동안 239점을 내줬다. 출전에 의의를 뒀다고 해도 무리가 아니었다. 당연한 결과였다. 한국 여자럭비 팀은 중·고교와 대학에 한 곳도 없다. 럭비에 관심 있는 일반인을 모아 훈련시킨 뒤 급박하게 출전했으니 득점을 한 것만 해도 박수 칠 일이었다.

문제는 2014년 아시아경기가 인천에서 열린다는 것. 홈에서 똑같은 망신을 당하지 않기 위해 대한럭비협회는 올해 초 다시 공개 선발전을 열었다. 이번에 뽑은 선수들을 잘 훈련시켜 인천 대회에서는 3위 안에 들자는 원대한 목표까지 세웠다. 라디오 PD부터 일간지 기자, 대학생과 고등학생 등 다양한 직업과 연령대의 선수들이 첫 테스트를 통과했다.

처음 24명으로 시작했지만 훈련과 일을 병행하기 힘든 선수들이 차례차례 떨어져 나갔다. 부상으로 어쩔 수 없이 팀을 떠난 선수도 있었다.

그렇게 5개월여를 달려온 선수들이 이달 초 큰일을 냈다. 2일 인도 푸네에서 열린 국제럭비위원회(IRB)-아시아럭비협회(ARFU) 아시아 여자 7인제 대회에서 한국 여자럭비 사상 공식 국제대회 첫 승을 거뒀다. 한국은 이날 순위결정전에서 라오스를 17-12로 꺾고 10위로 대회를 마감했다. 지난해 대표팀 출범 후 공식 경기 전적은 1승 9패가 됐다. 선수가 모자라 팀 엔트리 12명을 채우지 못하고 10명만이 출전해 이뤄낸 쾌거였다.

이에 김황식 국무총리는 18일 여자럭비 국가대표 선수단을 총리 공관으로 초청해 오찬을 하며 격려하기로 했다. 총리실 관계자는 "최선을 다해 노력하고 떳떳하게 경쟁해서 지는 것은 부끄러운 일이 아니라는 것이 김 총리의 생각"이라며 "어려움을 딛고 승리를 위해 노력하는 모습은 도전 정신 및 공정 경쟁의 가치와 부합하는 것으로 귀감이 될 만하다고 여기고 있다"고 전했다.

한동호 여자럭비 대표팀 감독은 "선수들이 '럭비는 좋은데 장래가 없다'는 고민을 하고 있다. 이런 고민을 해소할 수 있는 계기가 됐으면 좋겠다"고 말했다. 강동호 코치도 "국내에 여자럭비팀이 없기 때문에 대표팀 선수 수급이 어려운 실정"이라며 "총리가 관심을 가져주면 여자럭비 활성화에 도움이 될 것으로 기대한다"고 말했다.(이헌재 기자)

경제적 어려움으로 학업을 중단하였으나 배움의 열정을 끊을 수 없어 뒤늦게 중·고등학교 과정을 2년에 공부하는 학력 인정 평생학교인 일성여자중고등학교를 졸업한 강성원 할머니 등 만학도들의 수능 응시에 찬사와 격려의 응원을 보냈습니다.

공부해서 진짜 행복한 사람들

며칠 후(11월 10일) 2012학년도 대입 수학능력시험이 치러집니다. 이번 수능시험 응시자 가운데 50세 이상이 391명이고 그 가운데 70세 이상이 7명, 최고령 응시자는 76세랍니다.

대부분 경제적 어려움 등으로 학업을 중단하였으나 배움의 열정을 끊을 수 없었던 이분들에게 한없는 찬사와 격려의 응원을 보냅니다. 이분들 가운데 여러분이 40대에서 80대까지의 만학도들로서 중·고등학교 과정을 공부하는 2년제 학력 인정 평생학교인 일성여자중고등학교 출신이랍니다. 이 학교는 1952년 야학으로 시작하여 졸업생 4만 6,768명을 배출한 학교입니다. 수능시험장에 들어서는 것이 떨리면서도 자랑스러워하는 이들이야말로 우리 사회가 존경해야 할 진짜 영웅들입니다.

"어려운 환경에 공부가 사치라고 생각할지도 모르나, 내가 조금이나마 자신을 위한 행복을 누린다는 것이 그리 잘못된 것은 아니지 않을까요?"라고 당당하게 주장하며 행복해하시는 강성원 할머니를 비롯한 만학 수험생 여러분! 파이팅!

_2011. 11. 7. 페이스북

볼 수도 들을 수도 없는 시청각 중복 장애인 조영찬 씨는, 어릴 적 척추를 다쳐 키가 120센티미터인 아내 김순호 씨가 손등 쪽 손가락 위에 점자點字를 찍어주는 방식의 점화點話를 통해 의사소통을 합니다. 얼마나 불편하겠습니까? 이 사연을 처음 들었을 때 너무나 안타까웠으나 이들은 서로 의지하며 알콩달콩 행복하게 살아갑니다. 이들의 삶의 모습을 이승준 감독이 다큐멘터리 영화로 만들었습니다. 천장에 매달린 전구를 두 부부가 서로 소통하며 협력하여 갈아 끼우는 모습이 감동을 줍니다. 감동적인 사연을 널리 전하고 장애인에 대한 관심을 촉구하기 위해 영화 시사회에 참석하여 두 부부와 이승준 감독을 격려하였습니다.

달팽이의 별

볼 수도 들을 수도 없는 시청각 중복 장애인은 타인과 어떻게 의사소통을 할까요?

시청각 장애인의 손등 쪽 손가락 위에 점자를 찍어주는 방식의 점화를 통해 대화한답니다. 그러하면 상대방이 점화에 능숙해야 할 텐데요. 시청각 장애인 조영찬 씨와 어릴 적 척추를 다쳐 키가 120센티미터인 김순호 씨는 부부로서 점화로 소통합니다. 얼마나 불편하겠습니까? 그러나 그들은 비록 정상인에 비해 느리지만 늘 그림자처럼 붙어 행복하게 살아갑니다. 이승준 감독은 이들의 일상을 담은 다큐멘터리 〈달팽이의 별〉을 찍어 암스테르담 국제다큐멘터리영화제 장편 부문 대상을 받았습니다.

국내 개봉을 앞둔 시사회에서 감독과 두 부부를 만나 대화를 나누고 그들을 격려하고 장애인 정책에 대한 건의도 들었습니다. 특히 남편을 위해 헌신하는 아내의 삶의 모습은 천사와도 같았습니다. 제 마음속에는 남편을 위해 아내가 더 오래 살아야 하는데 하는 생각이 떠나지 않았습니다. 그런데 영화에 그와 관련된 그들의 소망 한 대목이 나옵니다.

같은 날 함께 세상을 뜨고 싶다는 소망을 기도하는 모습의 장면.

_2012. 3. 9. 페이스북

뉴욕의 한
고등학교 방문에서
느낀 감동

재직 중 외국 출장길에 다양한 경험을 하고 많은 것을 느끼지만 그 중에 가장 따뜻한 분위기 속에서 흐뭇했던 일은 2012년 12월 초 미국 뉴욕의 한 고등학교에서였습니다. 멕시코 대통령 취임식에 축하 특사로 방문하였다가 한국·캐나다 수교 50주년 기념행사 참석차 오타와를 방문하는 중간에 뉴욕에 들렀습니다. 미국과는 공식 일정이 없이 우리 공관을 방문하고 교민을 만나 격려하는 참 홀가분한 일정이었습니다. 크리스마스를 앞둔 뉴욕의 분위기가 마음을 더욱 안온하게 해주었습니다.

그런 가운데 방문한 곳이 할렘 지역에 위치한 데모크라시 프렙 차터 스쿨Democracy Prep Charter School이었습니다. 한국에서 원어민 교사로 근무했던 앤드루Andrew 씨가 쇠락해가는 학교의 교장직을 자원, 인수하여 한국식 교육을 가미해 면모를 일신하여 모범학교로 바꾸어 놓았습니다. 그 지역은 한국전에 참전하고 늘 한국 편에 서서 활동했던 찰스 랭글Charles Rangel 의원의 지역구이기도 합니다. 찰스 랭글 의원도 학교에 찾아와 따뜻한 정감을 표현하며 다음과 같은 감동적인 스피치를 하였습니다. 한국어 수업을 참관하였는데 잘생긴 한국 청년이 유창한 영어로 수업을 재미있게 진행하였습니다.

귀국 후 교회에 갔더니 목사님이 저의 학교 방문 사실을 언급하면서 그 학교 한국어 교사인 아들로부터 소식을 들었다고 말했습니다. '그 친구도 내게 목사님과의 관계를 이야기할 것이지' 하고 혼자 웃었습니다. 요즘 젊은이들의 행동 양식인가 궁금해하면서.

저는 이 학교에서 두 블록 떨어진 곳에서 태어나고 자랐습니다.

지금은 불과 한 블록 떨어진 곳에서 살고 있죠. 국무총리께서 태어나셨던 해에 저는 미군에 입대했습니다. 그리고 2년 후엔 한국의 부산이라는 곳에 있었습니다. 어떻게 싸웠는지는 알 수 없지만 부산에서 중국과의 국경선까지 싸워 올라갔습니다. 그것이 1950년 7월입니다. 지난주 11월 30일에는 62년 전 그날, 당시 중국군에게 총상을 입었던 것을 기념하기도 했죠. 그런 나라가 지금 미국의 절친한 친구가 되어 있을 줄 어떻게 알았겠습니까? 미국이 아시아에서 민주주의의 버팀목이 된 이 작은 나라에 의지하게 될 줄 생각이나 했겠습니까? 그리고 지금은 자유무역협정까지. 1950년, 한국이 지금의 경제 강국이 될 것이라 누가 생각할 수 있었겠습니까? 지금 한국의 국무총리께서 저의 커뮤니티이자 제가 다니던 학교에서 불과 두 블록 떨어진 곳에 와 계십니다. 그리고 총리께서는 이렇게 이야기하며 저에게 보상을 해주셨습니다.

"랭글 하사관님, 우리나라를 위해 싸워주셔서 감사합니다. 저는 당신의 학생들을 이 세상에서 가장 교육이 잘된 그룹으로 만드는 것을 돕겠습니다"라고.

저는 1950년 11월 30일 이후 그리 나쁜 날을 보냈다고 생각하지 않습니다. 저는 한국이 어떻게 지금과 같은 성취를 이루었는지, 그리고 안보에서 무역에서 파트너십을 일구어 낸 것을 이해하는 사람들을 알고 있습니다. 그러나 가장 중요하고 우정 어린 파트너십은 바로 교육에 있습니다. 지금 제가 한국의 국무총리께 감사를 표현할 수 있는 얼마나 많은 다른 방법이 있을까요? Kam-sa hamnida.

_찰스 랭글 의원의 스피치

〈한국일보 2012. 12. 5〉

'한국식 교육의 기적' 찾아간 김 총리

김황식 총리가 3일(현지 시간) 미국 뉴욕 할렘의 데모크라시 프렙 차터 스쿨을 찾았다. 이 학교는 세스 앤드루(35) 교장이 한국식 교육 기법을 도입해 할렘의 최하위 수준의 학교에서 최우수 학교로 탈바꿈한 곳이다.

앤드루 교장은 한국식으로 교육하는 이유를 묻는 김 총리에게 "한국은 세계에서 유일하게 가난을 극복하고 잘사는 나라로 변신에 성공했다"면서 "할렘에는 '코리아 모델'이 필요하다"고 설명했다. 앤드루 교장 부부는 10여 년 전 충남 천안 동성중 원어민 교사로 있으면서 한국 교육을 경험했으며, 지난달에 성적 우수 학생 40여 명을 이끌고 한국을 찾아 2주 일정으로 한국 문화 체험 행사를 갖기도 했다.

앤드루 교장은 또 "한국과 미국 교육의 좋은 가치를 함께 묶은 교육 방식으로 뉴욕시와 뉴욕주 전체에서 가장 우수한 학교 성취 평가를 받았다"고 자랑을 늘어놓았다. 김 총리는 이에 "앤드루 교장의 말에서 열정을 느낀다"며 "한국이 앤드루 교장의 경험과 교육 목표에서 배울 게 있을 것 같다"고 화답했다.

데모크라시 프렙 차터 스쿨에서 김 총리를 만난 찰스 랭글 민주당 의원은 "내 지역구에 한국 총리가 오신다고 해서 바쁜 일정을 제쳐놓고 달려왔다"며 "내가 참전했던 대한민국이 민주주의와 시장경제의 모범 국가가 돼 할렘가의 학생들에게 교육 모델이 되고 학교를 지원해줘 정말 고맙다"고 말했다.

김 총리는 학생들을 격려해달라는 앤드루 교장의 요청을 받고 교실 뒷벽에 붙은 표어인 '열심히 공부하자, 대학에 가자, 세상을 바꾸자'를 읽어 학생들로부터 박수를 받았다.(정민승 기자)

한국말과 배꼽 인사 그리고

뉴욕시 최대 빈곤 지역에 해당하는 할렘에 소재한 데모크라시 프렙 차터 스쿨. 그 학교는 2001년 원어민 영어 강사로 천안에서 1년을 보낸 앤드루 씨가 한국의 학교 문화에 감명을 받아 미국에서 한국식 학교 문화가 있는 학교 운영을 꿈꾸며 2005년부터 학교를 인수하여 운영하고 있습니다.

한국어는 필수과목이고 태권도는 특별 교과목입니다. 다른 학교보다 수업 시간과 수업일수가 많습니다. 예절 교육을 강조합니다. 그 결과는 뉴욕의 다른 학교와 비교하여 월등하게 높은 졸업 시험 성적과 대학 진학률, 그리고 미 연방 교육부로부터 향후 900만 달러의 지원금과 마이클 블룸버그 뉴욕시장의 격려 방문 등입니다.

지난주 월요일 미주 출장 중인 저도 그 학교를 방문하였습니다.

학생들은 한국어와 배꼽 인사로 저를 맞았습니다.

그 지역 22선의 하원의원이자 6·25 전쟁 참전용사인 찰스 랭글 씨도 달려나와 참전 당시의 참혹한 경험과 한국 사정을 회고하면서 자신이 태어나고 자란 그곳에서 한국과 연계된 교육이 성공적으로 이루어지고 또한 한국 총리께서 방문, 격려해주니 너무 고맙고 감격스럽다는 인상적인 즉흥 연설을 하셨습니다. 한국식 교육 방식에 영감을 받아 DREAM(Discipline, Respect, Enthusiasm, Accountability, Maturity)이라는 교육 가치를 창안하여 활용 중이라는 그 학교 모델을 이제는 우리가 수입하여 활용할 때인지도 모릅니다.

_2012. 12. 10. 페이스북

기억에 남는
외국인 지도자 몇 분

호세 무히카
우루과이 대통령

세계에서 가장 가난한 대통령, 좌익 무장 게릴라 출신으로 2009년 대통령에 당선되어 5년의 임기를 마치고 퇴임한 우루과이 호세 무히카Jose Mujica 대통령을 지칭하는 말입니다. 그는 1960년대 게릴라 활동을 하다 체포되어 14년간 복역하였고, 1989년 정계 입문하여 대통령까지 되었습니다. 그는 대통령이 된 뒤에도 수도 몬테비데오 근교의 농가에서 거주하며 받은 급여의 90퍼센트는 가난한 사람들을 위한 주택 사업에 기부하고 나머지는 소속 당에 기부하였습니다. 아내 루치아 여사 역시 게릴라 출신으로 상원의원이며 슬하에 자녀는 없습니다.

2011년 1월 저는 우루과이를 공식 방문하여 무히카 대통령을 만났습니다. 대통령의 특이한 경력을 알고 저는 큰 호기심을 갖고 만났습니다. 당시 대통령은 여름휴가로 수도에서 멀리 떨어진 여름 별장에

계셨습니다. 제공받은 헬리콥터를 타고 그곳으로 가는 동안 눈에 들어오는 것은 광활하게 펼쳐진 벌판에서 뛰노는 소 떼였습니다. 대통령은 노타이로 와이셔츠만을 입은 시골 농부의 모습, 바로 그것이었습니다. 오찬에서는 소고기 스테이크를 내놓고 자연 친화적으로 생산되는 우루과이산 축산품의 우수성을 자랑하셨습니다. 오찬 말미에는 느닷없이 제 손을 이끌어 밖으로 나가 반 트럭에 저를 태운 뒤 손수 운전하여 인근 목장 이곳저곳으로 안내하였습니다. 경호원들은 당황하면서 조심스레 뒤따랐습니다. 당시 우루과이는 구제역 때문에 소고기 수출이 중단되었다가 국제수역사무국(OIE)으로부터 구제역 청정국가 지위를 획득, 다시 수출을 시작하기 위하여 우리 정부와 협상을 진행하던 참이었습니다. 늙은 대통령은 한국에의 수출 재개를 위해 노력하시는 모습이 역력했습니다.

낡은 응접실에 놓여 있던 구닥다리 소니 텔레비전을 본 최병환 의전관이 우리나라 제품으로 바꿔드리자고 건의하였습니다. 이와 관련하여 어떠한 문제가 없는지 확인하고 최대한 겸양과 예의를 갖

추어 추진토록 하였습니다. 무히카 대통령은 좌파이지만 스스로 가난을 유지, 실천하여 국민의 마음을 모으고 국익을 위해서 최선을 다하였다는 점에서 말 따로 행동 따로인 일부 생계형 좌파와는 다른 분이었습니다.

　우루과이는 여수 엑스포에 참가하여 그때 부스에서 우루과이산 소고기와 오렌지를 제공, 한국 수출의 기회로 활용하려고 계획하였으나 구제역 관련 절차가 지연되면서 무산되었습니다. 개인적으로는 미안함으로 남아 있습니다.

페르난도 아르민도 루고
파라과이 대통령

　　페르난도 아르민도 루고Fernando Armindo Lugo 대통령은 가톨릭 사제 출신으로 빈민 선교 활동을 하다가 정치적 기반 없이 대중적 인기를 바탕으로 대통령이 된 분입니다. 2011년 1월 파라과이를 방문하여 만난 그의 첫인상은 소박한 사제의 모습 그대로였고 권위나 의전과는 거리가 멀었습니다. 의회에 기반이 없다 보니 사사건건 의회나 기성 정치권과 부딪치기 일쑤였습니다. 그 내용을 처음 만난 저에게 하소연하듯이 털어놓았습니다. 그리고 한국 교포 김 모 씨와 관련된 재미있는 이야기를 들려주었습니다. 대통령의 아버지는 인권 변호사였습니다. 김 씨가 체류 자격 문제로 어려움을 겪을 때 그의 도움을 받고 친해져 양아버지와 아들의 관계로 발전하였습니다. 당연히 대통령과도 친해져 호형호제하는 사이가 되었습니다. 김 씨가 한국에서 체류하는 사이에 루고 신부는 대통령이 되었습니다. 김 씨가 파라과

이로 돌아왔을 때 영문도 모른 채 공항에서 체포되어 어느 장소로 압송되었다고 합니다. 그곳은 대통령 관저였고 대통령이 장난삼아 김 씨를 놀려주려고 그 일을 꾸몄다는 것입니다. 일국의 대통령이 그런 장난을 할 수 있나 하는 생각에 믿기지 않는다는 표정을 지었더니 핸드폰을 꺼내 김 씨와 통화를 한 뒤 저에게 바꿔주었습니다. 제가 김 씨에게 물었더니 틀림없다는 것이었습니다. 한없이 소박하고 인간적인 분이었지만 정치인으로서는 부적격이었는지 오래지 않아 퇴임하였습니다. 정치는 정치가로서 경험과 경륜을 가진 사람이 해야 하는 모양입니다.

원자바오
중국 총리

원자바오溫家寶 총리는 중국에서는 드물게 서민풍 지도자로서 국민의 사랑을 받았던 분입니다. 허름한 점퍼를 입고 낡은 신발을 신었습니다. 지나친 연출이라는 지적도 있었습니다. 그렇지만 재난 현장에 맨 먼저 달려가는 분이었습니다. 중국을 방문하여 그를 만났을 때 받은 인상도 크게 다르지 않았습니다. 마음씨 넉넉한 아저씨의 모습이었습니다. 만찬 시 자연스럽게 비공식적이고 사적인 이야기가 오고 갔습니다. 제가 총리님의 이름 석 자가 모두 좋은 뜻의 글자로 구성되어 있다고 말씀드렸더니 재미있는 지적이라며 웃었습니다. 마침 한국에서 학교폭력 문제가 대두되어 있던 때라 그 사정을 얘기한 뒤 아이들을 기르는 데 유의해야 할 점이 무엇이냐고 물었습니다. 참 어려운 문제라며 한참 뜸을 들이다가 어릴 때부터 잘 길러야 하는데 그 방안 중 하나로 어릴 적부터 하루에 두 시간 이상 밖에서 뛰

놀게 해야 한다고 답변하였습니다. 조금은 뜬금없다는 생각을 하였으나 다시 생각해보니 공감이 가는 내용이었습니다. 우리 아이들이 너무 억눌려 자라는 것이 정서적 불안정과 학교폭력으로 이어지는 것이 아닌가 하는 생각을 하였습니다. 우리 세대의 어린 시절에는 중2병도 없었고 학교폭력도 심하지 않았던 것과 비교할 때 마음껏 뛰놀게 하는 것이 해결책이라는 생각이 들었기 때문입니다. 만찬이 끝난 뒤 원자바오 총리는 저를 실내악단 앞으로 이끌고 가서 함께 감사의 인사를 하였습니다. 저는 미처 생각하지 못했던 일입니다. 그 뒤로는 저도 공관에서 유사한 행사가 열리면 악단을 찾아 감사 인사를 하기로 하였습니다.

원자바오 총리 초청 만찬에서

중국 원자바오 총리 초청 만찬 메뉴에는 음식 목록과 함께 실내악단 연주 곡목도 적혀 있었습니다. 한국 민요도 네 곡. '한오백년'을 연주할 때 반가움을 표시하니, 원 총리께서는 손가락으로 '한오백년'을 짚어 보이시며 애잔한 느낌을 주는 곡으로 전에도 들은 적이 있다고 말씀하셨습니다. 만찬 후에는 악단을 함께 격려하자고 안내하여 함께 격려하였습니다. 후진타오 주석과의 오찬에서도 그리하였습니다.

중국 고위 지도자의 국민에 대한 배려로 느껴졌습니다. 자녀 교육에 관한 얘기도 나누었습니다. 세 살 때부터 좋은 습관을 길러주는 교육을 시작하되 하루 2시간 이상 야외 활동을 시켜야 한다는 의견을 내놓으셨습니다. "세 살 버릇이 여든 간다"는 우리 속담으로 화답하였습니다.

_2011. 4. 8. 페이스북

지그미 틴리
부탄 총리

국력의 크기를 비교할 때 흔히 사용되는 지표가 GDP 또는 1인당 국민소득입니다. 그러나 이런 기준에 의한 국력의 크기가 국민 행복의 순위를 정하는 것은 아닙니다. 그래서 등장한 것이 국민행복 지수(GNH, Gross National Happiness)입니다. GNH가 앞선 나라가 부탄입니다만 1998년 그 개념을 창안한 사람이 부탄 국왕이다 보니 그 신뢰성에 의심이 가지만 2007년부터 OECD에서도 이를 측정하기 시작하였습니다. 물질만이 아니라 문화적 전통, 환경, 소득 균형, 공동체적 삶의 질 등을 종합하여 측정합니다. 그래도 맹자의 '유항산 유항심'(생활하는 데 필요한 일정한 재산이나 생업이 있어야 변함없이 떳떳한 마음을 유지할 수 있다)의 가르침대로 물질을 떠나 행복을 논하는 것은 공허하다는 생각이 드는 것도 사실입니다.

그래서 국제 행사 참석차 한국을 방문한 지그미 틴리Jigmi Thinley 부탄 총리에게 행복 지수의 가장 중요한 요소가 무엇인지 물었습니다. 답은 거침이 없었습니다. "가정의 행복!" 반론을 제기할 수 없는 명답이라는 생각을 하였습니다. 현대사회에서 불행의 절반은 가정의 해체에서 옵니다. 국가가 가정의 해체를 막는 데 보다 적극적인 정책을 펴야 할 이유입니다. 경우에 따라서 복지 정책 등 국가 정책이 가정 해체를 부추기는 결과를 가져오기도 하니까요.

5월 가정의 달을 맞아

히말라야 산록의 작은 나라 부탄은 1인당 국민소득이 2,000달러가 채 되지 않지만 국민의 97퍼센트가 행복하다고 느끼는 나라입니다. 이른바 국민행복 지수가 높은 것입니다. 작년 가을 한국을 방문한 지그미 틴리 부탄 총리에게 세가 GNH의 가장 중요한 요소는 무엇이냐고 묻자 그는 거침없이 "가정의 행복"이라고 말했습니다.

옳습니다. 요즘 우리 사회에도 예전에 경제적으로 어려웠으나 더 행복했다고 말하는 사람이 많습니다. 그때는 과도한 경쟁이 적었습니다. 그리고 무엇보다도 함께 모여 웃고 우는 가정이 있었습니다. 지금 우리 사회에서는 가족 간 유대가 약해지고 있습니다. 홀로 사시는 노인이 100만 명을 넘습니다. 1인당 국민소득이 3, 4만 달러가 되는 것도 중요하지만 더 중요한 것은 해체되어 가는 가정을 회복하는 것입니다. 더 늦기 전에 이를 챙겨야 합니다.

정부의 몫입니다. 사회의 몫입니다. 우리 모두의 몫입니다.

_2011, 5. 2. 페이스북

게르하르트 슈뢰더
전 독일 총리

　　게르하르트 슈뢰더Gerhard Schroeder 총리는 2005년 총리에서 물러난 분으로 현직이 아니니 그분이 2012년 제 집무실을 찾은 것은 사적 방문이었습니다. 제가 독일에서 법률을 공부한 사실을 알고 친근감을 느꼈기 때문일 것입니다. 정해진 의제가 없이 독일에서 생활했던 이야기 등을 나누다가 화제는 슈뢰더 총리의 최대 업적인 하르츠 개혁으로 넘어갔습니다.

　　독일이 통일 후유증으로 경제가 어려워져 '유럽의 병자'라는 조롱을 받을 때 총리는 이를 극복하기 위하여 과감한 복지, 노동, 조세 개혁 등을 단행하였습니다. 슈뢰더 총리가 좌파인 사민당 출신임에도 불구하고 개혁 내용은 방만한 복지를 줄이고 조세를 감면하거나 고용의 유연성을 확보해 기업 활동을 도와주는 우파적 내용이었습니다. 이로 인해 당은 분열되고 지지 기반인 근로자들이 등을 돌려 결국 선거에 패배하고 정권을 기민당 메르켈 총리에게 넘겨주게 되었습니다. 이때 기민당과 사민당은 대연정을 하였으니 사민당도 집권당으로 남았던 것입니다. 어쨌든 메르켈 총리는 사민당이 만들어 준 그대로 정책을 집행, 경제를 회복하여 독일을 유럽의 성장 엔진으로 변모시켰습니다.

대화 말미에 정치 지도자의 가장 중요한 덕목은 무엇인지 물었습니다. 어떤 정책을 수립하고 집행하여 그 성과가 나타나는 데에는 시간이 걸리는데, 그 성과가 나타나기 전에 선거가 있어 선거에 패할 위험이 있다면 정치 지도자는 국익을 위해 그 패배를 감내할 용기를 가져야 한다고 대답하였습니다. 자신의 경우 성과가 나타나 선거에서 승리할 수 있지 않을까 기대도 하였으나 그렇게 되지 않아 선거에 패배하였지만 잘한 일이라고 생각한다는 것이었습니다. 자신이나 자기 당이 아닌 국익을 생각하는 모습에 감동하였습니다.

이 이야기를 페이스북에 올리고 기회 있을 때마다 전파하였습니다. 슈뢰더 총리는 한국에서 열리는 포럼이나 컨퍼런스에 자주 초청받는 인기 있는 명사가 되었습니다. 그러다가 그의 통역을 담당했던 김소연 씨를 아내로 맞기도 하였습니다. 두 분은 독일 하노버에서 행복하게 살고 있습니다. 물론 한국도 자주 방문합니다. 한번은 저와 함께 광주 망월동 국립묘지와 장성 백양사 등지를 둘러보았습니다.

참된 정치 지도자

지난주 1998년부터 2005년까지 독일 총리를 지낸 슈뢰더 씨께서 제 사무실을 방문하셨습니다. 만나자마자 "마부르크대학에서 공부하셨다면서요?" 하는 인사와 함께 손이 아플 정도의 악수로 친근감을 표시하였습니다. 우방국 총리가 독일과 인연이 있고 같은 법률가 출신인 때문이겠지요.

대화 내용은 자연스럽게 유로존 경제위기 해법에 관한 것이었습니다. 경제 전문가들은 최근 유로존 경제위기에도 불구하고 독일 경제가 튼튼한 것은 2003~2005년 사이 추진된 슈뢰더 총리의 포괄적 사회노동개혁(Agenda 2010/Hartz Reform)에 기인한 것으로 분석합니다.

과감한 사회보장제도·노동시장·세제 개혁 등을 내용으로 한 그 정책은 당장에는 인기가 없는 것이었습니다. 그 결과 총리직을 기민당의 현 메르켈 총리에게 넘기고 그 대신 메르켈 총리는 그 개혁 정책을 승계, 시행하기로 함으로써 독일을 '유럽의 병자'에서 '유럽의 엔진'으로 변모시킨 것입니다. 그는 정치인의 덕목에 대하여 "국가의

미래를 위해 반드시 필요한 것이 무엇인지 정확히 판단할 줄 알고, 그것이 정치적으로 불리하여 선거에 질 수 있다 하더라도 이를 감내할 수 있는 자세"라고 말합니다.

_2012. 5. 29. 페이스북

앙겔라 메르켈
독일 총리

　　G20 세계정상회의 참석차 한국을 방문한 앙겔라 메르켈Angela Merkel 총리가 제 사무실을 방문하였습니다. 저와 논의할 특별한 현안이 없음에도 방문한 것은 제가 젊은 판사 시절 독일에서 공부한 사실을 알고 친근감을 느꼈을 것이기 때문입니다. 제가 체재했던 마부르크의 옛 모습이 담긴 사진 액자를 선물로 들고 오신 것이 그 증거(?)입니다. 저를 만난 메르켈 총리의 첫 질문은 한국의 사형 제도의 현황에 관한 것이었습니다. 질문을 받자마자 저는 그 의도를 짐작했습니다. 선진 유럽 국가에서는 사형 제도가 존속하는 것 자체를 비문명으로 생각하기 때문에 한국의 경우가 궁금했을 것입니다. 저는 우리나라에 사형 제도가 존재하고 있으나 15년 이상 동안 사형이 집행되지 않고 있으므로 국제 기준상 사형 폐지국으로 분류되고 있다고 대답하였습니다. 그 순간 메르켈 총리는 매우 흡족한 표정을 지었습

니다. 저는 우리나라의 직업교육학교인 마이스터 고교에 대하여 설명하면서 독일어인 '마이스터'를 학교 이름으로 쓰고 있다고 설명하며 친근감을 느끼게 해드렸습니다. 이런저런 이야기를 격식을 차리지 않고 부담 없이 나누었던 만남이었습니다. 저는 그 후 메르켈 총리의 리더십에 관한 칼럼을 썼습니다. 칼럼의 마지막 부분은 다음과 같습니다.

"그런데 조금은 이상하고 재미있는 것이 앙겔라 메르켈 총리의 리더십입니다. 변하는 상황을 잘 활용하고, 대세에 순응하며, 큰 이슈에 쉽게 뛰어들거나 어느 편에 서지 않으며, 좀처럼 남을 공격하는 일이 없고 흥분하거나 거친 말을 사용하지 않아서 무료하거나 무감각하기까지 하며, 자유와 인권을 지키는 문제 외에는 이념으로부터 자유로우며, 유연성과 실용성을 바탕으로 문제를 해결해 나가는 느슨한 방식이 그것입니다. 시각에 따라서는 답답하게 보이는 이런 것

들이 바람직한 리더십의 내용이 될 수 있는지 의문이 들기도 합니다. 지난 선거 때는 야당 후보로부터 메르켈은 로터리를 빙빙 돌기만 할 뿐 방향을 정해 빠져나가지 않는다는 비아냥을 듣기도 했습니다. 그렇지만 메르켈의 리더십은 가장 약하면서도 강한 리더십이라고 평가받고 있습니다. 이런 것들을 통하여 사회가 불필요한 갈등에 휩싸이지 않게 하고, 나아가 반대 세력을 자극·흥분시키지 아니함으로써 상대방을 무장해제시키고 심지어 그들이 투표장에 나오지 않게 하는 결과를 만들어 내기까지 한다는 것입니다. 민주주의에서 정치 지도자는 항상 강할 수 없습니다. 모든 문제를 혼자 알고 처리할 수도 없습니다. 때때로 어려운 순간은 오게 마련입니다. 이런 사정을 너무 잘 알기에 나름대로 대비하는 메르켈 특유의 리더십이 역대 독일 총리 중 가장 막강하다는 평가를 만들어 내고 있습니다. 그 바탕은 동독 출신으로서 정치 경험이 조금은 부족한 여성 정치인이 갖는 한계를 인정하는 겸손함과 섬세함, 그리고 이번 시리아 난민 사태 처리 과정에서 보여주는 바와 같은 따뜻한 마음에 있는지도 모르겠습니다.”

메르켈의 리더십은 우리 정치인들이 한 번쯤 깊이 생각해보아야 할 리더십입니다.

프랑수아 피용
프랑스 총리

프랑수와 피용François Fillon 프랑스 총리는 제가 세 번이나 만났던 정치인입니다. 맨 처음은 프랑스 마르세유에서 열린 세계 물 포럼에 참석했을 때 파리에서 만났습니다. 공식적인 만남은 아니었습니다. 피용 총리는 요즈음 공화주의에 대한 중요성을 새삼스럽게 느낀다고 했습니다. 프랑스의 출산율 정책의 성공을 축하하자 아랍계 등 이민자의 출산율 증가가 큰 기여를 하였는데 이것이 균형의 관점에서 바람직한지 의문이 든다고 걱정하기도 하였습니다.

두 번째 만남은 총리가 한국을 공식 방문했을 때입니다. 자신은 솔직히 한국에 대하여 잘 알지 못했고 관심도 적었는데 아랍에미리트 원전 수주전에서 한국에 패하고, 동계올림픽 유치전에서 프랑스 안시가 한국 평창에 패하면서 한국을 달리 보고 공부하게 되었다며 양국 간 협력 관계를 넓혀 갈 것을 소망하였습니다.

마지막은 제가 총리 퇴임 후 베를린에 머물면서 파리를 방문했던 때입니다. 피용 총리도 퇴임하여 의원으로 활동하고 있었으므로 그야말로 사적인 만남이었습니다. 제가 의원 사무실로 방문하기로 하였으나 그 주변이 시위로 막혀 있어 그분이 한국 대사관으로 찾아왔습니다. 피용 총리는 다음 대통령 선거에 출마하기 위해 열심히 준비하고 있었습니다. 잘생긴 외모에 인기도 있어 유력한 후보였습니다. 그러나 그 뒤 이런저런 잡음에 휘말려 그 뜻을 이루지 못하게 되었습니다. 저 개인으로서는 조금 서운하였습니다.

데이비드 캐머런
영국 총리

데이비드 캐머런David Cameron 영국 총리를 만난 것은 2010년 11월 FIFA 본부가 소재하는 스위스 취리히의 한 호텔에서였습니다. 당시 FIFA에서는 2018년과 2022년도의 월드컵 개최지를 정하는 행사를 진행하고 있었습니다. 한국은 2022년도 개최를, 영국은 2018년도 개최를 각 신청하여 상호 교차 지원하는 문제를 논의하였습니다.

그 며칠 전 캐머런 총리는 〈동아일보〉에 양국 간의 협력을 촉구하는 내용의 기고를 하였습니다. 제가 캐머런 총리에게 기고한 내용을 잘 보았다며 전적으로 동감이라고 말하였습니다. 그런데 캐머런 총리는 "아! 그거요, 한국뿐 아니라 다른 나라 신문에도 똑같이 기고하였습니다"라고 대꾸하였습니다. 순간, 그런 사실을 밝힐 필요 없이 한국과 협력하자는 취지임을 강조하면 좋을 일을 굳이 한국에만 한정되는 것은 아니라고 밝힐 필요가 있을까 하는 생각이 들었습니

다. 솔직한지 아니면 순수한지 이해하기 어렵다는 생각이 들었습니다. 반드시 영국이 월드컵을 유치해야 한다는 이유로서 자신이 태어난 1966년 10월 이후로는 영국은 월드컵을 개최하지 않았다고(영국은 1966년 개최함) 말하며 웃었습니다. 아무튼, 자신만만하고 당당한 정치인이라는 인상을 받았습니다. 그러나 자신만만함이 지나쳤는지 너무 가볍게 판단하고 영국의 EU 탈퇴를 국민투표에 부침으로써 본인의 뜻과 달리 브렉시트Brexit라는 엄청난 결과를 초래하고 말았습니다.

프레데릭
덴마크 왕세자

 2012년 5월 한국을 방문한 덴마크 왕세자 부부는 마치 동화 나라 주인공 같았습니다. 프레데릭(HRH Crown Prince Frederik) 덴마크 왕세자는 1968년생으로 우선 용모가 꽃미남이었습니다. 왕세자비도 마찬가지로 기품 있는 미인이었습니다. 환영 리셉션 행사를 도왔던 여직원들이 두 내외를 보고 탄식하듯 감탄하는 소리가 제 귀에도 들렸습니다. 왕세자는 2000년 시드니 올림픽에 요트 선수로 참가하였으며 그때 왕세자비 메리Mary를 만나 사랑을 하게 되었습니다. 두 사람은 전화와 이메일로 사랑을 나누었고 마침내 메리가 덴마크에 취업 이주하기에 이르렀습니다. 이 사실이 알려지자 처음에는 덴마크 왕실은 물론 국민의 여론도 부정적이었습니다. 그러나 누구도 그들의 사랑을 막을 수 없었습니다. 메리가 덴마크어로 인터뷰와 연설을 하였고 분위기가 바뀌어 축복 속에 결혼하였습니다. 지금은 국민의

지지와 사랑을 받고 있습니다.

왕세자는 마라톤을 3시간 초반대에 달리고, 4개월에 걸쳐 개썰매를 타고 2,795킬로미터를 달려 그린란드를 탐험하였으며 IOC 위원이기도 합니다. 일본 대지진 때는 현장을 방문하여 봉사 활동을 하였습니다. 시대에 맞는 왕실의 역할을 통해 국민 통합에 일조하고 있습니다. 왕세자비의 아버지는 KAIST 교환교수로 한국에서 3년간 재직하기도 하였습니다. 덴마크는 한국전쟁 때 병원선을 파견하고 농업 분야에서 선진 기술을 제공하여 우리를 도왔고 우리나라와 녹색 동맹을 체결하여 긴밀하게 협조하고 있는 나라입니다.

리커창
중국 총리

리커창李克强 총리는 2011년 11월 당시 부총리 자격으로 한국을 방문하였습니다. 차기 총리로 유력한 인사인지라 공관에서 만찬을 대접하며 예우하였습니다. 어떠한 인물인지 관심을 가질 수밖에 없었습니다. 대학에선 법학을 전공하고 경제학으로 석·박사 학위를 취득한 분입니다. 이공계 출신 고위 지도자가 많은 중국에서 문과 출신인 점도 특이하였습니다. 초강대국 지도자로서는 젊은 편이고(1955년생) 겸손하면서도 성격이 활달한 분이었습니다. 가끔 영어로 말을 걸어오기도 하고 소탈하게 처신하는 모습이 조금은 딱딱하게 느껴지던 후진타오 주석이나 원자바오 총리와는 대조적이었습니다. 중국 지도자들의 강한 카리스마나 노골적인 패권 정책은 미국은 물론 다른 나라들의 경계심을 불러와 중국에 결코 도움이 되지 않을 것입니다. 좀 더 겸손한 중국, 부드러운 가운데 알게 모르게 힘을 발휘하는

중국이 바람직하다고 생각합니다. 그런 관점에서 지금 리커창 총리
는 강한 카리스마를 지닌 시진핑 주석 아래의 총리이지만, 오히려 중
국을 위해 필요한 좋은 지도자가 아닌가 생각합니다.

이젠 자연인으로,
퇴임을 준비하며

페북 마감

새 대통령이 선출되어 2013년 2월 25일 취임하면 저도 그때 퇴임하게 되었습니다. 총리는 임기가 없는 직책이지만 정부의 마지막 총리이다 보니 퇴임일이 확정된 셈입니다. 계획을 세워 퇴임 절차를 진행할 수 있는 점에서 좋았습니다. 매주 한 번씩 페이스북에 글을 올리는 일도 12월 17일 자로 마감하였습니다. 제 개인 계정이 아닌 총리실 계정에 올리는 것이었고 마침 100회째가 되었기 때문입니다. 또한, 총리실이 12월 24일 자로 세종시로 이전함에 따라 나머지 두 달은 그에 따른 업무 마무리에 전념해야 하는 것도 이유였습니다. 이명박 대통령께서도 제 마지막 글에 감성을 담아 댓글을 달아주셨습니다.

세종시 이사와
공무원 사기 진작

〈서울신문 2012. 12. 19〉

세종시행 조용히 짐 싸는 김 총리

김황식 국무총리가 24일부터 세종시에서 업무를 시작한다. 김 총리는 이날 오전 청와대에서 열리는 국무회의에 참석한 뒤 성탄절부터 세종시에서 보내기로 했다. 21일 서울 세종로 정부 중앙청사 별관에서 열릴 우수 공무원 포상 일정을 끝으로 29년 만에 총리실의 중앙청사 시대가 마감된다.

총리실은 정부 수립과 동시에 경복궁 앞 중앙청에 있었다가 1983년 세종로 청사로 이전했다.

김 총리는 앞서 19일 종로구 삼청동 주민센터에서 대통령 선거 투표를 한다. 대선 관리를 책임진 데다 세종시 총리 공관의 준공 검사 승인이 20일에야 나는 탓에 세종시로의 주민등록 이전이 어려워 삼청동에서 투표를 하게 된 것이다.

김 총리의 세종시 이삿짐은 단출하다. 옷가지와 트렁크 한 개분의 개인 용품 등을 제외하고 별다른 짐이 없다. 당초 총리를 위한 별도의 이사차를 준비하려 했지만 조용하게 내려가겠다는 총리의 뜻에 따라 준비하지 않았다.

"곧 새 주인이 오실 테니 손때를 묻히지 않고 조심스럽게 (세종시 총리 공관을) 사용하다 떠나겠다"는 것이 김 총리의 뜻이라고 주변 관계자들이 전했다.

총리의 집무실은 세종시 신청사 동쪽 끝에 남동향으로 호수공원을 바라보는 3층에 있다. 어진동의 총리 공관까지는 차량으로 10분 거리다. 공관은 33제곱미터 남짓한 1층 양옥의 살림집과 2층의 사무 건물로 이뤄져 있다.

총리실의 세종시 이전을 계기로 정부는 오는 27일 국무총리실, 기획재정부, 국토해양부, 농림수산식품부, 환경부 등 6개 부처의 이전을 마무리하고 세종청사의 공식 입주식 격인 개청식을 갖는다.

총리는 세종시로 내려가지만 김 총리가 사용하던 정부중앙청사 9층 집무실과 관련 부속실은 그대로 유지된다. 기존의 삼청동 총리 공관도 마찬가지로 그대로 운용된다. "외교 사절 면담과 해외에서 찾아온 외국 대표단 및 주요 인사들을 접견하고 연회를 주관하는 한편 대통령과의 주례 회동, 국무회의 등 각종 회의 및 행사 등 서울 중심의 활동이 많기 때문에 '두 개의 집무실, 두 개의 공관'을 당분간 유지하기로 했다"는 게 총리실과 행안부의 설명이다.

서울에서의 각종 회의와 의전 활동, 국회 및 주요 기관들의 연락

등을 위해 20여 명의 총리실 직원이 정부중앙청사 9층의 서울사무소에서 근무하게 된다.

유지되는 중앙청사 총리 집무실과 접견실, 대회의실은 9층 전체 넓이인 2,050제곱미터(약 620평)의 60퍼센트 정도 되는 1,300제곱미터다.

국무총리를 위한 두 개의 공관과 두 개의 사무실 체제는 일단 2014년까지 유지키로 했다. 예산 절감과 세종시 이전이라는 상징성을 높이기 위해 삼청동 공관을 정리하는 것이 필요하지만 업무의 효율성을 위해서는 대부분의 정부 부처들의 세종시 이전이 완료되는 2014년 말까지 유지하기로 한 것이다.

김 총리는 그동안 매주 월요일 연재해온 '연필로 쓰는 총리의 페이스북'을 더는 쓰지 않겠다고 밝혔다. "2년여 동안 총리로서 해온 일과 신변을 정리하고 계시다"고 한 측근은 귀띔했다.

한편, 국토부와 농식품부 등이 떠난 정부과천청사는 최근 다소 음산하고 어수선한 분위기다. 농식품부와 환경부가 같이 쓰던 건물의 4층 이상은 모두 비어 있다. 환경부도 21일 이사를 앞두고 있어 복도가 짐꾸러미로 가득 차 있다. 업무를 보고 있지만 덩치 큰 사물함 등은 모두 빼내 이미 짐을 꾸린 상태다. 직원들 자리에도 개인 물품을 담은 박스들만 즐비하다.(이석우 선임기자)

총리실이 12월 24일 세종시로 이사하였습니다. 아직도 청사는 물론 아파트나 편의 시설 등 공사가 한창 진행되고 있어 황량하고 어수선하였습니다. 총리 공관도 마찬가지였습니다. 두 달 기거할 곳이니 꼭 필요한 가방 두 개 분량의 물품만을 갖고 입주하였습니다. 후임 총리께서 새집으로 쓰시도록 나는 몸만 들어갔다가 나올 터이니 집에 못 하나 박지 말라고 지시하였습니다.

〈조선일보 2012. 12. 17〉

김 총리는 '세종시 해결사'

"총리실이 아니라, 총리가 관심을 갖고 있는 예산입니다."

김황식 국무총리는 지난 9월 기획재정부 예산실의 한 고위 관계자에게 이렇게 면박을 준 적이 있다고 합니다. 세종시로 이전하는 부처의 공무원들에게 1년간 매달 20만 원씩 지원하려는 것에 대해 이 관계자가 "예산이 부족하다"며 난색을 보였기 때문입니다. 당시 이 관계자가 "총리실의 관심사로 알고 잘 검토하겠다"는 말로 자리를 모면하려 하자 "잘못 알고 있는 것 같은데, 총리실이 아니라 총리의 관심사다"라고 못을 박았다는 겁니다.

총리실 관계자는 "1년 넘게 김 총리를 모시는 동안 역정을 내는 것을 본 적이 없는데, 그 20만 원은 달랐다"고 하더군요. 예산실은 결국 연말까지 세종시로 이전하는 5,500여 명의 공무원들에게 1년간 매달 20만 원씩의 정착 지원금을 지급하기로 했습니다.

이 에피소드는 최근 총리실, 기획재정부, 국토해양부 등이 세종시로 이전하면서 불거지는 '세종시 공무원' 지원 방안을 둘러싼 부처 간 불협화음의 하나입니다.

서울에서 세종시로 출퇴근을 택한 2,000여 명의 공무원들을 위해 KTX 오송역 등에서 세종시 청사까지 셔틀버스 50여 대를 도입하는 방안도 문제가 있었답니다. 대중교통이 아직 자리를 잡지 못해 셔틀버스를 도입하려고 했는데, 행정안전부에서 반대하고 나섰답니다. "서울에서 출퇴근하는 걸 도와주면, '세종시로 내려간다'는 취지에 어긋난다"는 논리를 폈답니다. 화가 난 총리실 관계자는 "행정안전부가 이전하지 않으니 남의 일로 보는 모양이다. 행안부도 세종시로 내려가자"면서 "국무총리의 대통령 주례 보고 때 건의하도록 하겠다"고 으름장을 놓았답니다. 결국 행안부가 양보해 셔틀버스가 도입될 예정입니다.

세종시는 아직은 허허벌판이나 다름없습니다. 한 과장급 공무원은 "10년쯤 뒤에는 세종시가 살기 좋아질 거라고 하는데 당장 올해 내려가는 우리한테는 10년간 고생하라는 말로 들린다"고 하더군요. 세종시로 가는 공무원들이 일할 수 있는 여건을 만들어 주는 것이 급선무인 듯합니다.(이진석 기자)

행정부 청사의 세종시 이전에 따라 많은 공직자가 어려움에 처한 것은 너무 당연합니다. 특히 가정 사정상 가족과 함께 이사할 수 없는 경우는 두 집 살림을 해야 하고 그에 따른 교통비, 주거비 등 경제적 부담을 안게 되었습니다. 이 때문에 퇴직하거나 서울에 남는 부처로 직급을 낮추어 전직하는 경우까지 생겼습니다. 공무원들의 사기를 챙겨야 했습니다. 공기업의 지방혁신도시 이전 때도 같은 문제가 있었고 그때 2년간 월 20만 원의 특별수당을 지급하였습니다. 저는 기재부 예산실에 이를 검토하도록 지시하였으나 소극적인 입장이었습니다. 자신들에게도 혜택이 되는 일인데 왜 그러지? 하고 의아해하며 채근을 하였습니다. 알고 보니 청와대에서 소극적인 입장이었습니다. 저는 대통령과의 주례보고에서 공무원 사기 진작 필요성, 공기업 지방 이전 시의 전례 등을 거론하며 대통령을 설득하여 제 뜻을 관철하였습니다. 며칠 후 어느 중앙 부처의 공무원 노조에서 감사의 뜻으로 꽃바구니를 제 방으로 보내왔습니다.

마지막
국무회의에서의
훈장 안건 보류

　제가 주재하는 마지막 국무회의의 처리 안건으로 총리 및 장관 등에 대한 훈장 수여 안건이 들어 있었습니다. 일정 기간 이상 공직에 근무하다 퇴직하는 공직자에게 훈·포장을 수여하는 것처럼 총리나 장관에게도 훈장을 수여하는 것이 관행이었습니다. 보통 임기 말 국무회의에서 의결하면 다음 정부가 집행하는 것이 통례였고, 예외적으로 다음 정부가 초기에 의결하여 집행하기도 하였습니다. 그러나 저는 그러한 관행에도 불구하고 자신들에 대한 훈장 수여를 스스로 의결한다는 것은 온당치 못하다고 생각했습니다. 그래서 그 안건 처리를 보류하고 다음 정부의 처분에 맡기자고 제안하였습니다. 다른 국무위원들도 제 말에 동의하였습니다. 그러나 다음 정부는 이를 처리하지 않았습니다. 그 이유와 경위를 기록으로 남기는 것이 민망하여 묻어 두고자 합니다. 저는 개인적으로 공직자로서 국가로부터 큰 혜택만 받았지 훈장을 받을 정도의 공적을 쌓은 것은 없다고 생각합니다. 제가 독일 정부로부터 대십자 공로훈장을 받자 어느 장관은 "총리님은 독일로부터라도 훈장(대십자 공로훈장)을 받았지만 총리님 때문에 우리는 아무 훈장도 받지 못했습니다"라고 말하며 웃었지만, 그것은 결코 항의의 뜻이 아니라 저에 대한 축하의 말이었다고 생각합니다. 그들도 훈장에 연연해할 분들이 아닙니다. 그래도 저의 안건 보류 제안 때문에 훈장을 받지 못한 분들에게 미안한 생각을 지울 수 없습니다.

음성 꽃동네와
떡 한 시루,
마지막 현장,
마지막 소통

퇴임을 앞두고 되도록 많은 시간을, 특히 주말에는 세종시에 머물기로 작정하였습니다. 하루빨리 세종시가 행정 도시로 정착되기를 바라는 지역 주민들의 소망에 조금이라도 부응하기 위한 노력의 일환이었습니다. 그곳을 중심으로 공주·전주·군산·장성 등의 장애인 거주 시설이나 노인 복지시설, 산업 현장인 당진제철소를 격려 방문하고 공주대학교에서 특강도 하였습니다. 주말에는 계족산 산행도 하고, 유성에 가서 영화 〈레미제라블〉도 관람하고 부여박물관과 백제역사문화관도 찬찬히 둘러보았습니다. 마지막 외부 방문 행사는 2월 20일 음성 꽃동네였습니다. 오웅진 신부께서 힘들고 어려운 사람들을 모아 돌보는 사회복지시설입니다. 참으로 귀한 일을 하면서도 때로는 세상의 오해나 질시로 어려움을 겪기도 하는 오웅진 신부님을 응원하고 싶은 생각 때문입니다. 저의 방문의 뜻을 알고 있는 그곳 식구들의 따뜻한 환영을 받았습니다. "위로와 격려를 드리러 왔는데 제가 위로와 격려를 받아 죄송스럽기도 하고 기쁘기도 하다"고 고마움을 전하였습니다. 장애 등으로 어렵게 살아가는 그들이 안쓰러워 마음은 편치 않았습니다. 이것이 마지막 외부 방문이었습니다.

그 무렵 비서실 직원이 제 사무실로 김이 모락모락 나는 시루떡 몇 조각을 가져왔습니다. 무슨 떡인지 물었더니 화성시 어느 마을의 동장과 이장이 가져왔다는 것입니다. 지난 초여름 가뭄이 심하고 물을 끌어올 수도 없어 모내기도 하지 못하는 그 마을을 방문하였습니다. 소방차를 동원하여 마른 논에 물을 대는 쇼 아닌 쇼도 하였습니다. 그때 마을에서는 두 군데 관정管井을 뚫어 물줄기를 찾고 있었으나 여의치 않았습니다. 동장과 이장이 제게 다가와 관정을 몇 군데 더 뚫어보고 싶다며 간곡하게 지원을 요청하였습니다. 틀림없이 물줄기를 찾을 수 있을 것 같다며. 저는 이들을 도와드릴 방안을 적극적으로 검토해보도록 지시하였습니다. 그리하여 추가로 뚫은 관정에서 물이 쏟아졌습니다. 모내기를 무사히 마쳤고 농사는 대풍이었습니다. 마을 논은 이제 천수답 신세를 면하였습니다. 이들이 고마움을 전하기 위하여 수확한 쌀로 떡을 만들어 세종청사로 가져온 것입니다. 제가 그분들이 어디 계시냐고 묻자 화성시로 돌아갔다는 것입니다. 그러면서 그들이 한사코 총리님을 뵙고 인사드리고 싶다고 하는 것을 총리님께 뜻을 잘 전달하겠으니 돌아가시도록 했다는 것입니다. 순간, 억장이 무너지는 느낌이었습니다. 저는 "떡시루를 들고 먼 길을 오신 분들을 그냥 보내는 법이 어디 있나? 나를 만나게 해주었어야지" 하고 볼멘소리를 하였습니다. 하루 이틀이 지나도 마음이 편치 않아 문득 통화라도 해야겠다는 생각이 들었습니다. 전화가 연결되자 저는 일부러 세종시까지 오셨는데 뵙지 못해 미안하고 서운했다는 말과 함께 시루떡에 대한 감사 인사를 전했습니다. 마을 이장은 들뜬 목소리로 총리께서 이렇게 전화해주실 줄 몰랐다며 감격해하였습니다. 이장과는 한참 동안 마을 사정에 관해 이런저런 이야기를 나누고 전화를 끊었습니다. 그제야 빚을 갚은 듯한 기분이 들었습니다. 이것이 마지막 소통이었습니다.

08
퇴임에 즈음한
언론 기사들

〈중앙선데이 2013. 1. 27〉

'중도저파' 겸손 리더십 '우문현답'으로 국정 장악

이명박 정부 5년간 최고로 잘한 인사로 꼽히는 김황식 국무총리 인
선. 김 총리는 2010년 10월, 위기 국면에서 총리가 됐다. 당시엔 대타
쯤으로 치부됐다. 정운찬 총리의 사퇴, 그리고 김태호 총리 후보자의
낙마 이후 뚜렷한 적임자를 찾지 못한 MB가 궁여지책으로 골랐다는
관측이 많았다.

김 총리도 처음엔 고사했다고 한다. 시력이 나빠 병역 면제를 받은
이력 탓에, 병역 면제자투성이인 MB 정부에 추가로 부담을 줄 우려
때문이었다고 한다. 그러나 "최초의 광주·전남 출신 총리가 돼 잘했
다는 것을 보여달라"는 MB의 설득이 거듭되자 총리직을 수락했다고
한다. 후보자 지명 뒤 야당에서는 그의 무색무취함을 빗대 '또 한 명

의 대독 총리'가 될 거라는 혹평을 내놨다.

그러나 그런 기우는 인사청문회 때부터 빗나가기 시작했다. 야당 의원들의 날카로운 질문에 회피하지 않고 소신껏 받아넘겼다. 당시 정치권에서는 "간단치 않은 사람"이라는 얘기가 나왔다고 한다. 1987년 대통령 직선제 이후 최장수 총리 출현의 예고편이었던 셈이다.

요즘 MB는 김황식 총리에 대해 상당히 자부심을 갖는다고 한다. 공·사석에서 "어려울 때 국정의 중심을 잡고 잘 이끌어줘서 고맙다. 내가 사람을 잘 고른 것 같다"고 말하곤 한다는 것이다.

김 총리는 MB 정부가 끝나는 2월 중순이면 재임 기간 2년 5개월을 기록하게 된다. 정일권(6년 7개월), 김종필(두 차례 합쳐 6년 1개월), 최규하(3년 10개월)에 이어 역대 네 번째 장수 총리가 된다. 그 비결은 뭘까.

김 총리의 리더십은 크게 두 가지에서 비롯된다. 탁월한 국정 장악 능력과 자신을 낮추고 약자를 아우르는 겸손함, 소탈한 성품이 그것이다. 먼저 국정 장악력과 관련해선 "판사 시절의 수많은 재판 경험이 큰 도움을 주는 것 같다"고 총리 주변에선 말한다. 총리 업무 중 가장 중요한 게 업무 조정 능력이다. 우리 사회는 직능 간, 업종 간, 계층 간, 지역 간은 물론이고 심지어 정부 부처 간 업무에서도 이견과 갈등을 노출하는 게 태반이다. 이를 국가 차원에서 생산적으로 조정하고 다독여 나가는 게 총리의 역할이다. 그런데 김 총리는 이를 잘 소화해 냈다는 평가를 받고 있다. 주요 현안별로 정책과 현실 사이의 괴리를 꿰뚫어 보고 뚝심 있게 조정자 역할을 해야 가능한 일이다.

판사들은 산더미처럼 쌓인 재판 서류와의 싸움이 일과다. 소송 당사자들의 주장과 사연을 정확히 파악해야만 올바른 판결을 내릴 수 있다. 그런 점에서 김 총리는 준비된 총리였던 셈이다. 1974년부터 판사·대법관으로 35년간 일하며 갈등 조정 업무를 체질화해 왔다. 총리가 된 후 산더미처럼 쌓이는 각종 보고서를 숙지하고, 이해 집단 간 충돌 원인을 정확히 파악해 문제를 해결했다.

대표적 사례가 지난해 불거졌던 검찰·경찰의 수사권 다툼이다. 갈등이 끊이지 않자 김 총리는 권재진 법무부 장관과 맹형규 행안부 장관을 불러 '부처 간 밥그릇 싸움'으로 비치는 데 대해 강한 유감을 표시하고 갈등을 봉합했다.

현장 중심의 행정도 국정 장악력을 높이는 포인트다. 요즘 총리실에서는 '우문현답'이란 말이 유행이라고 한다. '우둔한 질문에 현명한 답'이라는 고사성어가 아니다. "우리의 문제는 현장에 해답이 있다"는 뜻이라고 한다. 며칠 전 총리실 사무실에는 경기도 화성의 한 농촌 마을에서 보낸 떡이 돌려졌다. 가뭄이 극심했던 지난해 여름, 김 총리가 화성의 한 마을을 시찰했고, 여기서 살수차가 논에 물을 뿌리는 장면을 목격했다. 이때 주민들은 "수리시설이 안 돼 관정을 몇 개 뚫어주면 해마다 물 걱정을 안 할 것 같다"는 민원을 제기했다. 김 총리의 지시로 4개의 관정을 파게 됐다. 관정에서 물이 터질 확률이 30퍼센트 미만이라는 통계를 뒤엎으며 4곳 모두에서 물길이 열려 풍년을 기록했다는 것이다. 주민 대표들이 직접 떡을 싸 들고 총리실을 찾은 이유다.

김 총리의 리더십을 얘기할 때 따뜻한 인간미와 조용한 카리스마를 빼놓을 수 없다. 김 총리는 작고한 어머니에 대한 고마움과 그리움을 자주 나타내곤 한다. 그가 광주지방법원장 시절이던 2004년 5월, 직원들과의 소통 공간으로 활용하던 '지산통신'이란 내부 통신망엔 이런 글이 나온다.

"어릴 적 마루에서 놀고 있노라니 거지가 구걸을 하러 대문간을 들어섰다. 이때 '어머니, 거지 왔어요'라고 소리쳤다. 어머니는 쌀 한 움큼을 그릇에 담아 나오시며 나직하게 '다음부터는 손님 오셨다고 해라' 하시는 것이었다. 어릴 적이었지만 제 마음에는 그 말씀이 충격으로 다가왔다. 어느 책이나 강의에서 그보다 더 강렬한 인간 존중의 교육을 만난 적이 없다." 김 총리는 "생활에서 언뜻언뜻 보여주신 (어머니의) 처신이나 말씀 한마디가 세상의 어느 위대한 선생에 못지않았다"고 회고하곤 한다.

그래선지 총리직을 맡은 뒤 국민에 대한 사랑과 연민을 숨기지 않았다. 지난해 11월 '해외 건설·플랜트의 날' 기념식 자리였다. 그해 6월 페루 댐 건설 공사 사전 조사차 헬리콥터를 타고 나섰다 목숨을 잃은 7명의 해외 건설 역군에게 훈·포장을 추서할 때였다. 시상대에는 고인을 대신해 아들·딸, 부인들이 나란히 섰고 김 총리는 이들을 위로하던 중 슬픔을 이기지 못한 채 함께 울먹였다고 한다. 총리실 관계자는 "처음엔 마이크가 고장 난 줄 알았는데 나중에 보니까 총리님이 마이크를 돌리고 흐느끼는 것 같았다"고 설명했다. 2011년 11월 23일 북한의 연평도 포격 도발로 숨진 전사자 1주기 추모식(대전현충원)에 참석했을 때도 김 총리는 연민과 공감의 행보를 보였다. 경호원의 우산을 뿌리친 채 유족들과 같이 장대비를 맞으며 40분간 희생 장병의 묘역을 찾아 비석을 어루만지며 눈시울을 적셨다고 한다.

김 총리는 취임 초 "이슬비 같은 총리가 되겠다. 조용히 내리지만 땅속에 스며들어서 새싹과 꽃을 피우고 싶다"고 말했다. 조용한 행보지만 꼼꼼하게 국정을 챙겨 국리민복을 도모하겠다는 뜻으로 읽혔다. 소나기처럼 요란하지 않지만 꼭 필요한 자리에서 자기 일을 챙기는 스타일이라는 해석이 가능하다.

그는 2004년 10월 '지산통신'에서 스스로를 중도저파로 일컬은 적이 있다. "기득권에 연연한 우파, 현실을 무시하고 꿈만 꾸는 좌파 대신 소외계층을 보듬어야 한다"는 뜻에서라고 했다.(신동재 기자)

퇴임을 앞두고 언론들이 저의 직무 수행을 최종적으로 평가하는 기사를 내기 시작하였습니다. 이 기사는 MB 대통령의 저에 대한 호의적 평가와 더불어 저의 리더십을 분석하여 소개하였습니다. 리더십으로는 탁월한 국정 장악 능력, 자신을 낮추고 약자를 아우르는 겸손함과 소탈한 성품을 꼽았습니다. 더하여 오랜 법관 생활에서 비롯한 사안 파악과 조정 능력, 정확한 사안 파악을 위한 현장 중시 그리고 국민에 대한 사랑과 연민의 마음을 구체적 사례를 들어 소개하였습니다. 제가 품었던 생각을 정확히 파악하여 소개한 것 같아 고맙기도 하지만 그 근거를 다양하게 제시한 것에 놀랐습니다. 우문현답은 원래 다른 의미(어리석은 질문에 현명하게 대답함)이지만 저는 '우리의 문제는 현장에 답이 있다'라는 의미로 바꾸어 현장 파악에 적극적으

로 노력하였습니다. 탁상공론에 그치지 않기 위함이었습니다. 법관
때 기록에서 보는 것과 실제 현장에서 보는 것의 차이를 실감했었기
때문입니다.

〈서울신문 2013. 2. 20〉
박수받고 떠나는 김황식 총리

연평도 전사자 1주기 추모식에서 우산도 물리치고 장대비를 맞으며
흐느끼던 남자. 직원들과 함께 1박 2일 강원도 여행을 떠나 가수 김
창완의 '창문 너머 어렴풋이 옛 생각이 나겠지요'를 멋들어지게 부르
던 소탈한 남자. 그는 자신의 바람대로 '이슬비 총리'가 된 것 같다.
조용히 땅속에 스며드는 이슬비처럼 김황식 총리 또한 2년 5개월이
라는, 1980년대 이후 최장수 총리 기록을 세우며 국민들 가슴에 깊
은 울림을 남겼다.

능력이 출중하면 인품이 부족한 듯하고 인품이 좋으면 능력이 모
자라는 지도자들이 많은 세태에서 김 총리는 드물게 인품과 능력, 정
무 감각까지 갖췄다고 평가하는 사람이 많은 것 같다. 직접 만난 적
은 없지만 총리로 임명된 지 한 달 뒤쯤 '김황식 총리께 드리는 편지'
라는 칼럼을 쓴 것을 계기로 그의 진면목을 남보다 먼저 볼 수 있는
기회가 있었다.

필자는 칼럼에서 당시 이명박 대통령의 최측근인 강만수 국가경
쟁력강화위원장이 주도적으로 추진하던 '행정 규제의 피해 구제 및
형평 보장을 위한 법률'이 "기존 법령을 무력화하는 말도 안 되는 법
이니 법 제정을 막아 달라"는 당부를 했었다. 김 총리로부터 즉각 피

드백이 왔다. 당시 총리실에서 규제 업무를 담당하던 규제개혁실장 (1급)을 두 차례나 보내 필자로부터 칼럼에 다 담지 못한 법안에 대한 보충 설명을 듣도록 하고 자료 등을 챙겨 갔다. 그러고는 법안을 손질하도록 했다.

그게 다가 아니다. 며칠 뒤 차관급 인사를 통해 수정 법안이 불가 피하게 국무회의에 상정된다는 사실까지 알려왔다. 총리로 부임한 지 불과 한 달밖에 안 된 시점에 법안의 '진도'가 너무 많이 나가다 보니 법 제정을 막기에는 '역부족'이라는 뜻으로 이해됐다. 아쉬움이 없는 건 아니었지만 언론의 지적에 최선을 다해 애쓰는 김 총리의 열성에 감동을 받지 않을 수 없었다.

결국 이 법안은 2010년 11월 중순 국무회의에서 통과됐다. 이날 총리는 자신의 양복 저고리에서 직접 쓴 메모를 꺼내 읽었다고 한다. 법 시행 과정에서 이러저러한 부작용이 우려되니 관련 부처에서 잘 챙기라는 내용이었다. 총리실 관계자는 "보통 안건이 일사천리로 처리되는 국무회의에서 총리가 보충 발언을 한 것은 상당히 이례적인 일이었다"고 했다. 우여곡절 끝에 법안은 국회로 넘어갔지만 상임위에서 폐기됐다.

이 같은 김 총리의 '피드백 행정'은 유명하다. 조손 가정 방문 등 민생 현장을 다니면 그 이후 어떤 행정 조치가 이뤄졌는지 꼭 챙긴다고 한다. 그에게는 무엇보다 '경청 리더십'이 돋보인다. 감사원장 시절 얘기다. 한 과장이 5분이면 족할 업무 보고를 두서없이 한 시간가량을 하는데도 묵묵히 다 들었다고 한다. 배석했던 간부가 "후배 교육을 잘 못 시켜서 죄송하다"고 하자, 그는 "저 사람이 보고를 위해 얼마나 애를 썼겠는가. 보고를 잘 듣는 것도 감사원장이 할 일이라네"라고 했다고 한다. 바로 '소통의 출발은 경청'이라는 김 총리의 철학이 드러나는 대목이다.

그의 이런 태도는 '따뜻한 리더십'과도 일맥상통한다. 아랫사람들에게는 물론 각종 회의의 참석자들에게 빠짐없이 발언 기회를 주는 바람에 예정된 시간을 훌쩍 넘기기 일쑤인 것도 다 남을 배려하는 마음이 커서다. 그렇다고 그는 결코 무르지 않다. 국회에서 야당 의원들의 주장에 조목조목 반박하는 강단을 보여준 것도 그다. 며칠 전만 해도 국회 대정부 질문에서 한 야당 의원의 일방적 정치 공세에 "이 정부에 공功도 있고 과過도 있다"며 소신 발언을 했다.

일각에서는 그가 결코 이명박 대통령과 '각角'을 세우지도, 적절한 '선線'을 넘지도 않았다고 지적하는 이들도 있지만 대통령제에서 총리의 한계를 생각한다면, 그는 자신의 직분 내에서 최선을 다한 총리로 오래오래 기억될 듯싶다. 곧 맞이하게 될 새 총리 역시 국민들과 가까이하는 총리가 되길 기대해본다.(최광숙 논설위원)

취임 초기 최광숙 〈서울신문〉 논설위원은 '김황식 총리께 드리는 편지'라는 칼럼을 썼습니다. 당연히 제가 읽고 필요한 조치를 취했습니다. 그 과정을 경험한 최 위원이 그 소회를 제 퇴임에 맞추어 '자신의 직분 내에서 최선을 다한 총리'라고 쓴, 제게는 따뜻하고 고마운 칼럼입니다. "능력이 출중하면 인품이 부족한 듯하고 인품이 좋으면 능력이 모자라는 인사들이 많은 세태에서 김 총리는 드물게 인품과 능력, 정무 감각까지 갖췄다"고 평가한 것은 더할 나위 없는 찬사였습니다. 솔직히 사람은 좋은데 능력은 별로라는 평가가 제일 듣기 싫었기 때문입니다. 특히 외부로 공개되지 않는 일들, 예컨대 직원들과 1박 2일 여행길에 불렀던 노래 제목이나 사무실에서 보고받는 방식까지 알고 있는 것을 보면 세상에 비밀은 없다는 생각과 함께 누군가가 제 행동에 공감하였기에 호의로 밖으로 흘렸다고 생각하니 그것도 싫지 않았습니다.

덧붙여 같은 취지의 에피소드 하나를 소개합니다. 감사원장 때 직원들과 함께 삼청동 어느 식당에서 식사하던 중 조그만 쇠붙이 조각이 씹혔습니다. 직원들이 놀라고 민망하여 저를 바라본 순간 저는 "내가 철이 덜 들어 철들라고 넣어 놓은 것 같네"라고 하자 모두 웃었습니다. 썰렁했던 분위기가 제자리로 돌아왔습니다. 한참 뒤 어느 행정 부처 공직자가 저에게 재미있다는 듯이 그 이야기를 하였습니다. 이 일도 밖으로 전파된 것 같았습니다. 그런 분위기를 원하는 것이 세상인심인 모양입니다.

〈국민일보 2013. 2. 23〉

김황식 총리

"컬러를 찾으려면 정치적 발언을 하고, 누구와 싸움도 하고, 국민에게 근사한 말을 하면 얼마든지 가능하다. 그러나 나는 소나기처럼 확 내려서 쓸려 내려가는 것보다 소리 없이 내리지만 대지에 스며들어 새싹을 틔우고 꽃을 피우는 이슬비처럼 일로써 승부하겠다. 컬러가 없는 것이 내 컬러다." 김황식 총리가 취임 100일인 2011년 1월에 한 발언이다.

2010년 8월 세종시 수정안 파문으로 정운찬 총리가 사퇴한 데 이어 김태호 총리 후보자가 국회 인사청문회를 마친 뒤 자진사퇴하자 전격 발탁된 인물이 김 총리다. 첫 전남 출신 총리였다. '대독 총리' '의전 총리'에 그칠 거란 전망이 많았지만 그는 '이슬비처럼' 일에 몰두했다. '우문현답(우리의 문제는 현장에 답이 있다)'을 강조하면서 민생 현장을 두루 찾았다. 중도우파도, 중도좌파도 아닌 소외계층을 보듬는 '중도저파'라고 자임한 것을 묵묵히 실천에 옮긴 것이다. 구제역 파동 등 고비가 없지 않았으나 이명박 대통령과 호흡을 맞추며 국정도 무난하게 이끌었다. 그 결과 어느 때부터인지 국민의 신망을 받는 자리에 우뚝 섰다. '명재상'이라는 별칭도 얻었다. 2년 5개월 재임함으로써 1987년 대통령 직선제 이후 최장수 총리가 됐다.

"무 컬러가 내 컬러"라는 발언 외에도 그는 인상적인 언행을 종종 보였다. 2011년 11월 대전현충원에서 열린 연평도 전사자 1주기 추모식에서 경호원이 우산을 펼쳐 들자 "됐다. 우산 치워라"며 40분간 비를 맞아가며 젊은 병사들의 희생을 추모한 모습이 대표적이다. 지난해 1월에는 정부 시무식에서 '차렷, 경례' 하는 행사는 권위주의적인 냄새가 나니 빼라고 지시했다. 같은 해 5월 모교인 광주일고를 방문해선 "나는 놈 위에 노는 놈 있다"고 했다. 무엇이든 즐겁게 신나는 마음으로 해야 행복하다는 의미였다.

조만간 그는 자연인으로 돌아간다. 젊은 시절 유학했던 독일의 조용한 곳에 일정 기간 머물며 공직 생활 40년을 되돌아볼 계획인 것으로 알려졌다. 그는 한 인터뷰에서 "퇴임하면 여유를 갖고 나라와 사회를 위해 기여할 수 있는 일을 찾아볼까 한다"고 했다. 정치와는

거리를 두겠다는 의사도 밝혔다. 퇴임 이후 행보도 이슬비와 같을 듯하다.(김진홍 논설위원)

〈서울경제 2013. 2. 23〉

떠나는 김황식 '빚 내서 복지 하지 마라"

"빚을 내서 복지를 하는 것은 옳지 않습니다!"

김황식 국무총리는 22일 언론 인터뷰를 통해 "국가 채무를 늘려가면서 복지를 해서는 안 된다"며 새로 들어서는 박근혜 정부에 뼈 있는 조언을 건넸다. 폭넓은 국정 운영 경험과 철학을 바탕으로 차기 정부의 성공을 소망하면서 진정성이 묻어 있는 고언을 했다. 김 총리는 지난 2010년 10월부터 약 2년 반 동안 국무총리로 일해 왔으며 오는 26일 총리직을 내려놓는다.

김 총리는 '필요하다면 부분적으로 증세를 하고 국민을 설득해 분담을 구하는 적극적인 자세가 필요하다"며 "세간에서는 북유럽 복지 모델을 이야기하는데 우리는 그런 나라들에 비해 세금 부담이 아주 적기 때문에 있을 수 없는 주장"이라고 소신을 밝혔다.

김 총리는 특히 복지가 고용과 성장을 유도하는 방향으로 나아가야 한다고 강조했다. 그는 "복지를 증대한다는 이유로 사회적 인프라를 갖추기 위한 노력이 희생돼서는 안 된다"며 "모래에 물을 붓는 방식의 소비적·낭비적 복지가 돼서는 안 된다"고 지적했다.

이번 김 총리의 발언은 박근혜 대통령 당선인의 최근 움직임과도 궤를 같이해 주목된다. 대통령직인수위원회는 21일 국정 과제를 발표하며 기초연금 지급액을 소득에 따라 차등 지급하기로 하는 등 대선 당시 공약에 비해 한 발짝 물러선 복지 정책을 내놓은 바 있다.

김 총리는 고위 공직자 인사청문회 제도가 다소 과도한 측면이 있다는 입장도 피력했다. 그는 "인사청문회가 개인의 인격을 과도하게 상처 내지 않아야 한다"며 "청문회 시작 전에 제기된 의혹들이 기정사실처럼 받아들여지는 방식의 청문회는 지양돼야 하며 공직 후보자가 충분히 설명할 수 있는 기회가 주어져야 한다"고 강조했다.(양철민 기자)

〈파이낸셜뉴스 2013. 3. 23〉

떠나는 김황식 총리 뒷모습 아름답다

제41대 김황식 국무총리가 26일 떠난다. 41년의 공직 생활을 마감하는 것이다. 총리로 취임한 지 2년 5개월 만이다. '명재상'의 길을 걸어왔기에 떠나보내는 아쉬움이 크다. 임명 당시만 해도 '의전 총리' '대독 총리'가 되지 않을까 하는 우려가 많았지만 기우杞憂에 불과했다. 그는 달랐다. 시간이 지날수록 이명박 정부에서 김 총리의 존재감은 커졌다. 현안이 발생했을 때는 좌고우면하지 않았다. 탁월한 추진력을 발휘했던 것이다. 퇴임을 앞두고 '명재상'이라는 평가를 받을 수 있었던 이유다.

김 총리는 기록도 갈아치웠다. 그의 총리 재임 기간은 1987년 대통령 직선제 도입 이후 최장수다. 2위는 33대 이한동 전 총리(2년 1개월), 3위는 21대 강영훈 전 총리(2년)였다. 역대 정부에선 평균 4명이 총리를 지냈다. 노태우 정부 5명, 김영삼 정부 6명, 김대중 정부 4명, 노무현 정부 4명, 이명박 정부 3명이었다. 김 총리는 역대 통틀어

4번째 장수를 기록했다. 정일권 전 총리가 6년 7개월로 가장 길고, 김종필 전 총리 6년 1개월, 최규하 전 총리 3년 10개월 순이다.

김 총리는 전형적인 '외유내강형'이었다. 사법연수원 수석, 대법관, 감사원장 등 최고의 엘리트 코스를 밟아 왔으면서도 낮은 자세를 견지했다. 특히 다른 사람을 배려하는 마음이 몸에 배어 있었다. 직원들에게 야단 한번 친 적도 없다고 한다. 2011년 3월부터 시작한 '연필로 쓴 페이스북'은 친구가 28만여 명에 이를 정도로 큰 인기를 끌었다. 지난해 12월 100회로 마침표를 찍어 아쉬움을 남겼다. '공감의 총리' '소통의 총리'로서 귀감을 보였다고 할 수 있다.

무엇보다 총리는 내각의 중재 역할을 해야 한다. 그런 점에서도 김 총리는 뚜렷한 업적을 남겼다. 묻지 마 범죄와 성폭력 대책, 택시 지원법, 불법 사금융 척결, 기업형 슈퍼마켓(SSM) 규제, 정부 기관의 세종시 이전 등이 김 총리가 주도한 작품이다. 이 밖에 한국토지주택공사 본사 이전, 과학벨트 입지 선정, 제주 민·군 복합형 관광 미항 건설 등도 중재를 했다. 특히 190회의 현장 방문을 통해 민심을 살피는 데도 앞장섰다.

김 총리와 같은 '명재상'이 박근혜 정부에서도 나와야 한다. 정홍원 총리 후보자에게도 같은 기대를 걸어 본다. 정 후보자가 각오를 단단히 해야 할 대목이다. 총리에게 힘을 실어주면 총리와 내각도 청와대만 바라보지 않는다. 대통령 하기에 달렸다는 얘기다. 결국 책임총리·장관제는 박근혜 당선인 몫으로 볼 수 있다. 떠나는 김 총리의 아름다운 뒷모습에 박수를 보낸다.

〈동아일보 2013. 2. 25〉

연필로 꾹꾹 눌러쓴 '총리 29개월'

퇴임하는 김황식 국무총리가 총리 재직 시 페이스북에 올려놨던 100편의 글을 모아 책으로 펴냈다. 제목은 '연필로 쓴 페이스북, 지산통신芝山通信'. 이 책에 담긴 글들은 2011년 3월 27일 총리 전용 메모지에 연필로 꾹꾹 눌러쓴 글을 스캔해 띄운 것을 시작으로, 2012년 12월 17일까지 100회로 마침표를 찍었다.

김 총리는 광주지법원장 재직 시절(2004년) 법원 내부 통신망을 통해 전 직원에게 보낸 이메일을 모아 직원들이 펴낸 '지산통신'으로 화제를 모았다. 지산이란 명칭은 광주지법 소재지인 광주 동구 지산동에서 따온 것. 이 책을 기억하는 지인들의 권유로 탄생한 신작新作의 인세 전액은 사회복지시설에 기부된다. 그는 22일 기자와 만나 "총리가 아닌 (평범한) 한 인간으로서 따뜻한 세상을 담고 싶었다"고 말했다.

책에는 김 총리가 2년 5개월간 국무총리직을 수행하면서 느낀 고민과 단상이 오롯이 담겨 있다. 2011년 4월 제주 4·3사건 위령제에 참석하기 위해 제주로 가던 비행기 안에서는 "제주가 가슴앓이하면/ 반도도 가슴앓이할 것이라"는 내용의 시를 썼다. 장애인들이 만든 25만 원짜리 양복을 장만했다는 소식을 전하며 "총리라서 싸게 해주는 것 아니냐"고 거듭 확인했다는 글을 올렸을 때에는 "거기서 양복을 맞추겠다"며 호응하는 누리꾼들도 있었다. 감사원장 재직 시절 직원과 주고받은 편지 '삼청동 편지'도 곁들였다.

"이명박 정부 최고의 인사였다"라는 호평을 받고 물러나는 김 총

리. 퇴임 이후엔 6개월 이상 독일에서 머물 계획이라고 한다.(이정은 기자)

〈조선일보 2013. 2. 27〉

김황식 총리, 2년 5개월 만에 퇴임

김황식 국무총리가 26일 2년 5개월 만에 총리직에서 퇴임했다. 그는 정일권(6년 7개월)·김종필(6년 1개월)·최규하(3년 10개월) 전 총리에 이어 네 번째 장수 총리이자 1987년 대통령 직선제 도입 이후 '최장수 총리'였다.

그는 이날 오후 서울 정부 중앙청사에서 정홍원 신임 국무총리가 참석한 가운데 이임식을 가졌으며 이날 오전엔 정부 세종청사에서 총리실 간부들과 마지막 티타임을 갖고 "그동안 모자란 저를 도와주느라 고생하셨다"고 말했다.

김 총리가 집무실을 나서자 총리실 전 직원이 김 총리를 따라 세종청사 정문까지 배웅을 나왔다.

김 총리는 총리실 직원들과 일일이 악수를 하고, 스마트폰으로 기념사진을 찍은 뒤 청사를 떠났다. 총리실 간부는 "20년 가까이 총리실에서 근무했지만 전 직원이 떠나는 총리를 배웅하고 박수를 친 것은 이번이 처음"이라고 했다.

2010년 10월 총리로 취임한 그는 2011년 11월 연평도 포격 도발 1주년 추도식 때 우산을 쓰지 않고 장대비를 맞았으며 비슷한 시기 화재 진압 중 숨진 소방관들의 빈소를 경호팀 없이 방문해 유족을 위로했다. 추도식과 빈소 방문 때 자주 눈물을 흘려 '울보'라는 별명

김황식 총리, 2년5개월 만에 퇴임

전 직원이 배웅하고 박수…"20년 만에 처음 보는 일"

김황식 국무총리가 26일 2년5개월 만에 총리직에서 퇴임했다. 그는 정일권(6년7개월)·김종필(6년1개월)·최규하(3년10개월) 전 총리에 이어 네 번째 장수 총리이자 1987년 대통령 직선제 도입 이후 '최장수 총리'였다.

그는 이날 오후 서울 정부 중앙청사에서 정홍원 신임 국무총리가 참석한 가운데 이임식을 가졌으며 이날 오전엔 정부 세종청사에서 총리실 간부들과 마지막 티타임을 갖고 "그동안 모자란 저를 도와주느라 고생하셨다"고 말했다.

김 총리가 집무실을 나서자 총리실 전 직원이 김 총리를 따라 세종청사 정문까지 배웅을 나왔다.

김 총리는 총리실 직원들과 일일이 악수를 하고, 스마트폰으로 기념사진을 찍은 뒤 청사를 떠났다. 총리실 간부는 "20년 가까이 총리실에서 근무했지만 전 직원이 떠나는 총리를 배웅하고 박수를 친 것은 이번이 처음"이라고 했다.

2010년 10월 총리로 취임한 그는 2011년 11월 연평도 포격 도발 1주년 추도식 때 우산도 쓰지 않고 장대비를 맞았으며 비슷한 시기 화재 진압 중 숨진 소방관들의 빈소를 경호팀 없이 방문해 유족을 위로했다. 추도식과 빈소 방문 때 자주 눈물을 흘려 '울보'라는 별

뉴스1
김황식(맨 앞)국무총리가 26일 오후 서울 세종로 정부종합청사에서 이임식을 가진 뒤 박재완 기획재정부 장관(앞줄 왼쪽에서 첫째)과 총리실 직원들의 환송을 받으며 청사를 나서고 있다.

명을 얻기도 했다. 전남 장성 출신으로 정부 수립 이후 최초의 광주·전남 출신 총리였다. 조백건 기자

〈조선일보〉 2013. 2. 27.

을 얻기도 했다. 전남 장성 출신으로 정부 수립 이후 최초의 광주·전남 출신 총리였다.(조백건 기자)

<서울신문 2013. 2. 27>

떠나는 김황식 총리 "공무원들 순직 때 가장 괴로웠다"

"그저 성실하고 괜찮았던 사람으로 기억해주신다면 감사하겠습니다." 이명박 정부의 마지막 국무총리인 김황식 총리의 26일 이임사는 간단했다. 김 총리는 정부 서울청사에서 이임식을 마지막으로 2년 5개월의 총리직을 내려놨다. 41년여간의 공직 생활도 마감했다. 정일권(6년 7개월)·김종필(6년 1개월)·최규하(3년 10개월) 전 총리에 이어 4번째 장수 총리이자 1987년 대통령 직선제 부활 이후 '최장수 총리'로 이름을 올렸다. 정부 수립 이후 첫 번째 광주·전남 출신의 총리로 기록됐다.

김 총리는 오전 정부 세종청사에서 환송식을 갖고 총리실 직원들과 작별 인사를 한 뒤 서울로 올라와 오후에 이임식을 가졌다. 이임식에는 맹형규 행정안전부 장관 등 이명박 정부의 각료들과 각 부처 실·국장급 고위 공무원단, 임종룡 총리실장 등 과장급 이상의 총리실 직원들이 참석했다.

김 총리의 이임식 후 1시간 뒤에는 정홍원 총리 후보자의 취임식이 같은 자리에서 이뤄졌다. 정부 조직법 개정안이 미뤄지는 등 새 정부 내각의 출범이 미뤄진 탓에 신임 총리가 같은 날 취임하게 됐다.

김 총리는 이날 이임식에서 "총리 재임 기간이 잠시도 긴장의 끈을 놓을 수 없는 시간이었지만 영광과 보람의 시간이었다"고 말했다.

김 총리는 그동안 낮은 자세로 민생을 챙기고 조용한 소통으로 호평을 받았다. 행정 및 국정 전반의 갈등과 현안을 조율하는 데 큰 소리 내지 않고 부드러운 리더십을 발휘해 왔다는 평이다. 총리실이 여수 엑스포, 사금융, 학교폭력 등 전 부처 업무를 통괄하고 각종 태스크포스팀을 만들어 이명박 정부의 국정 하반기 업무들을 주도해 갈 수 있었던 것도 이 전 대통령의 전폭적인 지지를 받은 김 총리의 차분하고 해박한 행정 능력이 있었기에 가능했다.

김 총리는 취임 초기부터 '이슬비처럼 소리 없지만 대지 곳곳을 촉촉이 적시는 역할을 하겠다'는 '이슬비 총리론'을 몸소 실천해 왔다는 평을 듣고 있다. 재임 중 총리의 '연필로 쓴 페이스북'은 팔로어가 28만 8,000명이나 될 정도로 인기를 얻었다.

김 총리는 "공무원들이 과로로 쓰러지고 순직할 때 제일 괴로웠다"면서 '세계경제의 침체, 일자리 부족 및 고령화 문제 등 산적한 현안들로 마음이 편치 않지만 '국민 행복의 새 시대 개막'에 공직자들이 역할을 다할 것으로 믿는다"며 이임식장을 떠났다.

한편, 김 총리는 이임 직후 휴식을 취하며 가족들과 시간을 보내다 4~5월쯤 독일로 가 관심 분야를 연구할 계획인 것으로 알려졌다.(이석우 선임기자)

〈파이낸셜뉴스 2013. 2. 27〉
연평도 전사자와 함께 비 맞던 총리… 김황식의 아름다운 퇴장
"제게 주어진 소임을 내려놓고 여러분께 아쉬운 작별의 인사를 드리고자 합니다. 국가와 국민을 위해 봉사하는 것 그 자체로 저로서는

큰 영광과 보람의 시간이기도 했습니다."(제41대 국무총리 김황식)

2011년 연평도 전사자 1주기 추모식장. 장대비가 오는데도 유독 한 사람만이 우산을 쓰지 않았다.

경호팀장이 우산을 씌워주자 "괜찮다. 치우라"고 말하곤 40분간 고스란히 그 비를 다 맞았다. 옷이 흥건히 젖은 그는 전사자들의 묘역을 찾아 헌화하고 비석을 어루만졌다. 빗물이 얼굴을 타고 내렸고 눈은 충혈돼 있었다. 그날 사람들은 희생자들을 추모하고, 유족들과 아픔을 함께하려는 그에게서 고위 공직자로서의 진정성을 느꼈다고 말한다.

인물 기근의 시대, 이같이 뭉클한 일화들을 남기고 명재상이 떠나갔다. 26일 김황식 총리(65)가 41년간의 공직 생활을 마치고 자연인으로 돌아갔다.

총리 재임 기간은 2년 5개월. 정일권(6년 7개월), 김종필(6년 1개월), 최규하(3년 10개월) 전 총리에 이어 네 번째 장수 총리이자 1987년 대통령 직선제 도입 이후 '최장수 총리'다.

그는 이날 정부 서울청사에서 열린 이임식에서 "그저 성실하고 괜찮았던 사람으로 기억해주신다면 감사하겠다"고 말했지만 사람들은 떠나는 그에게 못내 아쉬움을 감추지 못하고 있다.

전형적인 외유내강형 총리였던 그는 떠나는 날까지 공직 사회에 대한 애정 어린 마음을 숨기지 않았다.

이임사에서 그는 "구제역 발생으로 전국 곳곳에서 공무원들이 과로로 쓰러지고 순직할 때는 말로 다 할 수 없이 괴로웠다"면서 화재 도중 순직한 소방관 등의 이름을 일일이 거명하며 "유가족들이 아버지 없이 살아갈 날들을 생각하니 한없이 미안하고, 죄인이 된 심정이었다"고 고백했다. "더 안전한 환경에서 근무할 수 있는 여건을 충분히 만들어 드리지 못한 게 가장 마음에 걸리는 일"이라고 말했다.

최근엔 서울중앙지방법원을 찾아 후배 법관들에게 공직자로서 원칙과 자세도 강조했다. "전관예우, 무전유죄… 국민들이 이렇게 생각하는 것 중 많은 부분은 여러분이 책임져야 한다"면서 "원칙에 맞게 일한다고 해도 국민을 납득시키는 노력도 우리의 과제이며, 국민 앞에 겸손해져야 한다"고 강조했다.

소외계층, 서민층과의 스킨십에도 적극적이었다.

꾸준한 현장 방문과 이를 정책으로 연결 지으려는 노력은 크고 작은 결실을 맺기도 했다. 재임 기간 김 총리는 29회의 간담회와 190회의 현장 방문을 진행했으며 정책으로 연결시키려 노력했다. 또 현장 방문 기록을 자필 메모로 기록한 '연필로 쓴 페이스북' 연재는 튀지 않으면서도 국민과 소통을 멈추지 않으려는 그의 노력을 엿볼 수 있는 대목이다.

때때로 거침없이 소신도 드러냈다. 노인들의 지하철 무임승차 반대 입장을 밝히기도 했고, 동남권 신공항 백지화·제주 해군기지 이전·택시법 등 이해관계가 얽힌 문제를 조정하고, 불법 사금융 척결·묻지 마 범죄와 성폭력 대책·학교폭력 근절 종합대책 마련을 주도하기도 했다.(조은효 기자)

퇴임 인터뷰

퇴임을 앞두고 여러 신문과 인터뷰를 하였습니다. 맨 처음이 〈조선일보〉였습니다. 그런데 인터뷰어는 뜻밖에 문화부 김윤덕 차장이었습니다. 김윤덕 차장은 제가 잘 알고 있는 기자였습니다. 그의 글은 재미있을 뿐 아니라 그 가운데 메시지가 숨어 있어 평소에 즐겨 읽었습니다. 그렇지만 보통의 경우처럼 정치부나 논설위원실이 아닌 문화부 소속 김 차장이 오는 것에 조금은 의아했습니다. 그러나 인터뷰를 하는 동안 김 차장이야말로 최고의 선택이었다는 생각이 들었습니다.

우선 김 차장은 저에 관한 모든 것을 조사하여 준비를 철저히 하였고, 질문도 자칫 딱딱할 수 있는 주제들을 부드럽게 전환하여 접근하였습니다. 국민의 눈높이에 맞추어 독자의 관심과 공감을 이끌어 내는 방식과 내용이었습니다. 좋은 친구와 편안하고 즐거운 대화를 나누는 기분이었습니다.

가슴에 품고 있는 시를 물어 제가 유치환 시인의 '바위'라고 소개하였더니 이를 별도의 난을 만들어 두드러지게 소개하였습니다. 저의 성품에 걸맞은 것으로 보았던 것 같습니다.

신문이 나오기 전에 최형두 공보실장이 인터뷰 제목이 '굿바이, 울보 명재상'일 것 같다고 알려주었습니다. 제가 "제목에 울보라니, 좀 민망한데요"라고 하자 최 실장은 "내부에서 신중한 회의를 거쳐 결정된 제목으로 최고의 찬사입니다"라고 대꾸하였습니다. 언론인의 감각은 남달랐습니다. 인터뷰 기사가 나가자 많은 분이 깊은 관심을 보여주었습니다. 어느 출판인은 최재천 의원을 통해 자서전을 출판하자고 제안하였습니다. 인터뷰 기사를 큰 틀로 하여 살을 붙이는 방식으로도 좋은 책이 될 것이라며.

〈조선일보 2013. 2. 16〉

굿바이, 울보 명재상

김황식(65) 총리는 광주일고 시절 농구선수였다. 스타 플레이어도 아닌데 선배들은 그에게 주장을 맡겼다. 팀의 포워드로 경기를 조율하는 능력이 뛰어났다. 선수들 사이 일어나는 크고 작은 다툼도 김황식이 나서면 해결됐다. 김 총리는 "뛰어난 개인의 단독 플레이를 팀워크가 이긴다는 걸 일깨워준 농구부의 경험이 내 삶의 바탕이 됐다"고 했다.

민생을 최우선으로 한 탁월한 국정 운영과 겸손하고 소탈한 성품으로 "모처럼 명총리가 났다"는 칭송을 받았던 김황식 총리가 퇴임

한다. 연평도 전사자 1주기 추모식에서 경호원의 우산을 물리치고 40분간 장대비를 맞으며 젊은 병사들의 희생을 눈물로 추모했던 김 총리는 정치 지도자의 표상을 '침묵의 언어'로 보여줬다는 평가를 받으며 국민의 신망을 얻었다. 1987년 대통령 직선제 이후 최장수 총리다.

김황식 리더십의 키워드는 '조용한 소통'이었다. 광주법원장 시절 전 직원에게 매주 한 통씩 띄웠던 편지글 '지산통신'은 감사원장 시절 '삼청편지'로 이어졌고, 총리가 된 뒤에는 '연필로 쓰는 페이스북'이란 문패를 달고 전 국민에게 확장됐다. 국정 운영의 단상과 인간적 고민을 자필로 적어 내려간 총리의 소박한 편지는, 무슨 무슨 '콘서트'라는 이름으로 전국을 왁자지껄하게 했던 정치꾼들의 행태와 대조를 이뤘다.

"대통령이 계시는데 총리가 나서는 건 도리가 아니다"며 언론의 인터뷰를 거절해온 김황식 총리가 2년 4개월간 나라 살림 하며 겪은 이야기와 퇴임 소회를 〈조선일보〉 'Why?'에 처음 밝혔다. 취임 당시 "소나기가 아니라, 소리 없이 내리지만 대지에 스며들어 새싹을 틔우고 꽃을 피우는 이슬비 같은 총리가 되겠다"고 했던 김 총리는, 이 시대가 원하는 지도자의 덕목은 "국가를 위해 자신의 정치적 이해를 뛰어넘는 용기"라고 했다. 도통 '재미'와는 거리가 먼 판사 출신 총리라는 선입견은 말 그대로 선입견이었다. "무舞는 몰라도 가歌는 좀 했다"며 웃던 김 총리는, 가수 김창완의 '창문 너머 어렴풋이 옛 생각이 나겠지요'를 애창하는 낭만주의자다. 인터뷰는 13일 오전 정부 세종청사 총리 집무실에서 이뤄졌다.

신현종 기자

퇴임을 앞둔 김황식 총리는 여유롭고 밝아 보였다. 주말엔 책을 읽거나 가까운 곳으로 1박2일 여행을 간다고 했다. 고전부터 김병만 에세이까지 독서의 폭이 넓은 총리에게 책 읽기의 방법을 물었다. "전공 말고 관심 있는 분야를 한 가지 정해 파고들어 보세요. 내 경우 일본 역사였는데 매우 유익한 자산이 되었습니다."

김윤덕의 사람 人  **2년4개월간 나라살림 마치고 퇴임하는 김황식 총리의 소회**

김황식(65) 총리는 광주일고 시절 농구선수였다. 스타 플레이어도 아닌데 선배들은 그에게 주장을 맡겼다. 팀의 포워드로 경기를 조율하는 능력이 뛰어났다. 선수들 사이 일어나는 크고 작은 다툼도 김황식이 나서면 해결됐다. 김 총리는 "뛰어난 개인의 단독 플레이를 팀워크가 이긴다는 걸 일깨워준 농구부의 경험이 내 삶의 바탕이 됐다"고 했다.

민생을 최우선으로 한 탁월한 국정 운영과 겸손하고 소탈한 성품으로 "모처럼 명총리가 났다"는 칭송을 받았던 김황식 총리가 퇴임한다. 연평도 전사자 1주기 추모식에서 경호원의 우산을 물리치고 40분간 장대비를 맞으며 젊은 병사들의 희생을 눈물로 추모했던 김 총리는 정치 지도자의 표상을 '침묵의 언어'로 보여줬다는 평가를 받으며 국민의 신망을 얻었다. 1987년 대통령 직선제 이후 최장수 총리다.

김황식 리더십의 키워드는 '조용한 소통'이었다. 광주법원장 시절 전 직원에게 매주 한 통씩 띄웠던 편지글 '지산통신'은 감사원장 시절 '삼청편지'로 이어졌고, 총리가 된 뒤에는 '연필로 쓰는 페이스북'이란 문패를 달고 전 국민에게 띄워졌다. 국정 운영의 단상과 인간적 고민을 자필로 적어 내려간 총리의 소박한 편지는, 무슨 무슨 '콘서트'라는 이름으로 전국을 왁자지껄하게 했던 정치꾼들의 행태와 대조를 이뤘다.

"대통령이 계시는데 총리가 나서는 건 도리가 아니다"며 언론의 인터뷰를 거절해온 김황식 총리가 2년 4개월간 나라 살림 하며 겪은 이야기와 퇴임 소회를 조선일보 'Why?'에 처음 밝혔다. 취임 당시 "소나기가 아니라, 소리 없이 내리지만 대지에 스며들어 새싹을 피우고 꽃을 피우는 이슬비 같은 총리가 되겠다"고 했던 김 총리는, 이 시대가 원하는 지도자의 덕목은 "국가를 위해 자신의 정치적 이해를 뛰어넘는 용기"라고 했다. 도통 '재미' 없는 거리가 먼 판사 출신 총리라는 선입견은 딱 그대로 선입견이었다. "무(舞)는 몰라도 가(歌)는 좀 했다"며 웃던 김 총리는, 가수 김창완의 '창문 너머 어렴풋이 옛 생각이 나겠지요'를 애창하는 낭만주의자다. 인터뷰는 13일 오전 정부 세종청사 총리 집무실에서 이뤄졌다.

◇현장에 답이 있다

– 세종시와 서울을 오가며 국정을 수행하기가 힘들지 않습니까?

"KTX로 오가고, 총리라고 가능한 한 편의를 봐주니 난 괜찮은데, 그런 대우를 받지 못하는 우리 직원들이 불편하지요."

– 설 명절에도 비공식으로 군산 나포의 노인요양원에 다녀오셨다군요.

"보육원, 장애시설 등 소외된 곳에 가서 그분들의 아픔을 위로하고 나누는 게 마지막까지 내가 할 일이라고 생각합니다."

– 곧 퇴임입니다. 취임 당시 대독총리, 의전총리가 될 것이라는 우려가 많았는데, 지금은 '명총리'라고들 합니다.

"상당 부분 과대평가됐지요(웃음). 소통을 위해 노력은 했습니다. 반드시 일치된 의견을 얻지 못하더라도 갈등의 앙금을 남기지 않는다는 점에서 소통은 중요합니다."

87년 직선제이후 최장수 총리
'이슬비 총리' 되겠다던 그
MB정부서 조용한 소통 이뤄
"명총리 났다? 과대평가죠
제 점수는 잘 쳐야 B⁻나 C⁺"

눈물 많은 남자
우산 물리치고 장대비 맞으며
연평도 영웅들에 눈물…
"7남매중 막내여서 그런지
제가 좀 여리고 잘 울어요"

– 그 방식이 민생 현장을 살피는 것, 그리고 '글쓰기'였습니다.

"시간을 갖고 신중하게 생각한 뒤 내 의견을 내놓을 수 있는 게 글쓰기의 장점이지요. 그리고 제가 말 많이 하는 걸 좋아하지 않아요(웃음)."

– 학창시절 '문청(文靑)'이셨지요?

"젊었을 때 나도 좋은 소설 한 편 써봤으면 좋겠다 생각은 했었지요. 습작도 좀 했지만 재주가 모자랐어요."

– '페친(페이스북 친구)'이 23만명이나 되더군요. 창덕궁으로 봄 소풍까지 다녀오셨고요.

"댓글 달아주는 분들을 직접 만나니 평소 잘 알고 지낸 듯 낯설지 않았어요. 글쓰기의 힘이지요. 오랫동안 암 치료를 받아온 주부는 내 글을 통해 위로를 받으셨다고 해서 감사했어요. 상주시청에서 올라온 여성 공무원과도 같은 공직자로서 진솔한 대화를 주고받았지요. 나의 소통 방식이 많은 사람에게 영향을 준다는 생각에 반가웠습니다."

– '우리의 문제는 현장에 답이 있다'는 '우문현답'이란 말이 총리실에 유행했을 만큼, 쪽방촌부터 태풍으로 제방이 무너진 낙도까지 소리 소문 없이 민생 현장을 다녔습니다. 삼청동 골목길에서 만난 재동초등학교 아이들도 공관으로 불러 함께 놀았다던데 사실입니까?

"날 보고 하도 다정하게 인사를 하길래 어른들만이 아니라 저 아이들의 이야기도 들어봐야겠다는 생각이 들었어요. 불러놓고 보니 다문화 가정의 아이도 있었지요. 내가 알지 못했던 어려움을 그 아이에게 들었어요. 우리 안방에도 들어오게 해서 집사람이 밥을 해서 먹이고 집에 피아노가 있으니 함께 쳐보면서 즐거운 한때를 보냈지요."

◇나는 정치하는 사람 아니다

김황식 총리는 소신 있는 발언으로 국회의원들을 당황하게 한 것으로도 유명하다. 총리 인사청문회 때 부동시(不同視)로 인한 병역면제를 두고 끈질기게 시비를 거는 야당 의원들에게 "맡겨주면 열심히 하겠다는 것이지, 이 순간에도 내가 총리직을 탐하거나 원하는 것은 아니다"고 싸늘하게 반박했다. 지난 14일 국회 대정부 질의에서도 강단을 보였다. 이명박 정부의 실정(失政)을 성토하는 의원들을 향해 "물러나는 총리로서 정치권에 하고 싶은 말이 있다"고 포문을 연 김 총리는 "이명박 정부가 시행한 정책 중에는 빛도 있고 그림자도 있다. 그러나 모든 것을 객관적이고 중립적으로 접근할 필요가 있다"고 맞섰다.

그가 법원장 시절에 쓴 '지산통신'에 이런 글이 있다. '국회의원들의 많은 질문은 답변을 듣기 위한 것이기보다는 자기의 주장을 펼치기 위한 것이니 그 취지에 맞게 응대해 드리되, 그들이 원하는 답변을 끌어내어 이를 활용하려는 의도적인 경우가 있으면 그때는 명백히 의견을 개진해 막아야 한다. 질의하는 의원과 눈을 맞추고 고개를 끄덕이며 최대한 공감을 표시하되 견해가 다른 부분에 한해서는 내용은 단호하되 표현 방식은 부드럽게 대응해야 한다.'

B2면에 계속

숲총리가 평생 간직한 유치환의 詩 '바위'

내 죽으면 한 개 바위가 되리라
아예 애련(愛憐)에 물들지 않고
희로(喜怒)에 움직이지 않고
비와 바람에 깎이는 대로
억년(億年) 비정의 함묵(緘默)에
안으로 안으로만 채찍질하여
드디어 생명도 망각하고
흐르는 구름
머언 원뢰(遠雷)
꿈꾸어도 노래하지 않고
두 쪽으로 깨뜨려져도
소리하지 않는 바위가 되리라

신현종 기자

연평도 포격도발 전사자 1주기 추모식에서 비를 맞고 있는 김황식 총리.

〈조선일보〉 2013. 2. 16.

―세종시와 서울을 오가며 국정을 수행하기가 힘들지 않습니까?

"KTX로 오가고, 총리라고 가능한 한 편의를 봐주니 난 괜찮은데, 그런 대우를 받지 못하는 우리 직원들이 불편하지요."

―설 명절에도 비공식으로 군산 나포의 노인 요양원에 다녀오셨더군요.

"보육원, 장애 시설 등 소외된 곳에 가서 그분들의 아픔을 위로하고 나누는 게 마지막까지 내가 할 일이라고 생각합니다."

―곧 퇴임입니다. 취임 당시 대독 총리, 의전 총리가 될 것이라는 우려가 많았는데, 지금은 '명총리'라고들 합니다.

"상당 부분 과대평가됐지요.(웃음) 소통을 위해 노력은 했습니다. 반드시 일치된 의견을 얻지 못하더라도 갈등의 앙금을 남기지 않는다는 점에서 소통은 중요합니다."

―그 방식이 민생 현장을 살피는 것, 그리고 '글쓰기'였습니다.

"시간을 갖고 신중하게 생각한 뒤 내 의견을 내놓을 수 있는 게 글쓰기의 장점이지요. 그리고 제가 말 많이 하는 걸 좋아하지 않아요." (웃음)

―학창 시절 '문청文青'이셨지요?

"젊었을 때 나도 좋은 소설 한 편 써봤으면 좋겠다 생각은 했었지요. 습작도 좀 있지만 재주가 모자랐어요."

―'페친'이 23만 명이나 되더군요. 창덕궁으로 봄 소풍까지 다녀오셨고요.

"댓글 달아주는 분들을 직접 만나니 평소 잘 알고 지낸 듯 낯설지 않았어요. 글쓰기의 힘이지요. 오랫동안 암 치료를 받아 온 주부는 내 글을 통해 위로를 받으셨다고 해서 감사했어요. 상주시청에서 올라온 여성 공무원과도 같은 공직자로서 진술한 대화를 주고받았지요. 나의 소통 방식이 많은 사람에게 영향을 준다는 생각에 반가웠습니다."

—'우리의 문제는 현장에 답이 있다'는 '우문현답'이란 말이 총리실에 유행했을 만큼, 쪽방촌부터 태풍으로 제방이 무너진 낙도까지 소리 소문 없이 민생 현장을 다녔습니다. 삼청동 골목길에서 만난 재동초등학교 아이들도 공관으로 불러 함께 놀았다던데 사실입니까?

"날 보고 하도 다정하게 인사를 하길래 어른들만이 아니라 저 아이들의 이야기도 들어봐야겠다는 생각이 들었어요. 불러놓고 보니 다문화 가정의 아이도 있었지요. 내가 알지 못했던 어려움을 그 아이에게 들었어요. 우리 안방에도 들어오게 해서 집사람이 밥을 해서 먹이고 집에 피아노가 있으니 함께 쳐보면서 즐거운 한때를 보냈지요."

▲ 나는 정치하는 사람 아니다

김황식 총리는 소신 있는 발언으로 국회의원들을 당황하게 한 것으로도 유명하다. 총리 인사청문회 때 부동시로 인한 병역 면제를 두고 끈질기게 시비를 거는 야당 의원들에게 "맡겨주면 열심히 하겠다는 것이지, 이 순간에도 내가 총리직을 탐하거나 원하는 것은 아니다"고 싸늘하게 반박했다. 지난 14일 국회 대정부 질의에서도 강단을 보였다. 이명박 정부의 실정失政을 성토하는 의원들을 향해 "물러나는 총리로서 정치권에 하고 싶은 말이 있다"고 포문을 연 김 총리는 "이명박 정부가 시행한 정책 중에는 빛도 있고 그림자도 있다. 그러나 모든 것을 객관적이고 중립적으로 접근할 필요가 있다"고 맞섰다.

그가 법원장 시절에 쓴 '지산통신'에 이런 글이 있다. "국회의원들의 많은 질문은 답변을 듣기 위한 것이기보다는 자기의 주장을 펼치기 위한 것이니 그 취지에 맞게 응대해 드리되, 그들이 원하는 답변을 끌어내어 이를 활용하려는 의도적인 경우가 있으면 그때는 명백히 의견을 개진해 막아야 한다. 질의하는 의원과 눈을 맞추고 고개를 끄덕이며 최대한 공감을 표시하되 견해가 다른 부분에 한해서는 내용은 단호하되 표현 방식은 부드럽게 대응해야 한다."

—국회의원 다루는 노하우는 어떻게 익힌 겁니까?

"법원 행정처에 있을 때 국회를 자주 다니면서 국회가 움직이는 모습, 의원들의 행태를 많이 봤어요. 그런데 그게 국회에만 적용되는 원리가 아니에요. 일반 사회생활에서도 똑같이 해당하는 이치지요."

—페이스북에 '국회에 출석하는 일만 없으면 총리도 할 만하다'라고 쓰셨어요. 상대하기 제일 까다로웠던 의원이 있습니까?

"질의 내용이 나라 발전을 위해 도움 되는 것이라면 상대방이 아무리 거칠어도 상관없어요. 다만 정치적 목적으로 자기 생각을 강요한다든가 총리나 장관을 골탕먹이려고 작정하고 나온 경우는 힘들지요. 거기에 감정적으로 응대하면 나 스스로 지는 거고, 그걸 지켜보는 국민이 불편해지니까 굉장히 자제를 하는데, 속으로는 '정말 못됐다'고 생각한 분들이 있었어요. 그 이름을 거명하면 내가 지금까지 지켜온 원칙을 거스르는 게 되니 양해해주시지요."(웃음)

—국정 장악 능력이 '고무 골무'에서 나온다는 얘기가 있습니다. 총리실로 배달되는 각종 보고서를 서류 가방에 넣고 다니며 틈날 때

마다 읽는다던데 사실인가요?

"고무 골무는 판사 시절 판결문을 보느라고 사용했던 거고 지금은 아니에요. 보고서를 다 읽는 건 물리적으로 불가능하죠. 다만 문제점을 파악하는 데 필요한 부분은 반드시 봅니다. 총리가 현안의 핵심을 이해하지 못하면 국정 수행에 상당한 어려움을 겪게 되니까요. 법원에서 평생 기록을 봐온 요령이 있어서 그리 어렵진 않았어요. 신문볼 때처럼 헤드라인으로 만족하는 부분이 있고 관심 있으면 더 자세히 읽고요."

—이명박 대통령이 가장 잘한 일이 김황식 총리 임명이라는 우스갯소리가 있습니다. 대통령과는 늘 의견이 일치했나요? 대통령에게 쓴소리한 적 없습니까?

"총리가 자기 소신을 당당히 밝혀야지요. 생각의 방향이 달랐던 몇 건이 있지만 밝힐 수는 없습니다. 그런데 대통령과 총리의 의견이 다르고 합의가 안 돼 둘 중 하나를 선택할 수밖에 없다면 총리는 대통령 뜻을 존중해야 합니다. 그것이 총리로서 도저히 용납할 수 없는 내용이고, 또는 대통령과 총리의 신뢰가 깨진 것이 원인이라면 총리가 그만둬야지요. 다행히 대통령은 내 의견을 많이 존중해주셨어요."

—그렇게 답하시면 국민이 이명박 정부의 실정이라고 여기는 부분까지 총리가 덤터기를 쓰지 않을까요?

"나라를 위해 어떤 결론을 도출하는 과정에서 누가 더 이익을 보고 손해를 보느냐를 생각할 수 없지요. 그런 일로 밖에서 나를 어떻게 평가할까 의식하고 일한다면 국정이 엉뚱한 방향으로 갑니다. 나는 정치하는 사람이 아니에요."

▲ '악한 약자' 보호할 필요 없다

—'총리의 눈물'에 많은 국민이 감동을 받았습니다. 페루 수력발전소 답사 중 헬기 사고로 사망한 사람들의 유족을 위로하는 자리에서도 울먹이셨지요. 원래 눈물이 많은가요?

"글쎄, 많다고 해도 되지요.(웃음) 내가 7남매의 막내인데 막내가 좀 여리잖아요. 형님들은 위쪽에 있고 내 바로 위, 또 그 위가 누님들이라 여성성이 강한가 봐요. 어릴 때 (장성에 계신) 부모님과 떨어져 (광주로) 유학을 해서 외로웠던 원인도 있을 거예요."

—반면 매우 단호한 면도 있더군요. 전국철거민연합회와 경찰 사이 충돌이 벌어진 '용산 사태'와 관련해 "악한 약자는 보호할 필요가 없다"고 발언한 게 논란이 됐습니다.

"우리 사회가 계속해서 발전하려면 법과 원칙이 서야 합니다. 취약 계층은 국가가 복지 등 여러 차원으로 뒷받침해야 하지만, 법치가 정치적 요인이나 복지적인 차원과 뒤섞여버리면 나라가 혼란스러워져요. 엄정하게 다룰 것은 다뤄야지요. 좋은 게 좋은 거다 식이면 국가 발전은 기대할 수 없습니다."

—재직 시절 총리로서 가장 뿌듯하게 여기는 일이 무엇입니까?

"평창 동계올림픽 유치·G20 정상회담 등 경사가 많았지만, 대외 의존도가 높고 수출에 의존하는 우리 경제 시스템에서 2년 동안 연속해서 무역 1조 달러를 달성한 게 자랑스러워요. 1965년부터 시작된 해외 건설·플랜트 수출의 누적 수주액이 5,300억 달러예요. 그중 52퍼센트가 이 정부 안에서 달성됐어요. 엄청난 성과이지요. K팝과 드라마를 한류라고 하는데, 저는 우리 기업인들과 정부 정책, 부지런

하고 다이내믹한 국민 자체가 한류라고 생각해요."

—4대강 사업을 둘러싸고 격렬한 논쟁이 있습니다. 총리도 총체적 부실을 가져온 한 사람으로 지목됐고요.

"총체적 부실이란 표현은 과장입니다. 감사원도 일부 문제를 지적한 것이지 총체적 부실이라고 한 게 아니에요. 대규모 사업을 하다 보면 여러 가지 시정·보완할 점이 나오고, 지금까지 계속 보강하고 있습니다. 그 결과가 수년 내 확실히 드러날 겁니다. 경부고속도로 건설할 때 '이게 사치 아니냐' 했지만 세월이 가면서 잘한 일이다 평가하는 것처럼. 우리 안에서만 논란이 있지 유엔환경기구인 UNEP나 OECD에서는 아주 모범적인 물관리 사업으로 평가합니다. 태국에는 12조 원 상당의 물관리 기술을 수출하고요. 4대강 비판은 상당 부분 왜곡되고 침소봉대되었습니다."

—총리로서 가장 큰 고비는 '한일 정보보호협정'의 밀실 추진 의혹으로 국회에 해임안이 상정됐을 때인가요?

"그 일과 관련해 총리로서 위법을 했다든지, 어떤 부끄러운 짓을 한 것은 전혀 없어요. 다만 일 처리 부분에서 정치권이나 언론, 국민에게 오해를 주었다고는 생각합니다. 국민 정서를 좀 더 잘 헤아렸어야 한다는 아쉬움이 있지만 국가로서는 꼭 필요한 일이었고, 그 일로 곤욕을 치렀으나 고비였다고 생각하진 않습니다."

—새 총리 후보로 다시 법조인이 지명됐습니다. 대통령들이 법조인 출신의 총리를 선호하는 것은 개혁 마인드가 적고 정치적 야심이 없기 때문이라던데 동의하십니까?

"법조인이 비교적 원칙을 갖고 합리적으로 업무를 처리하는 경향이 있지만, 개혁 마인드가 적다는 것에는 찬성할 수 없어요. 개혁 마인드 없이 고분고분해서 어떻게 국정을 수행합니까?"

—새 정부의 지도자들에게 가장 필요한 덕목은 무엇입니까?

"국가의 장래와 진정한 국익이 무엇인지를 아는 통찰력을 가졌으면 좋겠어요. 국민에 대해 고통 분담이나 협조를 구할 때 명분 있게 설득하는 지혜와 용기도 필요하지요. 나라는 영속해서 발전해야 하는데 자기 시대에만 집착하면 바람직하지 않아요."

—복지 정책을 두고 하시는 말씀입니까?

"그런 대목도 있지요. 페이스북에 독일 슈뢰더 전 총리에 대해 쓴 글이 있어요. 자기가 정치적으로 손해를 보고 당장 선거에서 패배하더라도 국가의 장래 이익에 부합한다면 국민의 생각을 뛰어넘는 결단을 내리는 게 좋은 지도자입니다."

—대한민국 총리로서 자신에게 점수를 주신다면 100점 만점에 몇 점 주시겠습니까?

"B 마이너스나 C 플러스 정도 되지 않을까요?"(웃음)

▲ 거지를 손님처럼

김황식 총리는 전남 장성에서 태어났다. 일제강점기 중학교를 졸업한 부친은 향교를 관리하는 전교였다. 김 총리는 "어릴 때부터 부모님께 배운 것이 이웃, 특히 약한 사람에 대한 배려"라고 했다. '지산통신'에 어머니에 대해 쓴 글이 있다. "어릴 적 마루에서 놀고 있노라니 거지가 구걸하러 대문간을 들어섭니다. 어머니, 거지 왔어요, 라고 소리치니 어머니는 쌀 한 움큼을 그릇에 담아 나오시며 나직하게 '다음부터는 손님 오셨다고 해라' 하시는 거였습니다."

—어머니를 '큰 스승'이라 표현하셨더군요.

"학식은 없지만 지혜가 뛰어난 분이었죠. 좋은 물건, 좋은 음식이 생기면 어머니는 손님이 오면 써야 한다며 감추셨어요. 누구와 다툼이 생길 때에도 나보다 강한 사람이면 자기주장을 확실히 해서 가리되, 약한 사람이라면 양보하고 져주라고 하셨지요. 학교폭력 문제가 발생할 때마다 밥상머리 교육이 얼마나 중요한지 실감해요. 부모 자식 간에 오가는 대화가 책 한 권 이상의 가치를 갖지요. 라디오에서 들으니 사우디아라비아 속담에 '손님이 오지 않는 집에는 천사도 오지 않는다'는 말이 있다고 해요. 우리 어머니 하신 말씀과 참 비슷하다는 생각을 했습니다."

—어머님은 의사를 권했다던데, 왜 법학을 택했습니까?

"형님 한 분이 의사였어요. 또 좌우 이념 대결의 상처가 있던 때라 판검사가 되면 그런 데에 휩쓸릴까 걱정하셨지요. 그런데 내가 형님 병원에 가서 수술하는 걸 봤더니 무서워서 도저히 못 하겠더라고요. 겁쟁이였거든요.(웃음) 그러자 다른 형님이 법대를 권유하셨지요."

—농구 때문에 대학(서울대 법대)을 재수했다는 말은 뭡니까?

"고3 때인데, 전남체육회에서 전남체육대회에 광주일고는 농구로 출전하라는 지시가 왔어요. 이미 농구부는 없어진 상태이니, 과거에 농구했던 사람들 다 모이라고 한 거죠. 시합 마치고 돌아오니 대입시험 준비할 시간이 얼마 안 남았더라고요. 낙방했지요."(웃음)

—농구 경기를 보면 초반에 대충 어느 팀이 이길지 아신다면서요?

"개인 플레이어들의 단독 드리블이 많은 팀과 여럿이 빠른 패스로 기회를 만들어 가는 팀이 있어요. 그럴 땐 처음부터 끝까지 팀워크로 경기를 풀어간 팀이 이깁니다. 스포츠뿐 아니라 사회와 국가도 한두 사람의 개인 플레이가 아니라 협업 플레이로 갈 때 갈등이 줄고 행복해질 수 있지요."

▲ 법의 본질은 배려

김황식 총리는 '법의 본질은 배려'라고 했을 만큼 '배려'를 최고의 가치로 여기는 사람이다. 결혼 주례사에서조차 배려를 당부한다. 공직 생활 40년 동안 관료 사회의 관행도 여럿 깼다. '차렷, 경례' 하는 절차를 없앤 것, 직원들 줄 서게 해 인사 받지 않는 것, 심지어 사람들과 헤어질 때 '손 흔들지 않기'가 김 총리의 신조다. "건방져 보일까 봐서"다. 총리가 퇴근할 때까지 자리를 지켜야 하는 청사의 경비대 과장, 방호실장에게도 '대기하지 말고 자유롭게 퇴근하라'는 명을 내렸다.

―위계가 엄격한 관료 사회에서 관행을 깨기가 쉽지는 않을 텐데요.

"권위적이고 불필요한 관행을 바꿔야 한다고 다들 느끼는데, 그 일부를 내가 이행한 것뿐이에요. 변혁이라고 할 것도 없지요. 물론 총리의 의전을 어느 정도까지 문턱을 낮춰야 하느냐는 것은 개인 생각에 따라 정할 수 없지요. 가령 외국 손님을 맞을 때 그레이드(등급)에 따라 엘리베이터까지 배웅하느냐, 방 앞에서 배웅하느냐가 정해지는데, 나는 방문 앞에서 잘 가시라고 하는 게 마음이 편치 않아요. 그래서 나중에는 이야기를 하는 척하며 슬금슬금 엘리베이터까지 따라 나갑니다."(웃음)

―영화 〈레미제라블〉은 보셨습니까?

"세종시에 머물면서 주말에 대전 가서 봤어요."

―법의 수호자로 등장하는 자베르 경감에 대해 어떻게 생각하십니까?

"자베르는 '법이 무엇이냐' 하는 문제를 제기하는 인물이에요. 나는 법의 본질은 배려라고 생각합니다. 법은 자기 권리와 이익을 주장하기 위한 것이 아니라 상대의 권리와 이익을 존중하기 위해서 만든 거지요. 그런 점에서 자베르 경감은 법의 본질에 대해 공부가 덜 된 사람이에요.(웃음) 법은 인간을 위해 만든 것인데, 자베르는 자신을 법의 노예로 만들었으니까요."

―감사원장 시절, 사회복지 예산을 횡령한 40대 임부에 관해 쓴 글이 있더군요. 중죄인이지만 모성을 지닌 부녀자로서 겪을 고초를 안쓰러워하는 대목이 인상 깊었습니다.

"엄정한 법 집행을 원칙으로 하되, 일을 처리하는 과정에서 역지사지의 마음으로 상대의 입장을 헤아려야 한다는 뜻에서 쓴 글입니다. 그런 자세를 가져야 균형 잡힌 판단과 해결책이 나오고요."

▲ 내 죽으면 한 개 바위가 되리라

총리에게 퇴임 후 계획을 물었다.

"평범한 시민, 자연인으로 돌아갈 겁니다."

―판사 시절 국보법으로 구속된 22세 여공에 대한 판결이 화제가 된 적 있습니다. 법정에서조차 폭력 혁명을 외치는 여성에게 "피고인이 신봉하는 사회주의는 200여 가지 종류의 사회주의 가운데 가장 낡은 구닥다리로서 우리 헌법이 받아들일 수 없는 것이다, 출소하거든 다른 사회주의에 대해서도 공부해보기 바란다"고 하셨지요. 지금

도 계속되는 좌우 이념 논쟁에 대해 어떻게 생각하십니까?

"보수와 진보는 이분법적으로 대립하는 개념이 아니에요. 인간이 더불어 살기 좋은 세상을 어떻게 만들 것이냐에 대한 방법론의 차이일 뿐이죠. 보수는 자유와 성장에, 진보는 평등과 분배에 각기 방점을 찍는 것이지, 시대 상황에 따라 그것은 서로 넘나들 수 있습니다. 그런데 우리 사회의 보수와 진보는 상대를 배척하기 위한 원리로만 작동해요. 그 밑엔 증오가 깔려 있고요. 보수가 자기 기득권에만 연연한다면 추해지고, 진보가 현실은 모르고 이상만 추구한다면 철없다는 것이 내 생각입니다."

―스스로 '중도저低파'라 하셨습니다. 낮은 곳을 본다는 뜻에서.

"감사원에서 내가 '극우는 추하고 극좌는 철없다'고 강연했더니 어떤 보수 단체가 와서 피켓 시위를 했지요. 이명박 정부는 우파 정권이고 총리도 우파라는데 우파가 와서 데모를 하니 아이러니했지요.(웃음) 그런데 나는 이명박 정부가 결코 치우친 우파가 아니라고 생각해요. 중도죠. 그래서 내가 대통령과 맞았던 것이고. 기업 프렌들리한 정부였지만 동반성장 정책이나 재래시장 활성화, 서민금융 정책 등 서민들 위해서도 열심히 일했어요. 복지가 얼마나 늘어났습니까."

―"내 속에는 마그마가 끓고 있다"고 하신 적 있지요?

"어느 기자가 나를 '마음씨 좋은 할아버지'라고 표현하길래 '총리가 마음씨만 좋은 할아버지여야 되겠어요?' 했지요. 겉은 눈 덮인 휴화산으로 보이지만 언제 분출할지 모르는 마그마가 속에서 끓고 있다, 그만큼 열정이 있고, 의욕이 있고, 감성이 넘친다는 말을 하고 싶

어서."(웃음)

─나이 듦이 서글프지 않습니까?

"서글프기보다도 어떤 사람을 만날 때 '아, 이분을 다시 볼 수 있을까' 하는 생각은 해요. 더구나 공직을 벗어나면 종착역에 다 왔구나 하는 생각이 들 테니."

─인생이 무엇이라고 생각합니까?

"인생은 알 수 없는 것이죠.(웃음) 젊을 때는 내 뜻대로, 계획대로 돼가는 것 같지만 인생의 중후반으로 가면 모든 것이 내 뜻대로 안 돼요. 그러니 일희일비할 이유가 없어요. 순리의 물결에 몸을 맡기고 살아야지요."

─가슴에 늘 시 한 수 품고 다닌다 들었습니다. 퇴임을 목전에 둔 요즘 어떤 시를 새깁니까?

"오래된 시인데, 혹시 유치환의 '바위'라는 시 아세요? '내 죽으면 한 개 바위가 되리라, 아예 애련愛憐에 물들지 않고, 희로喜怒에 움직이지 않고, 비와 바람에 깎이는 대로, 억년億年 비정의 함묵緘默에, 안으로 안으로만 채찍질하여, 드디어 생명도 망각하고 흐르는 구름, 머언 원뢰遠雷, 꿈꾸어도 노래하지 않고, 두 쪽으로 깨뜨려져도, 소리하지 않는 바위가 되리라.' 청년 시절 품은 이 시가 여태 나의 좌우명입니다."(김윤덕 기자)

두 번째 인터뷰는 〈중앙선데이〉였습니다. 인터뷰는 〈조선일보〉와의 인터뷰 때 다루어지지 않은 내용을 일부 언급하며 진행하였습니다. 즉 한일 정보보호협정 문제나 2012년 12월 애기봉 크리스마스리 점등 때의 일화 등 외부에 알려지지 않은 이야기를 하였습니다. 애기봉에 크리스마스트리를 점등하면 포격하겠다는 북한의 협박이 있었고 실제로 그런 준비 움직임이 있었으나 우리와 미군 측은 만반의 대비를 하면서 점등을 강행하였습니다. 북한의 협박은 엄포에 그쳤지만 그래도 점등 후 상당한 시간 동안 긴장했던 것도 사실이었습니다.

후배인 김동철 의원과의 관계도 언급하였습니다. 김 의원은 며칠 전 대정부 질의에서 MB 대통령을 거칠게 비난하고 제가 대통령의 공과 과를 객관적으로 보자며 반박하여 언론에서 크게 다루었는데 개인적으로 아끼고 존경하는 후배라고 소개하기도 하였습니다. 대정부 질의 후 김 의원이 전화하여 불편하게 해서 죄송하다고 했는데 저는 김 의원이 좀 지나쳤던 것 같다고 하면서도 김 의원을 앞으로도 계속 응원하겠다고 하였습니다. 그의 능력과 자질을 잘 알기 때문입니다. 인터뷰가 천편일률적으로 진행된다면 내용은 한정되고 밋밋할 것이기 때문에 초점을 달리한 것입니다.

〈중앙선데이 2013. 2. 17〉
"한·일 정보협정 밀실 처리 논란 때 항의 표시로 사임할까 고민했다"

김황식 국무총리는 스스로를 '중도저파'라고 일컫는다. 남 앞에서 자기를 낮추는 걸 신조로 삼고 있어서다. 또 좀체 큰 소리를 내지 않는 성격이다. 하지만 그에게도 남모를 번민은 있었다. 김 총리는 "(지난해 6월) 국민들이 한·일 군사정보보호협정을 밀실에서 처리한다고 보고 정부에 책임이 있다고 할 때 (내가) 사임을 할까 고민했었다"고 말했다. 15일 〈중앙SUNDAY〉와 서울 광화문 총리실에서 퇴임을 앞두고 단독 인터뷰를 한 자리에서다. 그는 1987년 직선제 이후 총리로선 최장 기간인 2년 5개월간 일해 왔다. 그런 김 총리가 용퇴를 고려했다니 깜짝 놀랄 일이다.

김 총리는 "나는 지금도 그때 한·일 정보협정이 체결돼야 했다고 생각한다"며 "그런데 국익을 위해 필요하다고 보는 일이 좌절되고, 정부에 책임이 있다고 하니까 내 나름의 항의 표시로 사임을 하루 이틀 깊이 고민했다"고 말했다. 하지만 "대선판에 미치는 영향을 생각하고, 근무할 날이 몇 달 안 남았다고 볼 수도 있고, 국정과 국민에게 부담이 될 것 같아 결국 참았다"고 밝혔다.

김 총리가 사퇴까지 고민한 배경은 뭘까. 김 총리는 협정 서명이 보류되는 과정에서 전혀 연락을 못 받았다고 한다. 그는 "서명하지 말라는 정치권의 강력한 요구를 받고 외교부가 (서명을 보류하는) 그런 결정을 했던 것 같다"며 "지방 출장을 가 있었는데 연락 한마디 없고, 내 의견도 묻지 않은 데 대해 굉장히 섭섭하고 서운한 느낌이 들었다"고 털어놨다. 또 "나한테 상의했으면 '서명 강행해라, 책임은 내가 지겠다'고 했을 것"이라고 덧붙였다.

재임 중 최대 위기를 묻자 김 총리는 "북한의 연평도 포격 때 굉장히 위기란 생각을 했다"고 답했다. 당시 김 총리는 장관들과 함께 국회 예결위에 참석하고 있었다. 그는 "의원들의 질의응답이 계속돼 내가 예결위원장에게 '국방부 장관은 원위치로 가서 대비하게 해야 한다'고 항의했다. 국방장관이 돌아가고 우리도 조금 뒤 각자 원위치에서 상황 대기하도록 했다"고 기억했다.

그는 "스스로 책임총리였다고 생각하느냐"는 질문에 잠시 회상에 잠겼다. 그러곤 "대통령과 나름 신뢰 관계가 있었고 다양한 부처 간 이견, 중요한 국가 정책에 관해 상당 부분 내가 주도적으로 문제를 조정하고, 해결했다는 점에선 단순한 의전·대독 총리는 아니었다"고 답했다. 또 장관 임명 제청권, 해임 건의권을 행사했는지에 대해 "임명과 관련해 적극적으로 '누구다' 짚어 말한 적은 솔직히 없지만 대통령이 어떤 장관에 대해 '물러나게 하는 게 온당한가'라고 상의하시길래 사표를 수리하는 게 좋겠다고 말씀드렸다"고 전했다.

김 총리는 이명박 대통령과의 관계에 대해 "의견이 충돌할 정도의 일은 없었다"면서도 "사소한 정책들에서 나와 생각이 다르신 건 아닌가 하는 느낌을 받은 적은 있다"고 말했다. 하지만 그 정책이 무엇이었는지는 입을 다물었다. 김 총리는 "대통령과 일대일로 식사를 하거나 술을 하는, 사적인 만남은 없었다"며 "조금은 드라이한 관계라고 할 수 있는데, 대통령께서 나의 원칙과 상식, 지금까지 살아온 행태를 존중하고 잡음이 날 수 있는 이야기는 원칙적으로 안 하셨다"고 했다.

향후 책임총리제를 확립하기 위해선 개헌이 필요할 수 있다는 의견도 털어놨다. "대통령 리더십 하에서 운영의 묘를 살려서 하는 방법도 있고, 그건 불안정한 것이니 필요한 제도의 틀을 만들어서 할 필요도 있다"고 했다. 또 "세계 각국을 다녀보면 대통령과 총리 있는 곳에서는 나름대로 역할 분담이 돼 있는데 우리도 제도의 틀로써 그런 것을 한번 검토해볼 필요는 있다고 생각한다"고 했다.

김 총리는 '박근혜 당선인이 총리직을 제안한 적이 있느냐'는 질문엔 "없다"고 딱 잘라 말했다. "박근혜 정부의 산뜻한 출발을 위해서는 (내가) 해선 안 된다는 생각을 갖고 있었다. 그래서 내가 '새 술은 새 부대에 담아야 한다'고 (언론에) 말했는데 (박 당선인의) 제안이 온 뒤에 물리치면 인간적으로 미안하니까 그래서 미리 말한 것"이라고 설명했다.

그는 총리 재직 중 생각했던 롤 모델에 대해 전후 경제를 일으킨 콘라트 아데나워, 동방 정책을 펼친 빌리 브란트, 동·서독 통일을 이룬 헬무트 콜 같은 독일의 지도자들을 거명했다. 그러면서 "대한민국 총리들에 대해선 잘 모르지만 다만 느낌으로 얘기한다면 고건 전 총리가 다양한 행정 경험을 토대로 품격 있게 총리직을 수행하신 것 같다"고 평가했다. 김 총리는 '장수 총리'의 기록을 세운 데 대해 "영광스럽고 보람된 기간이었지만 너무 무거운 짐과 책임감 속에서 긴장의 끈을 한시도 놓지 않고 살아왔다는 점에서 참 힘든 시기였다"고 답했다. 퇴임 후 계획에 대해선 "당분간 좀 쉬면서 여유 있게 지내고 고향(장성)에도 가볼 생각"이라며 "거창하게 말하면 인간의 삶, 행복, 바람직한 사회 이런 것들을 어떻게 만들어 갈 수 있을지 생각하고 연구하고 싶다"고 말했다.

김 총리의 15일 일정은 국가정책조정회의를 시작으로 꽉 차 있었다. 오후 6시 10분 인터뷰 직후엔 재외 공관장과의 만찬장으로 황급히 자리를 옮겨야 할 정도였다. 총리실이 세종시로 옮겨 간 뒤에 동선은 더욱 길어지고 늘 시간에 쫓기고 있다는 것이다. 총리실 관계자는 "22일이 돼야 이삿짐을 쌀 수 있을 것"이라고 말했다.

—평소 점잖지만 정치권의 무차별 공격을 받으면 강단 있게 맞받

아치는 모습이 인상적이다.

"이제 공론의 장이든, 사적 모임이든 모든 게 합리적으로 논의됐으면 좋겠다. 우리 사회에선 언제부터 자기주장과 의견을 관철하기 위해 경우에 따라 사실관계도 부정확하게 악용한다. 자기한테 유리한 쪽으로 해석해서 쓰기도 한다. 특히 정치권에서 많다. 객관적 사실에 근거해 상대방이 입을 상처나 타격을 배려하면서 (사안을) 논의하는 게 국가 발전을 위해 바람직하다."

—턱없는 공격을 받을 때 어떻게 대응하나.

"그럴 때 흥분해서 이성을 잃으면 곧 나한테 마이너스다. 참고, 자제한다. 마음으로 컨트롤하는 편이지만 때론 화도 나고 서운한 점을 내보일 필요는 있겠다는 순간이 있다. 실제로 화가 나서 한다기보다도 이 부분에서 단호하게 표현할 필요가 있겠다는 경우도 없지 않았다."

—진짜 화난 경우가 있었나.

"(14일 국회에서 설전을 벌인) 김동철 의원은 내가 좋아하는 학교 후배(광주일고·서울대 법대)다. 아까도 나한테 전화를 걸어왔다. '서로 공적인 입장에서 한 것이다. 그 때문에 김 의원과 내가 인간적으로 사이가 나빠질 이유는 하나도 없다'고 얘기해줬다. 상대방 입장에서 생각해보면 저렇게 하는 게 이해될 때도 있다."

—그래도 화가 많이 날 경우가 있을 텐데.

"있다. 그래도 대부분 다 이해한다. 정치인 입장에서, 반대자 입장에서 그런 발언이나 행동을 할 필요가 있기 때문이다. 그래서 섭섭하지 않다. 그런데 가끔 가다 '인간적으로 못된 사람이다'라는 느낌이

올 때가 있다."

—누군지 궁금하다.

"(손을 내저으며) 그런 건 말하면 안 되지. 물론 김동철 의원은 아니다. 그런 사람이 두세 명 있었던 것 같다. 그런 사람을 만나면 '참 안됐다'는 생각이 든다."

—반대로 괜찮은 정치인이라고 평가하는 사람은 있나.

"허허. 좋은 분들은 너무 많다."

—몇 명만 이름을 든다면.

"이름을 다 거론하면 몰라도 몇 명만 나가면 다른 사람들이 섭섭해할 것 아닌가."

총리실 관계자들에 따르면 김 총리는 의외로 '전투력'이 세다. 그는 국회에 출석할 땐 물을 조금만 마신다. 화장실에 가느라 자리를 비우지 않기 위해서라고 한다.

▲ "이명박 대통령과 조금 드라이한 관계"

김 총리는 2010년 10월 취임했다. 정운찬 총리의 사퇴, 김태호 총리 후보자의 낙마로 마땅한 총리감을 찾지 못한 이 대통령이 당시 감사원장이었던 그를 '삼고초려'한 것으로 알려졌다.

—감사원장에서 총리로 옮겨 오게 된 건 이명박 대통령과의 인연 때문이었나.

"이 대통령하고는 감사원장이 될 때까지 인연이 없었다. 먼발치에선 봤지만 개인적으로 대화한 적이 없었다. 왜 대통령이 나를 감사원장으로, 또 총리로 발탁했는지 모른다. 대통령도 지금까지 그 부분에 대해서 설명하진 않았다. 나도 궁금하다. 하지만 그런 문제를 대통령

한테 물어볼 수도 없지 않나. 총리에서 물러나면 한번 허심탄회하게 물어보려고 그런다."(웃음)

—대통령과 의견 충돌을 한 적이 있나.

"그런 일은 없었다. 비교적 생각이나 철학, 기본 정책의 방향에 대해선 대통령과 많이 일치했다고 생각한다. 나는 항상 법과 원칙을 내세우고 상식적인 이야기를 하기 때문에 대통령이 수긍할 수밖에 없다. 정치적이거나, 정치 공학적 얘기를 하지 않았다. 그러니 대통령과 부딪칠 일이 없었다."

—매번 똑같을 순 없지 않은가.

"'나하고 생각이 다른 게 아닌가' 하는 느낌은 받은 적이 있다. 사소한 정책들이었다."

—예를 들면.

"그런데 내 짐작이니 무엇이라고 특정을 할 순 없다."

—그럴 경우 어떻게 했나.

"나름대로 내 입장에서는 설득을 하기 위해 우회적으로 말을 하거나 내 뜻을 계속해서 밝혔다. 대통령이 거의 다 받아들여줬다. 내 의견을 존중해줬다."

—대통령과 사적 만남이 없었다면 이너서클에서 소외돼 있다는 느낌을 받을 수 있었겠다.

"나는 그렇게 생각하지 않는다. 오히려 이렇게 해석한다. 내가 법관 출신이고 감사원장을 했던 사람이니 원칙과 상식, 행동 양식을 굉장히 존중해주고 보호해주려고 한 게 아닌가 싶다. 나도 개인적인 얘기를 안 하고, 대통령도 사적 요소가 개입될 만한 건 말씀을 안 한다."

—책임총리보다 더 강한 게 분권형 총리인데, 한국 현실에서 필요하다고 보나.

"운영의 묘를 살려서 하는 방법도 있다. 그러나 불안정하다. 개인 의지에 따라 바꿀 수 있다. 필요한 제도를 만들어야 한다. 세계 각국을 다녀보면 대통령과 총리 있는 곳에서 나름대로 상당 부분 역할 분담이 돼 있다. 우리도 제도의 틀로 검토해볼 필요는 있다고 생각한다."

—34년간의 법관 경험이 총리직 수행에 얼마나 도움이 됐나.

"행정도 결국은 법 집행이기 때문에 법을 많이 알고 적용해서 판단하는 게 총리직을 수행하는 데 굉장히 도움이 된다. 다만 행정 경험이 부족한 게 약점이 될 수 있다. 결국 법조인이 총리가 되는 게 옳으냐 그르냐가 문제가 아니라, 그럴 만한 자질을 갖췄느냐가 문제다."

—역대 총리 가운데 롤 모델이 있다면.

"그분들이 어떻게 했는지 잘 모르지만, 굳이 얘기한다면 고건 전 총리다. 다양한 행정 경험을 바탕으로 인품 있게, 품격 있게 총리직을 수행했다고 생각한다."

—이명박 정부가 연평도 포격 사건 대응 과정에서 우왕좌왕했다는 평가가 있다.

"연평도 포격 때 정부는 도발에 대해선 강한 응징을 하겠다고 밝혔다. 그런 자세를 보인 뒤 별다른 도발이 없지 않은가. 지난해 12월 애기봉 크리스마스트리 점화를 앞두고 북한에서 '좌시하지 않겠다' '공격하겠다'는 협박 메시지를 보냈다. 실제로 도발을 준비하는 정황들도 포착됐다. 지난해 12월 21일 오후 5시 점등이 예정됐을 때 나는 청와대에서 여러 장관들과 만찬을 하고 있었다. 대통령이 '북한이 공격하는 것 같은 조짐을 보인다고 취소하면 안 되지 않느냐'며 내 의견을 물었다. 그래서 나는 '그거야 당연한 말씀이다. 만일 포기하면 사사건건 북한에 끌려가게 될 것이다. 북한이 도발을 못 할 것인데, 만약 한다면 그보다 더한 응징을 해야 한다'고 답했다. 그래서 점등 행사를 그대로 진행한 것이다."

대법관 출신인 김 총리는 '법치주의자'로 불린다. 법치주의에 대한 강한 소신 때문이다. 외부 강연을 통해 자주 "법을 통한 정의 실현 과정에서 다른 요소가 개입하면 혼란스러워진다"고 강조해 왔다.

—평소 사회적 갈등을 해소하기 위해 법치와 사회적 자본을 강조했다. 박근혜 당선인도 통합을 내세우지만 이 문제를 해결하기가 쉽지 않을 것 같다.

"기본적으로 사회 통합이 되려면 사회질서가 유지돼야 한다. 가장 중요한 것은 법과 원칙, 상식이 통하는 것이다. 법이 엄정하게 집행돼야 한다. 다른 한편으론 그 과정에서 소외되거나 불만이 있는 국민과 다른 차원에서 충분히 소통하고 설득하는 노력이 병행돼야 한다."

—그런 관점에서 용산 사태, 쌍용차·한진중 문제가 잘 해결됐다고 보는가.

"법과 원칙에 따라 결론을 내야 하는 문제인데, 철거민과 근로자 입장에선 그런 결과에 승복할 순 없지 않나. 그러니까 자꾸 불법적인 방법으로 자기 의사를 관철하려 하는 경향이 나타날 수밖에 없다. 우리 사회의 딜레마다. 우선은 법과 원칙에 따라 처리해야 한다. 다만 그들을 내쳐버리지 말고 꾸준하게 대화하고 설득해야 한다. 그 과정에서 어떤 대안이 마련되면 좋고, 그렇지 않더라도 정부의 노력이 전달돼야 한다."

―현 정부는 원칙을 지키면서 소통을 했나.

"원칙에 벗어나는 행태에는 적극적으로 개입했지만 그들을 배려하려는 노력은 솔직히 부족했다."

―현 정부의 '고소영' '강부자' 같은 편파 인사, 친기업 정책, 고환율 정책 때문에 갈등이 촉발되거나 증폭된 측면도 있다.

"고소영·강부자·고환율·친기업이라고 하는데, 그건 내가 총리를 맡기 전에 나온 지적들이다. 지금 생각해보면 대통령하고도 많은 논의를 했다. 대통령의 기업 프렌들리 정책이란 게 대기업 프렌들리가 아니다. 모든 기업을 활발하게 활성화시켜 국가 발전에 도움이 되고 일자리를 만드는 정책이었다. 대통령도 친서민, 중도·실용 노선을 강조했다. 대기업 프렌들리 정책하고는 안 맞는다. 오해가 있었던 것 같다. 환율 정책이라는 게 어느 정도 국가가 관여해 컨트롤할 수 있다고 하지만 기본적으로 외환 시장과 경제 상황에 따라 정해진다. 정부가 꼭 고환율 정책을 썼다고 이야기하는 건 부분적으로는 맞지 않다. 고소영·강부자도 자세히 들여다보면 부분적으로 상당한 오해가 있었다. 내가 총리로 취임한 뒤 이와 같은 지적들이 많이 희석됐다."

―총리께선 법관 생활을 34년간 했다. 국민들은 '법원 문턱은 높고 판사들은 고압적'이라고 생각한다. 법조 개혁을 요구하는 목소리가 높다.

"대부분의 법관들은 성실하고 청렴하다. 좋은 결론을 내고 있다. 일부 몇몇 미숙한 사람들 때문에 법원 전체가 불신을 받는다."

―개인 윤리 문제이기 때문에 사법부 개혁이 필요 없다는 뜻인가.

"(고개를 저으며) 아니다. 한 사람이라도 그런 사람이 있으면 안 되니까 제도를 바꿔야 한다. 법원이 국민의 신뢰를 받을 수 있도록 시스템을 갖추는 노력을 계속해야 한다."

―법관 시절 법원행정처 기획조정실장, 차장을 맡으면서 사법부 개혁에 관여했다. 원하는 성과를 거뒀다고 보나.

"솔직히 법원도 많이 달라졌다. 우리 사회 모든 분야가 발전했는데, 거기에 호흡을 맞춰서 법원이 못 따라가면 굉장한 지탄을 받게 될 거다. 국민이 예전에는 법원에 섭섭한 의견을 표출하지 못했다. 지금은 언론과 국민으로부터 감시의 눈이 훨씬 커졌다. 그래서 법원의 문제가 드러나는 것이다. 요즘 법원은 (옛날에 비해) 훨씬 발전하고 향상됐다."

―전관예우 문제는 여전하지 않은가.

"전관예우가 허용돼서는 안 된다. 예전에는 전관예우가 상당히 있었지만 지금은 거의 없다. 전관예우와 관련해 법원에서는 억울하게 생각한다. 전관예우는 법원의 이해利害가 아니라 우리 사회의 인연 문화를 법률 수요자들이 이용하는 측면이 있다. 최근 들어 전관예우가 많이 희석됐다."

▲ "어머니 영향 가장 많이 받았다"

김 총리는 2004년 광주지법원장 시절 매주 전 직원에게 보낸 이메일을 엮어 《지산통신》을 펴냈다. 지산은 광주지법의 주소지(광주광역시 지산2동)다. 그는 '어머니, 우리의 스승'이란 이 책의 글에서 "나에게 가장 영향을 미친 사람은 어머니였다"고 적었다.

―어릴 때 집안 교육은 어땠나.

"한학자였던 아버지는 좀 엄정하고 어머니는 자애로운 분이셨다. 가정교육은 스스로 잘 받고 컸다는 생각을 갖고 있다. 특히 약자에 대한 배려는 철저하게 배웠다."

―기억에 남는 부모의 가르침은.

"누구하고 다툼이 생길 때 상대방이 나보다 약자라고 생각하면 싸우지 말고 양보하라고 배웠다. 그러나 강자이거나 내가 옳다고 생각하면 끝까지 다퉈서 이기라고 하셨다. 우리 집이 웬만큼 살다 보니 일가 친척들이 늘 들락거렸다. 좀 불편했다. 그러나 그런 내색을 하면 어머니가 혼을 냈다. '손님이 오면 좋은 집안이 되니 복으로 알아라'고 하셨다."

―중학교 때부터 광주로 갔으면 부모와 일찍부터 떨어져 살았는데.

"부모님이 원래 광주에서 살았다. 초등학교 4학년 때 부모님이 장성으로 귀향하셨다. 내가 떨어져 하숙하고, 자취하며 살았다. 부모님과 떨어져 살아도 버스로 1시간 거리(20여 킬로미터)니까 주말에 집에 가고, 학교 방학 때는 한 달 넘게 머물렀다. 부모님한테 가정교육은 계속해서 받았다고 할 수 있다."

―자취하며 밥은 언제 처음 지어 봤나.

"늘 하숙하거나 누나들과 함께 자취했다. 그래서 밥을 지어본 적이 없다. 1978년 서른 살에 독일 유학을 갔을 때 등산을 가서 밥을 지어봤다."(이 대목에서 그는 계면쩍게 웃었다.)

―평생의 좌우명이 있다면.

"온유하고, 겸손하고, 절제하는 삶을 살자는 것이다. 그렇게 노력해 왔다."(대담 이양수 편집국장, 정리 이철재·백일현 기자)

인간 김황식
자작시 들려주고 아이돌 그룹도 아는 소탈한 '명재상'

야당은 "또 한 명의 대독 총리가 될 것"이라 했다. 여당에서도 "적임 자를 못 찾아 이명박 대통령이 궁여지책으로 내놓은 대타"라고 했다.

그러나 2년 5개월이 지나고 퇴임을 앞둔 지금, 김황식 총리(65)는 '명총리' '공감·소통의 총리'란 평을 듣고 있다.

김 총리는 재임 기간에 굵은 눈물을 세 차례 흘렸다. 2010년 국회 인사청문회장에서 파독 광부와 간호사 얘기를 할 때, 2011년 북한의 연평도 포격 도발로 숨진 전사자 1주기 추모식에 참석했을 때, 지난 해 6월 페루 댐 건설공사 사전 조사차 헬리콥터를 타고 나섰다 목숨 을 잃은 7명의 해외건설 역군에게 그해 11월 훈·포장을 추서할 때 그랬다.

김 총리의 눈물은 행사장의 권위와 엄숙함에 익숙한 우리 사회에 서 신선한 충격으로 받아들여졌다. 공감과 연민을 그토록 여실히 드 러내는 총리가 별로 없었기 때문이다.

그는 국정을 장악하고 업무를 조정하는 데도 실력을 발휘했다. 검·경 수사권 다툼과 과학비즈니스벨트 입지 문제 등에서 뚝심 있 는 조정자 역할을 해냈다.

김 총리는 국민들에게 적극적으로 다가섰다. 우선 소통 수단이 다 양했다. 2011년 3월 트위터와 페이스북을 시작했다. 그해 4월 제주

4·3 사건 희생자 위령제 참석차 제주도를 방문했을 때는 '자작시'를 발표했다.

"…누가 제주를 그저 우리 대한의 사랑스러운 막내라고 하는가/ 제주가 노래하면 반도도 노래할 것이요/ 제주가 가슴앓이하면 반도도 가슴앓이할 것이다/ 그렇기에 제주는 희망·평화·번영의 섬이어야 한다…."

젊은 세대와의 소통을 위해서도 노력했다. 지난해 3월 대전의 한 중학교를 방문한 자리에서 아이돌 그룹 비스트를 예로 들며 "비스트는 다른 그룹에 속해서 연습하다 탈락한 아이들이 모여서 만든 그룹인데 지금 유럽에서 특히 인기가 있다"고 말했다. 그런 장면은 2010년 총리 취임 인사차 조계종 총무원장 자승 스님을 찾았을 때와 대조적이다. 자승 스님이 "공정 사회를 강조했는데 (환풍기 수리공 출신으로) 성공 신화를 이룬 허각을 혹시 아느냐"고 묻자 김 총리는 "모른다"고 답하며 민망해했다.

소탈한 성격은 많은 일화를 낳았다. 2011년 10월 총리 공관에 학력 차별을 극복한 기업인 등을 초청한 자리에서 김 총리는 갑자기 바지를 걷어올렸다. 자신이 입고 있는 내복을 보여주기 위해서였다. 그는 "어릴 때 어른들이 '건강 비결은 내의를 빨리 입고 늦게 벗는 것'이라고 했다"며 '내복 예찬론'을 펼쳤다. 김 총리는 인사청문회 때 "부친께서 농사도 지었지만 양말 공장, 메리야스(내복) 공장도 하셨다"며 내복과의 인연을 알리기도 했다.

지난해 5월 모교인 광주일고를 찾았을 때는 대학 낙방 경험까지 털어놨다. "소속이 없다는 것이 사람 마음을 굉장히 허전하고 외롭게 만듭니다. 재수하는 친구들끼리 어울리다 보니 정도 깊어지고 동병상련을 느낄 수 있었습니다. 사람은 어느 경우든지, 상황에 맞게 성실해야 한다는 것을 배웠습니다."

하지만 김 총리는 여러 면에서 행복한 길을 걸어왔다. 4남 3녀 중 막내인 그의 집안은 전남 장성군에서도 손꼽히는 명문가였다. 아버지는 한학자였고 형과 누나들은 의사, 교사, 군수, 대학 총장 등으로 각각 활동했다.

고교 때는 배드민턴과 농구를 즐겨 학교 대표선수로 활약했고, 서울대 법대를 거쳐 사시 합격 후 사법연수원에선 수석을 했다. 공직 생활도 순탄했다. 대법관·감사원장을 거쳐 '일인지하 만인지상'이라는 총리에까지 올랐다. 이제 김 총리는 '어떻게 인간이 행복한 사회를 만들 수 있을지를 고민하는, 새로운 인생'을 꿈꾸고 있다.(백일현 기자)

퇴임 인터뷰라면 덕담 위주로 진행되는 것이 보통입니다. 그러나 〈한국일보〉 이희정 기자는 마치 야당 의원의 대정부 질의처럼 비판적인 내용을 잔뜩 준비해 와서 분위기도 좀 딱딱하고 곤혹스러웠습니다. 그래도 차분히 설명하며 답변하였습니다. 그 노력이 주효했는지 인터뷰가 끝날 무렵에는 분위기가 훨씬 부드러워졌습니다. 인터뷰는 묘비와 장례 문화에까지 이르렀습니다. 이 기자는 내 묘비에 무엇이 쓰이기를 원하느냐고 물었습니다. 그래서 함형수 시인의 시 '해바라기의 비명碑銘'을 인용하며 대답에 대신하였습니다.

나의 무덤 앞에는 그 차가운 비碑ㅅ돌을 세우지 말라./ 나의 무덤 주
위에는 그 노오란 해바라기를 심어 달라./ 그리고 해바라기의 긴 줄거리
사이로 끝없는 보리밭을 보여달라./ 노오란 해바라기는 늘 태양같이 태
양같이 하던 화려한 나의 사랑이라고 생각하라./ 푸른 보리밭 사이로 하
늘을 쏘는 노고지리가 있거든 아직도 날아오르는 나의 꿈이라고 생각하
라.

이 시 때문인지 이 기자는 "그를 언젠가 작가로 만나게 될지도 모
를 일이다"라는 글로 인터뷰 기사를 마무리하였습니다. 조금은 거북
했던 인터뷰를 기분 좋게 마무리하였다는 증거라도 되는 듯싶었습
니다.

〈한국일보 2013. 2. 23〉
민주화 이후 최장수, 퇴임하는 김황식 총리

총리는 빛이 나기 힘든 자리다. 대통령 뒤에서 보좌에 힘쓰면 "존재
감이 없다"는 비아냥을 듣고, 내 일 좀 해보겠다고 팔을 걷어붙였다
간 "너무 튄다"는 타박이 쏟아진다. 공功을 인정받긴 어렵고 제 것이
아닌 과過의 책임도 무겁게 나누어 져야 한다. 더구나 하는 일마다
격렬한 반대와 혹평을 부르는 대통령 곁이라면 도매금으로 욕먹기
십상이다. 그런 여건을 감안하면 김황식 총리는 후한 점수를 받을 만
하다. 한편에서 칭송하듯 "명총리가 났다"는 말은 과할지 몰라도, '또
한 명의 대독 총리'에 그칠 것이란 당초의 우려를 씻고 민생과 소통
을 키워드 삼아 조용하지만 강단 있는 리더십을 보여줬다. 그는 광주

법원장 시절 직원들에게 보낸 편지글 '지산통신'에서 자신은 소외계층을 보듬고자 하는 '중도저파'라고 썼다. "기득권에 연연한 우파 특히 극우는 추하고, 현실을 무시하고 꿈만 꾸는 좌파 특히 극좌도 철이 없다"는 말도 덧붙였다. 그런 소신은 이념 대립에 휩쓸리지 않고 서민들 삶의 현장을 부지런히 찾아 불편을 헤아리는 '우문현답' 민생 행보로 이어졌다.

매주 한 차례 업무 수행 과정의 소소한 에피소드와 단상을 자필로 써서 올린 '연필로 쓰는 페이스북'은 23만 명의 친구를 불러 모으면서 그를 따뜻한 총리로 기억하게 했다. 민주화 이후 최장수 총리(2년 5개월)로 명예롭게 물러나게 된 그를 20일 정부 광화문청사 집무실에서 만났다. 듣던 대로 그는 겸손했고 애써 말을 꾸밀 줄도 몰랐다. 그러나 4대강 사업 논란 등을 따질 땐 단호한 어조였고 간간이 언성도 높였다.

—이명박 대통령이 마지막 주례연설에서 "저는 대한민국의 가장 행복한 일꾼이었다"고 했는데, 총리께서도 행복했습니까?

"국가를 위해 귀한 자리에서 봉사할 수 있었던 것은 행복했지만, 개인적으로는 많이 힘들었습니다. 우리 사회의 갈등과 대립이 워낙 심하다 보니 어떤 정책을 펴거나 총리로서 의견을 내놓을 때 뜻이 정확히 전달되지 못하고 오해를 사는 일이 적지 않았죠. 그런 분위기 탓에 늘 긴장을 하고 일할 수밖에 없는 점이 제일 힘들었어요."

—그래도 장수할 수 있었던 비결은 뭡니까?

"운이 좋았죠. 사실 강력한 대통령중심제에서 총리의 역할은 제한적일 수밖에 없습니다. 총리를 어떻게 쓰느냐는 전적으로 대통령의 의지에 달렸는데, 대통령께서 제가 주도적으로 나서서 일할 수 있는 기회를 많이 줬어요. 사심 없이 일하는 모습을 국민들도 좋게 봐주셨고. 초반에 대독 총리니 의전 총리니 할 때 제가 실속 있는 총리가 되겠다고 했잖아요. 제 경력으로 외화外華는 하고 싶어도 못 하니까 성실하고 겸손한 자세로 국민에게 봉사하는 것만이 존재감을 키울 수 있는 유일한 길이라고 생각했어요. 물러날 때, 화려하지는 않았지만 성실하게 일했던 괜찮은 사람이었다는 평가를 받는다면 그것으로 족한 거죠."

—스스로 점수를 매긴다면?

"B 마이너스나 C 플러스 정도."

—요즘 대학에서 그 점수 받아선 취직하기 어려운데요.

"그래요? 우리 학교 다닐 때 하던 수우미양가로 따지면 우 정도. 아, 잘한 *거죠.*"(웃음)

—지난해 6월 한일 정보보호협정 논란 당시 사임할까 고민하셨다면서요.

"협정 처리 과정에 국민이나 언론이 오해할 소지가 있었다는 점은 인정하지만 서명 두 시간 전에 부랴부랴 보류한 것은 온당치 못했습니다. 더구나 제게는 상의 한 말씀 없었어요. 굉장히 불쾌하고 섭섭했죠. 항의의 뜻도 있고 협정이 국익을 위해 꼭 필요했다는 제 뜻을 분명히 밝히고 싶었습니다. 하지만 그렇게 물러나면 내 분풀이는 될지 몰라도 대선을 앞두고 정치적 논란만 키우고 국정에 큰 부담을 줄 수 있어 참았죠. 임기가 한참 남았다면 정말 절실했구나 싶겠지만, 몇 달 남겨놓고 던지면 큰 호응을 받지 못할 거란 생각도 들었고."

―전남 출신 첫 총리로서 지역사회의 기대가 부담이 되진 않았나요?

"지역색에 의존하지 않고 공정하게 업무를 수행하는 것이 진정한 지역 화합을 위하는 길이고, '전남 총리 시켰더니 잘 하더라'는 평을 듣는 게 고향에 더 도움 되는 일이죠. 뭐 해주는 것도 없다고 서운해한 분들도 있었겠죠. 하지만 모교인 광주일고에 가서도 제가 나쁜 평가를 받는다면 다 후배들, 고향 분들에게 돌아가지 않겠느냐고 했어요."

―정홍원 총리 후보자와는 사법시험 14회 동기인데, 전임자로서 조언을 한다면?

"판사와 검사로 서로 다른 길을 갔지만 초임 시절엔 테니스도 같이 치고 집에 초대받아서 가기도 했어요. 주제넘은 말씀을 감히 드리면, 법조인은 법조계의 논리로 생각하고 행동하기 쉬운데 그 틀을 벗고 세상을 넓게 조망해야 합니다. 그러려면 자기 말을 하기보다 많은 사람들의 다양한 의견을 겸손하게 듣는 노력이 필요하죠. 또 대통령 관계든, 정부 내 관계, 국회 관계든 인화가 중요합니다. 성품이 참 따뜻한 분이어서 잘 하실 겁니다."

―사법부 최고위직인 대법관 출신이 행정부의 2인자가 되는 것은 적절치 않고 삼권분립의 정신을 해칠 수 있다는 비판에 대해 어떻게 생각하십니까?

"행정도 결국 법 집행이니까 법조인이라면 자질을 갖췄다고 보지만 행정 경험이 부족한 게 문제죠. 저는 감사원장을 거쳤기 때문에 원한 건 아니지만 기회가 주어졌어요. 그런 점에서 대법관에서 바로 총리가 되는 건 가능하지도 않고 바람직하지도 않다고 봅니다. 하지만 삼권분립 침해를 이유로 드는 것은 논리의 비약이라고 생각합니다."

—대법원장이나 헌법재판소장 출신도 괜찮다는 말씀인가요?

"그건 그렇지 않죠. 국가의 서열도 중요한데, 대법원장이나 헌재소장은 총리보다 서열이 높잖습니까. 김용준 인수위원장의 경우는 헌재소장을 하신 지 10여 년 지났기 때문에 달리 볼 여지가 있겠지만, 얼마 전에 거친 분이라면 바람직하지 않다고 봅니다."

—이 정부에서 총리를 지낸 세 분 중 두 분이 병역 면제자입니다. 고위 공직자와 그 자제들 가운데 병역 의무를 이행하지 않은 경우가 유난히 많아 국민들 시선이 곱지 않습니다.

"그런 국민 정서를 충분히 이해합니다. 병역은 정부나 정치권에 대한 신뢰에 영향을 줄 수 있는 문제죠. 저는 부동시로 군 복무를 하지 못했고, 그래서 총리직을 제안받았을 때 여러 번 사양했습니다. 제 아들은 최전방에서 현역 복무했습니다."

—총리 인사청문회 당시 "정치를 할 생각이 없다"고 했지만, 감사원장 청문회 때 "총리는 안 한다"고 한 게 결과적으로 빈말이 된 걸 보면 정치도 모르는 일 아닌가요?

"세상일은 자신을 못 해요. 법률에도 '사정 변경의 원칙'이란 게 있잖아요. 하지만 정말 정치에는 뜻이 없어요. 이제 지하철 공짜로 타는 나이가 됐는데,(웃음) 41년을 이어 온 공직 생활은 여기서 마감해야죠."

—노인들 지하철 공짜 탑승을 문제로 지적해 논란이 일기도 했죠?

"없애자고 한 게 아니에요. 줬던 걸 어떻게 도로 뺏습니까? 그건 어려워요. 복지 설계를 애초부터 잘 해야 한다는 취지로 말한 겁니다. 재정 부담을 줄여서 정말 필요한 분들에게 써야지, 여유 있는 사람한테까지 혜택을 주면서 정작 어려움을 겪고 있는 사람들을 돌보지 못해서야 되겠느냐는 겁니다."

—이명박 대통령을 존경합니까?

"언론이나 사회적 평가는 다를 수 있지만, 능력이나 성품에서 장점이 많은 분입니다. 일의 방향을 잡고 추진하는 데 있어 상당한 혜안도 갖고 있어요. 이쪽에선 소통도 잘 합니다. 다만 반대되는 입장에 선 분들과는 소통이 부족했던 게 아쉽죠. 더 많이 접촉하고 이야기했으면 전폭적인 동의는 못 얻더라도 어느 정도 수긍하는 관계가 될 수 있지 않았을까 싶어요."

—최근 국회 대정부 질의에서 이명박 정부의 실정을 격하게 성토하는 야당 의원을 상대로 작정한 듯 한판 하셨는데요.

"그게 왜 한판이에요? 저는 늘 잘못된 지적에 대해서는 정확한 사실관계나 제 의견을 밝혀드렸지, 그냥 뭐가 뭐해서 피한다, 이런 자세를 취하진 않았어요. 어느 정부나 그렇지만 이 정부가 한 일에 빛도 있고 그림자도 있습니다. 객관적이고 냉정하게 공과를 평가해 달라는 건 너무 당연한 얘기 아닌가요?"

—빛은 뭐였고, 그림자는 어떤 부분인가요?

"너무 잘 아시겠지만 두 차례 금융위기, 유럽발 재정위기 상황을 잘 극복했고 그 과정에서 국가신용등급도 향상됐고 2년 연속 무역 1조 달러를 달성했어요. G20 개최, 평창 동계올림픽 유치, 한류 확산

등을 통해 국격도 많이 올라갔죠. 다만 성장의 효과가 서민들이나 중산층으로 잘 퍼지지 못했고, 사회적 갈등이 증폭된 점은 그림자라고 할 수 있죠. 동반 성장, 상생, 서민금융, 민생 안정, 복지 확대 이런 쪽으로 노력은 많이 했지만, 나라 살림이란 게 짧은 시간에 성과가 나오진 않거든요. 방향은 잘 잡았고 기초는 닦았다고 생각합니다. 다음 정부가 잘 이어가기를 바랍니다."

이명박 정부의 정책 가운데 평가가 가장 극명하게 갈리는 것은 4대강 사업이다. 탄생부터 대선 공약으로 내걸었다가 거센 반대에 부딪쳐 좌초한 대운하 계획의 꼼수라는 의심을 받았고, 홍수·가뭄 대비와 수질 개선 효과, 환경 파괴 등을 둘러싸고 논란이 끊이지 않았다. 최근 감사원이 보 내구성과 수문 안전성, 예산 낭비 등을 지적하는 감사 결과를 발표하자 총리실과 관계 부처가 반박에 나서 정부 기관 간 다툼으로 번질 기미까지 보였다. 일각에선 김 총리가 감사원장으로 재직할 때 실시한 1차 감사 결과에선 안전성 등에 전혀 문제가 없다고 한 것을 두고 "김 총리가 부실 덩어리 4대강에 면죄부를 줬다"고 비판한다. 김 총리는 "잘못 알려진 게 너무 많다"며 한숨을 내쉬었다.

—같은 기관에서 나온 감사 결과가 확연히 다른 이유가 뭘까요?

"팩트부터 분명히 합시다. 제가 감사원장 때 1차 감사를 시작하긴 했지만 결과는 총리로 옮긴 뒤 나왔어요. 결론을 도출하는 데 제가 전혀 관여하지 않았다는 말입니다. 또 1차 감사는 계획과 설계, 2차는 공사 시행 결과를 평가한 것으로 포인트가 달라요. 이번 감사 결과도 자세히 들여다보면 홍수 대비 기준이 200년 빈도냐 100년 빈도냐 등 일부 견해차가 있는 정도예요. 4대강 반대하는 분들의 주장처럼 '총체적 부실'을 지적한 게 아니에요. 다만 보도자료에 자극적인 표현을 넣어 오해할 소지를 제공한 건 신중하지 못했죠."

—총리실이 나서 '객관적이고 전문적인 검증'을 하겠다고 했는데, 감사원 입장에서는 감사의 신뢰성을 의심받는 상황이니 당연히 불쾌하지 않을까요?

"감사 결과 재검증이 아닙니다. 보가 당장이라도 무너질 것처럼 여기는 국민들의 불안과 태국 물관리 사업 수주에 끼칠 악영향을 잠재우기 위해 최소한의 조치를 한 거죠. 양건 감사원장이 국회 답변에서 '심각한 사태'라고 한 것도 총리실의 의도를 파악하지 못한 상황에서 나온 말이라며 나중에 정정했어요. 다툼 같은 건 없습니다. 사업 주체인 현 정부가 검증을 한다니 못 믿겠다는 말도 나오는데 참 답답해요. 내일모레 물러나는 정부에서 뭘 더 하겠습니까? 당장은 기본 입장만 정한 것이고, 민간 학회가 중심이 된 사업 전반에 대한 검증 작업은 새 정부에서 착수합니다. 팩트를 좀 정확하게 봐주세요."

—요즘 인사청문회나 대통령 측근 살리기 특사를 보며 많은 국민들이 분노합니다. 이 정부가 말하는 법치란 지도층의 불법·탈법에는 관대하고 서민들의 생존권적 요구에는 가혹한 '거꾸로 선 법치'라는 비판도 나오는데요.

"선진사회로 가려면 법질서 확립과 엄정한 집행이 필요한데, 국민들 의식은 아직 높지 않아요. 고위직이나 가진 자, 서민들 다 마찬가지예요. 법률이 통치 수단으로 악용된 일제 시대나 독재 시대의 영향도 있고, 짧은 시간에 산업화·민주화를 달성하는 과정에서 편법과 반칙이 횡행한 결과이기도 하죠. 사회적 약자를 더 배려해야 하는 것은 맞지만 자기 권리 찾겠다고 사회나 타인에게 큰 피해를 주는 행위까지 정당화될 수는 없습니다."

―작년 10월 법률가대회에서 용산참사와 관련해 "악한 약자는 보호할 필요가 없다"고 말했다가 논란이 됐죠. 자칭 '중도저파'의 발언으로는 과하지 않나요?

"잘 기억나진 않지만 '악한'이 아니라 '정당하지 못한' 약자라고 했을 겁니다. 사회적 약자라고 모든 행위가 익스큐즈 되는 건 아니라는 거죠. 아무리 억울해도 시너를 쌓아두고 골프공 몇천 개를 새총으로 쏴대고, 그건 아니죠. 재개발 과정에 문제가 있다면 바로잡아야겠지만 불법 행위에 대해선 엄정하게 책임을 물어야 합니다."

―페이스북 글에서 사회악 중 하나로 '공정성 없는 언론'을 언급했는데.

"정치에서 말하는 진영 논리가 분파적으로 언론에도 작용하는 것 아닌가 싶어요. 사설 같은 의견은 다를 수 있지만, 사실관계를 다룬 기사조차 회사 입장에 따라 극단적으로 갈리는 것은 바람직하지 않다는 거죠. 저는 어떤 부문이든 극단은 싫어합니다."

―어머니를 '큰 스승'이라고 표현했는데, 가장 깊이 새긴 가르침은 무엇인가요?

"어릴 적 거지가 들어오길래 '거지 왔어요' 했더니 '다음부터는 손님 오셨다고 하라'셨죠. 어떤 책이나 강의에서 그보다 더 강렬한 인간 존중의 교육을 본 적이 없습니다. 어머니한테 배운 대로 우리 아이들한테도 이웃에 잘해라, 네 욕심을 앞세우지 말라고 합니다."

—퇴임을 앞두고 가장 고마움을 전하고 싶은 한 분을 꼽는다면?

　"제 아내죠. 같이 살아오면서 이런저런 불만이 있었을 텐데도 항상 제가 가는 길을 존중하고 지원해줬으니까. 바가지야 왜 안 긁겠어요? 몸 아프면 짜증도 내고 소소한 불평도 하지만, 큰 틀에서 제 생각이라든가 결정을 타박하고 반대한 일은 없죠."

　—퇴임 이후 계획은 세워두었습니까?

　"특별한 건 없어요. 긴장의 끈을 풀고 여유 있게 책도 읽고 좋은 분들하고 부담 없이 대화도 하고 싶습니다. 마냥 놀 수만은 없으니 행복한 사회, 행복한 삶에 대해 공부를 좀 할까 해요. 기회가 닿으면 외국에 가서 다른 입장도 접해보고 싶고."

　김 총리는 페이스북에 고향인 전남 장성에 있는 '청백리 박수량의 백비'를 소개한 적이 있다. 명종이 구구한 설명이 오히려 누가 되는 그의 청렴함을 크게 기려 아무것도 새기지 않은 묘비를 세우라고 명했다는 얘기다. 자신의 묘비에는 어떤 글귀가 새겨지기를 바라는지 물었다. "비석은 무슨… 요란스레 흔적을 남길 생각이 없어요. 우리 장묘 문화도 자연장이나 수목장 이런 쪽으로 바뀌어야 합니다. 문득 함형수 시인의 '해바라기의 비명碑銘'이란 시가 생각나네요. '나의 무덤 앞에는 그 차가운 빗돌을 세우지 말라. (중략) 푸른 보리밭 사이로 하늘을 쏘는 노고지리가 있거든, 아직도 날아오르는 나의 꿈이라고 생각하라.'" 시를 읊는 그의 얼굴에 편안한 미소가 번졌다. 문학청년이었다는 그를 언젠가 작가로 만나게 될지도 모를 일이다.(이희정 선임기자)

〈국민일보〉와의 인터뷰는 퇴임 인터뷰 가운데 가장 철학적(?)인 내용을 담은 인터뷰였습니다. 기독교계 신문이고 마침 〈국민일보〉가 독일에 관한 기획 기사 '독일을 넘어 미래 한국으로'를 내보내고 있었던 탓인지 모릅니다. '노블레스 오블리주' '막스 베버의 프로테스탄티즘의 윤리와 자본주의 정신' '소명 의식' '구원 예정설' '노동의 신성함' 등 제 평소의 소신을 털어놓을 수 있어 좋았습니다. 특히 이런 문제의식을 갖고 독일 유학을 준비하고 있었기에 저로서는 의미 있고 즐거운 인터뷰였습니다.

〈국민일보 2013. 2. 25〉
40년 공직 생활 마무리 김황식 총리

김 총리는 총리로서 사실상 마지막으로 일하는 날인 지난 22일 〈국민일보〉와 마지막 언론 인터뷰를 가졌다. 상당히 편안한 모습이었다. 자신이 생각하는 공직자의 자세와 소명 의식, 우리가 독일 사회에서 벤치마킹해야 할 요소 등을 진솔하게 털어놓았다. 우리 사회가 선진국으로 진입하기 위해서는 고쳐야 할 점이 많다는 뜻으로 들렸다. 특히 정치권과 정치인이 바뀌어야 한다는 점을 지적했다. 그는 오는 4월쯤 독일의 한 대학으로 가 한국 사회 발전을 위해 무엇이 필요한가를 공부하며 재충전의 기회를 가질 예정이다. 인터뷰는 정부 서울청사 집무실에서 1시간 넘게 진행됐다. 그날 새벽 내린 눈은 40년 공직 생활을 깔끔하게 마무리한 김 총리를 축하해주는 듯했다.

김 총리는 특히 공직자의 덕목이나 자세를 얘기할 때 힘주어 말했다. 공직은 단순한 일자리가 아니라 천직이며 소명 의식이 있어야 한다는 것이다. 지금 한국 사회는 노블레스 오블리주가 필요한 시점이라고도 했다. 정치권에 대해서는 참으로 할 말이 많은 듯했다. 떠나는 총리가 새 내각과 공직자들에게 보내는 충언(忠言)이었다.

─재임 중 가장 '잘했다'고 생각하는 것과 '시간이 있었으면 좀 더 잘 마무리했을 텐데'라고 생각하는 일이 있다면.

"학교폭력이나 불법 사금융, 재난 대책 같은 국민 생활에 직접 영향을 미치는 사안들에 대해 각 부처를 조정하면서 열심히 해온 것이 뿌듯하다. 공정한 사회 만들기 80대 과제를 만들고, 건강한 사회 만들기 12대 과제를 선정해 그런 문제들을 계속적으로 해결할 수 있는 기반을 갖췄다는 게 보람 있었다. 효율적인 복지 정책을 위해 복지 관련 전산망을 정비하고 복지공무원을 증원시켰던 것도 기억에 남는다. 아쉬웠던 일은 재정 분담이든 업무든 간에 국가와 지방 간의 역할 문제를 체계적이고 합리적으로 정비했으면 하는 생각이 있었는데 결론을 내리지 못한 것이다. 차기 정부에서 관심 갖고 챙겨줬으면 좋겠다."

─정치권과 정치인에게 하고 싶은 말이 많을 것 같다.

"대부분 정치인이 애국을 바탕으로 열심히 하는 것을 알지만, 가끔 정파 이해나 진영 논리에 매몰되는 경우가 있다. 그렇게 되면 사실을 왜곡하거나 침소봉대해 사회 갈등을 부추기고 오히려 문제 해결에 장애가 된다. 정치권에서 사회현상을 객관적으로 보고 그것을 토대로 문제 해결을 도출하고 국정도 평가해줬으면 좋겠다."

─지난해 초 페이스북에 "정말 속상하고 욱하는 일이 있었지만 참았다. 제가 욱하면 국민이 불안해진다"는 글을 올렸었다. 정치와 관

련된 일인가.

"그렇다. 국익에 결코 도움이 되지 않는 행태가 보였지만 제가 욱하면서 거칠게 대응하면 총리까지 갈등의 한 축으로 끼어들게 돼 국민들이 더 불안하게 느낄 것 같다고 생각했다는 취지다."

—공정 사회를 많이 언급했다. 국정을 총괄하면서 한국 사회가 변화해야 할 방향을 개념화한다면.

"법과 원칙이 바로 서야 하고 소통과 화합, 나눔과 배려가 있는 사회를 만들어야 한다는 생각을 했다. 공정한 사회, 건강한 사회를 만들기 위해 나름 노력해 왔지만 정부 노력만으로 해결될 문제는 아니다. 정부가 일단 시작을 했으니 앞으로 이런 문제를 해결하기 위한 노력이 계속 진행될 것이라 기대한다."

—결국 한국 사회의 '노블레스 오블리주'와도 관련된 문제인 것 같다.

"양극화 현상과 상대적 박탈감 등이 사회 통합을 저해하는 요인인데, 이것이 해결돼야 한다. 그 과정에서 가장 중요한 게 가진 자가 나눔과 배려의 정신을 갖고 적극적인 노력을 하는 것이다. 그런 노력 없이는 어려운 이들의 마음을 얻을 수 없고 그런 사회에서는 국가 정책이 효과를 보기 어렵다. 지금이야말로 '노블레스 오블리주' 정신이 다시 부각되고, 예전처럼 도덕 재무장 운동이 다시 행해져야 하는 시점이 아닌가 싶다."

—공직자의 자세는 어떠해야 하는가.

"공직은 기본적으로 국민을 섬기는 자리라는 인식을 확실히 해야 한다. 단순한 일자리가 아니라는 소명 의식을 가졌으면 좋겠다. 공직은 '천직'이라는 자세가 필요하다. 영어로 콜링calling, 독일어로 베루프beruf라고 하는데, 구체적으로 국민 속에 파고들어 현장 중심으로 문제를 인식해야 한다. 기존 관행에 끌려가지 말고 창의적인 생각으로 문제를 해결해야 한다. 그리고 때를 놓치지 않고 즉시 해결할 수 있는 즉시성도 필요하다."

―총리에게 가장 필요한 덕목은 무엇인가.

"공직자에게 필요한 덕목에다 큰 사명감을 가져야 된다. 실질적인 영향력을 미칠 수 있는 위치에 있다는 점을 인식하고 정부가 신뢰를 얻을 수 있도록 겸손하고 성실한 자세가 중요하다. 통합을 위해선 소통의 노력이 절대 필요하다. 소통을 위해서는 많이 듣고 이해하고, 국민들이 잘못 알고 오해하고 있는 것들에 대해선 잘 설명할 수 있는 끈질긴 노력도 필요하다."

―우리 사회에 아직 지역 갈등이 남아 있다.

"예산이나 인사 등에서 차별받았다, 홀대받았다는 느낌을 갖지 않도록 잘 배려해야 한다. 정치권에서도 지역 정서를 이용하거나 선동을 통해 정치적 이익을 얻으려는 생각을 버려야 한다. 선거제도를 좀 개편해서 호남에서 새누리당 의원이 나오고 영남에서도 민주당 의원이 나올 수 있는 시스템을 정치권에서 만들면 좋겠다. 석패율제나 중선거구제, 지역성을 가미한 정당명부제 등에 대한 연구는 돼 있다. 결국 선택의 문제인데 정치권 이해와 관련된 문제여서 어렵지만, 맘먹기 따라서는 쉽게 해결할 수도 있다."

―해결하려면 정치가 제대로 작동하도록 힘을 보태야 하는 것 아닌가.

"솔직히 정치할 생각 없고 성품상 정치할 스타일도 아니다. 하지만 직접 정치를 하지 않더라도 그런 일에 도움이 되는 역할이 있다고 하면 마다하지 않겠다. 그런 노력은 밖에서도 할 수 있다."

―처음에 '대독 총리' 시각이 있었는데 완전히 불식시키셨다.

"한마디로 운이 좋았다. 하나님이 어려움을 피하게 해주시고 지혜를 주셔서 고맙게 생각한다. 좋은 평가가 나올수록 겸손해야 한다."

김 총리는 독일 사회에서 배워야 할 점으로 노동의 신성함을 중시하는 사회적 분위기를 우선 꼽았다. 또 소명 의식을 갖고 있는 사회 구성원들, 특히 정치 지도자들이 선거에 불리하더라도 정파보다는 국가를 위해 대타협하는 사례 등을 들며 우리 정치가 참고해야 할 것이라고 강조했다.

―몇몇 외부 강연에서 막스 베버의 '프로테스탄티즘 윤리와 자본주의 정신'을 언급해 노동의 신성함, 소명 의식을 얘기한 적이 있다.

"우리 사회의 문제점을 볼 때, 준법정신이 약하고 정직성도 좀 부족하다. 그리고 폭력성이 조금 심하고 낙태라든지 생명을 경시하는 풍조도 있다. 또 하나, 육체노동을 천시하는 분위기가 있다고 본다. 노동을 신성하게 여기지 않는 사회는 발전할 수 없다. 육체노동이든 정신노동이든 하나님이 준 사명이라는 생각으로 열심히 하는 것보다 가치 있는 일은 없다는 생각을 가져야 사회가 균형 있게 발전할 수 있다. 서구가 비교적 합리적으로 발전한 데에는 기독교 정신을 바탕으로 자신이 하는 일에 소명 의식을 갖는 게 중요한 요인으로 작용했다고 생각한다. 우리도 하는 일이 무엇인가를 가리지 않는 그런 문화가 필요하다고 본다."

―일반적으로 독일 사회에서 우리가 배울 점이 있다면.

"근검절약하고 성실하고, 노동도 가치 있는 것으로 평가하는 이런 점들에서는 솔직히 독일 사회가 낫다는 생각이다."

―소명 의식이라는 게 기독교적 윤리와 연관된 건데 그런 걸 확산시킬 수 있는 방안이 있을까.

"서양 경우엔 기독교 정신을 바탕으로 사회가 형성됐다. 기독교인들이 자신이 구원받을 수 있느냐 없느냐 불안하니까 스스로 구원받을 수 있다는 확신이 필요하게 됐다. 그래서 일을 열심히 해서 이웃과 사회에 도움이 된다면 그건 하나님이 구원하기로 예정했던 증표가 아니겠느냐는 생각을 하게 됐다고 하더라. 열심히 일해 자본주의적 방식으로 돈을 많이 벌게 되고, 그것을 이웃과 사회를 위해 잘 쓰는 문화가 형성되면서 자본주의와 기독교 정신이 결합해서 사회를 건강하고 건전하게 만들어 가는 토대를 만든 게 아니냐고 이해하고 있다. 우리 사회에도 그런 건강하고 공정한 사회를 만들어 가는 노력이 잘 전파됐으면 좋겠다."

―게르하르트 슈뢰더 독일 전 총리의 '어젠다 2010' 정책을 자주 언급했었다. 우리 사회에서 '어젠다 2010' 같은 정책 운영이 가능한가.(어젠다 2010은 진보적인 슈뢰더 정권이 2003년 발표한 고용·연금·의료·세제·교육 등에 대한 개혁 패키지로 보수 진영의 주장을 대폭 받아들인 정책이다)

"슈뢰더가 주도한 '어젠다 2010'은 정말 굉장히 감동스러웠던 프로젝트였다. 그가 방한했을 때 제 방에서 함께 얘기를 나누기도 했는데, 국가 지도자가 자신의 정치적 입지를 떠나 국가 장래와 국리민복을 위해 어떻게 하는 게 바람직한 것이냐를 보여준 훌륭한 모델이었다고 생각한다. 경제위기 극복을 위해 고용 유연성을 확보하고 복지를 축소·조정하는 정책이었고, 자신의 정치적 지지층의 뜻을 거스르는 조치였다. 그럼에도 용기 있게 실천했던 사례다. 우리 정부나 정치인들도 깊이 참고하고 배워야 될 내용이다. (이 정책으로) 슈뢰더는 선거에 져서 정권을 넘겨주게 되지만, 그 정책은 보수적인 기민당의 앙겔라 메르켈 총리가 계속 승계해서 오늘날의 경제 강국이 됐다. 이런 과정에서 총리직은 상대방으로 넘어갔지만 정책은 승계하는 대타협의 모습은 정말 아름답고 감동적인 모습이었다."

—우리 사회의 복지 시스템이 나아가야 할 방향은.

"〈국민일보〉가 연초부터 시작한 '독일을 넘어 미래 한국으로' 기획 시리즈를 아주 재미있게 읽고 있다. 나도 독일이 우리와 비슷한 점이 많아 참고하고 배울 만한 나라라고 생각한다. 복지는 자칫 잘못하면 낭비적인 복지가 될 수 있다. 복지 정책을 통해서 능력 없는 취약계층은 확실히 보호하고, 일할 수 있는 사람들은 일자리를 연결해주는 시스템이 돼야 한다. 또 중요한 점은 복지가 국민들을 나태하게 만들어서는 안 된다는 것이다. 재정 건전성을 유지해 가면서 성장에 도움되는 복지가 되도록 시스템 관리를 아주 잘 해야 한다. 그래야 복지가 성장에도 도움이 되고 사회 통합에도 도움이 된다."

—우리 사회의 계층 갈등, 이념 갈등이 심한데.

"이념적으로, 지역적으로, 세대 간에 많은 대립 갈등이 있는데 서로 머리를 맞대고 그런 문제에 대해서 진지하게 소통하고 화합하는 노력이 필요하다. 합심·협력해야 사회 통합도 이뤄지고 국가 발전도

되기 때문에 정치권이나 사회 지도층이 진영 논리를 떠나서 대화하고 역지사지하면서 이해하려는 노력이 무엇보다 필요하다."

―OECD 가입 이후 우리가 중진국 함정에 빠져 있다는 평가들이 나온다. 어떻게 극복해야 하나.

"워낙 압축 성장이 진행되다 보니 목적이 수단을 정당화한다든지, 불법·편법도 있었다. 과당 경쟁과 성과주의도 팽배해졌다. 이런 문제들이 개선되지 않으면 선진국 대열로 들어가기 쉽지 않다. 극복을 위해 가장 중요한 게 법과 원칙으로 돌아가는 것이다. 법과 원칙과 상식을 바탕으로 국정이 운영되고 사회가 작동할 때 비로소 선진국 대열에 들어갈 수 있을 것이다. 그 과정에서 소외되고 탈락하는 사람에게는 복지 차원에서 새롭게 재기할 수 있는 사회적 틀을 만들어줘야 한다."

―독일과의 인연은.

"법률가였으니까. 우리 법률이 일본법을 받아들였는데 일본법은 상당 부분 독일법을 계수繼受한 것이다. 그래서 우리 법의 연원이 독일법과 닿아 있다. 독일법을 공부할 필요가 있어서 독일에서 공부했던 것이다. 공부하면서 독일 사회가 합리적이고 모범적으로 움직이는 걸 보고 우리가 배울 점이 많은 나라라고 생각했다."

―퇴임 후 독일로 공부하러 간다던데.

"지금 독일 사회의 변화된 모습을 보고 싶다는 욕구가 있어 그런 쪽으로 생각은 갖고 있다. 그런데 〈국민일보〉가 1년 동안 기사 내보낸다니 제가 갈 필요가 없는 게 아닌가 싶다."(웃음) (대담 김영호 부국장, 정리 정승훈 기자)

마지막 현장, 마지막 소통

음성 꽃동네 찾고 마을 이장과 통화

2010년 10월 6일 경남 진주시의 진양농협을 찾으면서 시작된 김황식 총리의 민생 현장 방문은 지난 20일 오후 충북 음성의 사회복지시설 꽃동네에서 끝났다.

마지막 외부 행사는 김 총리가 직접 꽃동네로 결정했다. 소외계층을 살피는 일정이어야 한다는 의지가 반영됐다. 꽃동네 가족 400여 명은 박수로 그를 환영했다. 김 총리는 "꼭 한번 와야겠다고 생각했었는데 총리로서의 일을 모두 마친 오늘에서야 오게 됐다"며 "위로와 격려 드리러 왔는데 제가 격려와 위로를 받아 죄송스럽기도 하고 기쁘기도 하다"고 화답했다. 그리고 현장의 얘기를 세심하게 들었다.

"이제 공직을 떠나지만 남은 인생은 여러분을 위해 기도하고 작은 힘이라도 보태며 살아가겠다. 여러분, 다 함께 사랑합니다." 그의 마지막 인사였다.

다음 날인 21일에는 경기도 화성시 시동의 한 마을 이장에게 전화를 걸었다. 화성시의 남양동장과 시동의 이장 등은 지난 1월 중순 떡을 빚어 세종청사를 찾았었다. 김 총리의 도움으로 천수답이 해결된 데 대해 고마움을 표시하기 위해서였다. 하지만 그들은 일정이 바쁜 총리를 만나지 못했다.

김 총리는 "얼굴도 못 보고 가시게 해서 서운했고 동장님과 마을 주민들께도 고맙다고 전해 달라"고 했다. 총리가 전화했더니 이장이 놀라고 무척 고맙다는 인사를 수차례 했다고 한다.

김 총리는 "전화 한 통이 쌓여 서로의 신뢰가 높아지고 국민들이 정부 정책에 대해 긍정적으로 이해하게 되는 것 아니겠느냐"며 "이런 것들이 그야말로 소통"이라고 강조했다. 총리로서 민생과 마지막 소통이었다.(정승훈 기자)

김 총리는 누구

네 번째 장수 총리, 성품 소탈 '명재상' 별명

△1948년 전남 장성 출생 △광주제일고 서울대 법대 △서울지방법원 판사, 대법원 선임재판연구관, 서울고법 부장판사, 광주지방법원장, 법원행정처 차장 △대법관 △감사원장 △국무총리

최초의 광주, 전남 출신 총리로 임명 당시 '의전 총리' '대독 총리'가 될 것이라는 전망이 많았다. 하지만 원칙 있는 업무 처리와 온화하고 소탈한 성품으로 '명재상' '울보 총리'로 국민의 마음을 얻었다. 역대 네 번째 장수 총리이자 1987년 민주화 이후 가장 긴 재임 기간(2년 5개월)을 기록했다.

1972년 14회 사법시험에 합격한 뒤 사법연수원을 수석으로 수료하고, 1974년 9월 서울민사지방법원 판사로 임용된 이래 정통 엘리트 법관 코스를 밟았다. 1978~1979년에는 독일 마르부르크필립대학교에서 수학하고 최고 정책 과정을 수료했다. 법관 시절 독일법 전문가로 통했고 독일 유학 중에 연구한 민법과 부동산등기법을 통해 우리나라 등기 제도의 기준을 법정화하면서 부동산등기 제도의 기틀을 마련했다는 평가를 받는다.

취임 100일 인터뷰에서 "소나기가 아니라 소리 없이 내리지만 대지에 스며들어 새싹을 틔우고 꽃을 피우는 이슬비 같은 총리가 되겠

다"고 약속했던 것처럼, 총 190차례나 민생 현장을 누비며 국민과 정부를 잇는 가교 역할을 했다는 평가를 받고 있다.

특히 2011년 연평도 전사자 1주기 추모식에서 경호원의 우산을 뿌리치고 40분간 장대비를 맞으며 젊은 병사들의 희생을 추모한 모습은 국민들에게 깊은 인상을 남겼다. 독실한 기독교 신자이면서 예술품 감상에도 조예가 깊다. 부인 차성은 씨(63)와 1남 1녀.(정승훈 기자)

〈한국경제〉와의 인터뷰에서는 재정 건전성의 중요성을 강조하고 포퓰리즘을 경계하여야 함을 강조하였습니다. MB 정부 때 세계적 금융위기와 유럽발 재정위기로 인하여 우리나라도 국가 부채가 늘어날 수밖에 없었으나 이를 극복한 임기 후반에는 부채를 줄이고 균형 재정을 달성하기 위하여 노력하였습니다. 그러나 정치권에서는 선거에 즈음하여 여야 할 것 없이 포퓰리즘에 기울어 국가의 미래가 걱정되는 상황이 전개되고 있었기 때문에 이를 강조하였습니다. 또한, 공직자는 한정재인 부동산을 주택 한 채 등 필요한 만큼만 소유하고 공직 수행에 영향을 줄 수 있는 주식은 소유하지 않도록 권유하였습니다. 여유 재산은 예금 등 시빗거리가 되지 않는 재산 증식 방식을 취하라는 취지였습니다.

〈한국경제 2013. 2. 22〉

떠나는 김황식 총리의 마지막 고언

김황식 국무총리는 21일 "차기 정부가 가장 명심해야 할 것은 재정 건전성 유지"라고 강조했다.

김 총리는 퇴임을 앞두고 이날 〈한국경제신문〉과의 특별 인터뷰에서 "나라 빚을 함부로 늘리면 국가의 재앙으로 다가올 것"이라며 이같이 말했다.

김 총리는 특히 복지 확대와 관련, "빠른 속도로 진행되는 고령화로 인해 막대한 복지 수요가 추가로 발생할 것"이라며 "차기 정부는 성장과 복지를 조화롭게 추진해야 한다"고 지적했다. 나라 빚을 늘리지 않으면서 증가하는 복지 수요를 어떻게 감당할 것이냐가 한국의 지속적인 발전에 중요한 과제라는 설명이다.

그는 이어 "차기 정부가 국가 부채 한도를 법으로 정하는 등 강도 높은 재정 준칙을 확립해야 한다"며 "포퓰리즘과 정치적 선동에 의한 복지 확대는 안 된다"고 덧붙였다.

또 "한국이 지금껏 이뤄온 성공이 (차기 정부에서) 지속될 수 있을지 걱정"이라며 "지금 성적이 좋다고 자만하고 여유를 부릴 상황이 아니다"고 말했다. 최근 5년간 두 차례의 글로벌 경제위기를 극복하면서 국가신용등급이 일본을 제치는 등 성과를 내고 있다고 해서 긴장감을 늦춰서는 안 된다는 것이다.

김황식 국무총리는 퇴임을 불과 며칠 앞두고도 여전히 바빴다. 지난 20일에는 충북 음성 꽃동네를 찾았다. 그는 "며칠 후면 물러나는데 그전에 꼭 한번 가봐야지, 라는 생각을 갖고 있었다"고 마음의 빚이라도 진 것처럼 담담히 말했다. 이날 오전 10시부터 박근혜 정부 초대 총리로 지명된 정홍원 후보자에 대한 인사청문회가 열렸지만 임기를 마무리하느라 살펴볼 겨를이 없어 보였다.

김 총리는 정 후보자가 오는 26일 국회 임명 동의를 받으면 41년간의 공직 생활을 마감하고 일반인으로 돌아간다. 김 총리를 20일과 21일 서울 광화문청사와 세종청사에서 두 차례 만났다.

　—법조인 출신으로 대법관, 감사원장에 국무총리까지 지냈습니다. 공직이란 무엇입니까.

　"공직은 여느 직업과는 다릅니다. 하늘이 부여해준 것이라는 사명감을 가져야 합니다. '천직'이라고 하지 않습니까. 영어로도 '콜링', 독일어로는 '베루프'라고 합니다. 모두 부름을 받았다는, 같은 뜻입니다. 공직자는 자신의 일상이 국민에게 어떻게 비칠지를 염두에 두고 자세를 낮춰야 합니다."

　—노블레스 오블리주를 말하는 것 같습니다.

　"사회가 건전하게 발전하려면 사회 통합이 필요합니다. 그러기 위해서는 힘 있는 자가 솔선수범하면서 약자를 배려해야 합니다. 우리 사회는 그 점이 미흡합니다."

　—고위 공직자의 처신은 어떠해야 합니까.

　"개인적으로 중견 법관이 되면서 부동산은 집 외에는 가져서는 안 되겠다는 생각을 했습니다. 주식도 마찬가집니다. 주식을 갖고 있는 회사가 소송의 대상이 될 수 있으니 투자를 하면 안 된다고 판단했습니다. 그 원칙은 인사청문회 제도가 생기기 전부터 갖고 있었습니다. 새로 출발하는 공직자나 앞으로 고위직을 맡아 중요한 역할을 하고 싶다면 이 점을 유의해야 합니다."(김 총리는 집 외에 갖고 있는 부동산은 선친이 종중으로부터 지분으로 물려받은 전남 장성의 문중 땅이 전부라고 말했다. 30년 전 수자원공사가 경기도 안산에서 택지 개발을 했다가

미분양이 나자 당시 공무원들에게 권고해 취득한 적이 있지만 얼마 지나지 않아 정리했다고 했다.)

―최근 한 특강에서 '우리가 이룬 눈부신 성취의 이면에 감춰진 그림자'를 봐야 한다고 했습니다.

"지금의 성공이 계속될 수 있을지 걱정입니다. 우리나라는 에너지의 98퍼센트를 수입하고 식량자급률은 30퍼센트가 안 됩니다. 매일 20~30만 톤의 대형 유조선이 3척씩 들어와야 합니다. 이런 일들이 잘 관리되지 않으면 큰 재앙이 올 수 있습니다."

―그래도 국가신용등급도 오르고 경제도 다른 국가에 비해 안정적인 것 아닙니까.

"지금 성적이 좋다고 자만하고 여유를 부릴 상황이 아닙니다. 한국은 세계경제의 영향을 받을 수밖에 없는 취약한 구조입니다. 자동차·휴대폰·선박 등 수출 상위 10개 품목이 전체 수출에서 차지하는 비중이 60퍼센트를 넘습니다. 하나라도 문제가 생기면 국가 경제 전체가 큰 타격을 받습니다."

―국민들이 상황의 긴박함을 잘 모르고 있다고 보십니까.

"안보, 에너지, 경제 이 모든 것이 잘 관리되지 않으면 순식간에 재앙이 될 수 있다는 뜻입니다. 예를 들어 유조선이 드나드는 남방항로 통행에 문제가 생기면 곧바로 에너지 공급에 차질이 생깁니다. 안보도 마찬가지입니다. 북한을 머리에 이고 있습니다. 우리나라는 호랑이 등에 타고 있는 것과 같습니다."

―전국 곳곳의 사회복지시설을 많이 다녔는데 무엇을 느꼈나요.

"우리 사회의 고령화가 얼마나 급속도로 진행되는지를 알 수 있습니다. 현재 65세 이상 고령 인구가 590만 명인데, 2040년에는 1,650만 명으로 늘어납니다. 전체 인구의 32퍼센트가 넘습니다. 국가를 잘 운영하지 않으면 빚더미에 오를 수 있습니다.”

—재정 건전성 유지가 중요하다는 말씀이죠.

“나라 살림도 가정 살림과 같습니다. 씀씀이가 커지려면 수입을 늘리든지 빚을 내야 합니다. 나랏빚을 함부로 늘리면 국가의 재앙이 됩니다. 남유럽의 그리스, 스페인이 어려움을 겪는 것도 우선 편하고 좋게 살자고 빚을 끌어서 나라 살림을 했기 때문입니다. 그런 사태는 막아야 합니다.”

—그래도 우리나라의 국가 부채는 양호한 수준 아닌가요.

“국가 채무가 445조 원으로 국내총생산의 34퍼센트입니다. 일본은 200퍼센트가 훨씬 넘고 독일도 70~80퍼센트가 될 겁니다. 그러나 우리 사회는 고령화로 인해 복지 수요가 커지고 있습니다. 통일 비용도 대비해야 합니다.”

—정치권의 포퓰리즘과 필연적으로 충돌할 수밖에 없는 문제 같습니다.

“무상 복지, 선심 정책 등 무책임한 포퓰리즘이 난무하고 있습니다. 또 최근 몇 년간 복지 문제가 이슈로 부각되면서 선택적 복지냐, 보편적 복지냐에 대해 국민의 인식도 많이 높아졌습니다. 사회적 공감대를 바탕으로 하지 않고 복지 정책을 선동적으로 끌고 가서는 안 됩니다.”

—차기 정부가 어떻게 해야 합니까.

“스위스나 독일처럼 강력한 재정 준칙을 만들어야 합니다. 스위스는 재정 적자와 채무 한도를 법으로 규정하고 있습니다."

—재임 기간 중 이루지 못한 과제가 있다면 무엇인가요.

"양극화 해소와 사회 통합입니다. 우리 사회의 갈등 비용이 GDP의 27퍼센트, 300조 원 가까이 된다는 연구도 있습니다."

—방법이 있습니까.

"법과 원칙입니다. 법치와 정치가 뒤섞이면 안 됩니다. 사회적 약자는 국가가 복지 제도를 통해 지원해야 하지만 법 집행은 엄정해야 합니다."

—법적 판단과 정무적 판단이 충돌할 경우 어떻게 합니까.

"정무적 판단은 정략적 판단과 다릅니다. 예를 들어 문제를 해결할 수 있는 두 가지 합법적인 방법이 있는데 어느 것을 택할 것인지는 정무적 판단입니다. 파급효과와 부작용을 고려하는 것이지요. 그러나 한 가지 방법밖에 없을 경우 정무적 판단으로 이를 뒤집어서는 안 됩니다. 성경에 보면 '비둘기같이 순결하되 뱀같이 지혜로워라'는 구절이 있습니다. 공직자의 일이 여기에 해당합니다."

—평소 '우문현답'을 강조하셨습니다.

"세종대왕은 조세정책을 만들 때 전국에서 백성 17만 명의 의견을 수렴했습니다. 당시 인구가 600만 명입니다. 현장을 다녀보면 법과 규정의 테두리 내에서 문제를 해결할 수 있는 아이디어가 나옵니다. 공직자는 경청과 소통의 자세가 필요합니다. 법이 이러니 억울하지만 방법이 없다고 하지 말고 어떻게 하든 해결하려고 노력해야 합니다."

—2010년 10월 1일 취임했으니까 총리로만 2년 5개월입니다. 장

수하신 비결이 무엇입니까.

"우리 헌법 하에서 총리의 위치와 역할이 애매합니다. 총리는 나름 대로 소신을 갖고 일하면서 대통령을 보좌하고 내각과 조화를 이루는 것이 중요합니다."

—총리로서의 역할에 만족하십니까. 밖에서는 '명총리'라고 합니다.

"과대평가입니다. 운이 좋았을 뿐입니다. 낙제점은 아닌 것 같은데 그걸로 만족합니다."

—이명박 정부에 대한 평가는 다른 것 같습니다.

"정부에 대한 평가는 상황과 시기에 따라 달라질 것입니다. 공도 있고 과도 있습니다. 공은 감춰지고 과가 부각되는 시점인 것 같습니다. 과가 없는 것은 아니니 지금의 저평가는 감내해야 하지만 장래에 공정한 평가가 이뤄진다면 달라지지 않겠습니까."

—퇴임 후 계획이 있습니까.

"자연인으로 돌아갑니다. 여유를 갖고 공직 생활을 돌아보면서 나라와 사회를 위해 기여할 수 있는 일을 찾아볼까 합니다."(이재창 정치부장, 정리 이심기·조수영 기자)

김황식 총리는…

민생 현장 누비며 조용한 소통… 국민―정부 잇는 롤 모델 평가

2010년 세종시 수정안 파문으로 사퇴한 정운찬 전 총리에 이어 김태호 후보자까지 낙마하자 이명박 대통령이 여론을 수습하기 위해 당시 김황식 감사원장을 41대 총리로 발탁했다. 같은 해 10월 1일 취임한 이후 2년 5개월간 총리직을 맡아 1987년 민주화 이후 가장 긴 재임 기간을 기록한 총리로 남게 됐다. 광주·전남 지역 출신으로는 최초의 총리이기도 하다. 임명 당시 의전 총리, 대독 총리라는 우려가 많았지만 탁월한 국정 운영과 겸손하고 소탈한 성품으로 여론을 바꾸면서 국민의 신망을 얻는 데 성공했다. 취임 당시 "소나기가 아니라 소리 없이 내리지만 대지에 스며들어 새싹을 틔우고 꽃을 피우는 이슬비 같은 총리가 되겠다"는 약속대로 민생 현장을 누비며 조용한 소통을 이어갔다. 동남권 신공항 백지화, 제주 해군기지 이전 등 지역 간 이해관계가 얽힌 문제를 조정하고 불법 사금융 척결, 학교폭력 근절 종합대책 마련을 주도하기도 했다.

2011년 연평도 전사자 1주기 추모식에서 경호원의 우산을 뿌리치고 40분간 장대비를 맞으며 젊은 병사들의 희생을 추모한 모습은 국민들에게 깊은 인상을 남겼다. 의전팀을 거느리지 않고 순직 소방관을 조문해 어린 아들을 위로하는 등 대통령이 미처 챙기지 못하는 부분을 총리가 보완하며 국민과 정부를 잇는 롤 모델이 됐다는 평가를 받고 있다.

〈매일경제 2013. 2. 22〉

'대통령 직선' 이후 최장수 김황식 총리 퇴임을 앞두고

김황식 국무총리와 방송인 유재석에게는 한 가지 공통점이 있다. 바로 '안티' 세력이 없다는 것. 사실 2010년 10월 취임 전후로 김 총리에 대해 '청문회 통과용, 대독 총리'라는 우려도 많았다. 그러나 그는 우려를 불식시키며 1987년 대통령 직선제 이후 최장수(2년 5개월) 총리로 재임하며 국민과 정치권으로부터 인정받았다. 세간에선 그를 가리켜 '역대 총리 중 시력은 가장 나빴지만 민심은 가장 살폈던 총리'라는 평가도 나온다. 〈매일경제〉는 박수를 받으며 떠나는 김 총리를 만나 퇴임에 즈음한 소회와 책임총리제, 세종시, MB 정부에 대한 평가 등에 대해 질문을 던졌다.

―직선제 이후 최장수 총리로 재직했다. 퇴임을 맞는 소회는.

"취임하며 '소나기가 아니라 조용히 내리지만 땅속 깊이 스며들어 대지를 촉촉이 적셔 새싹을 틔우고 열매를 맺게 하는 이슬비 같은 총리로 공정하고 따뜻한 사회를 만드는 데 헌신하겠다'고 약속했다. 특히 '공정하고 따뜻한 사회'를 만들기 위한 과제를 선정하고 필요한 정책들을 추진해 오다 보니 비교적 오랜 기간 총리로 일하게 됐다."

―최근 국회에서 "MB 정부에는 빛도 그림자도 있다"고 했는데….

"무엇보다 두 차례의 경제위기를 다른 나라들보다 성공적으로 극복했다. 무역 1조 달러를 달성하고 대형 국제행사를 통해 주변국에서 중심국으로 우뚝 섰다. 하지만 동반 성장과 상생 협력 등 노력에 대한 성과가 서민 생활에까지는 다소 미치지 못한 것은 너무 아쉽다. 국가적 정책 수행 과정에서 국민과의 소통이 부족했다는 지적도 겸허히 받아들인다. 천안함·연평도 사태도 정말이지 아쉬운 그림자로 마음속에 남았다."

―재임하며 국회 대정부 질문을 소화하기 힘들지 않았나.

"아침부터 저녁 늦게까지 답변을 해야 하니 사실 정신적, 육체적으로 매우 힘들었다. 국무위원들 사이에선 흔히 우스갯소리로 '국회에 출석하는 일만 없으면 총리나 장관 하는 것이 훨씬 편할 텐데…'라고 농담도 한다. 그러나 총리·장관이 국회에 출석해 답변하는 것은 너무나 당연하고 중요한 책무다. 한편으로는 질문을 통해 알게 되는 인품·자질·실력이 뛰어난 의원들을 만나는 것도 작은 소득이다.”

—다음 주 출범하는 새 정부가 역점을 둬야 할 사안은.

“성장·복지를 잘 조화시키고 재정 건전성을 확보하며 사회 통합을 이뤄내는 것이 무엇보다 중요하다. 세계적 국가로서 한국의 위치를 발전시켜 나가는 것도 중요한 과제라고 생각한다.”

—책임총리·책임장관제 정착에 대한 우려도 있다.

“우선 책임총리제라는 것이 법적 개념이 아니기 때문에 우리가 구체적으로 개념을 정의해서 가지고 있지 않다. 다만 국가의 기능이 아주 넓어진 상황 속에서 대통령이 모든 업무를 다 처리할 수 없기 때문에 총리에게 권한의 상당 부분을 이양해 책임감 있게 국정을 운영할 수 있도록 해주자는 취지인 것으로 이해한다. 이렇게 하기 위해 무엇보다 중요한 조건은 대통령과 총리의 신뢰 관계라고 생각한다. 대통령이 총리와 내각에 상당한 신뢰와 책임감을 부여해 일할 수 있는 여건을 만들어주는 리더십을 보인다면 책임총리·장관 제도 취지를 살릴 수 있다고 본다. 또 이를 개인적인 리더십에만 맡기면 불안정한 측면도 있으니 (책임총리제를 위한) 법·제도적 틀을 갖추는 것도 의미 있다.”

—책임총리제 하에서 대통령과 총리의 역할 분담을 어떻게 해야 할까.

“흔히 내치와 외치로 나누기도 하는데 그건 헌법의 취지에 맞지 않는다고 본다. 분야별로 나누기보다는 모든 문제에 대해 대통령과 총리가 정보와 생각을 공유하고 조율하며 그 속에서 그때그때 역할을 분담하는 방식이 현재로서는 더 바람직하다. 이명박 대통령과 저의 관계를 생각해보면 사회적으로 큰 이슈가 있었을 때 이 대통령이 '이 문제는 총리가 주도적으로 해결해 달라'고 믿고 맡긴 경우가 많았다. 이렇게 힘을 실어주면 총리와 내각은 청와대만 바라보지 않고 스스로 최종 책임을 지는 자세로 일하게 된다. 대통령이 사안별로 확실히 정해 내려주면 총리와 장관들이 명확한 입장을 정해 대통령에게 보고하고 특별한 사정이 없으면 대통령이 이를 존중하는 시스템으로 가면 일도 능률적이고 자긍심과 보람도 더 커질 것이다."

—정부 부처의 세종시 이전에 따른 행정 비효율은 어떻게 해결해야 하는가.

"지금 세종시를 오가는 공무원들의 불편함이 한두 가지가 아니다. 일단은 세종시에서 근무하는 총리와 장관 이하 직원들이 서울을 오가는 횟수를 최대한 줄여야 한다. 이를 위해 화상회의, 스마트기기 활용 등을 통해 직접 대면을 되도록 줄여야 한다. 또 현재로선 서울과 세종시의 행정 일정을 효과적으로 몰고 묶어서 할 수 있도록 하는 운영의 묘를 잘 살려가며 할 수밖에 없다. 문제는 국회 관계 업무다. 국회 관련 업무도 가급적 직접 내왕을 줄이고 시간도 잘 지켜서 효율적인 업무 협조가 가능하도록 국회도 도움을 줘야 한다. 무작정 국회로 오라고 해놓고 두세 시간이고 기다리게 한다든지 '오늘은 관련 일정이 취소됐으니 내일 다시 오라'고 하면 적지 않은 행정적 낭비가 발생할 것이다."

—퇴임 후 계획은.

"아직 확실히 정하지는 않았다. 오랜 기간 공직에 있으면서 바쁘게 긴장하며 지내왔다. 당분간 쉬면서 여유도 가지고 큰 틀에서 우리 사회와 개인의 삶이 어떻게 변하는 것이 바람직한지 그런 문제들을 생각하고 공부하며 지낼 계획이다. 퇴임 후 소통을 이어갈 수단으로 개인 블로그와 페이스북을 열 생각이다. 이것에 대해서도 열심히 공부하고 있다."(대담 김정욱 정치부장, 정리 김성훈·문지웅 기자)

〈연합뉴스 2013. 2. 28〉
떠나는 김 총리 "조급하게 생각하지 않았으면…"

김황식 국무총리는 "주어진 여건 아래서 성실히 해나가면 생각했던 것과 전혀 다른 좋은 길이 열릴 것"이라고 말했다. 연애, 결혼, 출산을 포기해야 하는 '삼포 세대'로 불릴 정도로 힘들어하는 이 시대 젊은이들에게 힘을 낼 것을 주문하면서다.

김 총리는 "인생은 마라톤"이라며 "조급하게 생각하지 않았으면 좋겠다"고도 했다. 낮은 자세로 민생 현장을 누비며 조용한 소통을 이어간 김 총리는 오는 26일 정홍원 총리 후보자가 국회 동의를 받으면 1987년 대통령 직선제 이후 '최장수 총리'란 기록을 남기고 일반인으로 돌아간다.

모처럼 박수받고 떠나는 김 총리를 〈연합뉴스〉는 21일 오후 세종청사에서 만나 퇴임을 앞둔 소회를 비롯해 재임 중 있었던 여러 일에 대해 물었다.

—명재상으로 평가받는데 소감은.

"부족한 것이 많은데 그렇게 평가해줘 고마울 따름이다. 진정성을 갖고 문제를 해결하려 노력했다. 구제역 처리 과정에서 공무원들이 추위에 고생하고, 가축 살처분 과정에서 국민들에게 상당히 충격을 준 점은 서툴렀다. 북한의 연평도 포격 도발 때 서해 주민들이 많이 흔들렸는데 기민하게 대응해 안착시킨 것은 성과다. 잘한 점, 못한 점이 많이 교차한 듯하다."

—현 정권에서 가장 잘한 인사라 불리는데, 이명박 대통령과 관계는.

"이 대통령과 신뢰 관계가 돈독했고, 이 대통령이 어려운 일도 책임 있게 처리할 수 있도록 맡겨줬다. 그런 점에서 단순히 의전, 대독 총리에 그치지 않고 책임총리제의 모습이 일부 구현된 것이라 생각한다. 이 대통령과 심하게 부딪친 사안은 별로 없고 생각이 다른 경우 내 의견을 우회적으로 전달하거나 자세히 설명하면서 자연스럽게 정리됐다."

—얼마 전 국회 발언이 화제였는데 정치권에 할 말은.

"진영 논리에 매몰되지 말고 객관적으로 평가했으면 좋겠다. 청문회의 경우 공격 측은 철저히 검증해야 된다고 하고, 반대 측은 후보자에게 합리적인 질문을 요구하는데, 여야가 바뀌면 또 입장이 완전히 바뀐다. 일관성이 있었으면 한다."

—책임총리제와 관련, 바람직한 총리 역할은.

책임총리제의 가장 중요한 요소는 각료 임명, 해임에 있어 대통령과 총리가 충분히 협의, 대통령의 독단적 처리를 방지하는 것이다. 총리에게 권한과 책임을 주고 일을 맡기면 그 취지가 달성된다. 제청권 행사의 경우 총리에게 인사 관련 자료나 참모가 없으니 (권한을 행사)하고 싶어도 할 수 없다. 그러나 이 대통령은 각료 교체가 빈번하지 않았고 이견을 말할 정도의 각료가 임명된 예는 없었다."

─연수원 동기인 후임 총리 후보자에게 하고 싶은 말은.

"충분히 의견을 교감하는 소통 노력을 강화했으면 좋겠다. 대립, 갈등을 줄이고 사회를 통합하는 방향에서 문제에 접근해 처리했으면 한다."

─세 번의 청문회를 거쳤는데 현 청문회 제도에 대한 입장은.

"청문회는 당연히 필요하고 철저하게 검증해야 하지만 지금은 과도한 면이 있다. 의혹에 대해 공직 후보자가 소명할 수 있는 기회를 줘야 하는데 청문회 시작 전에 모든 것이 기정사실화되는 식은 지양돼야 한다."

─전관예우 문제에 대한 의견은.

"오랫동안 법원에 근무해 실상을 잘 아는데 많이 개선됐다. 법관이 그런 인연을 전제로 해서 특별히 봐주는 것은 많이 줄었고, '전관박대'라는 말도 나올 정도다. 국민 정서상 돈도 받고 지위도 갖는 게 용납되지 않을 것이나, 개인의 객관적 능력에 따라 다른 사람보다 월등하게 대우받는 것이 나쁘다고 할 수는 없다. 무조건 많이 받은 것 자체만으로 시비해서는 안 되고, 수익 창출이 온당한지 여부가 기준이 돼야 한다. 전관이 무조건 많이 받았다는 것 자체만으로 시비해서는 안 되고, 공직으로 돌아오는 경우에도 엄격하게 심사가 돼야지 일률적으로 많은 수임료 올렸으니 공직 맡아선 안 된다고 하는 것은 바람직하지 않다. 후보자 스스로도 경계해서 오해받지 않도록 처신해야 할 것이다."

―검·경 수사권 조정에 대한 입장은.

"임기 중 조정한 것은 현행법 하에서의 수사 권한 분배 문제다. 앞으로 검·경 간에 권한 분배 논의는 별도 차원에서 논의될 성질이며, 직역이기(주의)가 아니라 인권 보장, 수사의 실효성 있는 진행 등을 참작해야 한다."

〈연합뉴스〉 2013. 2. 22.

―최근 무상 복지 논의에 대한 견해는.

"복지 증대에 이견이 있을 수 없지만, 재원이 뒷받침돼야 한다. 또 필요한 사람에게 필요한 만큼 지원되도록 우선순위가 잘 조정돼야 한다. 국가 채무를 늘려 복지하는 데는 반대다. 불가피하다면 차라리 증세를 하고, 그 과정에서 국민을 설득하는 적극적 자세가 필요하다. 복지 증대 과정에서 사회적 인프라를 갖추는 노력이 희생돼서도 안 될 것이다. 복지가 고용, 성장을 유도하는 쪽이어야지 '모래에 물 붓기'식의 낭비적 복지가 되면 안 된다."

―독서를 즐겨 한다고 들었는데.

"책 읽을 때가 제일 행복하다. 시도 많이 외웠는데 서정주 시인의 '동천'은 우리말과 정서를 눈앞에 보이듯 묘사해서 좋아한다."

―사법연수원 수석을 했는데 공부 비결은.

"반에서 5등, 10등도 하고 농구하다 대학에 한 번 떨어지기도 했다. 농구가 성장에 많은 도움을 줬지만 그 대목(고3 당시 공부 대신 농구 선택)에서는 불성실했다고 생각한다. 결국은 성실한 것이 중요하다. 그 시점에서 가장 중요한 게 뭐냐 인식하고 그것에 충실하는 것이 바람직하다."

―'삼포 세대'라 할 정도로 힘든 젊은이들에게 한마디 한다면.

"인생은 마라톤이다. '예술은 길고 인생은 짧다'고 했지만 예술도 길고 인생도 길다. 조급하게 생각하지 않았으면 좋겠다. 주어진 여건 아래서 성실히 해나가면 생각했던 것과 전혀 다른 좋은 길이 열릴 것이다."

―퇴임 후 계획은

"우선 신중히 처신하려고 한다. 그리고 내가 가진 경험을 사회 발전을 위해 전수할 기회를 마다하지 않겠다는 생각이다. 이를 위해 생각을 정리하고, 경우에 따라서는 외국에 가서 우리 사회의 문제를 그 나라에서는 어떻게 다루는지 공부하고 싶다."

—정치권의 러브콜이 있을 경우 생각은.

"이제 공직 생활을 마쳤으니 여유 있게 생각하고 공부할 생각이다. 내가 대법원에서 감사원장으로 갈 때도 내 뜻만 가지고는 결정되지 않는 경험을 했기 때문에 '절대 아니다'라고 말하는 건 부담스럽다. 하지만 저는 정치와는 먼 성품이다."(이한승·차병섭 기자)

마치며

2013년 2월 26일 퇴임하였습니다. 40여 년의 공직 생활도 마감하였습니다. 오전 세종청사를 떠나올 때 총리실 전 직원이 3층 집무실부터 청사 정문까지 도열하여 배웅해주었습니다. 오후에는 광화문 청사에서 함께 일했던 장·차관 등의 환송을 받으며 작별하였습니다. 총리실 직원들은 동영상을 만들고 작별 인사를 담은 롤 페이퍼를 작성하여 전해주며 작별을 아쉬워하였습니다. 공관에 들러 공관 직원들과 작별 인사를 나누고 이명박 대통령의 사저에 들러 인사를 드리고 집으로 돌아왔습니다. 긴 여행을 마치고 고향 집으로 돌아온 기분이었습니다.

잠깐 쉬다가 독일 베를린 자유대학으로 떠나기로 하였습니다. 우리나라가 안고 있는 많은 문제의 해결책을 독일을 참고하여 찾고자 함이었습니다. 그 준비로서 독일 관련 자료를 모으고 관련 공부도 시작하였습니다. 5월 3일 '독일 도서관으로 떠나면서'라는 글을 페이스북에 올리고 독일로 떠났습니다.

독일 도서관으로 떠나면서

저는 오늘 수개월 예정으로 독일로 떠나갑니다. 제 젊은 시절 1년 4개월 동안 유학하면서 참으로 많은 것을 배우고 느꼈던 곳으로의 추억 여행입니다. 그때 공부한 내용을 우리 민사소송 절차 및 부동산등기 제도 개선에 유효하게 활용한 것은 저에게 큰 보람입니다.

독일은 '라인강의 기적'으로 우리의 '한강의 기적'에 영감을 주었고, 경제발전 과정에서 협력과 지원을 아끼지 않았으며, 외환위기 때에도 우리를 적극적으로 배려한 고마운 나라입니다. 지금은 유럽 경제위기 속에서도 유럽의 '성장 엔진'으로서 꿋꿋이 유럽을 지키며 이끌고 있습니다. 2차 세계대전의 전범 국가로서 분단을 맞았지만, 철저한 반성 속에 이를 슬기롭게 극복하여 통일을 이룬 것은 우리에겐 부러움의 대상이자 배울거리입니다. 독일에는 강한 중소기업인 히든 챔피언이 있고, 근면한 국민이 있고, 건전한 사회규범과 타협과 배려의 문화가 있습니다. 이 사람들은 도대체 왜 이럴까? 그 해답은 손끝에 잡힐 듯하지만 아직은 아닙니다. 그래서 저는 독일로 떠나갑니다. 문제 해결을 위해 도서관을 찾는 심정으로…. 특히 우리에게는 통일 준비와 통일 후 과제라는 큰 숙제가 남아 있습니다. 그래서 이번 여행은 추억 여행에 그치지 아니하는 미래 여행입니다. 많은 것을 보고 느끼고 생각하겠습니다. 그리고 페친 여러분에게 소식을 전해 올리겠습니다. 내용에 따라서 여러분의 많은 의견 표시와 활발한 논의가 이루어지기 바랍니다.

KI신서 9701

소통, 공감 그리고 연대

1판 1쇄 인쇄 2021년 5월 24일
1판 1쇄 발행 2021년 5월 28일

지은이 김황식
펴낸이 김영곤
펴낸곳 (주)북이십일 21세기북스

교정교열 차은선 **진행·디자인** 놀이터
TF팀 이사 신승철
TF팀장 김익겸
영업팀 한충희 김한성
제작팀 이영민 권경민

출판등록 2000년 5월 6일 제406-2003-061호
주소 (10881) 경기도 파주시 회동길 201(문발동)
대표전화 031-955-2100 **팩스** 031-955-2151 **이메일** book21@book21.co.kr

ISBN 978-89-509-9544-7 (03340)

(주)북이십일 경계를 허무는 콘텐츠 리더

21세기북스 채널에서 도서 정보와 다양한 영상자료, 이벤트를 만나세요!
페이스북 facebook.com/jiinpill21 포스트 post.naver.com/21c_editors
인스타그램 instagram.com/jiinpill21 홈페이지 www.book21.com
유튜브 youtube.com/book21pub